清華大學中國經學研究院集刊

本刊入選『中文社會科學引文索引（CSSCI）2021~2022年來源集刊』

U0645945

中國經學

第三十一輯

主　編◎彭　林

副主編◎張煥君

GUANGXI NORMAL UNIVERSITY PRESS

廣西師範大學出版社

·桂林·

圖書在版編目（CIP）數據

中國經學. 第三十一輯 / 彭林主編. --桂林 : 廣西
師範大學出版社，2022.12
ISBN 978-7-5598-4672-3

Ⅰ．①中… Ⅱ．①彭… Ⅲ．①經學—研究—中國
Ⅳ．①Z126

中國版本圖書館 CIP 數據核字（2022）第 245508 號

廣西師範大學出版社出版發行

（廣西桂林市五里店路 9 號　郵政編碼：541004 ）

網址：http://www.bbtpress.com

出版人：黃軒莊
全國新華書店經銷
廣西昭泰子隆彩印有限責任公司印刷
（南寧市友愛南路 39 號　郵政編碼：530001）
開本：787 mm ×1 092 mm　1/16
印張：15　　字數：250 千
2022 年 12 月第 1 版　　2022 年 12 月第 1 次印刷
印數：0 001～1 200 册　　定價：88.00 圓

如發現印裝質量問題，影響閱讀，請與出版社發行部門聯繫調換。

目　録

■古今之變下的經學轉型

近代經學轉型的一次嘗試
　——張之洞與曹元弼的《十四經學》　　　　　　　1　李　科

近代上海學者姚文枏會通古今喪禮之研究　　　　53　孫致文

■經學義理

常州學派與《春秋》穀梁學
　——以莊存與、劉逢禄、戴望爲討論中心　　　71　郭曉東

以易象爲周禮
　——張惠言《虞氏易禮》的解經特色與禮象釋例　89　李阿慧

簡論夏燮喪服學經例體系　　　　　　　　　　　109　張　照

■經學歷史

五岳新考　　　　　　　　　　　　　　　　　　125　賈晉華

《毛詩》闡釋體系中“后妃之德”的設定、淵源及影響　139　白　如

晉武帝諸王師友之經學　　　　　　　　　　　　155　馬　楠

《大戴禮記》佚篇的學術史考察　　　　　　　　165　覃力維

■經學文獻

《尚書·牧誓》“惟家之索”及相關問題　　　　181　黃　傑

《左傳》“莊公寤生”諸説平議　　　　　　　　191　莊文龍

《爾雅·釋天》歲名疏證　　　　　　　　　　　203　彭　華

《大戴禮記·保傅》“食肉而餧”考誤　　　　　221　蘇　芃

■書訊·札記

鄧秉元《孟子章句講疏》出版　　　　　　　　　154

趙永磊《王念孫古韵分部研究(外一種)》出版　　180

編後記　　　　　　　　　　　　　　　　　　　226　彭　林

Contents

The Transformation of Classical Exegesis in Late Imperial China: A Study of ZHANG Zhidong and CAO Yuanbi's *Shi Si Jing Xue*(十四經學)　　　　　　　　LI Ke

Modern Shanghai Scholar YAO Wennan's Study on Funeral Rites in Ancient and Modern China　　　　　　　　SUN Chihwen

The Changzhou School and Guliang Studies of *the Spring and Autumn Annals*: Taking ZHUANG Cunhe, LIU Fenglu, DAI Wang as the Centers of Discussion　　GUO Xiaodong

Taking Images in *Yi* as Rites of the Zhou Dynasty: On the Characteristics of Confucian Classics and Interpretation of Ritual Images in ZHANG Huiyan's *Yu Shi Yi Li*　　　LI Ahui

A Brief Commentary to the Exegesis System of XIA Xie's Studies on Mourning Apparel

　　　　　　　　ZHANG Zhao

A New Investigation into the Five Mountains　　　　　　　　JIA Jinhua

The Setting, Origin and Influence of "the Virtue of the Imperial Concubines" in the Interpretation System of *Mao Shi*(毛詩)　　　　　　　　BAI Ru

The Classics Studies by Masters and Friends of Emperor Wudi of Jin Dynasty　　MA Nan

An Investigation into the Academic History of the Lost Piece in *Da Dai Li Ji*(大戴禮記)

　　　　　　　　QIN Liwei

On"惟家之索" in Chapter *Mu Shi* in *Shang Shu*(尚書·牧誓)and Relevant Questions

　　　　　　　　HUANG Jie

Research on the Mistake of"食肉而餕" in Chapter *Bao Fu* in *Da Dai Li Ji*(大戴禮記·保傅)

　　　　　　　　SU Peng

Research on the Interpretations of"莊公寤生" in Zuo Zhuan(左傳)　　CHONG Manlung

Explanation of Year Names in Chapter *Shi Tian* in *Er Ya*(爾雅·釋天)　　PENG Hua

近代經學轉型的一次嘗試
——張之洞與曹元弼的《十四經學》

李 科

内容摘要 隨着近代社會危機的加劇,傳統經學也面臨着來自各方面的危機,尤其是甲午海戰後以"中體西用"思想爲指導的洋務運動的失敗,使得作爲中學核心的傳統經學受到了以維新派爲代表的新學的質疑和挑戰。出於造就人才、維護清廷統治的現實需要,應對維新派對傳統經學、名教綱常的批判與否定,以及對西方自由平權説和孔子托古改制説的宣傳所帶來的挑戰,張之洞在通經致用的思想之下提出經學通大義的經學轉型方案,並且在《勸學篇·内篇》中提出提要鈎玄的治經七法,屬曹元弼依例編纂《十四經學》作爲學堂教科書。張之洞的經學轉型方案和曹元弼的《十四經學》,在不同程度上對維新派等的批判進行了回應。但是在劇烈的時代變遷之下,加上張之洞與曹元弼經學轉型的思路和方式過於保守,最終隨着清朝的崩潰而失敗。儘管這次轉型嘗試失敗了,並且曹元弼《十四經學》亦未完成,但是張之洞所示治經七法以其合理的體例和高度的概括性,以及曹元弼《周易》《禮經》《孝經》三學精審的内容,在今天的經學研究中仍然具有價值。

關 鍵 詞 張之洞 曹元弼 康有爲 《十四經學》 經學轉型

一 緒論

傳統經學,自漢武帝采用董仲舒對策,"推明孔氏,抑黜百家"[1]"表章六經"[2]以來,便與中國歷朝歷代的社會政治發展密切相關。蓋政治在文化學術上採取的措施可能會導致經學新的發展變化,而經學的發展變化又同樣爲社會政治的發展變化提供理

---

[1] 班固:《漢書》卷五六《董仲舒傳》,北京:中華書局,1962年,第2525頁。
[2] 班固:《漢書》卷六《武帝紀》,第212頁。

論依據和智力推動。在鴉片戰爭以前,中國政治和學術在每一次危機面前的成功轉型與突破,基本上都是在中國自身文化體系內部發生和完成的。而鴉片戰爭之後,西方資本主義世界憑藉着工業革命所帶來的巨大生產力進步以及通過文藝復興、資產階級革命帶來的文化與制度保障,以武力將東方古老的中國拉入西方殖民擴張的範圍。由此爲中國所帶來的危機,便不同於以往自身文化內部的危機,而是來自全新的不同文明的衝擊。在危機出現之初,有志之士在思考救亡圖存之法時,大多只停留在對以船堅砲利爲代表的西方先進技術的認識,於是魏源在《海國圖志》中提出了"師夷長技以制夷"的觀點,其後馮桂芬在《校邠廬抗議》中又提出"以中國之倫常名教爲原本,輔以諸國富強之術"①的以中學爲本而學習西方技術的思想。其後,沿着這種思路論述中學、西學關係的學者漸多,②而且同光年間興起的洋務運動也正是沿着"中體西用"的思路來進行實踐的。

但是,甲午戰爭中清廷的戰敗,某種程度上意味着"中體西用"思想的失敗。於是,以康有爲、梁啓超、譚嗣同等維新人士爲代表的新學派,便開始突破"中體西用"的思想局限,大力宣傳西方思想學説,倡導自由平權學説,並試圖採用西方君主立憲政體,仿日本明治維新,推動變法改革。在宣傳西方思想學説和政治制度的同時,作爲"中體"核心的傳統經學和更深層次的綱常倫理以及與之相應的禮樂制度,也受到了質疑與批判。對於受傳統政教相維和經正庶民興等觀念影響的保守派士大夫而言,保國、保教、保種三事一以貫之,而要廢除中學、名教綱常,推動自由平權,以保國、保種、保教,簡直大逆不道。但隨着危機的加深和批評否定聲音的越來越猛烈,一些保守派士大夫也不得不考慮傳統經學的轉型,以應對現實危機並適應新形勢的發展和需要。作爲晚清保守派代表的張之洞,同時也是晚清重要政治人物和洋務運動後期最有影響的人物,在面對晚清社會危機和推行"中體西用"實踐的過程中,即在有意識地思考傳統經學的轉型。光緒二十三年(1897)、二十四年,爲了應對來自維新派思想的挑戰和解決培養人才的現實需求,張之洞撰《勸學篇》一書,爲經學轉型開出了具體方案,而其屬曹元弼撰《十四經學》則是經學轉型的具體嘗試。因《十四經學》直至清亡只完成並刊刻了《周易學》《禮經學》和《孝經學》三部,且流傳未廣,因此歷來學者對這次經學轉型的嘗試關注不多。在現有關於曹元弼《禮經學》《孝經學》的研究成果中,亦少

① 馮桂芬:《校邠廬抗議》,上海:上海書店出版社,2002年,第57頁。
② 關於"中體西用"思想在晚清的演變,可參見戚其章:《從"中本西末"到"中體西用"》,《中國社會科學》1995年第1期,第186—198頁。

有關注其在近代經學史中所具有的轉型意義。① 因此,拙文即從張之洞推動近代經學轉型的角度來探討曹元弼的《十四經學》。

二 傳統經學在晚清面臨的困境與危機

(一) 漢學考據面臨的困境與危機

作爲清代主流學術的漢學考據,繼承了明末實學思潮,並吸取了清初顧炎武、黃宗羲、王夫之等對明代空疏學風的批評,走上了　條由小學通經、強調嚴密考證的道路,在清初具有補偏救弊之功。顧炎武、黃宗羲、王夫之等雖然也從事考據,但考據只是通經的一種方法,是對宋明理學末流的矯正,而通經之後尚有致用。隨着漢學考據的發展,至乾嘉時期達到頂峰,如吳派惠棟、江聲、王鳴盛、錢大昕,皖派江永、戴震、段玉裁、孔廣森、王念孫、王引之,以及繼起的揚州諸儒,名家輩出,取得了非常卓著的成績。伴隨着漢學考據"家家許、鄭,人人賈、馬"②的盛況的到來,也與清初顧炎武、黃宗羲、王夫之等提倡的經世致用漸行漸遠。儘管經世致用之言偶亦見諸筆端,但是其學術之實已罕見經世致用的傾向。不論是由於承平時期,經世致用並非當務之急,還是因清初文網嚴密的影響,漢學在脱離經世致用的追求之後,其溺於訓詁考證而於現實不甚關注的流弊也逐漸顯現。隨着老師宿儒的相繼凋零,以及太平天國對乾嘉考據學中心安徽、江蘇、浙江等地的摧殘,"公私藏書,蕩然無存;未刻的著述稿本,散亡的更不少。許多耆宿學者,遭難凋落;後輩在教育年齡,也多半失學"。③ 迨大亂戡定,繼起者儘管還延漢學考據之餘緒,但已少有能領袖群倫的大儒推動其繼續發展,而其末流則愈流於繁難瑣碎、炫博好奇、脱離實際,面對相繼而來的内憂外患,毫無應對之策。因此,此時不論是宋學派,還是今文學派,都對漢學考據提出了尖鋭批評,如曾國藩《歐陽生文集序》云:

> 當乾隆中葉,海内魁儒畸士,崇尚鴻博,繁稱旁證。考核一字,累數千言不能

---

① 如張敬煜:《曹元弼禮學思想研究——以〈禮經學〉爲考察重點》(江西師範大學 2009 年碩士論文)、畢研哲:《曹元弼〈禮經學〉研究》(南京師範大學 2016 年碩士論文)、陳壁生:《追尋六經之本——曹元弼的〈孝經〉學》(《雲南大學學報(社會科學版)》2017 年第 4 期)、張付東:《曹元弼的〈孝經〉學》研究》(《湖北工程學院學報》2012 年第 6 期)等,多就曹元弼各經學内容進行深入探討,但對《禮經學》《孝經學》在近代經學史中的轉型意義卻幾乎没有涉及。

② 梁啓超:《清代學術概論》,北京:中華書局,2010 年,第 111 頁。

③ 梁啓超:《中國近三百年學術史》,上海:上海古籍出版社,2013 年,第 25 頁。

休,別立幟志,名曰"漢學"。①

又如朱一新批評云:

> 徒沾沾名物器數,繁稱博引,震炫一世,而治術學術之廣大精微者,轉習焉不察,國事人心,亦復何補?若當多事之秋,則治經不如治史之尤要。②

又如作爲張之洞同僚的張佩綸,亦認爲"居今日而論儒術,漢學家流于瑣碎,于小學尚未深通,輒拾乾嘉諸儒唾餘,搖脣鼓舌,所謂碎義逃難者,正漢儒之所鄙","必泥漢學,不過歸于無用"。③

相較於前者,康有爲、嚴復等維新派人士在面對現實危機時顯得比較激進,因此對舊學的批評也更爲激烈,並且夾帶私貨。如康有爲早年求學于朱次琦門下時,即對漢學考據沉溺故紙堆表示懷疑,以爲"日埋故紙堆中,汩其靈明","思考據家著書滿家,如戴東原,究復何用"。④ 其後,康有爲又借對古文經的否定來批判否定清代漢學。如其將古文經皆斥爲劉歆挾校書之權附新莽所僞造,東漢賈、馬、許、鄭等所傳皆僞經,那麼清代漢學所推崇的賈、馬、許、鄭之學就自然也都是僞學了。因此,康有爲說:"凡後世所指目爲'漢學'者,皆賈、馬、許、鄭之學,乃新學,非漢學也。"⑤在否定東漢古文經和古文學之後,康有爲又進一步否定由小學通經這一清代漢學家奉爲金科玉律的治學路徑,如云:

> 歆既徧僞羣經,又欲以訓詁證之而作《爾雅》,心思巧密,城壘堅嚴,此所以欺紿百代者歟!然自此經學遂變爲訓詁一派,破碎支離,則歆作俑也。⑥

由此而言,則清代漢學家之求古音古義"何異磨磚而欲作鏡,蒸沙而欲成飯"。⑦ 既然東漢古文經、古文學和由小學通經的治學方法皆爲劉歆所僞,那麼"諸儒用力雖勤,入菀愈深,悖聖愈甚",⑧清儒所標立之漢學實乃"沈溺天下,相率于無用"。⑨ 在面對時

---

① 曾國藩:《曾國藩詩文集·文集》卷三《歐陽生文集序》,上海:上海古籍出版社,2013 年,第 286 頁。
② 徐世昌等:《清儒學案》卷一八五《越縵學案》,北京:中華書局,2008 年,第 7178 頁。
③ 張佩綸:《張佩綸日記·蘭駢館日記》(光緒十八年[1892]六月二十九日),南京:鳳凰出版社,2015 年,第 481 頁。
④ 康有爲:《康南海自編年譜》,北京:中華書局,1992 年,第 8 頁。
⑤ 康有爲:《新學僞經考》卷首《新學僞經考序目》,北京:中華書局,2012 年,第 3 頁。
⑥ 康有爲:《新學僞經考》,第 98 頁。
⑦ 康有爲:《長興學記》,北京:中華書局,1988 年,第 20 頁。
⑧ 康有爲:《長興學記》,第 19 頁。
⑨ 康有爲:《長興學記》,第 20 頁。

局危機推動變法改革時,嚴復將漢學也同樣列爲"中國宜屏棄弗圖者",①認爲漢學考據爲"無用"之學,非當今救亡所急,如《救亡決論》云:

> 魏碑晉帖,南北派分;東漢刻石,北齊寫經。戴、阮、秦、王,直闖許、鄭,深衣幾幅,明堂兩個。鐘鼎校銘,珪琮著考;秦權漢日,穰穰滿家。諸如此倫,不可殫述,然吾得一言以蔽之,曰:無用。非真無用也,凡此皆富強而後物阜民康,以爲怡情遣日之用,而非今日救弱救貧之切用也。②

漢學考據在面對晚清危機時之所以會受到如此激烈的批評,正如梁啓超所言:

> 當文恬武嬉之既極,稍有識者,咸知大亂之將至。追尋根原,歸咎于學非所用,則最尊嚴之學閥,自不得不首當其衝。③

對於清代學術而言,最尊嚴之學閥即漢學考據。而漢學考據以批判宋明理學末流空疏無用起家,最後又落入"學非所用"之譏,一方面是由於漢學考據逐漸拋棄了"經世致用"的目的,另一方面也與研究範圍的拘迂有關,如梁啓超的分析:

> 就中成績最高者,惟訓詁一科,然經數大師發明略盡,所餘者不過糟粕。其名物一科,考明堂,考燕寢,考弁服,考車制,原物今既不存,聚訟終末由決。典章制度一科,言喪服,言禘祫,言封建,言井田,在古代本世有損益變遷,即群書亦末由折衷通會。④

既無"經世致用"之目的,那麼漢學考據即無需觀照現實,亦無需接觸新知,爲考古而考古,所聚訟紛紜者,看似實學,實則脱離現實,徒耗費精力,"則其爲空也,與言心言性者相去幾何"。⑤ 事實上,從後面張之洞和曹元弼推動經學轉型的實際來看,他們對漢學考據的這些流弊是有清楚的認識的。換而言之,漢學考據的流弊不僅是促使他們推動經學轉型的重要原因,也是他們在轉型實踐中所要着力解決的問題之一。只是其立場決定了他們不可能像康有爲、嚴復等維新派那樣對漢學進行否定。

(二)宋明理學面臨的困境與危機

儘管清代學術主流是乾嘉漢學,但是清承前明舊制,依然以宋明理學取士,可以説清代官方學術仍然是宋明理學。北宋學術自胡瑗以來,尚且經術、政事並舉,自王安石

---

① 嚴復:《救亡決論》,《嚴復集》第1冊,北京:中華書局,1986年,第43頁。
② 嚴復:《救亡決論》,《嚴復集》第1冊,第44頁。
③ 梁啓超:《清代學術概論》,第107頁。
④ 梁啓超:《清代學術概論》,第105—106頁。
⑤ 梁啓超:《清代學術概論》,第106頁。

變法後,"君子""小人"之辨、"義利"之辨日漸精細深入,使得理學的發展越來越走向鞭辟向裏一路。① 至明代陽明心學的興起和發展,宋明理學向內一路發展到了極致。其末流則空談心性而疏於致用,以至於自明代中晚期以來,伴隨着實學思想和經世致用思潮的興起,對宋明理學尤其是陽明心學的批判聲音就一直不斷。尤其是明亡的教訓,使得清初士人對明代空疏學風進行了不同程度的反思與批判,並且紛紛向古典回歸,以濟理學末流的空疏之風。② 然而,宋明理學發展至明代,其空疏之風,流弊已甚,而有清一代又無如朱子、陽明一樣的理學大儒崛起,未能將理學推陳出新,實現新的突破和發展。因此,儘管理學在康雍時期和咸同時期有所復興,但學界對其批評幾乎貫穿了整個清代。當近代面臨來自西方列強的威脅之時,理學家大多持"嚴夷夏之防"的觀念,對西學、西技、西政多持排斥態度,而如曾國藩、左宗棠、張之洞等力主"中體西用"而"師夷長技"的理學名臣,也因甲午海戰中清廷的戰敗而宣告失敗。以至於在一些激進知識分子眼中,理學在應對晚清社會危機時毫無用處,如嚴復謂其"一言以蔽之,曰無實",③康有為言"自宋至明,爲向壁之虛學"。④

在制度層面,自元末以來即以理學作爲教民養士、選官用人的官方學說。這一方面可以從制度上保證理學在全國的傳播並處於官方的壟斷地位,另一方面又可以使得一大批理學名臣脫穎而出,成爲國家治理的人才保障。但是,隨着理學被定爲科舉功令,也便成爲食祿之所在,因此大批士子前赴後繼可能並不是爲了追求理學的聖賢人格,而是追逐功名利祿。尤其是明代採用八股文取士,並爲清朝所延續,使得士子有了可以訓練的程式。這在很大程度上科舉的形式已經大於內容了,理學修、齊、治、平的理論體系遠不及尋章摘句的帖括之學。在功名利祿驅逐之下,士人群體的空疏矯造之風,甚至較理學本身末流所導致的空疏之風更甚。因此,在面對社會危機而不能得到有效解決的時候,尤其是國無其人或皆庸碌之輩時,作爲選拔人才的科舉制度和八股文便成了直接的批評對象,比如明末清初顧炎武、黃宗羲等對八股文的激烈批判即是。同樣,晚清知識分子在面對西方列強入侵而不能有效應對時,也越來越多將批判的矛頭指向八股文和科舉制。如康有為批評云:

---

① 詳見錢穆《中國近三百年學術史》第一章《引論》,北京:商務印書館,1997 年,第 5—6 頁。
② 例如顧炎武以經學濟理學之虛,黃宗羲對陽明心學的改良並以史學濟其虛,孫奇逢師弟相傳更是從道統和義理上折衷程朱、陸王,以變宋明理學末流空疏之風,以至於其門在康雍時期,理學名臣輩出。王夫之則回歸北宋張載之學,其學於咸同時期經曾國藩、左宗棠、胡林翼等倡導而逐漸爲學界關注,並且曾、左、胡以理學名臣身份戡夷咸同大亂,陝甘回變,挽清廷於危亡之中而有"同光中興",使得在乾嘉漢學極盛之下,理學重新復興。顏李學派則直接回歸六經,強調事功,不事虛辭。
③ 嚴復:《救亡決論》,《嚴復集》第 1 册,第 44 頁。
④ 康有為:《桂海答問》,北京:中華書局,1988 年,第 32 頁。

蓋以功令所垂,解義只尊朱子,而有司苟簡,三場只重首場。故令諸生荒棄群經,惟讀《四書》;謝絶學問,唯事八股。……雖有經文五義,皆以短篇虛衍;雖有策問五道,皆依題字空對。但八股清通,楷法圓美,即可爲巍科進士、翰苑清才,而竟有不道司馬遷、范仲淹爲何代人,漢祖、唐宗爲何朝帝者。若問以亞非之輿地,歐美之政學,張口瞪目,不知何語矣。既流爲笑語,復秉文衡,則其展轉引收,爲若何才俊乎?①

嚴復認爲八股之害有三:"其一害曰錮智慧",②"其二害曰壞心術",③"其三害曰滋游手",④"有一於此,則其國鮮不弱而亡,況夫兼之者耶"?⑤ 因此,他認爲中國之變法"莫亟於廢八股"。⑥ 當他們在讀到清初顧炎武、黄宗羲、王夫之等對科舉、八股的批判時,便會産生一種共鳴,"覺得句句親切有味,引起一班人要和這件束縛思想、錮蝕人心的惡制度拼命"。⑦ 不論是科舉還是八股,程朱理學都是其所依據的學説,因此對科舉和八股的批判,不免遷怒于理學。廢除八股和科舉,理學則不爲功令,漢學又爲僞經,那麼以什麼内容作爲選拔人才的依據? 如何能够保證所選之才爲國用而不爲敵用? 張之洞和曹元弼在經學轉型的實踐中,強調漢宋兼采,不廢宋學,或正慮及此點。

(三) 托古改制與自由平權説的挑戰

既然傳統經學的漢學和宋學在面對近世社會危機時皆顯得毫無用處,並且甲午海戰也在某種程度上宣告了以"中體西用"爲指導的洋務運動的失敗,那麼要救亡圖存便不能還拘守既有的"中體西用"之論了。嚴復《救亡決論》云:

驅夷之論,既爲天之所廢而不可行,則不容不通知外國事。欲通知外國事,自不容不以西學爲要圖。此理不明,喪心而已。救亡之道在此,自強之謀亦在此。早一日變計,早一日轉機。若尚因循,行將無及。⑧

嚴復此言實際上道出了當時大部分有志之士的心聲,不論是保守派士人還是新派士人,都到了應該變計之時。對於新派士人而言,要打破因循守舊,尋求救亡與自強之

① 康有爲:《請廢八股試帖楷法試士改用策論摺》,姜義華、張榮華編校:《康有爲全集》第四集,北京:中國人民大學出版社,2007年,第79頁。
② 嚴復:《救亡決論》,《嚴復集》第1冊,第40頁。
③ 嚴復:《救亡決論》,《嚴復集》第1冊,第41頁。
④ 嚴復:《救亡決論》,《嚴復集》第1冊,第42頁。
⑤ 嚴復:《救亡決論》,《嚴復集》第1冊,第42頁。
⑥ 嚴復:《救亡決論》,《嚴復集》第1冊,第40頁。
⑦ 梁啓超:《中國近三百年學術史》,第28頁。
⑧ 嚴復:《救亡決論》,《嚴復集》第1冊,第49—50頁。

路,必須大力宣傳介紹西方思想學説和政治制度,並推行改革;與之相對應的則是打破國内保守派的阻力,對中國傳統學術和政治制度進行批判和否定。經學作爲傳統思想學術的核心,也是傳統政治制度建立的理論基礎,必然成爲批判和否定的對象。對於保守派人士而言,不僅要思考如何解決對外不斷地失利而導致越來越嚴重的危機,還必須應對來自新派士人對中學、傳統制度批判和宣揚西方思想政治學説所帶來的挑戰。

以康有爲爲代表的維新派繼承了今文學派否定古文經的學術觀點,一方面對古文經進行系統辨僞和否定。如光緒十七年,康有爲應梁啓超、陳千秋之請,講學於萬木草堂,即開始闡述其新學僞經和孔子改制之説,而其《新學僞經考》則系統否定古文經及古文學,以爲:

> 始作僞、亂聖制者,自劉歆;布行僞經、篡孔統者,成於鄭玄。閲二千年歲月日時之縣曖,聚百千萬億衿纓之問學,統二十朝王者禮樂制度之崇嚴,咸奉僞經爲聖法,誦讀尊信。……後世漢宋互争,門户水火,自此視之,凡後世所指目爲"漢學"者,皆賈、馬、許、鄭之學,乃"新學",非"漢學"也;即宋人所尊述之經,乃多僞經,非孔子之經也。①

此書一出,在晚清思想界産生重大影響,對傳統經學帶來巨大挑戰,正如梁啓超所言:"第一,清學正統派之立腳點,根本動摇;第二,一切古書,皆須從新檢查估價。此實思想界之一大颶風也。"②另一方面,康有爲又撰《孔子改制考》《春秋董氏學》等書,借漢代《公羊》學"黜周王魯"之説,系統闡述孔子"托古改制"的思想;又借《公羊》"三世説",比附進化論觀點,③將"據亂世""升平世""太平世"對應君主專制、君主立憲和民主共和制。凡此,皆欲爲其變法張本。而要推行變法,由據亂世以至太平世,由君主專制進至君主立憲制以至於民主共和制,那麽對傳統倫理綱常的批判便是題中之意了。尤其是隨着盧梭天賦人權之説的引入,維新派多將其與中國古典的民權説相結合,一方面大力批判名教綱常,一方面宣揚自由平權之説。如譚嗣同認爲"方孔之初立教也,黜古學,改今制,廢君統,倡民主,變不平等爲平等,亦汲汲然勤矣",但是自荀子及

---

① 康有爲:《新學僞經考》卷首《叙》,第2—3頁。
② 梁啓超:《清代學術概論》,第118頁。
③ 康有爲將"三世説"分爲"據亂世""升平世""太平世",以爲"《春秋》亂世討大夫,升平世退諸侯,太平世貶天子"(《孔子改制考》卷八,北京:中華書局,2012年,第212頁),"堯、舜爲民主,爲太平世,爲人道之至"(卷一二,第283頁),"辟四門以開議院"(卷一二,第288頁),"孔子撥亂升平,託文王以行君主之仁政,尤注意太平,託堯、舜以行民主之太平"(卷一二,第284頁),"《春秋》始於文王,終於堯、舜。蓋撥亂之治爲文王,太平之治爲堯、舜,孔子之聖意,改制之大義,《公羊》所傳微言之第一義也"(卷一二,第285頁)。

其後學"以倫常二字,誣爲孔教之精詣","又妄益之以三綱,明創不平等之法"。① 因此名教"爲箝制之器",②"由人創造,上以制其下,而不能不奉之","君以名桎臣,官以名軛民,父以名壓子,夫以名困妻,兄弟朋友各挾一名以相抗拒",以至於中國"數千年來,三綱五倫之慘禍烈毒,由是酷焉矣"。③ 甚至認爲若要變法圖強,則五倫皆當變,"而五倫不變,則舉凡至理要道,悉無從起點"。④ 又如梁啓超認爲"三代以後,君權日益尊,民權日益衰,爲中國致弱之根原"。⑤ 又如嚴復於《原強》中説:

> 西之教平等,故以公治衆而貴自由。自由,故貴信果。東之教立綱,故以孝治天下而首尊親。尊親,故薄信果。然其流弊之極,至於懷詐相欺,上下相遁,則忠孝之所存,轉不若貴信果者之多也。⑥

又言西國今日之所以強盛,"蓋彼以自由爲體,以民主爲用"。⑦ 那麼中國欲求改革富強,"不外利民之政也,而必自民之能自利始,能自利自能自由始,能自由自能自治始"⑧,"其於朝也,則建民主,開議院;其於野也,則合公司,用公舉"。⑨ 在《辟韓》一篇中,嚴復則以盧梭《民約論》之説對中國君主專制進行了批判。

以康有爲爲代表的維新派的一系列宣傳和改革訴求以及對傳統倫理綱常的批判,引起了保守派士大夫的極大反對。如光緒二十年(1894),余聯沅即上奏彈劾康有爲,言康有爲《新學僞經考》一書"騰其簧鼓,煽惑後進",其"自號長素,以爲長於素王","康祖詒之非聖無法,惑世誣民,較之華士、少正卯,有其過之無不及也",⑩並請銷毁書版。儘管不斷有保守派人士的反對和阻擾,但是維新思想的傳播卻越來越盛。隨着湖南巡撫陳寶箴在湖南推行新政,大量維新派士人進入湖南,宣傳托古改制、自由平權之説。光緒二十四年岳麓書院齋長賓鳳陽上時爲岳麓書院院長王先謙之書即云:

> 竊我省民風素樸,自去夏以前,固一安静世界也。自黄公度觀察來,而有主張

---

① 譚嗣同:《仁學》,北京:中華書局,1958年,第48頁。
② 譚嗣同:《仁學》,第12頁。
③ 譚嗣同:《仁學》,第11—12頁。
④ 譚嗣同:《仁學》,第61頁。
⑤ 梁啓超:《西學書目表後序》,《飲冰室合集·文集》之一,北京:中華書局,1989年,第128頁。
⑥ 嚴復:《原強修訂稿》,《嚴復集》第1冊,第31頁。
⑦ 嚴復:《原強》,《嚴復集》第1冊,第11頁。
⑧ 嚴復:《原強》,《嚴復集》第1冊,第14頁。
⑨ 嚴復:《原強》,《嚴復集》第1冊,第13頁。
⑩ 蘇輿編:《翼教叢編》卷二,上海:上海書店出版社,2002年,第25頁。按:《翼教叢編》所收題爲《安曉峰侍御請禁毁新學僞經考片》,乃誤題,實爲余聯沅所奏,見孔祥吉:《安維峻彈劾〈新學僞經考〉辨誤》,收入孔祥吉:《戊戌維新運動新探》,長沙:湖南人民出版社,1988年,第310—314頁。

民權之説；自徐硯夫學使到，而多崇奉康學之人；自熊秉三庶常邀請梁啓超主講時務學堂，以康有爲之弟子大暢師説，而黨與翕張，根基盤固，我省民心頓爲一變。①

當時湖南學政江標、繼任者徐仁鑄以及按察使黄遵憲，或在不同程度上接受了康有爲的維新思想，或與康有爲政見相契合。光緒二十三年，由江標所主辦以"專開風氣，拓見聞爲主"的《湘學報》，由譚嗣同、唐才常、易鼎等維新派人士主筆，在第一期《例言》中即出現"素王改制"字樣。儘管張之洞屢次致電江標、陳寶箴、徐仁鑄要求整改，但仍然成爲維新思想的重要宣傳陣地。二十四年二月，譚嗣同與唐才常等又創辦《湘報》，宣傳維新思想、西方學説較《湘學報》更爲激進。同時，又創辦時務學堂、南學會等學會，廣泛宣傳維新思想。在這種風氣之下，推動經學轉型以應對來自維新派的挑戰，在時任湖廣總督的張之洞看來，或許已是迫在眉睫之事了。

三　傳統經學轉型的現實需求

傳統經學的轉型，除了經學發展自身所面臨的困境和危機，以及來自於維新派的批判和挑戰外，也有現實的需要。從保守派的角度，現行的君主制度的合法性實際上是來自於名教綱常，而名教綱常則寓於儒家經傳之中。換而言之，傳統經學與現實政治具有某種互相依存的關係，而這種關係得以維持的媒介又是通過以經學選舉識忠孝大義的人才來實現的。因此，在晚清社會危機的面前，經學轉型又有維護清廷統治和培養選拔人才的現實需要。

（一）"政教相維"的認識和保國、保教、保種的現實需要

中國自先秦以來即形成了一種"政教相維"的政治和文教關係的形態。所謂"政教相維"，即"兼體分用，一方面説明儒家中國的文明安排中政治與學教乃持有同一個意義和價值的秩序，形成一個整體的生成維持結構；另一方面，二者之間經由不同的秩序力量得以表達，其間有功能和機制的分工或分化"。② 張之洞在《勸學篇·同心》中，將中國之教之所以能夠行于中土數千年而不改歸結到"政教相維"的政教結構，如云：

我聖教行於中土數千年而無改者，五帝三王，明道垂法，以君兼師；漢、唐及明，宗尚儒術，以教爲政；我朝列聖，尤尊孔、孟、程、朱，屏黜異端，纂述經義，以躬

---

① 蘇輿編：《翼教叢編》卷五《賓鳳陽等上王益吾院長書》，第 144 頁。
② 任鋒：《政教相維下的"兼體分用"：儒家與中國傳統的文教政治》，《學海》2014 年第 5 期，第 100 頁。

行實踐者教天下。故凡有血氣,咸知尊親。蓋政教相維者,古今之常經,中西之通義。①

不論是五帝三王的以君兼師、漢唐及明的以教爲政,還是清的尊孔、孟、程、朱之教而躬行實踐以教天下,都是一種"政教相維"的結構。在傳統中國"政教相維"的結構中,政治的合法性來自於文教,文教從理論上維護和制約着政治秩序,同時政治又是文教推行的保障。而"政教相維"又是通過人來實現的,即接受教化之人來維持政治秩序和推行教化。由此,"政教相維"又恰與晚清保國、保教、保種之説相應。

張之洞在《同心》一篇中對保國、保教、保種三者關係的闡述,即從"政教相維"的角度展開。在這一篇中,張之洞提出:

> 吾聞欲救今日之世變者,其説有三:一曰保國家,一曰保聖教,一曰保華種。夫三事一貫而已矣。保國、保教、保種,合爲一心,是謂同心。②

所謂的保國,即保清廷;保教,即周孔之教。儘管三事一貫,但是張之洞還是爲其分出了先後,即"保種必先保教,保教必先保國"。之所以得出這樣的順序,張之洞接着又説"種何以存? 有智則存。智者,教之謂也。教何以行? 有力則行。力者,兵之謂也"。③ 兵作爲國家權力最重要的依靠,以力保證教之行,實際上是以國家作爲文教推行的權力保障。爲了突出保國的重要性和國家權力在保教中的關鍵作用,其後列舉回教、佛教、波斯景教、希臘古教、耶教的盛衰興亡之狀況,得出教之所行"兵力爲之也"。換而言之,即政治是文教推行的權力保障。而本篇之第一部分,張之洞歷舉春秋、戰國、兩漢、三國、南北朝、隋、唐、宋、明以及清咸豐以來學術與政治關係之事,而得出結論曰:"是故學術造人才,人才維國勢,此皆往代之明效,而吾先正不遠之良軌也。"④所謂"學術造人才",既是"有智則存"的保教以保種,也是文教通過造就人才以保國。由此可見,保國最終還是要落實到人才上。所以張之洞在此篇開篇即引范仲淹、程顥、顧炎武之言,並推而言之曰:

> 積天下之秀才則盡士類,積天下之命官則盡臣類,積天下之匹夫則盡民類,若皆有持危扶顛之心、抱冰握火之志,則其國安於磐石,無能傾覆之者。是故人人親

---

① 張之洞:《勸學篇·內篇·同心》,范書義、孫華峰、李秉新主編:《張之洞全集》第12冊,石家莊:河北人民出版社,1998年,第9708頁。
② 張之洞:《勸學篇·內篇·同心》,《張之洞全集》第12冊,第9708頁。
③ 張之洞:《勸學篇·內篇·同心》,《張之洞全集》第12冊,第9708頁。
④ 張之洞:《勸學篇·內篇·同心》,《張之洞全集》第12冊,第9708頁。

其親,長其長,而天下平;人人智其智,勇其勇,而天下强。①

針對當時的時局,張之洞儘管説"惟以激發忠愛、講求富强,尊朝廷、衛社稷爲第一義",②但要實現尊朝廷、衛社稷,還在於人才,即:

> 執政以啟沃上心、集思廣益爲事,言官以直言極諫爲事,疆吏以足食足兵爲事,將帥以明恥教戰爲事,軍民以親上死長爲事,士林以通達時務爲事,君臣同心,四民同力。③

然而如何才能秀才盡士類、命官盡臣類、匹夫盡民類而有持危扶顛之心使國安於磐石,如何才能激發士人忠義之心,使君臣同心、四民同力?即在於教。在傳統中國,文教的核心内容是作爲傳統禮樂制度之本的名教綱常,而名教綱常則寓於堯、舜以來至周、孔仁聖賢人之實跡實政,而這些實跡實政又記載於聖經賢傳。因此,張之洞在一些地方直接將中國的宗教等同于經書,如在光緒二十九年張之洞與張百熙、榮慶重訂《學堂章程》中的《學務綱要》即説"中國之經書,即是中國之宗教"。④ 由此言之,在晚清面臨各方對經學的批評否定以及對經學核心内容名教綱常的抨擊時,以張之洞爲代表的保守派士大夫推動經學轉型以正學術,進而造就人才,也是由於"政教相維"和保國、保教、保種的現實需求。

(二)適應造就人才的需要

儘管張之洞强調保國的重要性,但是在其叙述中,保教的重要性也顯露無疑。而傳統經學,不僅僅是文教的核心内容,其三綱五倫更爲傳統禮樂制度視爲爲政爲學之本。在晚清越來越嚴峻的社會危機面前,傳統經學因顯得毫無應對之力而被廣泛批評,甚至一些激進的士人將之徹底否定。但是經學作爲文教的核心和根本,張之洞等保守派士大夫從"政教相維"和保國、保教、保種的需要而言,卻不能廢除。因此,儘管"今欲强中國,存中學,則不得不講西學",但是"不先以中學固其根柢,端其識趣,則强者爲亂首,弱者爲人奴,其禍更烈於不通西學者矣",⑤"如中士而不通中學,此猶不知其姓之人、無轡之騎、無柁之舟,其西學愈深,其疾視中國亦愈甚,雖有博物多能之士,國家亦安得而用之哉"。⑥ 對於這方面的擔憂,張之洞在後來與張百熙、榮慶重訂的

---

① 張之洞:《勸學篇・内篇・同心》,《張之洞全集》第 12 册,第 9707 頁。
② 張之洞:《勸學篇・内篇・同心》,《張之洞全集》第 12 册,第 9709 頁。
③ 張之洞:《勸學篇・内篇・同心》,《張之洞全集》第 12 册,第 9709 頁。
④ 張百熙:《張百熙集》,長沙:嶽麓書社,2008 年,第 43 頁。
⑤ 張之洞:《勸學篇・内篇・循序》,《張之洞全集》第 12 册,第 9724 頁。
⑥ 張之洞:《勸學篇・内篇・循序》,《張之洞全集》第 12 册,第 9725 頁。

《學務綱要》中講得更爲明白：

> 外國學堂有宗教一門。中國之經書，即是中國之宗教。若學堂不讀經書，則是堯、舜、禹、湯、文、武、周公、孔子之道，所爲三綱五常者，盡行廢絕，中國必不能立國矣。學失其本則無學，政失其本則無政；其本既失，則愛國愛美之心亦隨之改易矣，安有富強之望乎？故無論學生將來所執何業，在學堂時經書必宜誦讀講解。①

其後曹元弼在《書孫氏〈周禮正義〉後》一文，就孫詒讓《周禮正義》之序篇而發揮張之洞此説更爲明晰，其言爲政、爲教皆當得其本：

> 苟爲無本，不惟其道惟其藝，雖羿、逢蒙之弓，良之策，班之斧，於天下理亂何與？況三綱五常，大義不明，有邪説以牽之，簧鼓雷動，蜩螗沸羹，無論其藝之不精，即精矣，莫邪干將，適爲反戈之用。立學愈多，倫理愈晦，人才盡爲不義，是徧地皆敵國，而導民以相殺，養虎貽患，豈不殆哉？②

而對於當時變法改革所言之西法、古法，“苟得其本，則師古法可，采西法亦可；不得其本，則無論用古法，用西法，同歸於亂”。③ 所謂之本，即張之洞“中學爲體”之中學，其中學的核心又在經學。

因此，堅守“中體西用”的張之洞，在主持晚清文教改革時，爲了避免立政立教之失其本，認爲最理想的方案即是先通中學以立其本，而後以西學、西政補缺救弊，如其《循序》所言：

> 今日學者，必先通經以明我中國先聖先師立教之旨，考史以識我中國歷代之治亂、九州之風土，涉獵子、集以通我中國之學術文章，然後擇西學之可以補吾闕者用之、西政之可以起吾疾者取之，斯有其益而無其害。④

但隨着世變日亟，如何解決“滄海橫流，外侮洊至，不講新學則勢不行，兼講舊學則力不給”的現實困境，如何應對“今日無志之士本不悦學，離經叛道者尤不悦中學，因倡爲中學繁難無用之説，設淫辭而助之攻，於是樂其便而和之者益眾，殆欲立廢中學而後

---

① 張百熙：《張百熙集》，第 43 頁。
② 曹元弼：《復禮堂文集》卷四，《中華文史叢書》之四十六，臺北：華文書局，1968 年影印民國六年（1917）刊本，第 396 頁。
③ 曹元弼：《復禮堂文集》卷四，《中華文史叢書》之四十六，第 398 頁。
④ 張之洞：《勸學篇·內篇·循序》，《張之洞全集》第 12 册，第 9725 頁。

快"①的挑戰,以及如何回應維新派等人對名教綱常的批判和對平權之説的宣傳。因此,勢必要推動中學的轉型。爲了推動中學的轉型,張之洞在《守約》篇中給出了方案,即"處今日之世變,則當以孟子'守約施博'之説通之",②"今欲存中學,必自守約始,守約必自破除門面始。爰舉中學各門求約之法……損之又損,義主救世,以致用當務爲貴"。③ 其中關於經學,首要在於通"切於治身心、治天下"之大義,④並列舉各經大義、治經守約之七端以及群經書目,並且認爲"如此治經,淺而不謬,簡而不陋,即或廢於半塗,亦不至全無一得。有經義千餘條以開其性識,養其本根,則終身可無離經畔道之患"。⑤ 所以其改兩湖書院、經心書院爲學堂時"皆以中學爲體,西學爲用,既免迁陋無用之譏,亦杜離經畔道之弊"。⑥

四 《十四經學》對經學轉型的具體嘗試

(一)經學轉型的嘗試與《十四經學》的編纂

張之洞"守約施博"的經學轉型方案,實際上醞釀已久,在光緒十三年兩廣總督任上創建廣雅書院即云"院內課程,經學以能通大義爲主,不取瑣屑"。⑦ 而在光緒二十二年至二十七年間對兩湖書院的改革過程中也嘗試推行,如《兩湖書院各分教規程》言:

> 鄙人於擇課程期,限其大指,只在教諸生知讀書之法,備作官之用,並非欲令五年之內,造成鴻博經師。⑧

但在具體的執行上,卻並不能達到預期效果,以至於當時兩湖書院的經學分教馬貞榆對曹元弼抱怨:

> 弟今思之,非罷去吾輩每日所發課程,無可簡法。蓋一落文字,必有始有卒,勢無可簡。若必求簡,非脱則漏,而諸生所得課程,或有全不寓目。及其發題,乃倉皇取閱,而所課不出所發之外,故其所答千手雷同。就有餘力於課程之外者,亦

① 張之洞:《勸學篇·内篇·循序》,《張之洞全集》第12册,第9726頁。
② 張之洞:《勸學篇·内篇·守約》,《張之洞全集》第12册,第9726頁。
③ 張之洞:《勸學篇·内篇·守約》,《張之洞全集》第12册,第9726頁。
④ 張之洞:《勸學篇·内篇·守約》,《張之洞全集》第12册,第9727頁。
⑤ 張之洞:《勸學篇·内篇·守約》,《張之洞全集》第12册,第9728頁。
⑥ 張之洞:《兩湖經心兩書院改照學堂辦法片》,《張之洞全集》第2册,第1299頁。
⑦ 張之洞:《創建廣雅書院折》,《張之洞全集》第1册,第586頁。
⑧ 《湘學新報》第八期,光緒二十三年(1897)六月初一日。

無以知其淺深。故我輩雖勞而彼之獲益有限也。①

在書院推行的同時,張之洞還有意識地組織人手按照其"守約"之法編纂經學教科書。光緒二十四年,張之洞即延通經之士纂《經學明例》,②今可考者有楊裕芬、廖平、宋育仁。梁鼎芬致電楊裕芬函云:

> 湖北現辦纂書事,經學依《勸學編·守約》卷内體例等七條,《詩》《儀禮》已有。廣雅公最重公品學,請擇一二經,先編《明例》一卷寄來。③

《廖平先生年譜長編》云:

> 按:《經學明例》之作,始於甲午以前,門人廖平爲《左傳經例長編》,先撰數條以發凡,而合川張森楷助之。先爲《史微篇》,略采《史記》本紀、年表、世家各編所用《左傳》之文,及其解經之説,以折劉逢禄《左氏春秋考證》之妄。其有乖違,特申長義,必不可通,亦從蓋闕,意在申《左》而以史證之(見森楷所爲《合川縣志》)。《易例長編》則屬之門人宋育仁。育仁在京,又屬王繩生、黄秉湘、曾鑑分纂。凡四十門,繩生纂十八門,曰爻名、爻位、往來、中爻、變化、治平、圖書、會通、興作、知來、時義、典禮、修德、卜筮、始終、性理、精義、古易。其書兼采漢、唐、宋諸儒及近代經學家之説,約以成書。寄鄂,其稿未見。④

今廖平所撰《左傳例長編》尚存,而楊裕芬、宋育仁之書未見。

張之洞在光緒二十四年延廖平、宋育仁、楊裕芬等纂《經學明例》後,於二十四年又屬時任兩湖書院經學分教的曹元弼依據其《守約》所示七例以編《十四經學》。⑤曹元弼《周易鄭氏注箋釋序》云:

> 文襄師以世道衰微,人心陷溺,邪説横行,敗綱斁倫,作《勸學篇》以拯世心。内有《守約》一章,立治經提要鈎元之法,約以明例、要旨、圖表、會通、解紛、闕疑、流别七目,冀事少功多,人人有經義數千條在心,則終身可無離經叛道之患,屬元

① 《復禮堂朋舊書牘録存》第一册,復旦大學圖書館藏鈔稿本。
② 胡鈞:《張文襄年譜》,《張之洞詩文集》下,第741頁。
③ 轉引自張遠東、熊澤文:《廖平先生年譜長編》,上海:上海書店出版社,2016年,第150頁。按,楊裕芬(1857—1914)字家珍,號惇甫,廣東南海人。光緒二十年進士,任户部主事。張之洞創兩湖書院時,又任兩湖書院經學分教。《長編》云"梁編修致電廣州梁惇甫户部",梁編修即梁鼎芬,梁惇甫爲楊惇甫之誤。
④ 張遠東、熊澤文:《廖平先生年譜長編》,第150—151頁。
⑤ 曹元弼《經學文鈔序》云:"其明年(光緒二十五年,1898),元弼以南皮師命編《十三經學》,辭講席歸,杜門著書。"曹元弼諸書僅此一處記載言《十三經學》,餘皆云《十四經學》,或補《大戴禮記》一經,或於《十三經》外補《小學》一種?見《復禮堂文集》卷一,《中華文史叢書》之四十六,第64頁。

弼依類撰集《十四經學》。①

曹元弼既受張之洞之屬而撰《十四經學》，又據張之洞《勸學篇》之旨，引申闡發其義，"先爲《原道》《述學》《守約》三篇，以提其綱"。② 在光緒二十四年以後，曹元弼便居家閉門著書，並於二十五年三月請辭兩湖書院經學教習。③ 至三十三年，張之洞招曹元弼主講湖北存古學堂，"時《十四經學》論撰甫半，以最先寫定之《易》《禮》《孝經》三學就正"④。據曹元弼自言，張之洞對其所編三學表示肯定，云"公以爲提要鉤元，卓乎得聖經大義，足以正人心，息邪説，俾學者知歸"，並且欲刊印此三學而未成。⑤ 至三十四年，時任江蘇布政使的朱之榛奏立蘇州存古學堂，並延曹元弼掌教，方以此三學付梓，至宣統元年刊成。⑥

隨着張之洞的去世、存古學堂的撤銷，以及隨後而來的辛亥革命，曹元弼目擊世變之劇，選擇了閉門絶户、獨抱遺書、守先待後的遺民生活，與其兄曹元恒、曹福元、從兄曹元忠等偕隱。面對前所未有的劇變，曹元弼"懼文武道盡，乾坤或息"，於是"憂患學《易》，覃精研思，默察天人消息，冀剥之反復，否之反泰"，⑦研治群經，先後成《周易鄭氏注箋釋易》《周易集解補釋》《古文尚書鄭氏注箋釋》《禮經大義》《中庸通義》《大學通義》《孝經鄭氏注箋釋》《復禮堂述學詩》等書，而其《十四經學》的編纂則中輟。按其自言"歷十年餘，成《周易》《三禮》《孝經》《論語》《孟子學》，餘經猶未及寫定"⑧。並且其中的《周易學》《禮經學》《孝經學》三書，雖然在宣統元年既刊竣，但"蹉跎歲月，久置不印"。⑨ 至民國十五年丙寅（1926）完成《周易鄭氏注箋釋》後，"念《十四經學》，文襄師之所屬也；《易》《禮》《孝經》三學，竹石師之所刊也，此書既於世道人心有補……於是覆更校勘，印而行之"。⑩ 此次印行，在《周易學》卷前冠有《十四經開宗》《十四經學略例》《〈周易〉〈禮經〉〈孝經〉三學合刻序》。其中《十四經學開宗》即光緒

---

① 曹元弼：《周易鄭氏注箋釋》卷首《序》，宣統三年（1911）至民國十五年（1926）刊本，第33a—b頁。
② 曹元弼：《復禮堂述學詩》卷首《序》，民國二十五年（1936）刻本，第15b頁。
③ 曹元弼《篤信齋日記》："（二十五年三月）二十四日……南皮先生來電，辭分教得命矣。"《復禮堂日記》第一冊，復旦大學圖書館藏鈔稿本。
④ 曹元弼：《周易學》卷首《〈周易〉〈禮經〉〈孝經〉三學合刻序》，宣統元年（1909）刻本，第1a頁。
⑤ 曹元弼：《周易學》卷首《〈周易〉〈禮經〉〈孝經〉三學合刻序》，第1a頁。
⑥ 曹元弼：《周易學》卷首《〈周易〉〈禮經〉〈孝經〉三學合刻序》云："戊申，遂奏立江蘇存古學堂，延余掌教。竹石師又以余三經學授梓，越一年刊成。"第1a頁。
⑦ 曹元弼：《復禮堂述學詩》卷首《序》，第1a頁。
⑧ 曹元弼：《周易鄭氏注箋釋》卷首，第33a—34a頁。
⑨ 曹元弼：《周易學》卷首《〈周易〉〈禮經〉〈孝經〉三學合刻序》，第2b頁。
⑩ 曹元弼：《周易學》卷首《〈周易〉〈禮經〉〈孝經〉三學合刻序》，第2b頁。

三十年甲辰(1904)曹元弼所撰之《原道》《述學》《守約》三篇,《〈周易〉〈禮經〉〈孝經〉三學合刻序》爲丙寅年所撰而置於《周易學》之前。關於其他各經學,據王欣夫《蛾術軒篋存善本書録·庚辛稿》卷一云:"已刊而未成者三:曰《毛詩學》,曰《周禮學》,曰《孟子學》。"[1]今可見者,此已刊而未成者僅有《毛詩學》存四卷(卷一明例第一、卷二要旨第二、卷五解紛第五、卷七流別第七[2]),《周禮學》存卷五殘卷三葉。[3] 另外,《聖學挽狂録》(即《論語學》)民國間隱貧會嘗予排印,存兩卷(條例、卷一、卷二[4])。其餘各書均未見。

(二) 出於現實需求的體例、內容

在"時局之危,刻不容緩;需材之亟,刻不容緩"[5]的晚清,爲了滿足現實造就人才的迫切需要,張之洞爲經學開出了"守約施博"的方案。在具體治經之法上,張之洞試圖以明例、要指、圖表、會通、解紛、闕疑、流別七端來隱括群經大義,以求"有要而無勞"。對於張之洞此法,曹元弼是表示認同的,並很快達成共識,進行《十四經學》的編纂。今所見曹元弼《十四經學》中完成的三經學,在體例上可以説是嚴格遵循張之洞《勸學篇·守約》所示的七法,而在每一類的具體內容方面,曹元弼則較張之洞更有所發明。爲了方面説明,茲將張之洞七端與《十四經學》之例列表(表一)如下:

---

① 王欣夫:《蛾術軒篋存善本書録》上册,上海:上海古籍出版社,2002年,第18頁。

② 按,《毛詩學》國内存三本,一爲蘇州圖書館藏稿本,一爲復旦大學圖書館藏吴縣王氏學禮齋稿鈔本,一爲復旦大學圖書館藏紅印樣本。三本所存内容大體相當,皆爲卷一、卷二、卷五、卷七,但蘇州圖書館藏稿本每卷文字略多,並且還有《圖表》中的《毛詩本字借字譌字表》《詩雙生疊韻表》《詩異文表》《詩異義表》,此四表皆只有開頭示範,大概爲未成之作。三本卷一、卷二、卷五、卷七皆不完整,計其内容,不及十之一。具體情況,王欣夫《庚辛稿》卷一有詳細叙述:"此《毛詩學》一厚册,存卷一《明例第一》至八十二葉止,卷二《要旨第二》至三十葉止,卷五《解紛第五》至四十二葉止,卷七《流別第七》至十七葉止。實無一完卷,而《要旨》《解紛》皆僅至《葛覃》'害澣害否,歸寧父母',其下皆闕。以全書核之,蓋未及什一。古今説《詩》者無慮數百家,此書提要鉤玄,可稱大觀,而惜其未完也。吾師早歲所著《詩箋釋例》,稿佚不傳。此《明例》雖不衹爲鄭《箋》而發,亦可窺豹一斑。《解紛》所載《詩入樂説》《六義》《十五國風次序説》《二南分風説》《邶鄘衛分地分風説》《王降爲風説》《豳風豳雅豳頌説》《詩序不可輕議説》諸篇,皆原原本本,陳義卓然。"(第19頁)。

③ 《周禮學》三葉爲紅印樣本,所存爲卷五的三葉,内容爲《解紛》篇的部分,涉及《金氏榜説以國服爲之息》及《江氏永説關市之賦》等少許内容。

④ 此書殘卷有民國排印本,後收入林慶彰主編:《民國時期經學叢書》第五輯(臺中:文聽閣圖書有限公司,2013年)。另外《隱貧會旬刊》民國十五年(1926)十一月至十二月各期上連載有《八佾第三》部分内容,包括"孔子謂季氏"章(丙寅年十月十一日、十月廿一日)、"三家者以雍徹"章(丙寅年十月廿一日)、"人而不仁,如禮何"章(丙寅年十一月初一日)、"林放問禮之本"章(丙寅年十一月十一日、十一月廿一日)、"夷狄之有君"章(丙寅年十一月廿一日)、"季氏旅於泰山"章(丙寅年十二月初一日)、"君子無所爭"章(丙寅年十二月十一日、十二月廿一日)、"巧笑倩兮"章(丙寅年十二月廿一日),爲排印本所無。

⑤ 曹元弼:《周易學》卷首《守約》,第16b頁。

表一

《勸學篇・守約》①	《十四經學略例》②
明例。謂全書之義例。《毛詩》以訓詁音韻爲一要事,熟於《詩》之音訓,則諸經之音訓皆可隅反。	明例。例者,經之所以爲體。例明則若網在綱,如裘挈領,全經竅要,豁然貫通。又如新見人之面目,僞者不能冒,真者不可誣,疑經非聖之邪説自息矣。先儒釋例之書甚多,今整齊而貫穿之,本經通例、經師別例、注例、疏例、各家説經例、學者治經例,一一表明。
要指。謂今日尤切用者,每一經少則數十事,多則百餘事。	要旨。旨者,經之所以爲心,聖人所以繼天覺民、幸教萬世,學者治身心、治天下之至道,精微廣大,探索無窮。今放顧氏《日知錄》之例,掇舉經句,繫以先儒成説,並下己意,爲有志聞道者舉隅。
圖表。諸經圖表皆以國朝人爲善,譜與表同。	一、圖表。取舊圖、舊表尤要者著之,正其誤,補其闕。
會通。謂本經與群經貫通之義。	一、會通。極論一經與羣經相通大義,條列事證,略放《漢書・藝文志》、鄭君《詩譜》例。
解紛。謂先儒異義各有依據者,擇其較長一説主之,不必再考,免耗日力。大率國朝人説而後出者較長。	解紛。舉各經尤難明而切要之義,窮源竟委,明辯之,俾學者一覽而悟。
闕疑。謂隱奧難明碎義不急者,置之不考。	闕疑。各經多寡有無不定,備存其目而繫以説。
流別。謂本經授受之源流,古今經師之家法。考其最著而今日有書者。	流別。詳叙傳經源流,標舉各家撰述要略,並列經注疏各本得失,俾學者知所適從。

從上表可以看出,曹元弼在體例上是嚴格按照張之洞《守約》所示的提要鉤玄七法,但是在具體每一類的内容和所欲達到的目標方面,則在張之洞基礎上有所補充和引申發揮。其中張之洞語焉不詳之處,如會通如何呈現"本經與群經貫通之義",曹元弼則給出了解決之方,即"條列事證,略放《漢書・藝文志》、鄭君《詩譜》例"。尤其值得注意的是,曹元弼將對今文學誣蔑古文經的回應以及經學切用於世的目的在明例和要旨二例中直接加以了明確。客觀來説,張之洞所列的七目以及曹元弼的具體細化,基本上涵蓋每一經最核心的内容,既有經例、經義、各經歷史上的疑問難題,還包括各經流傳源流,對於初學者而言,確實可以快速掌握各經大義,可以説是一個比較成功的經學教

① 《張之洞全集》第 12 册,第 9727—9728 頁。
② 曹元弼:《周易學》卷首《十四經學略例》,第 1a—2b 頁。

科書體例。因此,以此七端隱括群經大義,"分類求之,批郤導窾,事半功倍",①對於"今日之學如理軍事,如救水火,如醫急證,如救亡子,風雨漂搖"②而言,可謂是符合現實需要的。

經學自先秦以來,經過歷代經師説解箋注,產生了數量龐大、内容繁雜的經傳注疏,正如張之洞所言:

> 今日四部之書汗牛充棟,老死不能遍觀而盡識。即以經而論,古言古義隱奧難明,訛舛莫定,後師群儒之説解紛紜百出,大率有確解定論者不過什五而已。③

因此,要使經學轉型符合垷實之需,除了體例上力求以七法隱括群經外,在内容上還必須有所抉擇。對此,張之洞從群經大義和各經要目兩方面來對經傳注疏和歷代經師之説進行選取,而曹元弼在編纂《十四經學》時,也正是遵循張之洞之説而選擇、隱括,依類編集,並加以引申的。

首先,歸納群經大義,提綱挈領。張之洞在《勸學·守約》中對"群經大義"做了界定,即:"切於治身心、治天下者,謂之大義;凡大義必明白平易,若荒唐險怪者乃異端,非大義也。"④隨後,張之洞即列出了他所認爲的群經大義:

> 《易》之大義,陰陽消長;《書》之大義,知人安民;《詩》之大義,將順其美,匡救其惡;(原注:《詩譜序》:"論功頌德,所以將順其美;刺過譏失,所以匡救其惡。")《春秋》大義,明王道,誅亂賊;《禮》之大義,親親、尊尊、賢賢;《周禮》大義,治國、治官、治民三事相維。(原注:太宰建邦之六典,治典經邦國、治官府、紀萬民,其餘教典、禮典、政典、刑典、事典皆國、官、民三義並舉。蓋官爲國與民之樞紐,官不治則國民交受其害。此爲《周禮》一經專有之義,故漢名《周官經》,唐名《周官禮》)此總括全經之大義也。如《十翼》之説《易》,《論》《孟》《左傳》之説《書》,大小序之説《詩》,《孟子》之説《春秋》,《戴記》之説《儀禮》,皆所謂大義也。⑤

可以看出,張之洞對群經大義的概括,不論是《書》的知人安民,還是《詩》的將順其美、匡救其惡,以及《春秋》的明王道、誅亂賊,《禮》之親親、尊尊、賢賢,《周禮》之治國、治官、治民之相維,都是緊緊圍繞"切於治身心、治天下"而來的,並且力求明白平易。如

---

① 張之洞:《勸學篇·内篇·守約》,《張之洞全集》第 12 冊,第 9728 頁。
② 曹元弼:《周易學》卷首《守約》,第 16b 頁。
③ 張之洞:《勸學篇·内篇·守約》,《張之洞全集》第 12 冊,第 9726 頁。
④ 張之洞:《勸學篇·内篇·守約》,《張之洞全集》第 12 冊,第 9727 頁。
⑤ 張之洞:《勸學篇·内篇·守約》,《張之洞全集》第 12 冊,第 9727 頁。

果前者是其經世致用思想的體現,那麼後者則是對時下新思潮尤其是維新派的回應。這也正是由當時現實需要所決定。

曹元弼在編《十四經學》時,對群經大義的隱括,在張之洞基礎上又有引申和細化。張之洞作爲洋務運動和晚清立憲改革的實際參與人,對時務的關注更甚於對經學義理的探討,因此其歸納群經大義更注重從切於實用的角度,歸納出符合現實需要的內容;曹元弼作爲經學家,他在歸納群經大義時,則是從"中國之經書即中國之宗教"的角度,以愛敬生養和綱常倫理來連貫群經大義,追求思想和學術上的嚴密性以及內容上的中正無弊。具體而言,曹元弼是以《繫辭》"天地之大德曰生"①爲出發點,根據"人心莫不好生而惡死"的本性出發,得出"人之相生必由于相愛相敬",而愛敬爲"父母之愛子與子之愛敬父母"的天性,因此借《孝經》"聖人因嚴以教敬,因親以教愛"之説,以此推衍三綱五倫,②進而貫穿群經大義。如其在《原道》篇中言:

> 蓋六經者,聖人因生人愛敬之本心而擴充之,以爲相生、相養、相保之實政。《易》者,人倫之始,愛敬之本也。《書》者,愛敬之事也。《詩》者,愛敬之情也。《禮》者,愛敬之極則也。《春秋》者,愛敬之大法也。三代之學皆所以明人倫,孔子直揭其本原而爲之總會,於是乎有《孝經》。故曰:"唯天下至誠,爲能經綸天下之大經,立天下之大本。"《論語》之所謂學,所謂仁,所謂勝殘去殺,所謂教民即戎,《孟子》之所謂性善,所謂推恩足以保四海,所謂仁者無敵,皆此道也。③

所謂"人倫之始,愛敬之本",即"三綱五倫,王政之始,聖教之本,易知易能,極萬世之變易而歸於不易,此《易》之大義也"。④ 所謂"愛敬之事",即"堯之所以治民,舜之所以事君,人倫之至也。禹思天下有溺者由己溺之,稷思天下有飢者由己飢之,愛敬之至也","知人以安民,立事以永年,良法美意,利濟萬世",⑤即《書》與《周官》之大義。所謂"愛敬之情",即"王道本於人情,忠臣、孝子、弟弟、信友、貞婦情動於中而形於言,先王以是經夫婦,成孝敬,厚人倫,美教化,移風俗,論功頌德,刺過譏失,爲法彰顯,爲戒著明",⑥即《詩》之大義。所謂"愛敬之極則",即"親親、尊尊、長長、賢賢、男女有別,則四海之內,合敬同愛,人之所以羣居和壹之理盡矣,此《禮》之大義也"。⑦ 所謂"愛

① 王弼、韓康伯注,孔穎達疏:《周易正義》卷八,阮元校刻:《十三經注疏》,北京:中華書局,2009年,第179頁上。
② 詳見曹元弼《周易學》卷首《原道》,第2a—8a頁。
③ 曹元弼:《周易學》卷首《原道》,第4b—5a頁。
④ 曹元弼:《周易學》卷首《原道》,第3a頁。
⑤ 曹元弼:《周易學》卷首《原道》,第3b—4a頁。
⑥ 曹元弼:《周易學》卷首《原道》,第4a頁。
⑦ 曹元弼:《周易學》卷首《原道》,第3b頁。

敬之大法"，即"先王懼爲人上者或惡慢於人，以失生養之理，設之史官，爲之聳善而抑惡，以怵懼其動，昭明德而廢幽昏，君舉必書，善惡吉凶，炳若日月，百世不改。降及後世，良史直筆以鋤凶銷逆，聖人垂法以撥亂反正"，①即《春秋》之大義。

對比曹元弼與張之洞群經大義，可見曹元弼在張之洞所歸納的基礎上更强調各經所體現的愛敬生養與名教綱常，並以此將群經大義融爲一體。不僅在《原道》一篇中如此，在具體每一經學内部對各經經義的歸納和選擇，也基本上是這樣的，如《禮經學·明例》開篇即引《周易·序卦》《禮記·大傳》《中庸》《論語·爲政》等關於三綱五倫的論説而引申發揮，以爲全篇之綱，"聖人之所以作君、作師，生民之所以相生、相養，皆由此道出也"。② 其在歸納具體經例、經義時，亦頗重愛敬生養與三綱五倫之義，如《周易學·要旨》即於家人九五爻辭"王假有家，勿恤，吉"③《象傳》"王假有家，交相愛也"引惠棟、張惠言之説君臣、父子、夫婦、兄弟、朋友相愛之意。④ 又如《孝經學·明例》中對《孝經》之脈絡、次第以及經例的歸納叙述時，即着意歸納《孝經》所體現的愛敬生養與三綱五倫之義，並以此貫穿《孝經》各章，進而貫通群經，並且强調説：

> 凡《孝經》爲六藝之總會。以《孝經》通《易》，而伏羲立教之本明；以《孝經》通《詩》《書》，而民情大可見，王道益燦然分明；以《孝經》通《禮》，而綱紀法度會有極，統有宗，法可變，道不可變；以《孝經》通《春秋》，而尊君父、討亂賊之大義明，邪説誣聖，不攻自破；以《孝經》權衡百家，如視北辰以正朝夕，是非有正，異端自息。⑤

其他如《周易學》《毛詩學》殘卷、《聖學挽狂録（論語學）》殘卷中亦多有。曹元弼對愛敬生養和名教綱常的强調，並以此來統貫群經之義，正是對張之洞《勸學篇》中《教忠》《明綱》《宗經》《正權》等篇之義的發揮和運用，以符合"確明宗旨，激發忠義，萬衆一心……畢智竭慮，通達萬變，不離其宗，上紓君父之憂，下濟蒼生之厄"⑥的現實需求。

其次，各經要目，張之洞在《勸學篇·守約》中説"大率群經以國朝經師之説爲主"，而《周易》"則程傳與古説兼取"，《四書》"以朱注爲主，參以國朝經師之説"，⑦其後於各經擇要開列一兩種書。曹元弼在《述學篇》中，亦在張之洞所開列的各經要目

① 曹元弼：《周易學》卷首《原道》，第 4a—b 頁。
② 曹元弼：《禮經學》卷一《明例》，宣統元年（1909）刊本，第 1b—2a 頁。
③ 曹元弼：《周易學》卷二下《要旨下》，第 12b 頁。
④ 曹元弼：《周易學》卷二下《要旨下》，第 12b—13a 頁。
⑤ 曹元弼：《孝經學》卷一《明例》，宣統元年（1909）刊本，第 7b—8a 頁。
⑥ 曹元弼：《周易學》卷首《原道》，第 8a 頁。
⑦ 張之洞：《勸學篇·内篇·守約》，《張之洞全集》第 12 册，第 9728 頁。

基礎上,簡要叙述各經源流並開列相關書目。爲了説明張之洞與曹元弼在各經要目上的承襲與變化,茲亦列表(表二)如下:

表二

經目	《勸學篇・守約》①	曹元弼《述學》②
《周易》	《易》止讀程傳及孫星衍《周易集解》。孫書兼采漢人説及王弼注。	《易》自商瞿,傳至田王孫而有施、孟、梁邱之學,京氏出於孟氏,費氏獨傳古文。施、孟、梁邱、京、費,得孔氏之傳者也。虞氏傳孟氏學,荀氏傳費氏學而出入孟氏,鄭君先通京氏,後傳費氏,則鄭、荀、虞亦得孔氏之傳者也。唐李氏《集解》以荀、虞爲主,國朝惠氏棟《周易述》精發古義,張氏惠言獨攻虞學,又於鄭、荀各通其要,姚氏配中會通諸家,據象推義,尤多至理名言。李氏、惠氏、張氏、姚氏,紹孔氏之傳於既絶者也。王弼以老莊言《易》,背孔氏之傳者也。今治《易》當由李、惠、張、姚以達鄭、荀、虞。
《尚書》	《書》止讀孫星衍《尚書今古文注疏》。	《書》伏生今文,孔安國古文,得孔氏之傳者也。今文有歐陽、大小夏侯之學,古文有衛、賈、馬、鄭之學,皆孔氏之傳也。僞孔氏臆造經傳,虛言亂實,背孔氏之傳者也。宋吳才老、朱子,元吳氏澄,明梅氏鷟,國朝閻氏若璩、惠氏棟,辭而闢之。江氏聲、王氏鳴盛、段氏玉裁治古文,孫氏星衍兼治今古文,陳氏壽祺父子專治今文,胡氏渭獨精《禹貢》,皆紹孔氏之傳於既絶者也。今治《書》當由胡、江、王、段、孫、陳以達伏、孔、鄭氏。道光、咸豐之間,治今文學者往往蔑棄古文家,因而蔑棄經文,倡狂怪誕,流毒無窮。惟陳氏爲善。
《詩》	《詩》止讀陳奂《毛詩傳疏》。	《詩》齊、魯、韓、毛皆孔氏之傳,而毛義尤正。鄭箋宗毛爲主而兼采三家,又能溯四家之説所自來,善推明孔氏之傳者也。王肅名爲申毛,實以私意難鄭,背孔氏之傳者也。幸鄭學之徒辭而闢之。孔沖遠兼疏毛、鄭,不爲邪説所惑,善守孔氏之傳者也。其書廣大精微,沈懿雅麗,後之學者,莫之能尚。國朝陳氏啟源、戴氏震、段氏玉裁之書,發疑正讀,亦信多善。陳氏奂訓詁致精,而言禮多誤。夫禮是鄭學,言禮不本鄭,非孔氏之傳也,當分別觀之。胡氏承珙、馬氏瑞辰瑜不掩瑕,陳氏喬樅則存亡繼絶,有功矣。今治《詩》當以孔《正義》爲主,以各家輔之。

---

① 張之洞:《勸學篇・內篇・守約》,《張之洞全集》第 12 册,第 9728 頁。

② 曹元弼:《周易學》卷首《述學》,第 10a—15a 頁。

經目	《勸學篇·守約》	曹元弼《述學》
《周禮》	《周禮》止讀孫詒讓《周禮正義》。已刊未畢。	《周禮》杜子春創通大誼，先後鄭以經書記，轉相證明，紹孔氏之絕學者也。賈疏確守鄭氏家法。國朝江氏永、戴氏震、鄭氏珍之書，雖非訓釋全經，而剖疑析惑，發揮旁通，可謂能致其精。<u>今治《周禮》當以疏爲主，輔以諸家。</u>他若沈氏彤之考禄田，甚難而非；王氏鳴盛之説軍賦，墨守而誤；而程氏瑤田《考工創物小記》，故與鄭立異，尤失平心求是之旨，以子尹之法箴其膏肓可也。
《儀禮》	《儀禮》止讀胡培翬《儀禮正義》。	《儀禮》《禮記注疏》，孔氏之止傳也，賈擇精而孔詁詳。國朝張氏爾歧、江氏永、凌氏廷堪、張氏惠言、胡氏匡衷、培翬之學，精且博矣。當與注疏並治。元弼亦嘗不揣固陋，覃精研思，爲十七篇校釋，於初學不無小補。其他通説《三禮》之書，若朱子《儀禮經傳通解》、江氏永《禮書綱目》、徐氏乾學《讀禮通攷》、秦氏蕙田《五禮通考》、金氏榜《禮箋》、孔氏廣森《禮學卮言》，及段氏玉裁《周禮》《儀禮漢讀》，胡氏承珙疏《儀禮》今古文諸書，皆當玩索服膺者也。
《禮記》	《禮記》止讀朱彬《禮記訓纂》。欽定七經《傳説》、《義疏》，皆學者所當讀，故不備舉。	
《左傳》	《春秋左傳》止讀顧棟高《春秋大事表》。	《春秋左氏》《公羊》《穀梁》，皆本孔氏之傳。張蒼、賈誼，得《左氏》正傳者也。後漢賈景伯、服子慎治之尤精。服注半本鄭注，杜預因賈、服而增損之，雖有更定，大恉不殊。觀各書所引賈、服舊義，多與杜同。洪氏亮吉《左傳詁》輯賈、服注，每云"杜本此"，可證也。孔氏《正義》，發揮詳明，杜注時有乖謬，光伯《規過》，多見《正義》。國朝顧氏炎武、惠氏棟、沈氏欽韓、劉氏文淇、李氏貽德，辨正尤多。<u>今治《左氏》宜以注疏爲主而以各家疏通證明之。</u>
《公羊》	《春秋公羊傳》止讀孔廣森《公羊通義》。國朝人講《公羊》者惟此書立言矜慎，尚無流弊。	《公羊》漢世最盛，何氏《解詁》，雖病專己，要其大義得孔氏之傳者也。國朝孔氏廣森《通義》，推而廣之，約而精之，有功經傳甚大。陳氏立以禮説《公羊》，尤爲平實。<u>今治《公羊》當以注、疏、孔、陳爲主。</u>國朝爲《公羊》學者惟二家無弊，餘率詆訶《周禮》，譏訕康成，侮慢宋賢，目無法紀。羣不逞之徒，或借漢人推衍依託黜周王魯等語，文其姦言，冒上無等，非聖無法。蓋經學之敗類，聖世之賊民而已，今宜一切屏絕之。
《穀梁》	《春秋穀梁傳》止讀鍾文烝《穀梁補注》。	《穀梁》尹更始、麋信等注久亡，范書是非互見，要其立心甚公，可師也。近鍾氏文烝《補注》，雖淺近，亦復名家，可並及之。
《春秋》通義		他若顧氏棟高《春秋大事表》，網羅羣言，體大物博，雖家法不甚謹嚴，而議論多正，且可推以致用。惠氏士奇《春秋説》，發揮經義，亦多心得。通説《春秋》之書，斯爲善矣。

续表

經目	《勸學篇・守約》	曹元弼《述學》
《論語》《孟子》	《論》《孟》除朱注外,《論語》有劉寶楠《論語正義》,《孟子》有焦循《孟子正義》,可資考證古說,惟義理仍以朱注爲主。	《論語》包氏、鄭氏注,《孟子》趙氏注,得孔、孟之傳者也。朱子注本古注,而益致其精,尤學者所當深信篤好。《論語》近有劉氏寶楠正義,《孟子》近有焦氏循正義,勝於舊疏。
《孝經》	《孝經》即讀通行注本,不必考辨。	《孝經》有今古文,許君爲古文説,鄭君爲今文注,皆孔氏之傳也。鄭注久亡,近儒左右采獲,十得五六,惟《羣書治要》所載不足信。明黃氏道周有《孝經集傳》,國朝阮氏元論《孝經》多創通大義,其子福《補疏》,采輯古説,亦略可觀。
《爾雅》	《爾雅》止讀郝懿行《爾雅義疏》。	《爾雅》,孔子門人所記。漢魏人訓詁至精,景純之注不減樊、孫。國朝邵氏晉涵《正義》、郝氏懿行《義疏》遠勝叔明,當依據。
群經總義	五經總義止讀陳澧《東塾讀書記》、王文簡引之《經義述聞》。	通説羣經之書,若顧氏炎武《日知録》,首數卷維持名教,通達治道,經學如此,方爲有用。王氏引之《經義述聞》《經傳釋詞》,深通文字假借、因聲得義之源,學者知此,方能徧讀古書。陳氏澧《東塾讀書記》,提要鈎元,指説各經要領,囊括大典,義據深通,立心純粹,立言矜慎,讀書如此,方可守先待後,永無流弊。
《説文》	《説文》止讀王筠《説文句讀》。兼采段、嚴、桂、鈕諸家,明白詳慎,段注《説文》太繁而奧,俟專門者治之。	《説文》所載字多本孔子壁中書,段氏注體大思精,讀段注而後可以通字例之條,而後可以讀經,而後可以讀周、秦、漢古書。王、桂兩家皆未逮也。

上表中,張之洞《守約》所列經學各書,儘管已是每經最低限度的一兩種,但是在他看來仍然"卷帙已不爲少,全讀全解亦須五年",而應該"宜就此數書中擇其要義先講明之,用韓昌黎提要鈎元之法,就元本加以鉤乙標識"。[1] 即便如此,對於這些最低限度的書目還需"但看其定論,其引征辨駁之説不必措意"。[2] 然後在此基礎上,按照前所示七端,"節録纂集,以成一書,皆采舊説,不參臆説一語,小經不過一卷,大經不過二

---

[1] 張之洞:《勸學篇・内篇・守約》,《張之洞全集》第 12 册,第 9728 頁。

[2] 張之洞:《勸學篇・内篇・守約》,《張之洞全集》第 12 册,第 9728 頁。

卷……不必章釋句解,亦不必録本經全文",以期在學堂師徒講習,"期以一年或一年半畢之",①從而使學子有經義以開其性,使終身無離經叛道之患。對於選書標準,張之洞雖然没有明説,但是從其文字之間以及其思想學術宗尚亦可推出,大抵以立言謹慎、校勘考證精審、絶無流弊爲標準,尤其是對今文學派的回應和防範。張之洞對於編纂經學學堂用書内容的選擇,相較於其爲四川學政時已有很大變化。如光緒元年(1875),時任四川學政的張之洞爲成都尊經書院學生言及治學之階梯門徑時,於"通經"條云"讀經宜讀全本","解經宜先識字","讀經宜正音讀","讀經宜明訓詁","宜講漢學","宜讀國朝人經學書","宜專治一經"等,②與此時《勸學篇·守約》所言"期以一年或一年半畢之"完全不同。其中從容與急迫,相較昭然,更從側面反映了張之洞在面對愈來愈嚴重的社會危機時,爲對推動經學轉型以適應培養人才之需、應對維新派等新學挑戰的迫切之意。曹元弼在《述學》中所開列的書目,實際上也是其編纂《十四經學》所採用的主要書目,在數量上明顯比張之洞多出很多。曹元弼作爲經學家,在推動經學轉型以應對危機時,不如張之洞迫切。相較於張之洞對經學實用性和速成的強調,曹元弼更強調經學轉型中的中正無弊,以應對維新派"借漢人推衍依託黜周王魯等語,文其姦言,冒上無等,非聖無法"③之説。因此,曹元弼在選擇書目時,根據各經傳授、撰述源流,從學術史的角度,以"得孔氏之傳者爲是,背孔氏之傳者爲非",從而選擇立言無弊、内容精審之書。何爲得孔氏之傳,"總而論之,則漢之許、鄭,宋之程、朱,得孔氏之傳者也;背許、鄭、程、朱者,背孔氏者也"。④ 而其《十四經學》正是在此基礎上,由"每經限以最切要之數書,歸於永無流弊之一途"⑤的守約,以期達到"由此經學昌明,人識君臣父子之綱,家知違邪歸正之路,正士在朝卓操,緩其逆節"之施博。⑥

(三)對當時社會思潮的回應

張之洞與曹元弼在推動近代經學轉型的嘗試過程中,除了使經學在面對晚清危局之時能够適應社會培養人才、凝聚人心的現實需求以外,對當時社會思潮也必須有所回應。通過考察張之洞《勸學篇》和曹元弼《十四經學》等相關文獻,可以發現他們對現實社會思潮的回應有如下幾端:

---

① 張之洞:《勸學篇·内篇·守約》,《張之洞全集》第 12 册,第 9728 頁。
② 詳見張之洞:《輶軒語·語學第二》,《張之洞全集》第 12 册,第 9779—9782 頁。
③ 曹元弼:《周易學》卷首《述學》,第 14a 頁。
④ 曹元弼:《周易學》卷首《述學》,第 15b 頁。
⑤ 曹元弼:《周易學》卷首《守約》,第 16b 頁。
⑥ 曹元弼:《周易學》卷首《守約》,第 18a 頁。

其一,漢宋兼采,力戒繁難空疏,以回應對漢學宋學的批判。對清代漢學和宋學的批評,儘管不同時期學術趨向不同,但是基本上貫穿了整個清代學術史。隨着晚清社會危機的加劇,不論是漢學還是宋學,都對彼此的流弊有不同程度的批評聲音。而新起的維新派對漢學、宋學的批評否定則尤其激進,前文已經述及。儘管張之洞與曹元弼皆漢學出身,但是對漢學的流弊都有比較清晰的認識。如張之洞在《致寶竹坡(寶廷)》一函中云:

> 通經貴知大義,方能致用。義理必出於訓詁,於是因訓詁而事考據,因考據而務校勘,久之漸忘本意,窮末遺本,買櫝還珠,與身心世務全無關涉,此漢學之流弊也。①

又如《勸學篇・宗經》云:

> 乾嘉諸儒嗜古好難,力爲闡揚,其風日肆,演其餘波,實有不宜於今之世道者,如禁方奇藥,往往有大毒可以殺人。②

又曹元弼在早年所撰的《禮經纂疏序》中批評金榜之考據時,即言"使天下學者日馳騁於巧説襃辭,而不暇致力於身心倫物之間、忠厚敬文之道,考據至此,不可復問",③而在《上唐春卿尚書師書》言自己治經二十餘年,"不敢隨俗爲破碎無用之學"。④ 至於在兩湖書院時期,曹元弼在《經學文鈔序》中亦批評説:

> 道咸以來,考據之學漸流破碎,小言害義,耗心絶氣於一名一物。既於先王大道、經世之務,扞格不入,迷惑無聞,而巧説騁辭,變本加厲,遂以猖狂怪誕之言,蕩眾心而召世禍。近復雜以支離鄙倍之名詞,奇袞不衷,生於其心,發於其言。文義亂則古訓亡,經術晦,是非無正,三綱五常,無不可橫決倒懸。⑤

可見,在張之洞和曹元弼看來,漢學考據之末流,不僅僅耗費心力,無關身心世務,而且末流還破碎大道,有害世道人心。其中張之洞所謂"嗜古好難,力爲闡揚,其風日肆",曹元弼所謂"道咸以來,考據之學漸流破碎,小言害義","以猖狂怪誕之言,蕩眾心而

---

① 張之洞:《致寶竹坡》,《張之洞全集》第 12 冊,第 10344 頁。
② 張之洞:《勸學篇・內篇・宗經》,《張之洞全集》第 12 冊,第 9721 頁。
③ 曹元弼:《禮經學》卷末《禮經纂疏序》,第 13a—b 頁。
④ 曹元弼:《復禮堂文集》卷九,《中華文史叢書》之四十六,第 877 頁。
⑤ 曹元弼:《復禮堂文集》卷一《經學文鈔》,《中華文史叢書》之四十六,第 62—63 頁。

召世禍"云云,更隱隱將晚清今文學和維新派之説亦視爲漢學考據之末流。① 因此,張之洞和曹元弼在推動近代經學轉型的努力中,對漢學考據的末流是有意識要加以避免的。張之洞在《守約》中針對"近人厭中學者動詆訓詁",以爲"此大謬可駭者也"。② 但是面對"百年以來,講《説文》者終身鑽研,汨没不反"之弊,則強調小學"止須通其大旨大例,即可應用",而對於"至名物無關大用,説解間有難明,義例偶有抵忤,則闕之不論"。③ 曹元弼在撰《十四經學》中,於明例、要旨等七篇,在歸納摘録群經之義時,基本上從通經致用的角度,力避漢學考據瑣碎繁難、無關大用的内容,並且在《會通篇》的《爾雅》之下多申由訓詁通經之義,而批評炫奇好博、破碎大道之弊。如《禮經學·會通》云:

> 奇邪譎觚之徒復以侏離鏐轕之辭,變亂積古相傳平正通達之文義,善野言而怪舊蓺,非關博采多識,徒以炫奇飾陋。浸淫不已,將使先聖典文日就茫昧,而人心風俗有載胥及溺之憂。④

同樣,對於宋學的流弊,張之洞與曹元弼亦有非常清楚的認識,並且在推動經學轉型的過程中,從"通經致用"的角度以漢學之實以濟其虛,引之以切於身心世務。例如張之洞於《守約》言宋學之弊云:

> 五子以後,宋、明儒者遞相沿襲,探索幽渺,辨析朱、陸,掊擊互起,出入佛、老,界在微茫,文體多仿宗門語録,質而近俚,高明者厭倦而不觀,謹愿者惝恍而無得,理學不絶如綫焉耳。⑤

但是對宋學並不排斥,而是認爲宋儒之學中正無弊,在很多方面遠過漢唐,並且經朱子集大成之後,歷元、明、清皆有經世實效,如云:

> 宋代學術之中正、風俗之潔清,遠過漢、唐,國脈既厚,故雖弱而不亡。宋儒重綱常,辨義利,朱子集其成,當時雖未竟其用,其弟子私淑亦布滿天下,故元有許、劉、吳、廉諸儒,元虐以減。明尚朱學,中葉以後,並行王學,要皆以扶持名教、砥厲

---

① 曹元弼所言道咸以來考據末流,實際上即指道咸以來對今文經的輯佚考訂。如《復禮堂述學詩序》述其師黄以周之言云:"乾嘉之間,學者祧宋學而宗漢學,得處多,失處少;道咸之間,又祧東漢之爲古文學者而宗西漢之今文家,得處少,失處反多。"又云:"今文舊義,拾遺訂墜,録而存之可也,而巧借單文孤證,以力攻古文家通儒考定之説,則謬矣。"見《復禮堂述學詩》卷首《序》,第13b頁。
② 張之洞:《勸學篇·内篇·守約》,《張之洞全集》第12册,第9731頁。
③ 張之洞:《勸學篇·内篇·守約》,《張之洞全集》第12册,第9731頁。
④ 曹元弼:《禮經學》卷四《會通》,第38b頁。
⑤ 張之洞:《勸學篇·内篇·守約》,《張之洞全集》第12册,第9729頁。

氣節爲事。三百年間，主昏於上，臣忠於下，明祚以延。咸豐以來，海內大亂，次第削平，固由德澤深厚、廟算如神，亦由曾、胡、駱、左諸公聲氣應求於數千里之內。①

因此，張之洞在推動經學轉型中，於宋學不僅不排斥，還多有所取。同樣，曹元弼亦認爲"南宋迄明，治日甚少，而民彝不替，惟周、程、張、朱維持名教之力"；②對於宋學末流，"空言荒經，無本無用，矯其弊可也，而並譏程、朱，則謬矣"。③ 因此其《十四經學》對宋學諸説亦頗有採擇。

鑒於漢學、宋學各自的流弊，以及來自時下社會思潮尤其是以維新派爲代表的新學對以漢學、宋學爲代表的中學的批判，張之洞和曹元弼在經學轉型中更傾向於持漢宋兼采的態度。事實上，漢宋兼采在咸同以來已經成爲學術發展的一個重要趨勢，張之洞、曹元弼在推動經學轉型的過程中持漢宋兼采的態度，不僅僅是對這種趨勢的繼承，更是爲了避免因傳統漢宋之爭而導致門户之見和社會人心的撕裂，以應對維新派對漢學、宋學的批判否定。正如有學者所言：

> 康有爲、梁啓超、嚴復、譚嗣同等人用西方的進化論和民權説，對以漢學、宋學爲代表的封建正統思想進行了猛烈的衝擊，這就大大改變了晚清思想界矛盾衝突的格局，使舊有的程朱陸王之爭、漢宋學之爭上益趨於緩和，而使新學與舊學、西學與中學的鬥爭突顯出來。其結果，進一步促進了漢宋學的合流。④

所以，儘管張之洞和曹元弼早年即受漢宋兼采觀念的影響，⑤並在文教和學術中踐行，而晚清時局危機下新學對漢學、宋學的批評否定，進而否定整個中學，在一定程度上更促使了張之洞與曹元弼在推動經學轉型中對漢宋兼采態度的堅持。因此，張之洞在開列群經要目時，以《易》"程傳與古説兼取"而"並不相妨"，"《論》《孟》《學》《庸》以朱注爲主，參以國朝經師之説"。⑥ 對於治學方法，則以漢學濟宋學之虚，強調訓詁通經的重要性，如云："去古久遠，經文簡奧，無論漢學、宋學，斷無讀書而不先通訓詁之理。"⑦曹元弼在《述學》中亦強調：

① 張之洞：《勸學篇·內篇·同心》，《張之洞全集》第 12 冊，第 9708 頁。
② 曹元弼：《復禮堂文集》卷五《覆陳伯潛閣學論修禮書》，《中華文史叢書》之四十六，第 608 頁。
③ 曹元弼：《復禮堂述學詩》卷首《序》，第 13b 頁。
④ 史革新：《晚清理學研究》，北京：商務印書館，2007 年，第 128 頁。
⑤ 張之洞漢宋兼采思想前人多有論述，而關於曹元弼漢宋兼采思想，可參見李科：《陳澧對曹元弼經學研究之影響考論》（《傳統中國研究集刊》第 17 輯，上海：上海社會科學院出版社，2017 年，第 82—97 頁）的相關論述。
⑥ 張之洞：《勸學篇·內篇·守約》，《張之洞全集》第 12 冊，第 9728 頁。
⑦ 張之洞：《勸學篇·內篇·守約》，《張之洞全集》第 12 冊，第 9731 頁。

> 學莫大乎經，經之所重者，道也；所以明其道者，辭也；所以成其辭者，文字、聲音、訓詁、名物、制度也。局於文字、聲音、訓詁、名物、制度而不求道者，陋也；求道而不由文字、聲音、訓詁、名物、制度入者，亦非也。[1]

既強調了由文字、聲音、訓詁、名物、制度以通經的重要性，以濟宋學之虛，又力戒局於文字、音韻、訓詁之陋。更進一步，曹元弼又分別漢學宋學之大小虛實，如《周易學·流別》言：「漢學大者有用，小者無用；宋學實者有用，虛者無用。」[2]所謂漢學之小者與大者，如云：

> 注蟲魚，命草木，辨一名一物、一字一句，累千萬言，此漢學之小者也；明天道消息，正人倫綱紀，考百王之禮典政刑，述聖賢師儒之微言彝訓，通六書羣經之義例，以及天文、地理、算數、考工、兵法，凡切於民用者，無不精講而貫徹之，以救民水火之心讀書，以正誼明道之學匡時，此漢學之大者也。[3]

所謂宋學之虛者與實者，如云：

> 原心秒忽，析理豪芒，辨朱陸之紛錯，爭儒釋之異同，此宋學之虛者也。扶植名教，拯救人心，以天下爲己任，以聖賢爲必可爲，激揚清濁，剖別忠佞，敦勵躬行，講求治道，德成教尊，化民易俗，此宋學之實者也。[4]

要通經致用，應對時局危機，於漢學和宋學當兼采其大而並去其小。而漢學中能體現其大者如許、鄭，宋學中能體現其大者如程、朱。在張之洞和曹元弼看來，漢學、宋學前後一貫，許、鄭、程、朱前後相承，皆紹孔、孟之傳。如張之洞《輶軒語·語學》「宜講漢學」條言「宋人皆熟讀注疏之人，故能推闡發明」。[5] 曹元弼亦從學術源流角度，將程、朱看作經學自鄭玄以後，由衰復盛的關鍵，如《易》：

> 自王弼注行，聖道爲異學所亂，孔沖遠始返之於儒，然明而未融。程子奮自千載之後，以閑邪存誠、敬義夾持之功，身體力行，本其所得，依經立傳，平實說理，而後聖人窮理盡性、開物成務之道，復明於世。[6]

甚至將《周易程傳》與鄭玄《三禮注》、朱子《四書章句集注》並列爲「《六經》而下，經師

---

① 曹元弼：《周易學》卷首《述學》，第 10b 頁。
② 曹元弼：《周易學》卷七《流別》，第 13a 頁。
③ 曹元弼：《周易學》卷七《流別》，第 13a—b 頁。
④ 曹元弼：《周易學》卷七《流別》，第 13b 頁。
⑤ 張之洞：《輶軒語·語學第二》，《張之洞全集》第 12 冊，第 9781 頁。
⑥ 曹元弼：《周易學》卷一《明例·程傳例》，第 114b—115a 頁。

大儒之書懸諸日月而不刊者三"。① 又如《禮》,"自朱子作《通解》後,鄭氏禮學復興"。② 從學術上,曹元弼承陳澧之説認爲朱子是漢學和宋學以及清代學術承上啟下、拯衰起廢的關鍵,如自朱子釐析經文、分節附傳以撰《儀禮經傳通解》,至清"馬宛斯《繹史》所載《儀禮》、張稷若《儀禮鄭注句讀》、吳中林《儀禮章句》,皆用朱子之法;江慎修《禮書綱目》因朱子《通解》而編定之,固宜遵用其法;徐健菴《讀禮通考》、秦文恭《五禮通考》,亦皆分節"。③ 從通經致用的角度而言,作爲漢宋學術代表的鄭玄和程、朱之學,實關係學術與人心,"漢之亡而禮教不行,有鄭君以維持之;唐之衰而禮學不明,有温公、朱子及程、張諸賢以振興之"。④ 因此,張之洞與曹元弼在推動經學的近代轉型中,於漢宋之學取兼采的態度,且以通經致用的目的,從學術源流上重構漢學宋學之關係。這固然是爲了"破除漢宋門户之見而專心致力,以求精義利用",⑤更主要還是"紓君父之憂,閑周、孔之道,正人心,息邪説,激智勇,興政藝,强中國,禦外患"⑥的現實之需。從今所見的《周易學》《禮經學》《孝經學》以及《毛詩學》《聖學挽狂録》殘卷中,均可看到明顯的漢宋兼采的態度。

其二,對今文學擇善而從,樹立典範,以闢"邪説"。今文學尤其是康有爲《新學僞經考》對古文學的全面否定,進而借《公羊》"三世"説、"黜周王魯"説、"素王"説等附會並宣傳進化論、平權説,對傳統倫理綱常進行激烈地批判和否定。這對於張之洞、曹元弼等保守派士大夫而言,可謂是廢棄六經、決裂三綱以致亂國家的行爲。據《抱冰堂弟子記》言,張之洞"平生學術最惡《公羊》之學,每與學人言,必力詆之,四十年前已然,謂爲亂臣賊子之資。至光緒中年,果有姦人演《公羊》之説以煽亂,至今爲梗",⑦而張之洞之撰《勸學篇》正是以"戊戌春,僉壬伺隙,邪説遂張"。⑧ 可見,張之洞撰《勸學篇》實爲針對康、梁而發,有闢其維新之説的目的。曹元弼撰《十四經學》,於各篇中亦有寓證古文經而息今文學否定古文經諸説之意,如《條例》於《明例》一篇即言:

> 例明則若網在綱,如裘挈領,全經窾要,豁然貫通;又如新見人之面目,僞者不能冒,真者不能誣,疑經非聖之説自息矣。⑨

---

① 曹元弼:《周易學》卷一《明例・程傳例》,第114b頁。

② 曹元弼:《禮經學》卷七《流別》引《禮經纂疏序》,第3b頁。

③ 曹元弼:《禮經學》卷一《明例》,第66a—b頁。

④ 曹元弼:《禮經學》卷七《流別》,第31b頁。

⑤ 曹元弼:《周易學》卷一《明例》,第116a頁。

⑥ 曹元弼:《禮經學》卷七《流別》,第32a頁。

⑦ 《抱冰堂弟子記》,《張之洞全集》第12册,第10631頁。

⑧ 《抱冰堂弟子記》,《張之洞全集》第12册,第10621頁。

⑨ 曹元弼:《周易學》卷首《十四經學略例》,第1a頁。

《會通篇》雖然於條例未言此義,但在實際編纂中,通過會通六經大義,以經義之相表裏,引文之相印證,回應今文經的否定,如《禮經學·會通》云:

> 盡六經之文,無一不相表裏……學者因端推類,可以見先王制度,聖作明述,同條共理,合若符節,炳若日星,千歲一揆,百世可知,斷非非聖無法之徒所得以妖言邪説、投閒抵隙、壞坊而肆亂也![①]

此外,於具體編纂論述中,亦時有回應今文學疑經非聖之説的,如《經禮曲禮説》條,在闡明《周禮》爲經,《儀禮》爲曲,二者以官屬、官聯,一經一緯,縱橫表裏的關係後,以爲"凡《儀禮》中職官制度,無一不推本《周禮》",[②]除了使"二禮之文左右逢原,同條共理,旁推午貫,豁然大通"外,亦有使"後世排棄《周官》之邪説,亦不待辨而息矣"[③]之意。

儘管今文學尤其是維新派在張之洞和曹元弼等保守派看來,多邪説詖行、非聖無法之處,但今文經確實是自漢以來即相傳,而且其中亦多精義聖言,自不能一概否定。如曹元弼在《述學》中即言"《書》伏生今文,得孔氏之傳;今文有歐陽、大小夏侯之學,皆得孔氏之傳";[④]"《詩》齊、魯、韓、毛,皆孔氏之傳;鄭君宗毛爲主而兼采三家,又能溯四家説所自來,善推明孔氏之傳者";[⑤]"《公羊》《穀梁》,皆本孔氏之傳",[⑥]"《公羊》漢世最盛,何氏《解詁》雖病專己,要其大義得孔氏之傳者也",[⑦]而且《公羊》爲"孔子秉禮作經之精義存"。[⑧]即便如張之洞深惡《公羊》學,亦認爲"《春秋繁露》精義頗多"。[⑨]因此,對待同樣作爲聖經賢傳的今文經,並不因噎廢食,以維新派藉以變法改革而盡棄,反而應該去邪存正、棄瑕取用、擇善而從以立其學之正,以別於維新派之今文學。因此,在推動經學轉型的實際努力中,一方面對維新派所借《公羊》學諸説在學理上加以一一辯駁(詳後文),另一方面則是發揮今文學所存之精義,於今文學中擇其中正無弊者以樹立標準。比如張之洞所列各經要目中,於《公羊》則止讀孔廣森《春秋公羊通義》,並云:"國朝人講《公羊》者,惟此書立言矜慎,尚無流弊。"[⑩]曹元弼在編

---

① 曹元弼:《周易學》卷四《會通》,第 1b—2a 頁。
② 曹元弼:《禮經學》卷五《解紛》,第 10b 頁。
③ 曹元弼:《禮經學》卷五《解紛》,第 11b 頁。
④ 曹元弼:《周易學》卷首《述學》,第 11b 頁。
⑤ 曹元弼:《周易學》卷首《述學》,第 12a 頁。
⑥ 曹元弼:《周易學》卷首《述學》,第 12a 頁。
⑦ 曹元弼:《周易學》卷首《述學》,第 12b 頁。
⑧ 曹元弼:《禮經學》卷四《會通》,第 25b 頁。
⑨ 張之洞:《勸學篇·內篇·宗經》,《張之洞全集》第 12 冊,第 9720 頁。
⑩ 張之洞:《勸學篇·內篇·守約》,《張之洞全集》第 12 冊,第 9728 頁。

《十四經學》過程中亦非常注意此點。其在《述學》篇所列各經要目,於今文則舉其認爲中正無弊者。如《書》之今文則列陳壽祺父子,並云"道光、咸豐之間,治今文學者往往滅棄古文家,因而滅棄經文,猖狂怪誕,流毒無窮,惟陳氏爲善";①於《詩》之今文,則列陳喬樅,以爲其"存亡繼絶,有功矣",②實亦以陳氏父子今文之無弊;於《公羊》則舉孔廣森、陳立兩家,以爲孔廣森《春秋公羊通義》在何休基礎上"推而廣之,約而精之,有功聖經甚大","陳氏立以禮説《公羊》,尤爲平實",因此"今治《公羊》當以注、疏、孔、陳爲主",③並黜自莊存與、宋翔鳳、劉逢禄以至於廖平、康有爲之《公羊》學,以爲:

> 國朝爲《公羊》學者,惟二家無弊,餘率詆訶《周禮》,譏訕康成,侮慢宋賢,目無法紀;群不逞之徒,或借漢人推衍依託黜周、王魯等語,文其奸言,冒上無等,非聖無法,蓋聖學之敗類,聖世之賊民而已,今宜一切屏絶之。④

除此之外,在《十四經學》各篇具體內容中,亦擇善摘録今文經傳所存之精義,與各經相發明,大概亦寓存正黜邪、豫立標準之意。

其三,重構三綱五倫,以回應平權之説。從前面言及傳統經學在晚清面臨的現實危機可知,以維新派爲代表的新學派,不僅批判漢學、宋學末流,否定古文經,借《公羊》附會變法改革,而且還對名教綱常進行激烈地批判,宣傳平權之説。維新派對名教綱常的批判,一方面是從自由、平權的角度去否定名教綱常的合理性,如譚嗣同認爲名教綱常爲"鉗制之器",康有爲認爲"非天所立,人之所爲";⑤另一方面是通過西方與中國的現實強弱差異以突出平權與名教綱常的優劣,進而認爲名教綱常是中國至弱的根源,變法自強必須變革名教綱常,如譚嗣同認爲"五倫不變,則舉凡至理要道,悉無從起點",⑥梁啓超認爲名教綱常是"中國致弱之根原"。⑦ 針對維新派的宣傳和批判,張之洞和曹元弼在嘗試推動經學轉型以應對危機的過程中,非常重視對名教綱常的強調。不論從"政教相維"關係,還是保國、保教、保種的現實需要,以張之洞爲代表的保守派要想繼續推行"中體西用",並且維護清廷的統治和君主制度,那麼必須回應維新派對名教綱常的批判和對平權説的宣傳。在張之洞主張的"中學爲體,西學爲

---

① 曹元弼:《周易學》卷首《述學》,第 11b—12a 頁。
② 曹元弼:《周易學》卷首《述學》,第 12b 頁。
③ 曹元弼:《周易學》卷首《述學》,第 13b—14a 頁。
④ 曹元弼:《周易學》卷首《述學》,第 14a 頁。
⑤ 康有爲:《大同書》甲部第一章《人情之苦》,北京:中華書局,2012 年,第 43 頁。
⑥ 譚嗣同:《仁學》,第 61 頁。
⑦ 梁啓超:《西學書目表後序》,《飲冰室合集》第 1 册,第 128 頁。

用"思想中,所謂"中學爲體"的"中學",即"《四書》《五經》、中國史事、政書、地圖爲舊學"。① 在"中學"中,經學又是"中學"的核心内容,而聖經賢傳之核心則爲三綱五倫。《禮記・大傳》云:"親親也,尊尊也,長長也,男女有别,此其不可得與民變革者也。"②既然"中學爲體,西學爲用",而"三綱"又爲"中體"的核心原則,所以張之洞言"三綱爲中國神聖相傳之至教,禮政之原本,人禽之大防",③是不可得與民變革的道本。針對維新派對三綱的批判否定和對平權説的宣傳,張之洞在《明綱》一篇中對三綱五倫加以了闡釋,同時對維新派之否定進行了駁斥。首先張之洞對"三綱"的核心原則加以强調,云:

> 君爲臣綱,父爲子綱,夫爲妻綱……五倫之要,百行之原,相傳數千年更無異義,聖人所以爲聖人,中國所以爲中國,實在于此。故知君臣之綱,則民權之説不可行也;知父子之綱,則父子同罪、免喪廢祀之説不可行也;知夫婦之綱,則男女平權之説不可行也。④

既然確定了"三綱"作爲傳統禮樂制度立政之本、中國之所以爲中國後,張之洞進一步以西方各國相應之倫理加以比附解釋,以爲與中國之三綱相通。如關於君臣之倫,張之洞云:

> 嘗考西國之制,上下議院各有議事之權,而國君、總統亦有散議院之權。若國君、總統不以議院爲然,則罷散之,更舉議員再議。君主、民主之國略同。西國君與臣民相去甚近,威儀簡略,堂廉不遠,好惡易通。其尊嚴君上不如中國,而親愛過之,萬里之外,令行威立,不悖不欺。每見旅華西人遇其國有吉凶事,賀弔憂樂,視如切身。是西國固有君臣之倫也。⑤

又如關於父子之倫,張之洞認爲:

> 《摩醯十戒》敬天之外,以孝父母爲先。西人父母喪亦有服,服以黑色爲緣。雖無祠廟、木主,而室内案上,必供奉其祖父母、父母、兄弟之照像;雖不墓祭,而常有省墓之舉,以插花冢上爲敬。是西國固有父子之倫也。⑥

---

① 張之洞:《勸學篇・外篇・設學》,《張之洞全集》第 12 册,第 9740 頁。
② 鄭玄注,孔穎達疏:《禮記正義》卷三四,《十三經注疏》,第 3265 頁下。
③ 張之洞:《勸學篇序》,《張之洞全集》第 12 册,第 9704 頁。
④ 張之洞:《勸學篇・内篇・明綱》,《張之洞全集》第 12 册,第 9715 頁。
⑤ 張之洞:《勸學篇・内篇・明綱》,《張之洞全集》第 12 册,第 9715 頁。
⑥ 張之洞:《勸學篇・内篇・明綱》,《張之洞全集》第 12 册,第 9715 頁。

又如關於夫婦之倫,張之洞認爲:

> 戒淫爲十戒之一,西俗男女交際,其防檢雖視中國爲疏,然淫佚之人,國人賤之。議婚有限,父族、母族之親,凡在七等以内者,皆不爲婚。惟男衣氈布,女衣絲錦,燕會賓客,女亦爲主,此小異於中國;女自擇配(原注:亦須請命父母且訂約,而非苟合),男不納妾,此大異於中國。然謂之男女無別則誣。且西人愛敬其妻雖有過當,而於其國家政事、議院、軍旅、商之公司、工之廠局,未嘗以婦人預之。是西國固有夫婦之倫也。①

由此,張之洞以爲西國亦固有"君臣之倫""父子之倫""夫婦之倫",雖然與中國有疏密之别,但"天秩民彝,中外大同,人君非此不能立國,人師非此不能立教"。② 因此,張之洞對"公然創廢三綱之議者",深爲憂懼,認爲"中無此政,西無此教,所謂非驢非馬,吾恐地球萬國將衆惡而共弃之也"。③ 從上述可見,張之洞是從以三綱立教立政在中西的普遍性來證明三綱的合理性,進而以三綱否定平權說。事實上,張之洞所舉西方之例亦多局限於歐洲保守階層,而没有看到或有意忽視更爲廣泛的流行于新興階層和社會大衆中的自由民權之説和民權運動。因此,張之洞在《明綱》中對維新派的回應,實際上的效果微乎其微。

不同於張之洞,曹元弼對維新派批判名教綱常和宣傳平權説的回應並不是通過比附西方,而是通過對三綱五倫的重構,説明名教綱常的合理性,以此使人識綱常大義、聖學本原,從而激發忠義、轉弱爲强,以解決現實危機。針對前述第一方面對名教綱常的合理性的否定,曹元弼根據天地生生之道和人類父母與子女之間愛敬之天性來推衍三綱五倫,將三綱五倫落實於人類相生、相養、相保的秩序。這種重構在《原道》《周易學》《禮經學》《孝經學》以及《述孝篇》等篇章中都有發揮闡釋。具體而言,曹元弼從《周易‧繫辭》"天地之大德曰生"出發,根據人莫不好生惡死的本性,認爲人心之所同然在相生、相養、相保而非相殺。但是芸芸衆生並不知何以遂生救死,甚至陷於弱肉强食、争奪相殺之中。聖人作爲"代天地爲民父母以生人"④的先知先覺者,知人相生、相養、相保之道必由於相愛、相敬,而相愛、相敬從父母之愛其子與子之愛敬其父母的天性而來,因親教愛,因嚴教敬,"愛親、敬親之道必極于無所不愛、無所不敬,使天下之

---

① 張之洞:《勸學篇‧内篇‧明綱》,《張之洞全集》第 12 册,第 9716 頁。
② 張之洞:《勸學篇‧内篇‧明綱》,《張之洞全集》第 12 册,第 9716 頁。
③ 張之洞:《勸學篇‧内篇‧明綱》,《張之洞全集》第 12 册,第 9716 頁。
④ 曹元弼:《復禮堂文集》卷六《述孝篇》,《中華文史叢書》之四十六,第 667 頁。

人無不愛吾親、敬吾親,確然見因性立教之可以化民也"。① 於是人類皆相生、相養、相保而不相殺,皆得以遂其生、救其死。由此而言,則人類相生、相養、相保之道,實自父子始,因而有父子之倫。其前提則必須人人皆知父之爲父、子之爲子,而不同於遠古洪荒時"民人但知其母,不知其父",②因此人類必須有定偶,即男女有別,即有夫婦之倫。父子、夫婦構成了家這一社會最基本的單位,要保證家與家之間不爭奪相殺、弱肉強食,使人人得父其父、子其子,則必須要有維持社會秩序的力量,使人類有會歸,而君即是社會秩序的維持者,人類之所歸往。君之治理天下必資臣之輔,國作爲家的延伸,君臣關係比照父子,"資于事父而事君",以此即有君臣關係。正如《原道》篇説:

> 人心之所同然者何也? 生人相生相養相保之道也。天地之大德曰生,人心莫不好生而惡死,而未知所以遂生,所以救死。聖人先知先覺,先得人心之所同然,知人之相生必由於相愛相敬,而相愛相敬之本出於父母之愛其子與子之愛敬其父母。愛親者不敢惡於人,敬親者不敢慢於人,因嚴可以教敬,因親可以教愛,故人道自父子始。然必人類有定偶,而後人人知父之爲父,子之爲子,於是乎爲之夫婦。一陰一陽之謂道,乾道成男,坤道成女,陰從陽,婦從夫,天地之大義也。夫婦有別,而後父子有親,故夫爲妻綱,父爲子綱,且必人類有會歸,而後人人得父其父、子其子,於是乎爲之君臣,資於事父以事君而敬同。乾爲天、爲父、爲君,坤爲地、爲臣,乾元統天,坤順承天,天尊地卑而乾坤定,乾元用九而天下治。君臣有義,則自天子至於庶人,父子世世相保,永無弱肉強食、死亡危苦之患,故君爲臣綱。③

據曹元弼此段所言,由愛敬而推衍出父子、夫婦、君臣之倫,到父爲子綱、夫爲婦綱、君爲臣綱的倫理原則,似乎還缺一環。實際上,曹元弼這裏是根據《周易》陰陽、易象之關係而定君臣、父子、夫婦之關係,即《春秋繁露·基義》"君臣、父子、夫婦之義,皆取諸陰陽之道。君爲陽,臣爲陰;父爲陽,子爲陰;夫爲陽,妻爲陰。陰道無所獨行,其始也不得專起,其終也不得分功,有所兼之義",④以及《白虎通·三綱六紀》"一陰一陽謂之道,陽得陰而成,陰得陽而序,剛柔相配"⑤之意,亦即曹元弼所謂"天地之義"。三綱既定,而後有五倫,"有父子則有兄弟,乾坤三索以序長少,而愛敬篤於家;有君臣則

---

① 曹元弼:《復禮堂文集》卷六《述孝篇》,《中華文史叢書》之四十六,第 670—671 頁。
② 陳立:《白虎通疏證》卷二《號》,北京:中華書局,1994 年,第 50 頁。
③ 曹元弼:《周易學》卷首《原道》,第 2a—3a 頁。
④ 蘇輿:《春秋繁露義證》卷一二,北京:中華書局,1992 年,第 350 頁。
⑤ 陳立:《白虎通疏證》卷八,第 374 頁。

有朋友,六爻發揮旁通,以行典禮,而愛敬達於天下"。① 愛敬之道始於父子,而夫婦、君臣之綱則是愛敬之道的保障,兄弟、友朋之倫則使愛敬篤於家而達於天下。因此在曹元弼看來,由天地生生之德與愛敬推衍而來的三綱五倫並非人之所立,而爲天之所爲;並非鉗制之器,而是推愛敬之道以至於天下無所不愛、無所不敬、人類相生相養相保的保障。

針對第二方面的批判,認爲名教綱常是中國致弱的根原,變法改革必須從改變名教綱常起,曹元弼依然是以愛敬貫穿三綱五倫進而會通群經,加以回應。首先,曹元弼並不認爲三綱五倫是中國致弱的根原,反而是中國由野蠻進入文明、能够撥亂興治、轉弱爲强的重要根源。曹元弼在《原道》中認爲推源自人之天性的愛敬而使人相生、相養、相保的過程,也即使人聚、使人知、使人强的過程。作爲本天地之義、推愛敬而來的三綱五倫,又是愛敬生養的保證,使尊卑、貴賤、長幼、賢愚各得其所、盡其能,夫婦、父子、君臣、兄弟、友朋上下一體,進而合天下之智、天下之力、天下之財以禦災捍患、立功興業。如云:

> 夫天下者,生人心力之所爲也。人非人不濟,愛敬則相濟,惡慢則相害;愛敬則相生,惡慢則相殺。愛敬則聚,惡慢則散;聚則智,散則愚;聚則强,散則弱;聚則屈物,散則屈於物。聖人求所以聚之之道,而得之愛敬;求所以教之愛敬之道,而得之人倫。孩提之童無不知愛其親,此人心之大可用者。於是使婦從夫以正其本,君帥臣以統其類。故父者子之天也,君者臣之天也,夫者妻之天也。三綱既立,五倫既備,天下尊卑、貴賤、長幼、賢愚各盡其愛敬以效其能,合天下之智以爲智,合天下之力以爲力,合天下之財以爲財,合天下之巧以爲巧。莫大災患,無不弭平;莫大功業,無不興立。此伏羲而下草昧所以變文明,三代之世中國所以服夷狄也。②

甚至曹元弼認爲西方各國之所以富强,也是以愛敬爲本,以通上下之情,同心協力,實事求是,如《孝經學·要旨·庶人章》云:

> 聖人之訓,炳若日月,萬世治亂,莫之能外。即今西國之所以能富能强,亦不過上下情通,同心協力,有合於愛之義;實事求是,弗能弗措,有合於敬之義。故西學富强之本,皆得我中學之一端。③

---

① 曹元弼:《周易學》卷首《原道》,第 3a 頁。
② 曹元弼:《周易學》卷首《原道》,第 5a—b 頁。
③ 曹元弼:《孝經學》卷二《要旨·庶人章》,第 28a 頁。

此點與張之洞強調西方亦有三綱五倫一樣，亦是以西法比附中法。既然西方各國富強之本亦得中學愛敬之一端，那麼中國致弱根原不是因爲由聖人導愛敬而爲之人倫的三綱五倫，反而是因爲逐漸失去了自伏羲以來聖聖相傳愛敬生養之道。所以，在面對危機而尋求變法自強，當先治中學，以明愛敬生養之道，以名教綱常激發忠義，輓固人心，而非廢棄三綱，如云：

> 中國之所以貧弱，不在不知西學，而在自失我中學聖人之道。得其全者王，得其偏者強，有名而無實，甚至背馳而充塞之者亡。夫必實踐我中學，而後可以治西學，而後可以富強無患。①

其次，曹元弼通過以愛敬重構三綱五倫，證明三綱五倫源自於人之本性，所以具有根本性和永恒性，因此是萬世不得與民變革者。曹元弼又在《禮經學·明例》發首，根據《周易·序卦》"有天地然後有萬物，有萬物然後有男女，有男女然後有夫婦，有夫婦然後有父子，有父子然後有君臣，有君臣然後有上下，有上下然後禮義有所錯"、②《禮記·大傳》"尊尊也，親親也，長長也，男女有別，此不可得與民變革者也"、③《中庸》"親親之殺，尊賢之等，禮所生也。……天下之達道五，曰：君臣也，父子也，夫婦也，昆弟也，朋友之交也"、④《論語·爲政》"殷因於夏禮，所損益可知也；周因於殷禮，所損益可知也"⑤等經傳關於人倫永恒性的論說，開宗明義強調"三綱五常"和作爲禮之大體的親親、尊尊、長長、賢賢、男女有別爲"天經、地義、民行"，並且認爲"得之者生，失之者死；爲之者人，舍之者禽獸。知者知此，仁者體此，勇者強此，政者正此，刑者型此，樂者樂此。聖人之所以作君、作師，生民之所以相生、相養，皆由此道出也"。⑥不僅如此，曹元弼在《原道》篇中還從天下興衰治亂的實際與六經所載愛敬之實政來闡述三綱五倫是中國自伏羲以來撥亂興治、轉弱爲強之根本，而不是變革的對象。例如，他認爲自伏羲畫卦別男女、正人倫以至於禹平水土，稷降播種，契教人倫，皆愛敬生養之能事：

> 有人倫則家有家教，國有國政，於是乎有盛德大業；有人倫則合眾智眾力以相生、相養、相保，於是乎有網罟耒耜十二蓋取相繼而作，開物成務，冒天下之道，萬

---

① 曹元弼：《孝經學》卷二《要旨·庶人章》，第28a頁。
② 王弼、韓康伯注，孔穎達疏：《周易正義》卷九，《十三經注疏》，第200頁下—201頁上。
③ 鄭玄注，孔穎達疏：《禮記正義》卷三四，《十三經注疏》，第3265頁下。
④ 鄭玄注，孔穎達疏：《禮記正義》卷五二，《十三經注疏》，第3535頁下。
⑤ 何晏注，邢昺疏：《論語注疏》卷二，《十三經注疏》，第5349頁下。
⑥ 曹元弼：《禮經學》卷一《明例》，第1b頁。

世之法於是而興。①

文王三分天下有其二,而猶服事殷,正因"懼彝倫之斁,而生人愛敬之道息也",所以"因伏羲之《易》以正君臣、父子、夫婦之義"。② 周公制禮,正因管、蔡流言而遭遇人倫之變,以尊尊統親親而立人臣之極,"卒成周道","上下相安,君臣不亂,民用和睦,頌聲洋溢,是以深根固本,可大可久",以至於禮崩樂壞的春秋之時,齊桓、晉文猶知勤王攘夷。③"聖人人倫之至",孔子删述六經,皆愛敬生養之實政,"因人之所以爲人,導其愛敬之原,而爲之倫理",④如《春秋》正是在"五霸之末,篡弑相仍,人道滅絶"之時,"奉王以治天下",⑤爲後世"豫立有治無亂、撥亂反正之本",⑥"而後有是非,有功罪,有誅賞,亂臣賊子無不伏其辜,尊親之分可得而定,愛敬之情可得而合,富教之事可得而興"。⑦ 所謂"有治無亂、撥亂反正之本"即導愛敬而來的綱常倫理,即伏羲之道備於孔子而存諸六經者。"孔子删述六經於前,以仁萬世,六經存則三綱五常存,而人心之愛敬可得而用;人心之愛敬用,則愚者可使明,弱者可使强,散者可使聚",⑧那麽在面對晚清"人爲刀俎,我爲魚肉,累卵積薪,未足以喻其危"⑨的危局時,變法圖强不應該土苴中學、廢棄三綱,而當"經明行修,通經致用""正經興民,立功立事"。⑩ 而那些"拔本塞源,裂冠毀冕,至公然倡廢三綱之説"者,在曹元弼看來反而"勢將率天下之人而盡陷於禽獸鬼魅,放恣黷亂,弱肉强食,以召禽獮草薙之禍"。⑪

其四,對"黜周王魯"説、"以《春秋》當新王""素王改制"説等具體問題的回應。晚清維新派借《公羊》學宣傳變法改革,往往通過對一些具體的經學議題的闡述而加以突破,其中影響比較大的有"黜周王魯""以《春秋》當新王"以及"素王改制"等説。隨着維新派通過辦學會、設報紙進行廣泛宣傳,尤其是陳寶箴主持湖南新政,大批維新士人進入湖南,這些議題也成爲當時湖南學界的重要議題。同樣,張之洞和曹元弼在推動經學的轉型過程中,亦對維新派這些具體經學議題的論述進行了回應。張之洞對

---

① 曹元弼:《周易學》卷首《原道》,第5b—6a頁。
② 曹元弼:《周易學》卷首《原道》,第6a頁。
③ 曹元弼:《周易學》卷首《原道》,第6a—b頁。
④ 曹元弼:《周易學》卷首《原道》,第7a頁。
⑤ 曹元弼:《周易學》卷首《原道》,第6b頁。
⑥ 曹元弼:《周易學》卷首《原道》,第7a頁。
⑦ 曹元弼:《周易學》卷首《原道》,第6b頁。
⑧ 曹元弼:《周易學》卷首《原道》,第7b—8a頁。
⑨ 曹元弼:《周易學》卷首《原道》,第8a頁。
⑩ 曹元弼:《周易學》卷首《原道》,第8a頁、9a頁。
⑪ 曹元弼:《復禮堂文集》卷五《覆陳伯潛閣學論修禮書》,《中華文史叢書》之四十六,第606頁。

這些議題的回應,在學術上是加以否定的,認爲此類議題乃後世之説,並非聖人之道,例如在《勸學篇》中説:

> 漢興之初,曲學阿世,以冀立學;哀、平之際,造讖益緯,以媚巨奸。於是非常可怪之論益多,如文王受命、孔子稱王之類。此非七十子之説,乃秦、漢經生之説也,而説《公羊春秋》者爲尤甚(原注:新周王魯、以《春秋》當新王)。……假如近儒《公羊》之説,是孔子作《春秋》而亂臣賊子喜也。①

因此,他在《守約》篇中於《春秋》強調其"明王道,誅亂賊"之義,於《公羊》只開列孔廣森《春秋公羊通義》,以爲"國朝人講《公羊》者,惟此書立言矜慎,尚無流弊"。② 因爲孔廣森否定了後世康有爲等人借爲口實的何休"黜周王魯"之説,並且自立三科九旨和修訂三世説。③ 在政治上則加以限制,如光緒二十一年九月,康有爲遊説張之洞開強學會,並與張之洞言孔子改制之説。張之洞"不信孔子改制,頻勸勿言此學",並以此作爲支持開辦強學會的條件。④ 又如關於《湘學報》⑤和《湘報》之爭⑥,光緒二十三年七月十二日,張之洞因《湘學報》卷首《湘學新報例言》有"如或主素王改制立説,以明孔教真派,似於時事有裨"之言,⑦遂致電時任湖南學政的江標,對"素王改制"之説加以批評:

> 此説乃近日《公羊》家新説,創始於四川廖平,而大盛於廣東康有爲。其説過奇,甚駭人聽。竊思孔子新周、王魯、爲漢制作,乃漢代經生附會增出之説,傳文並無此語,先儒已多議之,然猶僅就《春秋》本經言。近日廖、康之説,乃竟謂六經皆孔子所自造,唐、虞、夏、商、周一切制度事實,皆孔子所定治世之法,託名於二帝三王,此所謂"素王改制"也。⑧

進而認爲《湘學新報例言》此議與康有爲"素王改制"之説相涉,"恐有流弊",因此希

---

① 張之洞:《勸學篇·内篇·宗經》,《張之洞全集》第 12 册,第 9720—9721 頁。
② 張之洞:《勸學篇·内篇·守約》,《張之洞全集》第 12 册,第 9728 頁。
③ 《清史稿》卷四八一《儒林二·孔廣森》歸納了其不同於何休的四個方面,其中就有三科九旨和三世説。(北京:中華書局,1977 年,第 13208—13209 頁)此外,趙伯雄《春秋學史》對此亦有歸納,可參看。(濟南:山東教育出版社,2014 年,第 517—520 頁)
④ 康有爲:《康南海自編年譜》,第 31 頁。
⑤ 按:《湘學報》原名《湘學新報》,光緒二十四年第二十一期改名《湘學報》。
⑥ 關於《湘學報》和《湘報》之爭始末經過,可參看茅海建:《戊戌變法的另面:"張之洞檔案"閲讀筆記》,上海:上海古籍出版社,2014 年,第 340—350 頁。
⑦ 《湘學新報》第一期,光緒二十三年三月。
⑧ 許同莘:《張文襄公年譜》,上海:商務印書館,1947 年,第 116 頁。

望《湘學報》在"時局多艱,橫議漸作"之時,"似尤以發明'爲下不倍'之義爲亟",並且希望"以後於《湘報》中勿陳此義,如報館主筆之人有精思奧義易致駭俗者……勿入報章"。① 其後,至二十四年二月十五,《湘報》正式發刊,其宣傳内容較《湘學報》更爲激進,而《湘學報》在徐仁鑄接任湖南學政後,較江標時對維新思想的宣傳力度也越來越大。至是年閏三月,張之洞即札行湖北善後局,停止訂閲《湘學報》,並致電徐仁鑄謂"其中奇怪議論較去年更甚,或推尊摩西,或主張民權,或以公法比《春秋》"。② 所謂"以公法比《春秋》",亦有批評徐仁鑄之意,徐仁鑄撰《輶軒今語》,於"經學當先通《春秋公羊傳》"條即本康有爲素王改制之説,而以《春秋》爲"公理公法之折衷",並認爲"新會梁君新著《春秋公法》一書最可讀"。③ 於閏三月二十一日,張之洞又致電時任湖南巡撫的陳寶箴和按察使黄遵憲,痛陳《湘學報》和《湘報》的問題,要求陳寶箴"亟宜諭導阻止,設法更正","切囑公度(筆者按:黄遵憲)隨時留心救正",並言及其所撰"《勸學篇》一卷,大意在正人心、開風氣兩義",④希望寄送刊載,以針對康有爲等維新諸説。

曹元弼對維新派這類具體議題的回應,則更多從學理上加以駁斥,並將駁斥的具體内容擇要録入《十四經學》的相關篇章,如《周易學・會通・公羊》即對"黜周王魯""以《春秋》當新王""素王改制"之説進行了系統地回應。康有爲在《春秋董氏學・春秋改制第五》中,認爲"《春秋》專爲改制而作",⑤依據《春秋繁露》之文,認爲"孔子《春秋》代天發意",又云"孔子受命制作,以變衰周之弊,改定新王之制,以垂後世",又云"《春秋》作新王之事,變周之制,當正黑統。……紲夏存周,以《春秋》當新王;在《孔子改制考》卷一三《孔子爲制法之王考》,從"孔子爲新王""孔子爲素王""孔子爲文王""孔子爲聖王""孔子爲先王""孔子爲後王""孔子爲王者""孔子托王於魯"等方面,援據《公羊傳》及何休注、《春秋繁露》及緯書,闡述其"孔子爲君,顔淵爲臣,即所謂仲尼爲素王、顔淵爲素相也"⑥之説,而在卷一一《孔子改制託古考》則集中言"孔子作《春秋》,紲周王魯,直以《春秋》爲繼周之一代"⑦的托古改制之説。對此,曹元弼在《周易學・會通・公羊》發首即對"黜周王魯""以《春秋》當新王""素王改制"之説加以定性,認爲:

① 許同莘:《張文襄公年譜》,第116頁。
② 張之洞:《致長沙徐學臺》,《張之洞全集》第9册,第7582頁。
③ 《湘學報》第二十九期。
④ 張之洞:《致長沙陳撫臺、黄臬臺》,《張之洞全集》第9册,第7581頁。
⑤ 康有爲:《春秋董氏學》卷五,北京:中華書局,1990年,第110頁。
⑥ 康有爲:《孔子改制考》卷一〇,第213頁。
⑦ 康有爲:《孔子改制考》卷一一,第282頁。

此漢世爲《公羊》學者援《春秋》尊周之例以尊漢，推經文以合世用，有爲言之也，非《春秋》之本意也。①

其後，曹元弼對於漢儒爲何以推《春秋》尊周之例以尊漢進行了分析。在孔子所處的春秋之世，禮崩樂壞，篡弑相仍，相對於唐虞三代以來可謂是前所未有之劇變，因此孔子述《春秋》，"因事明義，以存王法，《六經》之道備在《春秋》，孔子經論《六經》，以前聖之道示萬世也；制作《春秋》，用前聖之道以治萬世也"。② 此即《公羊傳》哀十四年春所言"制《春秋》之義以俟後聖"，③《春秋繁露·俞序》所謂"仲尼之作《春秋》也，上探正天端王公之位，萬民之所欲，下明得失，起賢才，以待後聖"。④ 但是隨着周曆既終，繼周而起的秦並没有以前聖之道以治天下，相反"秦政凶暴，盡滅聖法"，⑤"天下苦秦久矣"。⑥ 而至漢代，漢儒在反思批評秦政和討論漢代治國策略的時候，去除秦政的兇暴而恢復以德化民、以禮爲治的三代善治逐漸成爲了共識。⑦ 所以曹元弼説：

漢儒當秦糜爛生民，創鉅痛深之後，喜天下之有王，急欲以孔子之道活夷滅創殘之餘民，賈生、董子之徒，務引其君以當道志於仁，盪亡秦之毒螫，復三代之善治。⑧

在這種背景下，漢代治《公羊》學諸儒便多以孔子作《春秋》爲後世立法乃爲漢立法，而所俟之後聖即漢，如董仲舒《三代改制質文》所言"《春秋》應天作新王之事，時正黑統；王魯，尚黑"，所謂"新王"先儒多認爲即漢，⑨又如何休於"制《春秋》之義以俟後聖"注云"待聖漢之王以爲法"。⑩ 此類皆漢儒治《公羊》者推以尊漢之説，所以曹元弼認爲：

董子治《公羊春秋》，以爲《春秋》孔子爲萬世而作，漢爲繼周而王，萬世之始，則《春秋》即爲漢作，故推衍《春秋》以備時王制禮作樂、興太平之用。太史公曰

① 曹元弼：《周易學》卷四《會通》，第 30a—b 頁。
② 曹元弼：《周易學》卷四《會通》，第 31b 頁。
③ 何休注，徐彥疏：《春秋公羊傳注疏》卷二八，《十三經注疏》，第 5116 頁上。
④ 蘇輿：《春秋繁露義證》卷六，第 158—159 頁。
⑤ 曹元弼：《周易學》卷四《會通》，第 31b 頁。
⑥ 司馬遷：《史記》卷四八《陳涉世家》，北京：中華書局，1982 年，第 1950 頁。
⑦ 關於"以禮爲治"和"以德善化民"兩種政治學説在西漢的詳細情況，可參見陳蘇鎮：《〈春秋〉與"漢道"——兩漢政治與政治文化研究》第二章第一節和第二節，北京：中華書局，2011 年，第 234—189 頁。
⑧ 曹元弼：《周易學》卷四《會通》，第 31b—32a 頁。
⑨ 蘇輿：《春秋繁露義證》卷七於此云："作新王事，即《春秋》爲漢制作之説所由昉。魯爲侯國，漢承帝統，以侯擬帝，嫌于不恭，故有託王之説。云黑統則託秦尤顯。蓋漢承秦統，學者恥言，故奪黑統歸《春秋》。"（原注：朱一新已有是説。）以爲繼《春秋》，非繼秦也。"第 187—188 頁。
⑩ 《春秋公羊注疏》卷二八，《十三經注疏》，第 5116 頁上。

　　"上大夫董仲舒推《春秋》義",可謂知言。《春秋》尊周,故《公羊》家推以尊漢。①

曹元弼此處回應可以説是有力的,但是所謂"董子治《公羊春秋》,以爲《春秋》孔子爲萬世而作,漢爲繼周而王,萬世之始,則《春秋》即爲漢作",曹元弼還是從後世的朝代更迭的角度來看。若董仲舒以爲孔子所立爲萬世法,而漢只是繼周而王的開始,言外之意即後面尚有繼漢而王者,按理亦可推《春秋》尊周以尊當代,因此即便"黜周王魯""以《春秋》當新王""素王改制"之説是漢儒有爲之言,在某種程度上也不能否定漢以後以及晚清康有爲等也借孔子托古改制、以《春秋》當新王等説來爲現實政治服務。事實上,漢儒推《春秋》尊周以尊漢,對於漢初儒者而言並未豫有繼漢而王者,而秦政無道,非承《春秋》之道,因此在漢儒看來孔子作《春秋》爲後世立法,即爲爲漢世立法;以《春秋》當新王,新王即漢。在這個意義上,以之作爲漢儒有爲之言而絶後世如康有爲等之假託,方可立得住。在説明了康有爲所宣傳諸説爲漢儒"有爲言之也,非《春秋》之本意"後,在曹元弼看來:

　　　　所謂黜周王魯者,黜周王漢也,以漢繼周,不以漢繼秦也。所謂以《春秋》當新王者,以《春秋》當漢也。所謂素王者,謂孔子有王德,已爲漢立王法,猶孟子所謂王者師,班孟堅所謂孔佐也。所謂改制者,《春秋》爲漢制作,則漢當準之以作禮樂、興太平也。《春秋》通三統,周存夏、殷之後,在漢則當存殷、周,故曰"黜杞,新周,故宋"。②

以至於曹元弼認爲"凡《春秋繁露》《公羊解詁》中所言新王受命改制等事,可分別輯録,殊之《春秋》,以爲《漢禮》一書"。③ 由此,康有爲所宣傳諸説也就不再具有神聖性和永恒性了。

　　其後,曹元弼又對康有爲等借以宣傳變法改制諸説的《春秋繁露》《公羊傳》及何休解詁、《論語》《漢書》等經史傳注相關之説進行擇要疏釋。如《春秋繁露》言改制之説甚多,且爲康有爲所借重,因此曹元弼首破其疑,云:

　　　　《春秋繁露》于改制之事皆曰"宜",宜者,當如此而未如此者也。若《春秋》本已據魯改制,何待云"宜"? 魯宜如此,實漢宜如此也。撥亂世反諸正,莫近諸《春秋》,漢儒欲其君之本《春秋》以盡撥秦亂也。④

---

① 曹元弼:《周易學》卷四《會通》,第 32a 頁。
② 曹元弼:《周易學》卷四《會通》,第 32a—b 頁。
③ 曹元弼:《周易學》卷四《會通》,第 33b—34a 頁。
④ 曹元弼:《周易學》卷四《會通》,第 32b—33a 頁。

以此爲前提,那麼對董仲舒具體言論就很好理解了。如《漢書·董仲舒傳》"孔子作《春秋》,先正王而繫萬事,見素王之文焉",[①]康有爲以爲"董生爲漢醇儒,《漢書》亦録其素王之説,見空王之文,何礙焉",[②]以此支持其孔子爲素王之説,而曹元弼則認爲董仲舒"此言漢掃秦迹,當法《春秋》,《春秋》已豫爲漢立法也"。[③] 又《論語》言及三代禮樂因革損益的内容,往往爲康有爲視作孔子創教托古改制的實證,如《衛靈公》"顏淵問爲邦,子曰'行夏之時,乘殷之路,服周之冕,樂則韶舞'",[④]康有爲認爲"此條爲改制之確證。譬如今日言用元朝之歷,乘明朝車,戴國朝朝帽,聽宋朝戲曲,豈非大異聞乎? 非聖人豈能定之?"[⑤]又據《新語·思務》"道而行之於世,雖非堯、舜之君,則亦堯、舜也",[⑥]認爲是孔子改制法堯、舜之證。[⑦] 而曹元弼則言:

> 此魯禮也(原注:周、魯皆用周正,行夏令,觀《周禮》正月之吉與正歲別文,及《詩·七月》篇可見,《明堂位》稱魯君乘大路,戴冕藻,周用六代之樂,魯用四代,首《韶舞》)。孔子舉魯禮之盡善者,以爲萬世法也。[⑧]

又如《先進》"先進於禮樂,野人也;後進於禮樂,君子也。如用之,則吾從先進",[⑨]康有爲認爲"野人,質家也;君子,文家也。孔子作《春秋》,改周之文,從殷之質,故從先進",[⑩]以此爲孔子創儒教改制之證,而曹元弼則結合《八佾》"周監於二代,郁郁乎文哉,吾從周"[⑪]認爲:

> 從先進,即從周也。孔子以周初之文救當時之文,即救文反質也。若立乎漢世而論,則以魯禮推之,損益百王,以求盡善可也;以從先進推之,變周之文,從殷之質可也。[⑫]

在此基礎上,曹元弼更進一步借文王受命稱王、魯王禮之説來説明以《春秋》當新王、素王改制之説皆推崇過於其實的有爲之言,如云:

---

① 班固:《漢書》卷五六《董仲舒傳》,第2509頁。
② 康有爲:《孔子改制考》卷八《孔子爲制法之王考》,第199頁。
③ 曹元弼:《周易學》卷四《會通》,第33a頁。
④ 何晏注,邢昺疏:《論語注疏》卷一五,《十三經注疏》,第5468頁下。
⑤ 康有爲:《孔子改制考》卷九《孔子創儒教改制考》,第221頁。
⑥ 王利器:《新語校注》,北京:中華書局,2010年,第170—171頁。
⑦ 康有爲:《孔子改制考》卷一二《孔子改制法堯舜文王考》,第285頁。
⑧ 曹元弼:《周易學》卷四《會通》,第34b頁。
⑨ 何晏注,邢昺疏:《論語注疏》卷一一,《十三經注疏》,第5426頁上。
⑩ 康有爲:《孔子改制考》卷九《孔子創儒教改制考》,第239頁。
⑪ 何晏注,邢昺疏:《論語注疏》卷三,《十三經注疏》,第5358頁下。
⑫ 曹元弼:《周易學》卷四《會通》,第34b—35a頁。

文王三分服事,爲臣止敬,而周既克紂,尊文王爲太祖,禮樂制度悉推本之,後世遂傳於文王受命稱王之言。成王以周公有大勳勞,命魯郊禘如天子禮,魯人遂傳於魯王禮之言。而漢儒託之《春秋》,孔子作《春秋》,尊天王,奉周正大一統,正君臣父子之義,以示萬世,初非爲一代制,而漢儒推尊周之義以尊漢,謂《春秋》爲漢作,是以傳於以《春秋》當新王之言。《春秋》憲章文武,王道燦然分明,而有德無位者,自古有玄聖素王之稱,漢儒尊孔子,以爲漢帝興太平之法,是以傳於孔子爲素王之言。①

在説明文王受命稱王改元爲周人尊周,魯爲王禮爲魯人尊魯,孔子爲漢制法、以《春秋》當新王爲漢人尊漢後,曹元弼認漢儒尊漢有爲之言雖然不符合《公羊》之義,但"其意則懃懃至忠,以尊其君,是固《春秋》尊周之義也"。② 而對比康有爲先爲《新學僞經考》以否定古文經,滅棄中學,進而《孔子改制考》中借黜周王魯、以《春秋》當新王、素王托古改制以宣傳變法改革,曹元弼認爲這是"賊臣乃巧借以誣《春秋》,以叛國家",③"誣衊孔子,以惑人心"。④ 因此,其在《周易學・會通・公羊》中以較長的篇幅對維新派借《公羊》學諸説加以辯駁回應,以期"正人心,息邪説,俾學者知歸"。⑤ 事實上,曹元弼對維新派此諸説的批駁不僅限於《周易學・會通》,其後專撰《素王説》加以批駁,至其晚年撰《復禮堂述學詩》仍然屢有駁斥。

四 轉型的失敗與價值的重新發掘

(一)轉型的失敗

張之洞和曹元弼爲了應對經學在晚清社會變革中所遭遇的危機,通過對經學教科書編纂體例的調整、對經學内容的嚴格選擇以適應晚清人才培養的需要,對晚清以維新派爲代表的新學批判否定傳統經學和名教綱常的回應,以及對維新派黜周王魯、以《春秋》當新王、素王改制等説的批駁,而努力推動近代經學的轉型以適應時代危機,但是伴隨着張之洞的去世、存古學堂的撤銷以及隨之而來的辛亥革命,在洶湧的時代浪潮衝擊之下,這次經學轉型的嘗試戛然而止。回顧這次經學轉型的嘗試,從光緒二十四年張之洞撰《勸學篇》,並延楊裕芬、廖平、宋育仁等編纂《經學明例》,又屬曹元弼

---

① 曹元弼:《周易學》卷四《會通》,第35a—b頁。
② 曹元弼:《周易學》卷四《會通》,第36b頁。
③ 曹元弼:《周易學》卷四《會通》,第36b頁。
④ 曹元弼:《周易學》卷四《會通》,第37a頁。
⑤ 曹元弼:《周易學》卷首《〈周易〉〈禮經〉〈孝經〉三學合刻序》,第1a頁。

編纂《十四經學》,至辛亥革命爆發,前後近十四年,實際上在當時社會幾乎沒有產生任何影響。因此,可以說是一次失敗的轉型嘗試。這次轉型之所以失敗,歸納原因,筆者以爲有如下數端:

其一,這是晚清政局發展的必然結果。隨着洋務運動的開展,"中體西用"思想在當時開明士大夫中具有比較廣泛的認同,但隨着甲午戰爭中北洋艦隊的覆没,清廷的戰敗,實際上宣告了洋務運動的失敗,"中體西用"思想也受到很大程度地質疑,一些激進的知識分子開始對中國學術、制度進行了激烈批判,與此同時則是對西方思想學説和制度進行宣傳,並借今文學加以附會,力圖推動變法改革以應對現實危機。而隨着戊戌變法的失敗,庚子事變的爆發和《辛丑條約》的簽訂,以及晚清立憲改革的鬧劇,一方面使清廷面臨着越來越嚴重的政治、經濟、軍事和外交等各方面的危機,同時又無法拿出有成效的改革措施,從而使得危機越來越嚴重;另一方面,變法的失敗和清廷的無能,使得不少有志之士逐漸拋棄了變法改革和維護清廷統治的想法,逐漸轉向革命,並且與隨着社會危機加深而日漸高漲的民族主義思潮合流,進一步動搖着清廷的統治。張之洞和曹元弼本着"中體西用"的原則進行的經學轉型嘗試,其核心是維護清廷的統治,所以當清廷在現實危機面前逐漸走向崩潰,其轉型的失敗也就成爲了必然。儘管曹元弼在光緒三十四年已經完成了《周易學》《孝經學》《禮經學》三書,並於宣統元年刊竣,但是隨之而來的武昌起義、宣統遜位以及存古學堂的撤銷,張之洞和曹元弼對經學轉型的嘗試也就此結束。

其二,《十四經學》的編纂並沒有嚴格遵守張之洞要求,全書未完,不能達到預期效果。張之洞在撰寫《勸學篇》,籌劃推動經學轉型之時,對當時世變之亟是有深刻認識的,所以在《守約》篇中不斷強調"治要而約取"之義,所預期的經學教科書"小經不過一卷,大經不過二卷",對於學堂講授"期以一年或一年半畢之"。但是,傳統經學自漢以來,經解之書可謂汗牛充棟,雖然有《清經解》《清經解續編》等匯刻之叢書,但是從未有系統整理;對於經學歷史儘管有歷代儒林傳以及相關叙述學術源流之作,亦多失之於疏略。因此,要在短時間之內按照張之洞所示七法編出各經"淺而不謬,簡而不陋"的教科書來,幾乎是不可能的。所以其先延廖平、宋育仁等編《經學明例》,僅就確定義例、分類纂集長編即費時甚長。[①] 而曹元弼以一己之力,編纂《十四經學》,可謂難度巨大。並且,曹元弼也沒有嚴格按照張之洞的預期要求編纂,今所成三部中,除《孝經學》篇幅略小,勉強符合"小經不過一卷",其他如《周官學》,僅僅"《解紛》"一目,

---

① 參見王繩生致趙鳳昌札,《趙鳳昌藏札》第 5 册,北京:國家圖書館出版社,2009 年,第 460—472 頁。

幾二百頁而猶未已也",①《毛詩學》今存殘本已有七八萬字,而王欣夫"以全書核之,蓋未及什一"。② 因此,曹元弼前後十餘年,至清亡也僅寫定刊刻《周易學》《禮經學》《孝經學》以及數部殘稿。而在没有具體參考書的情況下,張之洞在兩湖、經心書院推行此法,前已述及,實困難重重而收效甚微。在光緒二十四年至辛亥革命這段清亡前社會思潮變革最劇烈的十餘年,儘管張之洞爲挽救國粹而奏立存古學堂,但就經學教育而言仍然缺乏系統可靠的經學教科書,其效果根本不足以與時代潮流相抗衡。換而言之,《十四經學》在清朝滅亡前並未産生過任何社會影響。

　　其三,未能跟上時代思潮的發展變化。張之洞和曹元弼在開始嘗試經學轉型,編纂《十四經學》時,所面臨的主要是來自以康有爲爲代表的維新派思想的挑戰,但隨着戊戌變法的失敗和現實危機的加深,社會思潮已經逐漸從維新變法的思潮轉向民族民主革命,但曹元弼在編纂《十四經學》的十餘年間,仍然以康有爲及其維新思想作爲論戰對象。在光緒三十年和三十三年,曹元弼爲鄉後進以及湖北存古學堂諸生述《原道》《述學》《守約》三篇之大義時,所回應的也基本上還是戊戌前後的思潮,儘管其中關於名教綱常的問題在此後很長一段時間仍然是重要的議題,但此時社會思潮早已轉向民族民主革命了,而曹元弼卻鮮有回應。③ 甚至在清亡以後,曹元弼仍然在關注"素王説""大同説"等維新議題。"履霜堅冰至,非一朝一夕之故",在曹元弼看來後面的革命思潮正是以康有爲等維新派之説爲先導,相繼而起的革命和北洋時期的戰亂也正是維新運動的延續。如其《復禮堂述學詩》卷四《述周禮》所言:

　　　近康有爲學不及安石,而堅僻躁妄,言僞而辯,欺罔朝廷,流毒天下,遂致四海分崩,三綱橫決。新莽篡竊,暴秦坑焚之禍,倉猝並起,生民糜爛,乾坤或息,大亂蔓延,未知所底。而始作俑者之邪説餘毒,猶將盡圓顱方趾之民,剝其膚而喋其血,吁可悲夫!④

或許曹元弼的看法不無道理,但也因此導致他不能跟上時代思潮的變化,未能對社會思潮進行及時回應。

---

① 王欣夫:《蛾術軒篋存善本書録》上册,第25頁。
② 王欣夫:《蛾術軒篋存善本書録》上册,第19頁。
③ 曹元弼有《文王受命稱王改元辨》三篇,當爲《毛詩學・解紛》中的一部分。其内容上看似回應當時革命思潮,但實際上是直接針對戊戌前後兩湖書院内部有關"文王受命稱王改元"的爭論而作。先是,兩湖書院經學分教楊裕芬講《詩・大雅・文王有聲》"文王受命,有此武功",對文王受命稱王改元之説加以駁斥,遭到勵光典的反對,其後梁鼎芬亦加入,從而引發了這一場關於文王受命稱王改元問題的爭論,其詳可參見陸胤:《清末兩湖書院的改章風波與學統之爭》,《史林》2015第1期,第87—97頁。
④ 曹元弼:《復禮堂述學詩》卷四《述周禮》,第73a頁。

其四,對社會思潮的回應方式過於保守。曹元弼作爲傳統經學家和張之洞幕賓的身份,他對社會思潮的回應更多還是局限於學術考辨和學堂教育的層面。首先,曹元弼作爲傳統經學家,他對康有爲等維新思想的回應,是通過撰寫考辨文章來實現的。不論是《原道》《述學》《守約》三篇,還是《周易學》《禮經學》《孝經學》中對具體問的考辨等,曹元弼基本上是以專題考辨文章的形式來加以駁斥和回應。儘管在學術的嚴謹性上略勝一籌,但是在社會大眾甚至普通士子的接受上,梁啓超、譚嗣同、唐才常等報章體文章對維新思想的宣傳和對名教綱常的批判更具有影響力。其次,曹元弼對維新派思潮的回應,在傳播上也僅限於學堂講授和作爲書籍刊印流傳。這使得其回應在傳播的時效性和範圍上受到很大限制。因此,曹元弼的回應基本上僅限於兩湖書院、湖北存古學堂和蘇州存古學堂以及師友之間,而且在時效性上大大滯後。如《原道》《述學》《守約》三篇在光緒三十年、三十三年才分別爲蘇州和湖北諸生講授;又如《十四經學》未能採用報刊連載的方式,以至於十餘年來已完成的《周易》《禮經》《孝經》三學,至宣統元年才刊竣,且尚未印刷流傳,而其他未寫定各經則存諸篋中,日就亡佚。而維新派以及後來的革命派,即通過組織學會、辦報紙,使其思想得以快速、大範圍傳播。如光緒二十三、二十四年維新派在湖南創辦的時務學堂、南學會、《湘學報》《湘報》等,就對維新思想在兩湖地區的傳播起到了重要的作用。

(二)學術價值的重新發掘

儘管張之洞和曹元弼在近代推動經學轉型的嘗試失敗了,但是其相關論説和《十四經學》的已成部分,在今天來看仍然有值得重新發掘的價值在,具體而言,筆者以爲有如下兩方面:

其一,守約施博的可能性。經學作爲傳統學術的核心,自漢以來不斷闡釋,經傳注疏及相關論説文章,可謂是浩如煙海,汗牛充棟。因此,如何以簡潔的形式囊括各經的核心內容,如何以較短的時間掌握經學的核心和主體,不僅是張之洞和曹元弼的時代所需要面對的問題,對今天經學的學習和研究來説依然是嚴峻的問題。張之洞《勸學篇·守約》中所列提要鈎玄之七法,是對經學教科書編纂體例的一次有益探索,對於如何統攝並合理呈現各經核心內容,在今天看來依然具有啟發意義。曹元弼的編纂實踐,在很大程度上也提供了一個可資借鑒的範本,同時也可以從中發現一些經驗教訓。具體而言,張之洞所列提法具有極強的概括性和系統性,相較於光緒二十九年《奏定學堂章程》於經科大學所列經學研究法更爲合理。《奏定學堂章程》以《周易》爲例,列舉了研究《周易》學之要義,茲以之與曹元弼《周易學》列表(表三)比較如下:

表三

《勸學篇・守約》	曹元弼《周易學》各篇内容	《奏定學堂章程》治《易》要義①
明例	通例:生蓍倚數、立卦、生爻及六十四卦變成既濟、繫辭、十翼 別例:鄭氏例、荀氏九家例、虞氏例、漢魏諸《易》家例、王弼注例、孔氏《正義》例、李氏《集解》例、程傳例、朱子《本義》例、惠氏《易》學例、張氏《易》學例、姚氏《易》學例、治《易》例	一、全經通義:通義如取象、得數、時義、當位不當位、陰陽、剛柔、内外、往來、上下、消息、錯綜、變化、動静、行止、進退、敵應、乘承、遠近、始終、順逆、吉凶、悔吝、利害、得失、旁通、反復、典禮、性命、言辭、制器、重卦互卦之卦、方位、卦氣、大衍、圖書卜筮之類
要旨	要旨上篇:全經要義、上經各卦要義;要旨下篇:下經各卦要義及《繫辭》《説卦》《序卦》《雜卦》等要旨	一、全經綱領 一、每卦每爻精義 一、十翼每篇精義
圖表	天地之數、太極、乾坤生六子、八卦布散用事、乾坤六位、八卦納甲、惠氏卦氣六日七分圖、惠氏十二消息主七十二候圖、張氏十二消息卦氣圖十二月爻辰圖、八宫卦次圖、日月之數、庖犧則天八卦、八卦成列	一、文字異同 一、音訓
會通	《書》《詩》《周禮》《儀禮》、大小戴《禮記》《春秋》《左傳》附《國語》《公羊》《穀梁》《孝經》《論語》《孟子》《爾雅》	一、群經證《易》 一、諸子引《易》者證《易》 一、諸史解《易》者證《易》 一、外國科學證《易》
解紛	重卦之人及三《易》考、《周易》卦辭爻辭及《文言》名義考、《周易》分傳附經考	一、經義與後世實際不相同而理相同之處。
闕疑	河圖洛書先天後天疑義	
流別	《周易》注解傳述人、《周易》各家撰述要略、附經注疏各本得失	一、經傳淵源 一、秦漢至今《易》學家流派 一、歷代政治人事用《易》道見諸施行之實事
		一、《易經》支流:若《火珠林》《易林》《太元》《潛虚》之類

---

① 張百熙:《張百熙集》,第198—199頁。

此表根據內容情況,將《奏定學堂章程》治《易》要義順序打散,以與張之洞所列提要鉤玄七法相對應。其中《奏定學堂章程》中的"文字異同"和"音訓",《周易學》七篇中並無,但是曹元弼《毛詩學·圖表》中則列有《毛詩本字借字譌字表》《詩異文表》《詩異義表》《詩雙生疊韻表》,①因此可以考慮將《周易》的異文和訓詁以表格形式納入"圖表";"諸子引《易》者證《易》""諸史解《易》者證《易》""外國科學證《易》"三條之所以放入"會通",乃因其爲"群經證《易》"方法在範圍上的延伸;"經義與後世實際不相同而理相同之處"一條,實際上屬於可以解決的經義疑難問題,因此放入"解紛";"歷代政治人事用《易》道見諸施行之實事"條之所以放入"流別",主要是參照《禮經學·流別》有"歷代用禮功效",與此內容相似。至於"《易經》支流:若《火珠林》《易林》《太元》《潛虛》之類",雖與《周易》不同,但卻與《周易》關係密切,而張之洞所示七法中似也無相應門類可入,筆者以爲可爲附錄。此表以張之洞所示七法概括《奏定學堂章程》所示治《易》要義雖然未必完全符合,其中內容尚有可互著別裁之處,但總體而言張之洞所示七法基本上能夠涵蓋《奏定學堂章程》諸法。可見曹元弼言"《奏定學堂章程》所列經學研究法,七條中均能羈栝",②並非虛言。這也可見張之洞所示七法的概括性。

此外,就此七法的具體功用而言,亦可見其以簡馭繁、守約施博的效果。明例將"本經通例、經師別例、注例、疏例、各家說經例、學者治經例,一一表明","例明則若網在綱,如裘挈領,全經窾要,豁然貫通",③可謂提綱挈領,示以各經門徑;而要旨總括經傳大義,對於從整體上把握一經內容,具有要言不煩之功;圖表則將相關問題直觀呈現,對於理解經義內容,相輔相成,如《周易》《禮經》等經,尤賴圖表以通其義;會通將各經傳之間字詞文句、義理史事相通之處,條舉件繫,不僅可資以瞭解各經在義理和文本上的相互關係,而且也對判斷先秦經傳真僞具有一定的作用;解紛、闕疑則對經、傳、注、疏內容本身以及各經傳流傳過程中難明而切要之問題,或窮源竟委、疏通證明,或存其舊說而俟來者,可資以瞭解經學史上聚訟紛紜諸問題,從而準確把握各經學的關鍵問題;流別則敘述各經流傳源流、著述情況以及各經傳注疏版本優劣,尤其是如《禮經學》中"歷代用禮功效"將禮學史與政治史、社會史相聯繫,不僅可以在廣闊的社會歷史中考察經學史的相關問題,還可以考察歷代經學

---

① 此三表見蘇州圖書館藏《毛詩學》稿本,三表皆僅據少數幾例作示範,並未完成。
② 曹元弼:《周易學》卷首《守約》,第20a頁。
③ 曹元弼:《周易學》卷首《十四經學略例》,第1a—b頁。

與社會政治的關係,頗具有啓發性。此七法互相配合,在内容上涵蓋了經學概論、經學史、經學文獻等幾乎經學研究各方面的内容,而且在體例安排上,自明例至關疑,由淺入深,由經學概論(明例、要旨、圖表、會通)入經學史(解紛、闕疑、流別),循序漸進。由此可見,張之洞所示的提要鉤玄之七法,可謂以至簡之法統攝至博之内容,不僅在當時面對社會危機時是一種守約施博的可能性,即便在今天的經學研究中依然不失爲一種守約施博的方法。

其二,内容多精當,利於初學。曹元弼《十四經學》儘管没有完成,但現存的《周易學》《禮經學》《孝經學》三書以及《毛詩》《周禮》《論語》等殘卷,在内容方面多有精當之處,對今天各經的初學者而言也不失爲重要的參考書。例如關於"明例",曹元弼各學善於在前人的基礎上,總結歸納各經通例、別例,多於同中見異,異中見同。《周易學·明例》之通例部分,曹元弼隱括惠棟、張惠言、姚配中各家之説以及自著《周易釋例》,對《周易》閲讀和研究中具有基礎性的生蓍倚數、立卦生爻、卦變等凡例加以歸納概括;別列部分則對自鄭玄以下,以至於清代惠棟、張惠言、姚配中等近二十家《易》學之例進行歸納,於各家之例的異同中示以家法的承與變,不僅對閲讀各家《周易》著述有門徑之功,對把握紛繁複雜的《易》學發展演變史亦有抽絲剥繭之功。又《禮經學》一書,曹元弼於明例之通例擇善删著淩廷堪《禮經釋例》,而《喪服》一篇則以其"大義雖舉,微言未析,疏略抵捂亦時有之",而"更定義例,改其參錯,掇其精要著於篇"。[1] 其改定後的《喪服》之例,以六術榤栝全篇,使得《喪服》尊尊親親之義更爲明晰。此外,關於宫室之例則據宋李如圭《儀禮釋宫》,職官之例則據胡匡衷《儀禮釋官》,經、注、疏之例則據陳澧《東塾讀書記》卷八《儀禮》一篇,可謂將歷代釋《禮經》之例之最精者萃於一篇。《周禮學》一書,雖然僅存三葉,但是其關於《周禮》之例的論説和設想,卻非常具有啓發性。曹元弼關於《周禮》釋例的設想,是從討論經禮曲禮關係開始的,在《禮經學·解紛》的《經禮曲禮説》中已有初步論述。其晚年作《復禮堂述學詩》嘗引用《周禮學·明例》的内容,云:

　　治禮莫要於釋例,釋《周官》之例,當以三百六十官之事分類系聯之。鄭注所言,即其法也。大宰八法:一曰官屬,三曰官聯。周公作《周禮》,又作《儀禮》。《周禮》以官爲紀,官屬也;《儀禮》以事爲紀,官聯也。官屬爲經,官聯爲緯。故《周禮》爲經禮,《儀禮》爲曲禮。經曲,猶經緯也。《周禮》即《儀禮》之釋官,《儀

---

① 曹元弼:《禮經學》卷一《明例》,第25b—26a頁。

50

禮》即《周禮》之釋例。今《儀禮》僅存十七篇,朱子《儀禮經傳通解》、江氏《禮書綱目》據《周禮》事別爲篇補之,實得制作本法。後人苟因其成文,約而聯之,比類合誼,發揮旁通,爲《周禮》釋例專書,使良法美意,本末終始,同條共貫,王道粲然分明,人人易知易從,尋省了則運用神。嗜學者多,則非聖無法之説息,於經術世運非小補也。[1]

又王欣夫引曹元弼之言説:"釋《周禮》之例者,當以六聯爲體,而以治國、治官、治民三大義爲綱。"[2]曹元弼以天、地、春、夏、秋、冬六屬爲經,以祭祀、賓客、荒喪、軍旅、田役、弛斂六聯爲緯,實際上即以官統事;六聯之事,又統之以治國、治官、治民三大綱。[3] 儘管其《周禮學》未成,且已成之《明例》"三十六頁"[4]今亦未見,但是以此研讀《周禮》一經,亦可以簡馭繁,綱舉目張。又如解紛,曹元弼於各經皆舉其尤難明而切要之義,窮源竟委而加以明辯,其中雖然不乏可商榷之處,但精義迭出,對於初學把握各經學史上的關鍵問題,多有助益。如《周易學·解紛》中《周易分傳附經考》一篇,承胡培翬之説,進一步辨《周易》分傳附經不始於鄭玄而始於王弼,且分析《三國志·三少帝紀》中關於高貴鄉公與博士淳于俊就《易》分經附傳問題的討論,其義甚精。又《禮經學·解紛》於全經總義和各篇疑難的疏解考辨,精義尤多。即便如《毛詩學》殘卷中《詩入樂説》《六義》《十五國風次序説》《二南分風説》《邶鄘衛封地分風説》《王降爲風説》《豳風豳雅豳頌説》《詩序不可輕譏説》等篇,雖不無趨向保守而有可商榷之處,整體而言其嚴密的考辨仍然對今天研究相關問題如詩樂關係、《毛詩》編次等問題具有參考意義。總體而言,儘管曹元弼《周易學》《禮經學》《孝經學》三書和《毛詩學》《周禮學》等殘卷是近代經學轉型失敗的産物,但是以其守約施博的謹嚴體例、對經例經義的歸納以及對相關經學問題的深入考辨,對今天而言依然具有啟發性和參考性,有其不可忽視的價值在。

作者簡介:

李科,男,1987 生,四川宜賓人,中國社會科學院文學研究所助理研究員。主要研

---

① 曹元弼:《復禮堂述學詩》卷四《述周禮》,第 5b—6a 頁。
② 王欣夫:《蛾術軒篋存善本書録》上册,第 24 頁。
③ 按:張之洞《勸學篇·守約》於《周禮》大義云:"太宰建邦之六典,治典經邦國、治官府、紀萬民,其餘教典、禮典、政典、刑典、事典皆國、官、民三義並舉。蓋官爲國與民之樞紐,官不治則國民交受其害。"曹元弼此説與張之洞有相近之處,或有得於張之洞。
④ 王欣夫:《蛾術軒篋存善本書録》上册,第 24 頁。

究領域爲儒家思想與儒家經典、古典文獻學、先唐文學。近年代表作有《"詩史"本義辨》(《文學評論》2018 年第 3 期)、《曹元弼會通"漢宋"的路徑與方法探析》(《儒家典籍與思想研究》第十三輯,2021 年)等。

近代上海學者姚文枏會通古今喪禮之研究[*]

孫致文

內容摘要　清末民初上海學者姚文枏曾於 1926 年受孫傳芳之聘參加江蘇修訂禮制會,負責主稿"喪禮喪服草案",而於去世前一年完成《喪服喪禮草案》一書。該書參酌前代官修禮書《大唐開元禮》《政和五禮新儀》《明會典》《大清通禮》及北洋政府"禮制館"所編《中華民國通禮草案》,又屢次引用司馬光《書儀》、朱熹《家禮》。姚書雖不以考禮、復原爲目的,但於考量"實用"的原則中,仍見對古禮的考索,並檢討前代禮書的得失。本文以姚書中《喪禮草案》爲探討對象,分析書中喪禮儀式因革損益的得失,並著重辨析姚書與朱子《家禮》的關係。本文認爲,該書雖爲實用而設,但其間頗能展現姚氏對禮制、禮義的理解。另一方面,姚氏之所以據禮義、禮俗補《禮》經未備,實是因其巨細靡遺考量各項儀節施行時的需要,而絕非滿足文獻考索的興趣。再者,姚氏並非身居國家禮制館的官員,也非隱身書齋的學究,或許由於長期投身社會事業,使他深知民間禮俗,且能明察習俗之良窳,進而去蕪存菁,兼容並包。今日政府相關部門及各界學者若有意重訂禮制,姚氏著作實堪作爲借鏡。

關　鍵　詞　姚文枏　喪禮　制禮　禮制草案　上海禮俗

一　前言

"喪禮",雖只是禮制、禮儀中的一環,但始終被視爲極重要之事。孔子教人行"孝"須"生,事之以禮;死,葬之以禮,祭之以禮",^②《孟子·離婁下》更説:"養生者不足以當大事,惟送死可以當大事。"^③《荀子·禮論》也説:"禮者,謹於治生死者

＊ 本文初稿曾於"東亞禮學與經學國際研討會——暨上海儒學院第三屆年會"(復旦大學哲學學院、復旦大學上海儒學院、上海市儒學研究會主辦,2019 年 6 月 29—30 日)宣讀,並得與會學者指正,特此致謝。

② 朱熹:《四書章句集注》,北京:中華書局,1995 年,第 55 頁。
③ 朱熹:《四書章句集注》,第 292 頁。

也。……夫厚其生而薄其死,是敬其有知而慢其無知也,是姦人之道而倍叛之心也。"①正是在此種"孝"道思想的驅使下,儒家喪葬禮制不僅完整嚴密,甚至已略顯繁瑣。眾所周知,《儀禮》十七篇中,既有記載喪禮完整儀節的《士喪禮》《既夕禮》《士虞禮》三篇,又有記載守喪制度的《喪服》一篇。喪禮、喪服雖明載於經文,但時移世變,歷代皆有因革損益,以使其簡易可行。朱熹即曾言:

> "禮,時爲大。"有聖人者作,必將因今之禮而裁酌其中,取其簡易易曉而可行,必不至復取古人繁縟之禮而施之於今也。古禮如此零碎繁冗,今豈可行!亦且得隨時裁損爾。孔子從先進,恐已有此意。②

"禮,時爲大"語出《禮記·禮器》,③朱子之意,是指禮須審時而制、與時俱進。雖言"有聖人者作"必將"裁酌其中",但聖人不世出,後賢仍須"隨時裁損",使"禮"不至徒成虛文。姚文枏《喪服喪禮草案》一書,即是在古代禮制的基礎上,裁酌損益而成的一部行禮指引。

姚文枏,字子讓,上海人,生於清咸豐七年(1857),光緒十一年(乙酉,1885)舉人,民國後曾任國會眾議院議員、江蘇省諮議局議員、上海市議會議員等職,曾參與編修《上海縣志》《江蘇省通志》,卒於民國廿二年(1933)。④ 民國十五年(1926)受"五省聯軍總司令"孫傳芳、江蘇省長陳陶遺之聘,姚文枏成爲"江蘇修訂禮制會"十一位會員之一,且被推舉主稿"喪禮喪服草案";但"禮制會"於國民政府北伐後解散,原擬編定的"婚喪祭禮三種"也未完稿。⑤ 今所見《喪服喪禮草案》一書,完成於姚氏逝世前一年(1932),據書前自序所述,乃是應其弟子郁元英之請而成稿,再由郁氏校錄成書。

---

① 王先謙:《荀子集解》,北京:中華書局,1988年,第358—359頁。

② 黎靖德編:《朱子語類》卷八四,北京:中華書局,1986年,第2178頁。

③ 鄭玄注,孔穎達疏:《禮記注疏》卷二三,影清嘉慶二十年南昌府學本,臺北:藝文印書館,1989年,頁四上。又,本文引用《禮記》經、注、疏,皆據此本。

④ 網絡資料(如"百度百科")多記姚氏卒於1934年,但據《申報》刊載之訃告、舉殯啟事、開弔大會報導等,姚氏卒於民國廿二年(1933)年十二月廿六日。本文所述姚氏生卒年及經歷,係據《申報》民國廿二年十二月廿八日(第三張)所載《姚子讓先生作古 今日下午大殮》一則。該則報導內容,請見文末所附掃描檔及錄文。

⑤ 孫傳芳聘章太炎爲"江蘇修訂禮制會"會長,該會成立之過程及組織章程,見於《申報》民國十五年八月七日《江蘇修訂禮制會之發起》一則。相關史實,又可參見王銳《1926年南京制禮事件述論——兼論身處其中的章太炎》一文,收入氏著《新舊之辨:章太炎學行論》(桂林:廣西師範大學出版社,2017年),第192—222頁。又,"江蘇修訂禮制會"曾於民國十五年(1926)八月六日舉行在南京舉行"投壺新儀";投壺禮"大賓"原邀章太炎擔任,但當日章氏未到,即改由姚文枏任大賓。該事始末,除可見上引王銳論著,又可參見趙婕好《民國初年"尊孔讀經"思潮下的"投壺新儀"》一文,收入《思辨集》第十五集(臺北:臺灣師範大學國文系出版,2012年),第263—291頁。

該書於民國廿一年於上海排版刊印,民國五十八年(1969),郁元英又於主政者倡議"中華文化復興運動"的號召下,在臺灣自費依原樣重印。① 本文即以此重印本爲據。

姚氏《喪服喪禮草案》(以下簡稱《草案》),並非民國肇建後第一部新訂禮制,更不是最後一部。民國元年(1912)八月,民國政府公布《禮制》二章,十月又公布《服制》,共三章。② 民國三年(1914)袁世凱任大總統時,內務部下轄典禮司,其下即設有"禮制編訂會",後改爲"禮制館",館長爲徐世昌。今所見《民國禮制七種》,③即是"禮制館"編定的《祀天通禮》、《祭祀冠服制》、《祭祀冠服圖》(以上刊於民國三年八月)、《祀孔典禮》(刊於民國三年九月)、《關岳合祀典禮》(刊於民國四年五月)、《忠烈祠祭禮》(刊於四年五月)、《相見禮》(刊於四年六月)等七種合刊。禮制館及其所編禮制,在袁氏帝制失敗後,都被新任國務總理段祺瑞廢止。民國十六年(1927),"中華民國陸海軍大元帥"張作霖下令開設"禮制館",修訂"民國禮制"。"禮制館"所擬禮制分爲吉、凶、軍、賓、嘉,合之而爲《中華民國通禮草案》。④ 民國十七年(1928)北伐完成全國統一,禮制編定的工作更加極積、全面不僅草擬、修訂《禮制草案》《服制草案》,民國卅二(1943)更於重慶開設"國立禮樂館",由官員、學者討論訂定《中華民國禮制》。⑤

姚氏固然未能見到《禮制草案》《服制草案》,但民國十六年北洋政府"禮制館"所編《中華民國通禮草案》中的"凶禮草案",則是姚氏編定《草案》的重要借鏡,姚氏以"館草案"稱之。

除了"館草案",姚氏《草案》中屢見的前代官修禮書有《大唐開元禮》(《草案》稱"開元禮")、《政和五禮新儀》(《草案》稱"政和禮")、《明會典》、《大清通禮》;至於私撰禮書,則屢引司馬光《書儀》、朱熹《家禮》。然而,據筆者考察,上述諸禮書,姚氏未必親見其書,應是轉引自清初徐乾學《讀禮通考》一書。即便如此,姚氏並非抄書匠,《草案》也非資料匯編。姚書雖是以"實用"爲考量的"禮制草案",卻又不是僅僅載明

① 郁氏重印緣由,請見書首《重印弁言》。姚文枏《喪服喪禮草案》,臺北:維新書局總經銷,1969年。

② 參見楊志剛《中國禮儀制度研究》,上海:華東師範大學出版社,2001年,第247—249頁。

③ 《民國禮制七種》,臺北:"中央研究院"歷史語言研究所傅斯年圖書館藏。

④ "禮制館"於十一月十七日開館,由國務總理潘復兼任總裁,內務總長沈瑞麟兼任副總裁,聘請江瀚、王式通爲總纂。今有民國十七年(1928)《禮議》(第一期)一册,載錄《禮制館開館紀事》《禮制館官制》《禮制館辦事規則》《禮制館職員錄》等文,詳述禮制館成立經過與規章,又有《昏禮草案》《昏禮修正案》《冠服議》《增訂制服議》《鄉飲酒議》等禮制草案或專論。又,京都大學人文科學研究所藏有《中華民國通禮草案》油印本一册,但内容僅爲"凶禮草案";從内文可知,該草案主筆者爲胡玉縉。2015年8月20日筆者至京都大學人文科學研究所借閱《中華民國通禮草案》,承該所古勝隆一教授協助,謹致謝忱。

⑤ 民國十七年(1928)至卅七年(1948)議定《中華民國禮制》歷程及成果,請參見拙作《議禮、制禮與踐禮的當代意義——以1943年"北泉議禮"爲中心的討論》一文,收入鍾彩鈞主編《儒學的理論與應用:孔德成先生逝世五周年紀念論文集》(臺北:"中央研究院"中國文哲研究所,2015年),第601—632頁。

程序的"禮單",也不是一仍舊制的"復原";其間有對古禮的考索,有對前代禮書的檢討,也有觀察時俗的一手資料。省視姚氏著作,一則可以填補近代《禮》學研究的不足,再則可作爲今後議定喪禮的借鏡。

姚氏《草案》包括《喪服草案》五卷、《喪禮草案》三卷,本文只討論"喪禮"相關問題;姚氏對"喪服"的見解,則另撰專文討論。[①]

二　禮制考索

編定切合時用的禮書,自然應該先理解古禮。若不明古禮,則妄談因革損益。本文題目中以"學者"稱姚文柟,即首先關注姚氏《草案》中考索禮制的"研究"傾向。

姚氏於《儀禮》《禮記》注疏讀之甚精,甚至能勘覈鄭注、孔疏、賈疏的差異。此外,《草案》也經常提及敖繼公《儀禮集說》、盛世佐《儀禮集編》、胡培翬《儀禮正義》等重要經解。以下即舉實例,探析姚文柟的古禮識見。

(一)有"朝夕奠"而無"日中奠"

關於喪禮有"朝夕奠"而無"日中奠",姚文柟先是疏理漢唐經說,再及後世禮制,最後下以己意。《草案》雖非"經注",但姚氏在《草案》説明中不免仍須涉及古禮考索。

入斂之後,停殯期間,家屬雖不再輪替而哭、哭聲不絕(即"代哭"),但除了"朝夕哭",其他任何時間,念及死者而哭泣,旁人都不加制止。早、晚進奉酒食於靈前,猶如每日按時進餐;此禮,《儀禮》未見專詞,但後人,如賈公彥則稱之爲"朝夕奠"。[②]《既夕禮》又言:"燕養、饋、羞、湯沐之饌如他日",鄭注謂"孝子不忍一日廢其事親之禮,於下室日設之,如生存也。"[③]簡言之,即停殯期間秉持"事死如事生"的態度,每日仍爲死者準備飲食盥饋之事。然而,"朝夕奠"若是"事死如事生"的體現,則何以沒有比對午食的"日中奠"? 對此,賈公彥認爲鄭玄注《論語‧鄉黨》"不時,不食"句時明言"不

---

① 北京大學學者吳飛撰有《戰後臺灣的喪服學研究》一文,發表於"中央研究院"中國文哲研究所舉辦的"戰後臺灣的經學研究(1945—現在)"第五次學術研討會(2017 年 7 月 13—14 日),文中討論四部戰後臺灣出版的喪服專著,首部即爲郁元英《喪服草案簡編》。由於郁氏該書是根據其師姚子讓著作簡括而成,因此吳文也稍稍論及姚氏著作中的喪服見解。承吳氏告知,撰文前曾親自至臺北訪問姚氏弟子郁元英之么子郁慕明,並搜集得郁元英未刊遺稿及姚氏《喪服喪禮草案》歷次刊本。

② 賈公彥《儀禮疏》於"大斂奠"一節經文"乃奠。燭,升自阼階,祝執巾席,從設于奧東面"一句下有云:"自此已下,朝夕奠、朔月奠、薦新,皆不於尸所。"參見鄭玄注,賈公彥疏:《儀禮注疏》卷三七,影清嘉慶廿一年南昌府學重刊宋本,臺北:藝文印書館 1989 年,頁五下—六上。

③ 鄭玄注,賈公彥疏:《儀禮注疏》卷四一,頁七下。

時,非朝夕、日中時。一日之中三時食",則可見《儀禮》注言"朝夕"而不言"日中"實乃"略言,亦有日中也。"①但這畢竟只是賈公彥的推想,因此又説:"或以死後略去日中,直有朝夕食也。"②

爲何只有朝、夕二奠,獨缺午食,姚文枏有如下看法:

> 愚按:《儀禮》《開元禮》《政和禮》《書儀》但云"朝夕奠",似皆依賈《疏》後説。《家禮》於朝奠之後、夕奠之前增"食時上食"一節,《明會典》因之,《清通禮》則稍變其文,曰"日中設果筵,奠酒"似皆依賈《疏》前説。竊謂"朝饔夕飧",古之常言,一日三餐,似爲後世之事。但今淮南北亦頗有 日兩餐爲正式者,習慣各地不同,或并一地而各家不同,惟根據《儀禮‧記》文用"皆如生時"一語槩之,即不必於"朝夕奠"之外别有枝節。③

除賈《疏》,漢代以降似未見禮家詳考是否有"日中奠"問題。上引姚氏之見,一則梳理唐至清代官修、私撰禮書對"朝夕奠"的認知,指明有依賈《疏》後説("死後略去日中,直有朝夕食")者,如《開元禮》《政和禮》、溫公《書儀》;但也有依賈《疏》前説("略言,亦有日中")者,如朱子《家禮》,於"朝奠""夕奠"外另增"食時上食"一節。④《家禮》雖未新創"日中奠"之制,但既於朝奠、夕奠間另以"食時"爲"上食"的時間,則顯然有"日中"之奠。至於《清通禮》,雖不更易"朝夕奠"之制,卻又在説明中另增"日中設果筵,奠酒"一語,⑤顯示朝、夕與日中所進之食有正式與簡易之別,可視作"禮以義起"的折衷之制。姚氏於此並未依循《家禮》新增節目,也不沿襲《清通禮》明指"日中"時另進簡易的"果筵",《草案》只説:"每日朝夕哭,哭止乃奠。凡燕養饋饈湯沐之節,皆如生時。"⑥姚氏認爲"一日三餐似爲後世之事",可見《儀禮》所載未必如賈《疏》"略言""死後略去日中"兩種推測,而可能即反映周代日常進餐的常態,恰符合《儀禮‧記》"如他日"(姚氏改作"皆如生時")的原則。

古代只有朝、夕二食,雖只是姚氏據《禮》文的推想,卻正是先秦生活實情。甲骨學者許進雄即指出,卜辭中可見商人作息中"大食""小食",當即是一日二食的反映;

---

① 鄭玄注,賈公彥疏:《儀禮注疏》卷四一,頁八上。
② 鄭玄注,賈公彥疏:《儀禮注疏》卷四一,頁八上。
③ 姚文枏:《喪禮草案》卷上,頁廿五上。
④ 《家禮》卷四,《中華再造善本》影中國國家書館藏南宋刻本,北京:北京圖書館出版社,2004 年,頁二十。
⑤ 《欽定大清通禮》卷五〇,影文淵閣四庫全書本,第 655 册,臺北:商務印書館,1983 年,頁九上。
⑥ 姚文枏:《喪禮草案》卷上,頁廿四下。

一日三餐,確爲西漢初年之後的生活改變。① 姚氏當時未必知悉甲骨卜辭研究成果,但根據典籍"朝饔夕飧"等常言推斷,確有洞見。

姚氏考索古代禮制,並不僅基於對經、注、疏的體會,更參考了前代經注、經說。如"帷堂"的設置,即參考了明人之說。

(二) "帷堂"設置之用意

清代徐乾學編纂的《讀禮通考》也是姚氏《草案》參考的文獻。如徐乾學雖於"小斂"前立"帷堂"一節,但又引録明人邵寶的主張,認爲:"帷殯非古也。然則何以帷堂?夫帷堂在小斂之前,於死者有避惡之道焉,於生者有別嫌之道焉。既殯則二者皆無之矣,是以帷堂而不帷殯也。乃若既葬反哭,雖有几筵,何帷之有? 故曰無柩者不帷。"②《儀禮·士喪禮》未見"帷堂"之制,但《禮記·檀弓上》有言:

> 曾子曰:"尸未設飾,故帷堂。小斂而徹帷。"仲梁子曰:"夫婦方亂,故帷堂。小斂而徹帷。"③

若據鄭注:小斂時勢必挪移屍體,因此"帷堂"之設,猶如曾子所言,是怕人心生輕褻之感;並非仲梁子所言喪主、主婦因忙亂而設帷堂屏蔽。誠如《荀子·禮論》所言:

> 喪禮之凡,變而飾,動而遠,久而平。故死之爲道也,不飾則惡,惡則不哀,尒則翫,翫則厭,厭則忘,忘則不敬。一朝而喪其嚴親,而所以送葬之者不哀不敬,則嫌於禽獸矣,君子恥之。④

帷堂之設,用意當如荀子所言不使生者"惡而不哀"。及至小斂後,遺體已由衣物、冒(帽)、衾包裹,不至外露,因此曾子說"小斂而徹帷"。

由此看來,即便《儀禮》未見"設帷堂"之制,但確有需要。朱子《家禮》也在"沐浴、襲、奠、爲位、飯含"一節之下,首言"執事者設幬及牀"。⑤ 姚氏《草案》沿用《清通禮》"執事者帷堂如寢"的文句,⑥且深知此設帷堂的用意;於大斂之後"設靈門於堂前"一目之下,録《讀禮通考》所引邵寶之說,且聲明《草案》根據邵氏之說,"認爲帷

---

① 參見許進雄《中國古代社會:文字與人類學的透視(修訂版)》,臺北:臺灣商務印書館,1998 年,第253—255 頁。
② 徐乾學:《讀禮通考》卷四〇,影印文淵閣四庫全書本,臺北:商務印書館,1983 年,頁十二下。邵寶的主張,見於所著《容春堂集》續集卷八《讀禮雜説九首·其二》,影印文淵閣四庫全書本,臺北:商務印書館,1983 年,頁九。
③ 鄭玄注,孔穎達疏:《禮記注疏》卷八,頁十二上。
④ 王先謙:《荀子集解》,第 362 頁。
⑤ 《家禮》卷四,頁三下。
⑥ 姚文柟:《喪禮草案》卷上,頁十二下。

者,帷柩而非帷靈座几筵"①。由此可見,姚氏並非盲目因襲《家禮》《清通禮》,對儀節、設施之涵義也深有領會。

三 重釋禮文,以合時用

由於《草案》著重於確實可行,因此姚氏對禮文的體會不僅是爲了解讀禮經、考索古禮,更是爲了使禮文能切合時用。如果《儀禮》所載的古制不合今用,姚氏在不能扭曲文獻的前提下,勉力重釋禮文,重顯禮義。

如,行"斂"禮的時間,據《禮記·問喪》"三日而斂",②《王制》也說:"大夫、士、庶人,三日而殯,三月而葬。"③所謂"殯",即"斂"後入尸於棺,停靈待葬。據《禮記》對禮義的闡釋,"死三日而後斂",是基於孝子哀痛俟生之心。《問喪》說:

> 孝子親死,悲哀志懑,故匍匐而哭之,若將復生然,安可得奪而斂也! 故曰:三日而後斂者,以俟其生也。三日而不生,亦不生矣,孝子之心亦益哀矣;家室之計,衣服之具,亦可以成矣;親戚之遠者,亦可以至矣。是故聖人爲之斷決,以三日爲之禮制也。④

換言之,以"三日"爲大斂之期,一是因不忍於短時間内澆熄孝子期待親人復生之心,再則是考量準備喪服、喪具的時間需求。前者是心態調整問題,後者則是治喪實務的需要。若依此說,則"三日而斂"確有其必要。

姚氏《草案》雖仍列"三日大斂"一目,但並不認爲這是必要的時程。姚氏於標目下夾注謂:"如不能待至三日,可與小斂同日行之。或并小斂提早於死之即日行之亦可。"其下說明又再詳言:

> 古之制禮,皆在北方,天寒氣燥,三日大斂,不以爲遲。施之南方,有時斷不能行。徐氏《通攷》四十三卷載《梁書·徐勉傳》,稱人間喪事多不遵禮,朝終夕殯,相尚以速。勉上疏請悉依古三日大斂,如其不奉加以糾繩。詔可其奏云云。竊疑"朝終夕殯,相尚以速",南方習慣,非始梁時。勉本北人,此奏未爲通論。夫禮定三日,乃謂最遲之限度,非謂不可速也。諸侯五日、天子七日,乃因治具之繁簡,赴弔之遠近,亦非以延長爲尊貴也。否則晉文公爲霸主,名位赫赫,乃己丑卒而庚寅

---

① 姚文枏:《喪禮草案》卷上,頁二十上。
② 鄭玄注,孔穎達疏:《禮記注疏》卷一八,頁五下。
③ 鄭玄注,孔穎達疏:《禮記注疏》卷四,頁七上。
④ 鄭玄注,孔穎達疏:《禮記注疏》卷一八,頁六下。

柩已出絳,可見其小大兩斂即行於始死一日之中,何以當時不聞譁議? 足徵速斂古亦行之,不爲背禮。①

姚氏之意,相較於"天寒氣燥"的北方,"三日大斂"的禮制不適宜天熱潮濕的南方。姚氏以《梁書・徐勉傳》爲據,認爲"朝終夕殯"的"速斂"之俗,早在南朝梁之前即已普及。此點,尚是就遺體保存的實際問題爲考量;就前引《禮記・問喪》所言,儒者主張"三日而斂"的關鍵,在於孝子心情的調適需求。對此,姚氏更有精闢之見。他説:

> 且勉[按,指徐勉]奉以《禮記・問喪篇》爲根據,《問喪》云"三日而後斂者,以俟其生也。三日而不生,亦不生矣。"此數語者,誠足人子之至情。然明習《禮》經者,決不出此語也。《禮》經所定始死之日而襲,死之第二日而小斂,第三日而大斂。其第一日之襲,所謂設冒櫜之,上質下殺,蓋不俟終日而死者之面目首足已不可見。謂俟其生者而若是乎? 第二日之小斂成方形結束,非復人形,謂俟其生者而若是乎? 勉奏乃云"豈可不緩其告斂之辰",申其望生之冀,以爲愚孝,愚亦甚矣;以爲依古,古豈其然?②

由此可知,姚氏完全不認同《問喪》"以俟其生"的説法。他從《儀禮・士喪禮》儀節著眼,認爲死亡當日行"襲"禮既時用"冒"以掩其形,次日"小斂"又以"絞横三、縮一"布帶包捆,且包裹十九套的衣裳,③"成方形結束,非復人形"(意指:被包捆成方形,已不見死者形貌);若此,還妄言"俟其生",則真可謂"愚"。值得留意的是,姚氏此段議論後直指"以爲依古,古豈其然",儼然認爲《禮記》所載漢儒之説不能闡釋古代禮制之義。職是,姚氏爲"大斂"之禮作了折衷:

> 本草案攷古察今,仍定二日小斂、三日大斂,以爲原則,而於注語詳其通變之宜,既於小斂文下説明分合之故,復於本文下説明袪疑之點,願以質諸世之習禮者。④

此所謂"通變",似不僅是"變通",而更是"通論其變"之意。此正可見:姚氏的折衷後所訂之"草案",不只是求其"適於今用",且又適合考察古制、辨析古義。

---

① 姚文枬:《喪禮草案》卷上,頁十五上—下。
② 姚文枬:《喪禮草案》卷上,頁十五下—十六上。
③ 見鄭玄注,賈公彥疏:《儀禮注疏》卷三六《士喪禮》,頁八上—下。
④ 姚文枬:《喪禮草案》卷上,頁十六上。

四　深察禮義，以補禮文未備

正因爲能深刻領會禮儀的涵義，姚氏發現有禮文未備，而於施行時必須補足，或於新定禮制中須加説明之處。再者，姚氏《草案》也從後世禮制或民間禮俗得到啓發，用以補《禮》中未詳之處。

（一）以禮義補禮文

如在"襲"禮一節，《草案》雖於節目僅簡言"斂者爲尸襲禮服，男女輟哭視襲"，[1]但目下的説明中，姚氏則特別説明"輟哭"的用意。他説：

> 《清通禮》文，喪主輟哭以視者二：一爲發引視載，一爲視窆。此二者皆附棺之事也。愚謂：襲也，斂也，附身之事亦當如是，所謂"必誠必信，勿之有悔"，於是乎在。故本草案補此兩節。[2]

《檀弓上》"子思曰：三日而殯，凡附於身者，必誠必信，勿之有悔焉耳矣。三月而葬，凡附於棺者，必誠必信，勿之有悔焉耳矣。"[3]姚氏明引《檀弓》文，揭示"襲"即子思所言"附於身者"之事，因此必須"輟哭"以視，避免因哀傷而有疏失，以"必誠必信"之心謹慎臨之，以求"勿之有悔"。

"輟哭視襲"雖不見於《儀禮》，也非前代禮書所訂，但姚氏基於對《儀禮》儀節的掌握、《禮記》禮義的體認，於《草案》中補《禮》典未備之處，確爲可取。

（二）據俗禮補禮文

在準備行"大斂"禮移尸入棺前，《儀禮·士喪禮》並未言明棺蓋如何放置，僅有"棺入，主人不哭，升棺用軸，蓋在下"[4]的記載。於此，姚氏認爲：

> 又棺入以後（《禮經》）專詳棺內布置，棺蓋如何安頓，禮無明文。禮經雖有"蓋在下"之文，或謂在堂下，或謂在棺下，説又不一。[5]

《士喪禮》"升棺用軸，蓋在下"句下，鄭《注》、賈《疏》皆未釋"在下"之意。元人敖繼公《儀禮集説》則認爲"蓋在下者，卻於棺下也。棺既升，則入于肂中，而蓋則置於序端與？"（卷十二，頁卅三上）清人胡培翬《儀禮正義》則認爲"蓋在下，謂升棺時，蓋仍在

---

[1]　姚文枏：《喪禮草案》卷上，頁十四上。
[2]　姚文枏：《喪禮草案》卷上，頁十四上。
[3]　鄭玄注，孔穎達疏：《禮記注疏》，卷二，頁三上。
[4]　鄭玄注，賈公彥疏：《儀禮注疏》卷三七《士喪禮》，頁二下。
[5]　姚文枏：《喪禮草案》卷上，頁十六上。

堂下;俟置棺于輴,然後舉以升",且説"敖氏謂蓋在棺下,恐非"。[1] 姚氏謂"或謂在堂下,或謂在棺下"當是指敖繼公以降經學家的歧解。

即便《禮》經無明文,經學家又有異説,但世俗治喪時早已有安放棺蓋的方案。姚氏即指出:

> 世俗即以棺蓋代斂牀,亦承以兩凳,頗爲適宜。蓋如此則棺蓋之安頓及斂牀之設與撤,皆無問題矣。[2]

以兩凳承放棺蓋,既不至"卻於棺下"有失慎重,也没有"仍在堂下"的不便;再者,以棺蓋權作斂牀,也使移尸入棺的大斂儀節更爲穩妥。此制可能只是民間治喪積久成習,但既可解決大斂前棺蓋放置問題,又無損喪儀内涵,從俗確實不失爲良方。

姚氏所擬草案中,"從俗"之處不在少數。除前引之例,又如江南習俗棺内以煤屑鋪底,姚氏説"各從地方習慣可也"。[3] 再如,民國北洋政府"禮制館"所編《通禮草案》,"大斂"一節内,説明棺中"卷衣以塞空處",其下則又加注文言"空則以紙裹鐙心草或蜃灰、石灰等實之";[4]姚氏除延用"館草案"此段注文,又另加説明:"以燈心草爲最善,石灰爲次,或用桑枝灰、稻草灰、樟木屑等種種不一,祇得聽其習慣。"[5]

銘旌的尺寸,《儀禮·士喪禮》載:"爲銘,各以其物;亡則以緇。長半幅,經末,長終幅,廣三寸。"[6]姚氏《草案》對此長度,也主張從俗;姚氏説:

> 自周至清,銘旌長短皆以貴賤爲等差,長皆不過九尺,其至短之度,則周二尺,清五尺、唐六尺、宋七尺。今既化除階級,自無等差可言。"館草案"定爲七尺,誠爲適中;但世俗通行,實皆過於九尺。編禮者似但當定一至長之限度,不必求其適中。故本草案定爲九尺。[7]

"銘"即"銘旌",它的作用按《禮記·檀弓下》所言:"銘,明旌也。以死者爲不可别已,故以其旗識之。"[8]亦即於上黑(緇)、下紅(經)兩色連綴的布幅上書寫死者姓名以爲

① 胡培翬:《儀禮正義》,南京:江蘇古籍出版社,1993年,第1758頁。
② 姚文枏:《喪禮草案》卷上,頁十六上。
③ 姚文枏:《喪禮草案》卷上,頁十六下。
④ 《中華民國通禮草案》(日本京都大學人文科學研究所藏油印本),頁三。
⑤ 姚文枏:《喪禮草案》卷上,頁十八上。
⑥ 鄭玄注,賈公彦疏:《儀禮注疏》卷三五,頁九上。
⑦ 姚文枏:《喪禮草案》卷上,頁廿一上。
⑧ 鄭玄注,孔穎達疏:《禮記注疏》,卷九,頁十二上。

識別。布幅長度，雖《儀禮》對"士"喪所用銘旌黑、紅布幅長寬載尺寸，[①]後世銘旌則又因尊卑而有長短之異；如《清通禮》庶人喪禮不立銘旌，官員之喪依品級有九尺、八尺、七尺之異，士喪禮銘旌長五尺。[②] 及至民國北洋政府編定《通禮草案》時，已無身分尊卑、品級之別，取中數七尺爲定制；但據姚氏所言，民間則"皆過於九尺"。姚氏《草案》並未依循《通禮草案》(即"館草案")，而定爲九尺。

這則説明揭舉的理念有三：一，新定禮制必須破除舊禮階級之差別；二，制禮只須指出上限，以防其過，未必要取其中；三，雖然《禮》經載有明文，也有前人禮書爲據，但仍不妨採用通行俗禮。姚氏《草案》的基本態度昭然可見。

五　尊重俗禮，闡明其義

前文所述，已顯見姚氏對民間俗禮的重視；但上舉之例，仍只是以俗禮補《禮》經未備。然而，某些後世形成的習俗，即使與《儀禮》等典籍全無關涉，《草案》也有未加否定而沿用者。

(一) 尊重後世習俗

如開鑿墓穴之前，《草案》保留了後世俗禮中"祀土神"一節。姚氏明言"此爲禮經所無，而唐宋明清公私禮制皆有之。……行禮者各從所宜，各行所安，以致其誠敬可也。"[③]由此看來，《草案》此節之設，於行禮者而言又可自行斟酌，並非必要之制。

又如發引前一日"題主"的習俗，雖爲《禮》經未見，但姚氏認爲"明清以來士大夫家大都如此"，因此"可見當時趨勢早已成爲通行習慣。本《草案》因而定之，亦所謂禮順人情耳。"[④]

再如棺蓋上"七星板"的安置，雖不見於《儀禮》，但已見於《顏氏家訓·終制

---

① 據鄭注"半幅一尺，終幅二尺"，則上黑、下紅綴連而成的銘旌，總長三尺；至於寬度，則經文已明言"廣三寸"。

② 《大清通禮》"官員喪禮"一節即明訂："以絳帛爲銘旌，三品以上長九尺，五品以上八尺，七品以上七尺。"(卷五〇，頁三下)"士喪禮"則又訂"以絳帛爲銘旌，長五尺。"(卷五〇，頁廿五上)"庶人喪禮"則不立銘旌(卷五〇，頁卅一—卅二)。

③ 姚文枏:《喪禮草案》卷中，頁一上—下。

④ 姚文枏:《喪禮草案》卷中，頁十五上。

篇》①及《通典》所引唐《元陵儀注》②。不僅朱子《家禮》"治棺"一目下明言"加七星版",③官修的《清通禮》也於"大斂"一節載明"棺内奠七星版"。④ 時至近日,臺灣土葬習俗仍用,意謂以北斗七星爲亡者引路。姚氏説:"此板七孔相聯,略如星斗形。今江南皆用之,但非蓋於棺底而蓋於棺面,則本文當移於蓋棺之前、收衾之後矣。各從地方習慣可也。"⑤

姚氏既未附會"七星板"施設的作用,也未鄙夷後世迷信俗禮,只是澄清應"蓋於棺面",進而移易施設的時機。明確顯示姚氏對俗禮的尊重。

(二)闡明古今禮、俗異同

尤可留意者,姚氏雖尊重俗禮,但對古禮、今俗用意的異同,往往於《草案》中特加闡明。

如下葬時,《禮》經有"明器",《既夕禮》且有"陳器"一節,其中,將隨棺柩入葬的有食器、用器,用器又有樂器、役器、燕器之別。⑥ 這些明器,於出殯時皆以車輿盛載送至墓壙。至《開元禮》"器行序"一節,所載出殯行列,則有明器輿、下帳輿、米輿、酒脯醢輿、苞牲輿、食輿等;⑦其後,官修的《政和禮》《明會典》,私撰的《書儀》《家禮》,器類雖有詳略,但皆有此類記載。《草案》載:

> 愚按:唐宋明禮典所稱某輿某輿,即今世俗所稱某亭某亭者也。今世俗所用有衣冠亭,即《儀禮》所稱"道車載朝服"云云,《書儀》所稱"上服",注"有官則公服靴笏"云云是也。此則本《草案》所謂"服物"者也。今世俗所用"香亭""祭亭",陳香燭酒饌,即古之食器酒脯;又有"少牢特豚亭",即古之苞牲,此皆本《草案》所謂"奠具"者也。但品物名詞古今可相比附,而意義實用則古今絕對不同。⑧

古今不同之處究竟何在? 據姚氏所言,《儀禮》等書所載諸器,皆與棺柩一同窆封入壙,但"今俗"則不然:

---

① 顔之推《顔氏家訓・終制》云:"吾當松棺二寸,衣帽已外,一不得自隨,床上唯施七星板"。參見王利器《顔氏家訓集解》(增補本,北京:中華書局,1996 年),第 601 頁。
② 杜佑《通典》卷八五《禮四十五》"大斂"一節下引大唐《元陵儀注》有云:"加七星版於梓宮内,其合施於版下者,並先置之,乃加席褥於版上。"(北京:中華書局,1992 年,第 2301 頁)
③ 《家禮》卷四,頁二下。
④ 《欽定大清通禮》卷五〇,頁三上。
⑤ 姚文柟:《喪禮草案》卷上,頁十七上。
⑥ 鄭玄注,賈公彦疏:《儀禮注疏》卷三八,頁十一下—十五上。
⑦ 參見徐乾學《讀禮通考》卷四六,頁十下—十一上。
⑧ 姚文柟:《喪禮草案》卷中,頁十二上。

《既夕篇》明器,鄭《注》以爲"藏器",賈《疏》謂"以其俱入壙也";今之爲葬者,因其虛僞無益,一切廢止。且灰隔築法務令堅實,本無能容陳器之餘地矣。約而言之:某輿某輿皆以入壙,某亭某亭皆以華道路,此爲古今絶對不同之一點。①

後世墓穴爲求堅實穩固,已不能將"明器"隨同入壙;不忍"之死而致死之"的用意已失,"明器"徒成"華道路"的炫耀,則實屬無謂。因此《草案》主張"行喪秩序删去明器"。②

不同於"明器",雖然服物、奠具"既不入壙,僕僕道途殊覺無謂"③,但《草案》仍於"行喪秩序"中保留,並賦予新意。他說:

書策杯圈,有手澤口澤之存在,宗器裳衣有僾乎愾乎之聞見,吾親之生平可想像焉。是服物之說也。……奠以依神,其未嘗須臾離柩,……此奠具之說也。④

顯見,保留下的"服物""奠具",已不是隨柩入葬的明器,而只是親眷依戀、追念的憑藉,且以此二物爲神靈依憑之處。《草案》因此說:"二者雖不入壙,但送形而往、迎精而返,一往一返庶幾靈爽式憑焉。此則仁之無害於智者,故雖非必要,斷非必删。"⑤

由此例可見,姚氏對《儀禮》、歷代禮典、時俗皆體察細微,不拘泥禮文,又不睥睨俗禮。進一步而言,姚氏尊重俗禮,但不媚俗,既去俗禮之弊,又能賦予新的禮義,可稱通達。

六 對《家禮》的承襲與檢討

《家禮》所載,後世禮書及俗禮多有沿襲,後世禮書、禮俗與《家禮》的關係,學者往往特別留意。姚氏《草案》於《家禮》雖也頗多承襲,但仍再加損益,甚至有不以爲然之處。以下舉三類例證說明。

(一) 申明"《家禮》始見"並加沿襲

入斂施"綿衾"之制,姚氏明言:"不見於唐宋禮文,而《家禮》始見之,明清禮文遞相沿襲,本草案亦不敢廢。"⑥查《家禮》所載,於"大斂"一節"舉棺入置于堂中少西"句

① 姚文枏:《喪禮草案》卷中,頁十二下。
② 姚文枏:《喪禮草案》卷中,頁十三上。
③ 姚文枏:《喪禮草案》卷中,頁十三上。
④ 姚文枏:《喪禮草案》卷中,頁十三上—下。
⑤ 姚文枏:《喪禮草案》卷中,頁十三下。
⑥ 姚文枏:《喪禮草案》卷上,頁十七上。

下注云:"侍者先置衾于棺中,垂其裔於四外。"①姚氏《草案》不僅依循此制云"施綿衾,垂其裔於四外",更進而闡明其義:"蓋察其用意,似係代大斂之紟絞也。"②按《儀禮‧士喪禮》《禮記‧喪大記》所載,小斂、大斂時都有布絞:士喪時,小斂時以十九套斂衣包裹遺體,再以直的布絞一條、橫的布絞三條束縛;③大斂時,又裹以三十套衣裳,再以直的布絞三條、橫的布絞五條束縛④。《家禮》"大斂"一節,確實未見布絞之制,與"小斂"一節"設小斂床、布絞、衾、衣"不同。⑤

大斂儀節末尾,姚氏未遺忘"綿衾"的處置,《草案》云"收綿衾之裔,垂棺外者",並加説明:"此《清通禮》所略,採《家禮》補之。"⑥雖依循《家禮》,但《草案》實已簡化;《家禮》"乃大斂"一節注中此衾的收折秩然有序:"收衾,先掩足,次掩首,次掩左,次掩右。令棺中平滿。"⑦《草案》則僅言其大略,而不強調掩覆足首左右的先後次第。

(二) 承繼《家禮》且另有補充

據《儀禮‧士喪禮》所載,於"飯含"之禮前,家屬須爲死者沐浴;是時,也如生時一般爲死者修剪指甲及髭鬚。⑧ 及至"襲"禮之後,則將所剪下的鬚髮、指甲,連同爲死者擦拭身體的巾、行飯含禮所用的柶,都一併掘坎掩埋。⑨

及至《家禮》所載,則將死者指甲併同生前落齒、剪髮,於大斂時皆置入棺中。⑩ 以齒、髮、爪入棺之制,不但未見於《儀禮》《禮記》,也未見於司馬光《書儀》,可能是朱子參酌時俗所訂新制。姚氏《草案》沿襲《家禮》,於"大斂"一節載:"實生時所落齒髮,

---

① 《家禮》卷四,頁十一下。

② 《草案》卷上,頁十七上。

③ 《禮記‧喪大記》:"小斂,布絞縮者一、橫者三。……衣十有九稱。"(《禮記注疏》卷四四,頁廿四下)

④ 《禮記‧喪大記》:"大斂,布絞縮者三、橫者五。……士陳衣于序東,三十稱。"(《禮記注疏》卷四五,頁一上)

⑤ 《家禮》卷四,頁九上。雖然《家禮》本文及原文於"大斂"節未言布絞之制,但元刻本《文公家禮集註》,所録楊復附註,特據《儀禮》補言"大斂布絞縮者三、橫著五",且又引高閌的解説,詳言"大斂之絞,縮者三,蓋取一幅布,裂爲三片也。橫者五,蓋取布二幅裂爲六片而用五也。"除文字附註,該本且有"大斂圖",明確畫出縱絞、橫絞形制。參見《文公家禮集註》(《中華再造善本》影元刻本,北京:北京圖書館出版社,2005 年)卷四,頁十三、十四。姚文枏以綿衾"代大斂紟絞"之説,當是僅就《家禮》原文而論。

⑥ 姚文枏:《喪禮草案》卷上,頁十八下。

⑦ 《家禮》卷四,頁十二上。

⑧ 《儀禮‧士喪禮》"蚤揃如他日",鄭注:"蚤讀爲爪。斷爪、揃鬚也。"(《儀禮注疏》卷三六,頁二下)又,《禮記‧喪大記》也記載:"小臣爪手剪須",孔疏云:"小臣爪手剪須者,沐竟而剪手爪,又治須,象平生也。"(《禮記注疏》,卷四十四,頁二十下—廿一上)

⑨ 《儀禮‧士喪禮》:"巾、柶、鬐、蚤埋于坎"(《儀禮注疏》卷三六,頁六下)。《經典釋文》解"鬐"爲"亂髮",《士喪禮》前文未明言剪髮,但據此處"鬐"字,可知前文"蚤揃"之"揃",應是兼言鬚髮。

⑩ 宋刻本《家禮》"大斂"一節下注云:"實生時所落齒髮,及所剪爪于棺角。"(卷四,頁十二上)

及所剪爪於棺中四角。"並明言"全用《家禮》原注"①。然而《草案》並不僅僅因襲《家禮》,姚氏更加小字夾注"各爲小囊盛之";亦即,先以小囊袋分別盛裝死者遺留的齒、髮、指甲,再於大斂時置於棺中四角,於葬時一同入壙。

《清通禮》雖也因仍《家禮》,於大斂禮時"奉尸入棺,實生時所落齒髮",但没有先以小囊盛裝的記載。② 相較而言,若逕將齒、髮、指甲置入棺中,似有零落、草率之嫌;姚氏"各以小囊盛之"的作法,則更顯慎重。

(三)辨明《家禮》自相矛盾

前文曾舉姚氏對"明器"的態度,指明後世已不便以諸器入壙,"明器"實已不必。《家禮》所列明器中的"甖",注云:"甕器,三代以盛酒、脯、醢。"③然而其下又有按語:

> 愚按,此雖古人不忍死其親之意,然實非有用之物。且脯肉腐敗生虫聚蟻,尤爲非便,雖不用可也。④

姚氏《草案》引錄上段朱子按語後,便疾言道:

> 朱子之言如此,而所訂《家禮》仍用苞、筲、甕[按,即"甖"],明知其有損而仍教人爲之,是誠何心哉!人謂《家禮》非朱子手定本,其或然歟。故一切廢止入壙,本《草案》極端贊同;行喪秩序删去明器,正以此故。⑤

姚氏此言,語氣之強烈,於《草案》中甚爲罕見。當然,既認爲以肉食入壙不妥,則儀節中自可不必再列;然而,《家禮》節目中只有"甖"(甕)而未言内容之物,注中雖有"盛以酒、脯、醢"字眼,但明言是"三代"之制,且按語也説"雖不用可也"。平心而論,《家禮》節目之設與其下按語,並無嚴重衝突。姚氏"明知其有損而仍教人爲之,是誠何心哉"的批評,似乎言過其實。由此例雖未必能支持"《家禮》非朱子手定本"的推斷,但似足以顯示姚氏對時人盲目遵信《家禮》的不滿。近代禮書中出現此一現象,確實值得玩味。

七　結語

不同於《開元禮》《政和禮》《明會典》《清通禮》等書,甚至不同於姚氏稱作"館草

---

① 姚文柟:《喪禮草案》卷上,頁十七下。姚氏《草案》所錄《家禮》,改原文"棺角"爲"棺中四角"。
② 《大清通禮》卷五〇,頁卅二上。
③ 《家禮》卷四,頁三十下。
④ 《家禮》卷四,頁三十下。
⑤ 姚文柟:《喪禮草案》卷中,頁十三。

案”的《中華民國禮制草案》，姚文枏的《喪禮草案》雖然原初是受孫傳芳之意而起草，但書成之前即已明確知悉不具官方效力。或因如此，《草案》中頗見“各從所宜”“各行所安”“亦聽用者自擇”等語，不再強制遵行。再者，姚氏草撰此書時，在法理上已無官級、貴賤之分，因而書中又時有“今既化除階級”之語。在此前提下，《禮》經與前代禮書中涉及上下之別的儀節，勢必大幅更易。

除此之外，姚氏擬定《草案》，雖是民國廿一年（1932），但身處社會風潮最尖端的上海，生活物質形態的變易，恐怕更較觀念轉變明顯。例如在《草案》中，出殯行列不但有“國旗”之設，姚氏更言“國旗尤為鄭重莊嚴之表示也”。①

此外尚有更先進的“商業發展”影響，如，據《儀禮·士喪禮》所載，襲、斂等儀節都由家屬親自為之，家中“小臣”等人僅從旁協助；然而姚氏於《草案》中增設“斂者”，並加小字夾注：“以謂專習襲斂之事供役於社會者。”其下又加“説明”：

> 自此以至蓋棺以前，皆此斂者任其事。此種專習襲斂而供役於社會者，世俗稱之“土作”，或云“妥作”。攷其職業，實《禮經》“商祝”之遺傳也。②

姚氏正面看待專司喪葬禮儀的“斂者”，指出此職並非後世新創，甚至見於《禮記》的“商祝”③相比。此更明顯可見姚氏與時俱進的制禮態度。

以上雖僅略舉數例，但應足見姚文枏《喪禮草案》的幾項特點：該《草案》雖為實用而設，但其間頗能展現姚氏對禮制、禮義的理解。另一方面，姚氏之所以據禮義、禮俗補《禮》經未備，實是因其巨細靡遺考量各項儀節施行時的需要，而絕非滿足文獻考索的興趣。再者，姚氏並非身居國家禮制館的官員，也非隱身書齋的學究，或許由於長期投身社會事業，使他深知民間禮俗，且能明察習俗之良窳，進而去蕪存菁，兼容並包。

此書於民國廿一年（1932）刊行後，不但有 1969 年臺灣重印本，近時又影印收入林慶彰主編《民國時期經學叢書》第四輯第 30 冊；④然而不僅民間治喪者罕見參考，學者評述近代禮學時也未置一詞。或許姚書於節目之下的説明仍失之瑣碎，其弟子郁元英再據師説編成《喪服草案簡編、喪禮儀式》一小冊，⑤卻又失之疏略，難以據依。今

---

① 姚文枏：《喪禮草案》卷中，頁十五下。
② 姚文枏：《喪禮草案》卷上，頁十三下。
③ 《禮記·樂記》“商祝辨乎喪禮，故後主人。”孔穎達《正義》：“商祝，謂習商禮而為祝者，但辨曉死喪擯相之禮，故後主人。”（《禮記注疏》卷三八，頁十八）
④ 《江蘇編訂禮制會喪禮喪服草案》，收入林慶彰主編《民國時期經學叢書》第四輯，臺中：文听閣書局，2009 年。
⑤ 郁元英：《喪服草案簡編、喪禮儀式》，臺北：郁氏印書及獎學基金會，1984 年。

日,政府相關部門及各界學者仍有重訂禮制之舉,[1]與其仍規規於《家禮》等禮書,不妨再取姚文枏《喪服喪禮草案》爲參考。

附:民國二十二(1933)年十二月二十八日《申報》第三張《姚子讓先生作古》

耆紳姚子讓先生,學問道德,薄海同欽。門人遍天下,均碩學之士。正直剛強,爲民眾唯一喉舌,各界倚若長城。生平抱道不(士)[仕],以在野之身,領導各界致力國家地方事業,垂六十年。不幸於前日(二十六日)下午九時十分竟因年邁,無疾而終。各界聞訊,均深哀悼。其家族定於二十八日下午爲先生入殮。

按,先生生於前清咸豐七年,少聰穎,年十五已入泮,光緒乙酉舉人。早年在龍門書院精研子史政法、經濟天算之學,先後將二十年。清季末葉,吾國各地市政教育之改進,均取法於上海,而吾滬埠興利除弊諸端,如廢書院、興學校、拆城垣、建道路,以及設水電、辦警衛、整理土地、修輯志乘等大舉,悉由先生規劃經營,而砥於成。

先生歷任勸學所總董,南洋公學校教務長、工程局總董、上海市經董、保衛團董事長、欵產處總董、清丈局總董、慈善團董事長、國會眾議會議員(因反對曹錕賄選,率同江蘇國議員返里)、江蘇省諮議局議員、上海市議會議長等職。

---

① 如2005年,臺灣內政部門委託社會學者劉仲冬主持"我國婚喪儀式性別意識之檢討"計畫,舉辦多場座談會;次年(2006)5月5日、11日,內政部門民政司又舉辦"國民禮儀範例——婚喪禮儀檢討"北區、南區座談會,廣徵各界意見。2011年內政部門成立"現代國民喪禮編撰小組",由學者、專家撰寫初稿,並召開座談會;次年,完成《平等自主 慎終追遠——現代國民喪禮》一書(臺北:"內政部"出版,2012年),2016年又發行修訂版。2019年5月24日,臺灣同性婚姻專法生效,政府部門設計新式婚姻書,民間禮儀婚慶公司則更因應新法規畫新的婚禮儀式。無論稱之爲"禮俗""禮儀"或"禮制",順應時代變遷,今日仍有議禮、制禮之需要。

　　至先生之著作,則散見各册集,其鉅著則有《上海縣志》《江南水利志》《江蘇省通志》《禮制草案》等書。

作者簡介:

　　孫致文,男,1973 年生,臺灣新竹人,臺灣中央大學中國文學系副教授。主要研究方向爲禮學、清代經學、佛經語言學、傳統戲曲。著有《朱熹〈儀禮經傳通解〉研究》(臺北:大安出版社,2015 年)及經學領域論文十餘篇。

常州學派與《春秋》穀梁學
——以莊存與、劉逢禄、戴望爲討論中心[*]

郭曉東

内容摘要 清代中葉的常州今文學派雖然以傳承《公羊》學而著稱,但事實上他們並不排斥《穀梁》學。常州學派的創始人莊存與視《穀梁》爲《公羊》之"争友",其作《春秋正辭》,雖然"義例一宗《公羊》",但同時"義或拾補《穀梁》"。常州學派的中堅劉逢禄,早年《穀梁廢疾申何》一書對《穀梁傳》頗有批評,但也承認《穀梁》對《公羊》具有"拾遺補闕"的意義,晚年作《公羊解詁箋》更是多次援用《穀梁》義法以駁《公羊》。晚清常州學派之後勁戴望,在所著《戴氏注論語》一書中,雖然從總體上仍以《公羊》義解《論語》,但同時也頗參用《穀梁》義以注《論語》。由此可見,在一定程度上接受《穀梁》學,實爲常州今文學派的重要特徵。

關 鍵 詞 常州學派 莊存與 劉逢禄 戴望 《穀梁傳》

眾所周知,清代中葉的常州今文學派以傳承《公羊》學而著稱,學者甚至稱之爲常州《公羊》學派。然而,學者鮮有注意到的是,常州學派之于《穀梁》學,非但不持排斥的態度,反而時有稱引《穀梁》說以補《公羊》之不足者。事實上,《春秋》之《公羊》《穀梁》兩傳,在大義上本有相通之處,常州學派從一開始的創始人莊存與,到常州學派的中堅劉逢禄,直至晚清常州學派之後勁戴望,在高舉《公羊》學大旗的同時,也都對《穀梁》持一定的認同的態度。從某種意義上講,這構成常州今文學派的一大特色。

一 莊存與:以《穀梁》爲《公羊》之争友

一般認爲,作爲常州學派的創始人,莊存與《春秋》學對義例之發揮以《公羊》爲

* 本文爲國家社科基金重大項目"《春秋》三傳學術通史"(項目號爲 19ZDA252)階段性成果。

主,如阮元評價莊氏之《春秋》學曰:"《春秋》則主《公羊》、董子,雖略采左氏、穀梁氏及宋元諸儒之説。"①朱一新亦曰:"兼采衆家,而以《公羊》爲主。"②這些説法都是不爭的事實,也是學者的共識,甚至許多學者因此就乾脆直接將莊存與視爲《公羊》家,③或者至少如艾爾曼先生所説的,"我們即使不能説莊存與是一位今文經學家,那麼,至少可以將他的《春秋》論點看作《公羊》學復興的轉捩點。"④

然而,就《春秋》學而言,莊存與並不像其後學劉逢禄那樣,有着比較嚴格的家法意識,對於《春秋》三傳,莊氏事實上並不主一家之學,更多地是兼收並蓄,博采衆家之長,《春秋正辭》卷一曰:

> 舊典禮經,《左丘》多聞。淵乎《公羊》,温故知新。《穀梁》繩愆,子夏所傳。拾遺補闕,歷世多賢。⑤

則不論是《公羊》,還是《左傳》與《穀梁》,凡有可取之處,莊氏皆採取之,如《春秋》隱公九年,"三月癸酉,大雨,震電。庚辰,大雨雪。"莊氏曰:

> 左氏曰:"癸酉大雨霖以震,書始也。庚辰,大雨雪,亦如之。書時失也。凡雨自三日以往爲霖,平地尺爲大雪。"穀梁子曰:"震,雷也。電,霆也。志疏數也。八日之間,再有大變,陰陽錯行,故謹而日之也。"公羊子曰:"何以書?記異也。"⑥

諸如此類,莊氏皆並引三傳之文,足見莊氏之解經,實無門户之見。⑦ 然而,從另一方面來説,莊氏之治經,最爲重視的便是深究經文的"微言大義"。在《莊方耕宗伯經説序》中阮元引其師李道南之説曰:"宗伯踐履篤實,於六經皆能闡抉奥旨,不專爲漢宋箋注之學,而獨得先聖微言大義於語言文字之外,斯爲昭代大儒。"⑧梁啓超也認爲,莊

① 阮元:《莊方耕宗伯經説序》,《味經齋遺書》卷首,清道光七年實研堂刻,頁一。
② 朱一新:《無邪堂問答》,北京:中華書局,2000年,第99頁。
③ 如孫春在的《清末的公羊思想》(臺北:商務印書館,1985年)、陳其泰的《清代公羊學》(上海:東方出版社,1997年),均持這一立場。
④ 艾爾曼:《經學、政治和宗族:中華帝國晚期常州今文學派研究》,南京:江蘇人民出版社,1998年,第119頁。
⑤ 莊存與:《春秋正辭》卷一,收入《春秋正辭 春秋公羊經傳通義》,上海:上海古籍出版社,2014年,第8頁。
⑥ 莊存與:《春秋正辭》卷一,《春秋正辭 春秋公羊經傳通義》,第29頁。
⑦ 有學者指出,《春秋正辭》每當同引三傳,常以《左》説列於《公》《穀》之前。參見路新生:《中國近三百年疑古思潮研究》,上海:上海人民出版社,2001年,第163頁。此説顯然不符合事實。譬如,宣十六年"夏成周宣榭火",莊氏引證三傳的順序爲《公羊》《穀梁》《左氏》;又,僖二年"冬十月不雨"與三年"春王正月不雨""夏四月不雨",引證順序則爲《穀梁》《公羊》《左傳》。可見,引證三傳順序的先後,頗屬隨意,並不足以表明莊氏對某種經典的特別重視。
⑧ 阮元:《莊方耕宗伯經説序》,《味經齋遺書》卷首,第1頁。

存與之學"刊落訓詁名物之末,專求其所謂微言大義者,與戴、段一派所取途徑,全然不同"。① 莊存與之治《春秋》,即是本着這樣的一種精神,認爲《春秋》的意義在於"示天下後世以聖心之極",②因而"《春秋》非記事之史",當"約文以示意"。③ 就此而言,雖然莊存與認爲《春秋》三傳各有優點,但是,詳于史事而略于大義之《左傳》,在莊存與心目中的地位就自然要低於闡述大義的《公羊》與《穀梁》,臧庸在《禮部侍郎莊公小傳》中稱其"《春秋》宗《公》《穀》義解",此説是也。④ 在《公羊》《穀梁》兩傳之中,莊氏固然以《公羊》爲主,但亦足見莊存與對《穀梁》的重視,其論《穀梁》曰:

> 《穀梁》實《公羊》之爭友,其言約,其旨微,皆以爲短,而孰與繼其志乎?⑤

對於莊存與而言,《穀梁傳》雖言約旨微,但其"義"並不是如范甯所批評的那樣"其失也短"。在莊存與看來,《穀梁》之義有時甚至更長於《公羊》,是以其解《春秋》,不僅並舉《公羊》與《穀梁》兩傳,更有單獨稱引《穀梁》以解經者。譬如其論隱公,就不取《公羊》之説,而獨引《穀梁》義。《春秋》隱公篇,除了元年書"王正月"之外,二年至十一年均不書正月,《公羊傳》隱公十一年曰:"隱何以無正月? 隱將讓乎桓,故不有其正月也",⑥故不書"正月",恰恰是表彰魯隱有讓國之賢心。但莊存與不取此説,《春秋正辭》卷一曰:

> 穀梁子曰:"隱十年無正,隱不自正也。元年有正,所以正隱也。"⑦

又卷三曰:

> 善乎穀梁子之言,隱公成父之惡以爲讓,所由與伯夷、叔齊異矣。嘗得而推言《春秋》之志,天倫重矣,父命尊矣。讓國誠,則循天理、承父命;不誠矣,雖行即位之事,若無事焉。是以不書即位也。君位,國之本也。南面者無君國之心,北面者有二君之志,位又焉在矣。十年無正,隱不自正,國無以正也。元年有正,正隱之宜爲正,而不自爲正,不可一日而不之正也。⑧

按:在《穀梁傳》看來,魯惠公欲傳位桓公,非正也,邪也,故隱公欲讓國與桓公,是"成

① 梁啓超:《清代學術概論》,載《梁啓超論清學史二種》,上海:復旦大學出版社,1985年,第61頁。
② 莊存與:《春秋要指》,收入《春秋正辭 春秋公羊經傳通義》,第227頁。
③ 莊存與:《春秋要指》,收入《春秋正辭 春秋公羊經傳通義》,第228頁。
④ 臧庸:《禮部侍郎莊公小傳》,收入湯志鈞:《莊存與年譜》,臺北:臺灣學生書局,2000年,第128頁。
⑤ 莊存與:《四書説》,光緒八年陽湖莊氏刊《味經齋遺書》本,第48頁。
⑥ 何休注,徐彥疏:《春秋公羊傳注疏》,北京:北京大學出版社,2000年,第77頁。
⑦ 莊存與:《春秋正辭》卷一,《春秋正辭 春秋公羊經傳通義》,第13頁。
⑧ 莊存與:《春秋正辭》卷三,《春秋正辭 春秋公羊經傳通義》,第69頁。

父之惡"，是"廢天倫，而忘君父以行小惠"，同樣是"不正"之行爲。① 隱公十一年《穀梁傳》又曰："隱十年無正，隱不自正也。"②在此莊存與援用了《穀梁傳》的義法，認爲魯惠公最終既然還是將君位傳給了魯隱公，那麼，出於"天倫重矣，父命尊矣"的考慮，隱公就不應當再有讓國之心，進而莊存與認爲，隱公在位十一年，其中十年不書"正月"，就是因爲"隱不自正"，是"無君國之心"，從而才助長了桓公的大惡行爲。

隱二年，"夫人子氏薨"。莊氏曰：

> 夫人子氏，隱之妻也，《穀梁》所傳，不可非也。③

又：

> 成隱爲君，則成君之妻爲夫人。不書葬我君，則不書葬我小君。孰謂惠不立隱者？穀梁子正之矣。④

按：《公羊傳》曰："夫人子氏者何？隱公之母也。何以不書葬？成公意也。何成乎公之意？子將不終爲君，故母亦不終爲夫人也。"⑤在《公羊傳》看來，子氏爲隱公之母，隱公將不終爲君，則其母亦不終爲夫人，是以不書葬爲明隱公讓國之意。《穀梁》則曰："夫人者，隱之妻也。卒而不書葬，夫人之義，從君者也。"⑥則以子氏爲隱公之妻，而不書葬者，蓋夫人之義必須從君，隱公不書葬，則夫人亦不書葬，此即莊存與所謂"不書葬我君，則不書葬我小君。"可見，莊氏在此顯然認爲《穀梁》義長於《公羊》義。

莊存與既然獨引《穀梁》以解經，足見其認爲在這些特定的場合，《穀梁》之義更優於《公羊》。此外，正如臧庸稱其"《春秋》宗《公》《穀》義解"，莊氏之解《春秋》，又並引《公》《穀》義以解之者。文公九年，"九月，癸酉，地震。"莊氏曰：

> 公羊子曰："何以書？記異也。"穀梁子曰："震，動也，地不震者也，震，故謹而日之也。"何休以爲，地動者象陰爲陽行，是時魯文公制于公子遂，齊晉失道，四方叛德。劉向以爲，先是齊桓、晉文、魯釐二伯賢君新没，周襄王失道，楚商臣弑父，諸侯皆不肖，權傾於下，天戒若曰，臣下強盛者，將動爲害，後宋、魯、晉、莒、陳、齊

---

① 范甯注，楊士勛疏：《春秋穀梁傳注疏》，臺灣藝文印書館景印清嘉慶二十年《十三經注疏》本，第7冊，第9頁。
② 范甯注，楊士勛疏：《春秋穀梁傳注疏》，第26頁。
③ 莊存與：《春秋正辭》卷三，《春秋正辭　春秋公羊經傳通義》，第67頁。
④ 莊存與：《春秋正辭》卷三，《春秋正辭　春秋公羊經傳通義》，第74頁。
⑤ 何休注，徐彥疏：《春秋公羊傳注疏》，第41頁。
⑥ 范甯注，楊士勛疏：《春秋穀梁傳注疏》，第14頁。

皆弒君。①

按：文公九年的地震，《左傳》無傳。杜預注曰："地道安静，以動爲異，故書。"②而莊存與在此則並引《公》《穀》及《公羊》先師何休、《穀梁》先師劉向之説來説明該次地震乃是一場災異現象，皆爲當時人事之不當爲所導致，以明"天之與人，甚可畏也"。③

又僖公九年，"冬，晉里克弒其君之子奚齊。"莊氏曰：

> 不月，不正也。公羊子曰："其言弒其君之子奚齊何？弒未踰年之君也。"穀梁子曰："其君之子云者，國人不子也。不正其殺世子申生而立之也。"④

在莊存與看來，里克殺奚齊不書月，是奚齊之君位不正。其先引《公羊傳》，稱奚齊爲"未踰年之君"，何休注曰："弒未逾年君，例當月，不月者，不正遇禍，終始惡明，故略之。"⑤則莊氏以不書月爲不正，實本何休之説。其又引《穀梁》説，認爲《春秋》書"君之子"，是不正其爲殺世子申生而立。則此並引《公》《穀》以明奚齊之君位不正。

不過，從總體上説，在莊存與看來，《穀梁》的地位還是要低於《公羊》。其謂《穀梁》爲《公羊》之争友，又謂"《穀梁》繩愆""拾遺補闕"云云，顯見莊氏只是視《穀梁》爲《公羊》之補充而已。大體上説，《春秋正辭》還以《公羊》義例爲主。據簡單統計，《春秋正辭》一書引《公羊》（含董、何之説）解經者最多，其次爲《穀梁》，至於徵引《左傳》者，則相對要少得多。⑥故朱珪《春秋正辭》序云：

> 義例一宗《公羊》，起應寔述何氏，事亦兼資左氏，義或拾補《穀梁》。⑦

朱珪此説，當屬客觀公正。一方面，誠如李兆洛言，莊氏之解《春秋》，"取資三傳，通會群儒"，⑧從而對三傳乃至宋人之《春秋》説，皆持一種開放的態度。當然，莊氏《春秋》學的主要理念，依然本於《公羊傳》及董、何的詮釋，其兼采眾説的態度，則不過出於李

---

① 莊存與：《春秋正辭》卷一，《春秋正辭　春秋公羊經傳通義》，第45頁。

② 杜預注，孔穎達疏：《春秋左傳正義》，臺灣藝文印書館景印清嘉慶二十年《十三經注疏》本，第6冊，第320頁。

③ 莊存與：《春秋正辭》卷一，《春秋正辭　春秋公羊經傳通義》，第7頁。

④ 莊存與：《春秋正辭》卷一○，《春秋正辭　春秋公羊經傳通義》，第188頁。

⑤ 何休注，徐彥疏：《春秋公羊傳注疏》，第262頁。

⑥ 據金榮奇統計，《春秋正辭》引《穀梁》27次，引《左傳》15次，另兼引《左》《穀》者7條。（參見金榮奇：《莊存與春秋公羊學研究》第五章，臺灣政治大學中文系碩士論文。轉引自黃開國：《清代今文經學的興起》，巴蜀書社，2008年，第114頁。

⑦ 莊存與：《春秋正辭》序，《春秋正辭　春秋公羊經傳通義》，第4頁。

⑧ 李兆洛：《禮部劉君傳》，《養一齋集》卷一六，收入《續修四庫全書》，上海：上海古籍出版社影印清道光二十四年增修本，2003年，第1495冊，第261頁。

兆洛所説的"融通聖奥,歸諸至當"①的考慮。另一方面,莊氏治《春秋》,在"義例一宗《公羊》"的同時,能雜采《左氏》與《穀梁》説,至少表明,莊氏尚無後來常州學者的門户之見與家法意識。

二　劉逢禄:從《穀梁廢疾申何》之"拾遺補闕"
到《公羊解詁箋》之"從《穀》"

　　常州學派之光聲顯赫,實有賴於劉逢禄;常州學派的家法意識,亦至劉逢禄始嚴。劉逢禄是清代最重要的《公羊》家之一,其《公羊何氏釋例》一書,對於發揮何休之《公羊》例學,做出了重要的貢獻。但即使是作爲清代公羊學的代表人物,劉逢禄固然視《公羊》爲崇門之學,對《穀梁》批評有加,但同樣還是認可《穀梁傳》對《公羊》"拾遺補闕"的意義,到其晚年著《公羊解詁箋》,甚至多次直接援用《穀梁》義法來駁斥《公羊》,以至於其後學陳立著《公羊義疏》,對其有"自亂其家法"之譏評。②

　　從《公羊》本位的立場來看,劉逢禄早年所著《穀梁廢疾申何》一書對《穀梁》頗有微辭:

　　　　穀梁子不傳建五始、通三統、張三世、異外内諸大旨,蓋其始即夫子所云"中人以下不可語上"者,而其日月之例、災變之説、進退予奪之法,多有出入,固無足怪。玩經文,存典禮,足爲公羊氏拾遺補闕,十不得二三焉。其辭同而不推其類焉者,又何足算也。兼之經本錯迕,俗師附益,起應失指,條列乖舛,信如何氏所名"廢疾",有不可強起者。③

在劉氏看來,穀梁子的見識,即如孔子所説的"中人以下不可語上"者。《春秋論下》中,劉逢禄亦曰:"穀梁非卜商高弟,傳章句而不傳微言,所謂'中人以下不可語上'者與。"④具體而言,劉逢禄認爲《穀梁》的失誤表現爲兩個方面:

　　第一,《穀梁》不傳《公羊》之"建五始""通三統""張三世""異外内"諸大旨。例

---

　　① 李兆洛:《監生考取州吏目莊君行狀》,《養一齋集》卷一四,收入《續修四庫全書》第 1495 册,第235 頁。

　　② 陳立:《公羊義疏》,北京:中華書局,2017 年,第 59 頁。

　　③ 劉逢禄《穀梁廢疾申何叙》,收入《春秋公羊經何氏釋例　春秋公羊釋例後録》,上海古籍出版社,2013 年,第 426 頁。按:劉逢禄卒後,除了《春秋公羊經何氏釋例》外,魏源將劉氏其餘的重要公羊學著作合併結集刊行,曰《春秋公羊釋例後録》,其中將《公羊解詁箋》改名爲《公羊申墨守》,將《穀梁廢疾申何》改題爲《穀梁申廢疾》。

　　④ 劉逢禄:《春秋論下》,收入《劉禮部集》卷三,清道光十年思誤齋刻本,第 19 頁。

如,《春秋》隱公元年,"冬,十有二月,公子益師卒。"《穀梁傳》曰:"大夫日卒,正也;不日卒,惡也"。① 意謂大夫之卒皆當書日,若不書,則因爲大夫有罪而略之。而《公羊傳》則曰:"何以不日?遠也。所見異辭,所聞異辭,所傳聞異辭"。② 何休遂因此發揮《春秋》張三世之義,劉逢禄廣其説曰:

> 《春秋》之義,遠則殺其恩,惡則略其恩。何休之例,詳而不亂,如無駭之不日,有疾始之文;叔孫得臣之不日,有與聞乎故之文。《春秋》不以疑辭眩人,而愛有差等,故張三世之義,《公羊》獨得之。公子牙之爲莊公弟固也,然經無起文也。意如爲定所不惡似矣,仲遂之貶,得臣之不日,豈宣所惡與?益師而爲隱所惡,又何説乎?《春秋》以時君之美惡爲美惡,何以理嫌疑,明是非乎?③

在劉逢禄看來,《公羊》獨得《春秋》張三世之義,而何休對張三世的解讀,又"詳而不亂"。反之,如果按照《穀梁》的説法,季孫意如雖有逐昭公之罪,尚可以説是不被定公所惡而書日,叔孫得臣知公子遂欲弒君而不言,當爲宣公之功臣,又豈能説爲宣公所惡而不書日?如此則純然以時君之美惡爲美惡,則《春秋》又豈能够理嫌疑、明是非?也就是説,如果從《穀梁》之説,則孔子作《春秋》的"作意"就顯然難以得到彰顯。

其次,劉逢禄批評《穀梁》之日月之例、災變之説、進退予奪之法等等,與《公羊》亦多有出入。例如,《春秋》隱公八年,"八月,葬蔡宣公"。《公羊傳》曰:"卒何以名而葬不名?卒從正,葬從主人。"④按何休的諸侯卒葬例,大國卒日葬月,故徐疏曰:"言從正者,謂卒日葬不日者,是卒葬之正法。"⑤而《穀梁傳》則認爲:"月葬,故也"。⑥ 意謂《春秋》録葬蔡宣公之月,乃因爲宣公以故卒。於此劉逢禄駁之曰:

> 非故也,正也。以爲故,經當有起文。《穀梁傳》卒葬時月日例,不別大國小國,亦不察經文前後事實,於例大亂,於辭多不可知,安得爲善於經乎?"⑦

按劉氏意,如果蔡宣公宣公以故卒,則《春秋》經當有起文。《春秋》既無起文,則蔡宣之卒,明顯"非故也,正也",如是則"月葬,故也"之説不妥。又《穀梁傳》卒葬例不別大國小國,於例而言實爲混亂;又不察經文的前後事實,於辭而言則多不可知。由是可

① 范寧注,楊士勛疏:《春秋穀梁傳注疏》,第 12 頁。
② 何休注,徐彥疏:《春秋公羊傳注疏》,第 30—31 頁。
③ 劉逢禄:《穀梁廢疾申何》卷一,《春秋公羊經何氏釋例 春秋公羊釋例後録》,第 428 頁。
④ 何休注,徐彥疏:《春秋公羊傳注疏》,第 71 頁。
⑤ 何休注,徐彥疏:《春秋公羊傳注疏》,第 71 頁。
⑥ 范寧注,楊士勛疏:《春秋穀梁傳注疏》,第 21 頁。
⑦ 劉逢禄:《穀梁廢疾申何》卷二,《春秋公羊經何氏釋例 春秋公羊釋例後録》,第 454 頁。

見劉逢禄對於鄭玄"《穀梁》善於經"的説法,頗不以爲然。

又《春秋》隱公十年,"六月,壬戌,公敗宋師於菅",《穀梁傳》曰:"内不言戰,舉其大者也。"范甯注曰:"大然後敗,故敗大於戰。"①劉氏難之曰:

> 《穀梁》不傳託王之義,故知内不言戰,而失其説。若此類多近《公羊》,而意甚遠,所謂彌近理而大亂真也。②

按:桓公十年,"齊侯、衛侯、鄭伯來戰于郎",《公羊》曰:"内不言戰,言戰乃敗矣"。何休注曰:"《春秋》託王于魯。戰者,敵文也。王者兵不與諸侯敵,戰乃其已敗之文。"③意謂《春秋》假託魯國爲新王,若魯爲王,則齊、衛、鄭等國爲外諸侯,諸侯與王者非對等,而"戰"字乃雙方對等之"敵辭",故魯與諸侯戰不書戰,即以"内不言戰"説"王魯"義。也就是説,《公羊》説"内不言戰",所傳的是《春秋》託王之義,故劉氏批評《穀梁》似是而非,不傳託王之義而失其説,是"彌近理而大亂真"。

不過,劉逢禄雖然不滿於《穀梁》,認爲其"於義爲短",乃至認爲《穀梁傳》乃戰國功利之學,④從而認爲何休所以視《穀梁》爲"廢疾"者,實爲"有不可強起者"。但從另一方面而言,或許是承自莊氏之家學,對於《穀梁傳》的評價,劉逢禄又承其外祖莊存與"拾遺補闕"之説云:"玩經文,存典禮,足爲公羊氏拾遺補闕,十不得二三焉。"又曰:"昔嘗以爲《穀梁》者,公羊氏之餘緒,長於《公羊》者十之一,同於《公羊》十之二三,所謂拾遺補藝者也"。⑤ 如是劉逢禄對《穀梁》雖然批評有加,但另一方面實多少亦承認其價值所在。"長於《公羊》者十之一",則《穀梁》亦是如莊存與所説的,爲《公羊》之"爭友"矣。這一觀點在其晚年所著的《公羊解詁箋》表現得尤爲明顯。在《解詁箋》中,劉逢禄就明確援引《穀梁》之説以糾《公羊》之失,以匡何休之誤。劉逢禄之子劉承寬於《先府君行述》中論《解詁箋》云:

> 説者謂府君墨守何學,然《箋》中規何五十餘事,至於母以子貴及夫人子氏、惠公仲子之屬,則並舍《公羊》而從《穀梁》。⑥

具體地説,在劉承寬看來,劉逢禄之"舍《公羊》而從《穀梁》",集中體現在如下三例:

---

① 范甯注,楊士勛疏:《春秋穀梁傳注疏》,第 24 頁。
② 劉逢禄:《穀梁廢疾申何》卷二,《春秋公羊經何氏釋例　春秋公羊釋例後録》,第 455 頁。
③ 何休注,徐彦疏:《春秋公羊傳注疏》,第 112 頁。
④ 劉逢禄:《穀梁廢疾申何》卷二:"《穀梁》以功利言道,蓋戰國之學也。"《春秋公羊經何氏釋例　春秋公羊釋例後録》,第 466 頁。
⑤ 劉逢禄:《穀梁廢疾申何》卷二,《春秋公羊經何氏釋例　春秋公羊釋例後録》,第 452 頁。
⑥ 劉承寬:《先府君行述》,收入《劉禮部集》,清道光十年思誤齋刻本,第 7 頁。

其一，母以子貴。《春秋》隱公元年，"春，王正月。"《公羊》曰："母貴則子何以貴？子以母貴，母以子貴。"何休《解詁》云："禮，妾子立，則母得爲夫人。夫人成風是也。"①鄭玄則站在《穀梁》的立場，認爲"妾子立者得尊其母，禮未之有也。"②對此劉逢禄基本上認同《穀梁傳》與鄭玄的觀點，其于《解詁箋》中曰：

> 不書即位，君臣、父子、夫婦、兄弟之道立矣。經曰："禘於太廟，用致夫人。"穀梁子曰："用者，不宜用者也。致者，不宜致者也。言夫人而不以氏姓，非夫人也，立妾之辭也，非正也。夫人之，我可以不夫人之乎？夫人卒葬之，我可以不卒葬之乎？一則以宗廟臨之而後貶焉，一則以外之弗夫人而見正焉。"經曰："僖公成風。"穀梁子曰："秦人弗夫人也，即外之弗夫人而見正焉。"經曰："惠公仲子。"穀梁子曰："母以子氏。仲子者何？惠公之母、孝公之妾也。"經曰："考仲子之宮。"穀梁子曰："禮，庶子爲君，爲其母築宮，使公子主其祭也。于子祭，于孫止。仲子者，惠公之母，隱孫而修之，非隱也。"經曰："秋七月，壬申，弋氏卒。辛巳，葬定弋。"即哀之未正君而見正焉。《春秋》之辨名如此。禮，宗子雖七十，無無主婦，謂大夫得再取也。天子、諸侯不再取，有宗廟之事，以貴者攝之，故禮有攝女君。然而曰"君之母"，非夫人，則群臣無服，邦人稱之曰"君之母"，稱諸異邦曰"寡君之母"。大夫以下，妾有貴賤，服有升降而已，以明辨也，所謂不得與民變革者也。漢世妃匹不正，建儲、立後皆以愛争，墮其禮防，因僭稱號，且配廟食。公羊經師欲其説之行，則于傳文"子以母貴"之下，增之曰"母以子貴"。夫子既可以貴其母，何必云"子以母貴"乎？且是子尊得加于父母也。舜不王瞍，禹不王鯀，正也。商追元王，周追太王，皆以義起，非古也，不勝其散也。《春秋》正其辭曰"齊侯送姜氏"，曰"紀季姜歸於京師"，傳曰"葬從死者，祭從生者"，古志也。公羊經師曲學阿世，而猶存正誼以示其説之不得已，故其屬入之傳灼然，其爲説亦必以適母在即稱夫人，紆譎其辭；又以士庶爲人君，母亦不得稱夫人，子不得爵命父母，自破其例，意微而顯也。莊公夫人受誅，不廟食，可也；成風廟食，不可也。于事成風之立，又不緣廟食也。黜呂立薄，昉于東漢，非孝文也。太史公書稱孝文太后崩，母以子氏，知董生《春秋》之義，師法不廢，而今董生書猶以文質異法解之，其爲俗師竄改無疑矣。③

逢禄於此數引《穀梁》文字，從《穀梁》的立場認爲不當以妾爲夫人，如僖公八年，"禘於

---

① 何休注，徐彥疏：《春秋公羊傳注疏》，第16頁。
② 黃壽祺：《五經異義疏證》，上海：上海古籍出版社，2012年，第192頁。
③ 劉逢禄：《春秋公羊經何氏釋例　春秋公羊釋例後錄》，第296—297頁。

太廟,用致夫人。"《穀梁傳》稱"用者不宜用也,致者不宜致也",又稱"言夫人而不言氏,非夫人也,立妾之辭也"。① 進而劉氏從禮的角度辨析說,大夫可以再娶夫人也,天子、諸侯不得再娶,如有宗廟祭祀之事,則以貴者攝之,故禮有"攝女君"之說,以此見《穀梁》之說乃得禮之正。在劉逢禄看來,正是因爲漢代妃匹不正,建儲、立後皆以愛爭,是以《公羊》經師欲其說之行,不免曲學阿世,故于傳文"子以母貴"之下,增之曰"母以子貴",然此不過是"俗師竄改"而已。

其二,夫人子氏。《春秋》隱二年,"十又二月,乙卯,夫人子氏薨。"《公羊》以爲,夫人子氏乃隱公之母,不書葬是爲了成全隱公讓國之心意,所謂"子將不終爲君,故母亦不終爲夫人也。"②《解詁箋》曰:

> 穀梁子曰:"夫人薨不地。夫人者,隱之妻也。卒而不書葬,夫人之義,從君者也。"斯爲得之。葬,生者之事也。《春秋》不書葬有三例:君弑賊不討,不書葬,罪臣子,盡誅之也;篡不明,殺無罪,皆不書葬,罪君也。如隱之母不書葬,則罪在隱矣,安得云成公意乎?且桓母不稱夫人,隱母反得稱夫人乎?③

按:劉逢禄在此不取《公羊》說,而據《穀梁》認爲子氏乃隱公之妻。劉逢禄於此推《公羊》"君弑賊不討,不書葬,以爲無臣子也"之例,④認爲如果子氏是隱公之母,則不書葬當是罪在隱公,從而不能以此來顯明隱公讓國之心意。且據《公羊》之說,隱公元年,"天王使宰咺來歸惠公仲子之賵",傳曰:"何以不稱夫人,桓未君也。"⑤意即桓母仲子以桓未成爲國君尚不得稱夫人,則隱母既賤,隱公又無君國之心,則尤其不得稱夫人。當然,從某種意義上講,劉逢禄在"夫人子氏"問題上從《穀梁》說,也可以說是繼承了他的外祖父莊存與的學說。

其三,惠公仲子。《春秋》隱元年,"秋,七月,天王使宰咺來歸惠公仲子之賵。"《公羊傳》以爲仲子乃桓之母,其所以不稱"夫人",是因爲桓公當時尚未成爲國君。何氏注云:"今仲子無諡,知生時不稱夫人。"⑥又云:"尊貴桓母,以赴告天子、諸侯,彰桓當立,得事之宜。故善而書仲子,所以起其意,成其賢。"⑦又云:"禮不賵妾,既善而賵之,

---

① 范甯注,楊士勛疏:《春秋穀梁傳注疏》,第78頁。
② 何休注,徐彥疏:《春秋公羊傳注疏》,第41頁。
③ 劉逢禄:《春秋公羊經何氏釋例 春秋公羊釋例後録》,第299頁。
④ 何休注,徐彥疏:《春秋公羊傳注疏》,第77頁。
⑤ 何休注,徐彥疏:《春秋公羊傳注疏》,第23頁。
⑥ 何休注,徐彥疏:《春秋公羊傳注疏》,第23頁。
⑦ 何休注,徐彥疏:《春秋公羊傳注疏》,第25頁。

當各使一使,所以異尊卑也。言之賵者,起兩賵也。"①又云:"據及者,別公夫人尊卑文也。仲子即卑稱也。比夫人微,故不得並及公也。"②《解詁箋》則曰:

> 《穀梁》得之。不稱夫人者,以天王臨之而見正焉。如以爲桓母於義得稱夫人,則隱爲桓立,不得尊桓母乎?尊桓母,公意不益成乎?譏兼之非禮,而曰"惠公仲子",假而曰"使宰咺來歸惠公之賵、仲子之賵",譏兼之意不益見乎?君之與妾,非公與夫人也。夫人抗公,且以不言"及"成誅文,況以妾抗君,曾是爲聖人之常辭乎?言"及"者,別尊卑文。仲子微,反以不言"及"見別于夫人,曲矣。譏不及事,似也。兼之,非禮。禮,吊含禭賵臨,同日畢事,止 人兼行,若每事須一人,則信如趙匡所云,罄王朝之臣不足充喪禮之使也。且使舉上客而不稱介,通例也。使歸惠公,介歸仲子,以別尊卑,不亦可乎?禮不賵妾,既善而賵之,當各使一使以異尊卑,非孟子所謂不知務乎?何解"公之喪"云:"加之者,喪者死之通辭,非配公之稱,故加之以絶。"今云加之者,起兩賵,賵獨非通辭乎?仲子之卒不書,正也,且在《春秋》前也。古之禮,諸侯于慈母無服,于庶祖母皆無服,與尊者爲體,喪者不祭故也。隱以仲子之喪赴于諸侯,天王下賵妾祖母,交譏之,何云"主書者,不及事",於義儉矣。③

按:《公羊傳》與《左傳》均認爲仲子爲桓公之母,而《穀梁傳》獨以仲子爲惠公之母、孝公之妾。④ 在劉逢禄看來,如果仲子事實上爲桓公之母,雖然桓公當時並未正式成爲國君,但既然隱爲桓立,則當尊桓母,所謂"彰桓之當立",就完全可以以"夫人"來稱仲子,如此則更能起隱公讓國之意,成隱公讓國之賢。進而在劉逢禄看來,古禮諸侯于庶祖母無服,而隱公以庶祖母之喪赴于諸侯,天子下賵于妾祖母,故《春秋》交譏之。在此意義上,劉逢禄稱"《穀梁》得之"。

總而言之,劉逢禄在二十一歲時所著的《穀梁廢疾申何》一書,尚不過以《穀梁》能爲《公羊》"拾遺補闕"而已,但到其晚年的《解詁箋》,可以認爲是更加重視《穀梁》之價值。不過,其早年既稱《穀梁》"長於《公羊》者十之一,同於《公羊》十之二三",則《解詁箋》"從《穀》"之三例,亦不過是《穀梁》"長於《公羊》者十之一"之一端而已。則從《穀梁廢疾申何》到《公羊解詁箋》之間,劉逢禄對待《穀梁傳》之態度,應該説並沒有實質性的變化。當然,從另一方面而言,劉逢禄雖能略取《穀梁》之説,但對於《公

① 何休注,徐彥疏:《春秋公羊傳注疏》,第 26 頁。
② 何休注,徐彥疏:《春秋公羊傳注疏》,第 26 頁。
③ 劉逢禄:《春秋公羊經何氏釋例 春秋公羊釋例後録》,第 297—298 頁。
④ 范甯注,楊士勛疏:《春秋穀梁傳注疏》,第 11 頁。

羊》建五始、通三統、張三世、異外内諸大旨,對於《公羊》日月之例、災變之説、進退予奪之法,劉逢禄還是堅定地墨守之。

三 戴望:參《穀梁》義以注《論語》

常州後學戴望之注《論語》,祖述劉逢禄之《論語述何》、宋翔鳳之《論語説義》,專以《公羊》義解《論語》。隨着章太炎、劉師培、梁啓超等人的論斷,此説遂成定論。[①] 然而,鮮有人注意到的是,戴望所著《戴氏注論語》一書,不僅具有以《公羊》解《論語》這一鮮明的特色,同時也頗具有《左氏》《穀梁》學之色彩,其中《穀梁》學的色彩尤其顯得更濃厚一些。[②] 這具體地體現在如下幾個方面:

(一) 引《穀梁》文以釋《論語》

《戴氏注論語》的《穀梁》學色彩首先表現爲大量引用《穀梁傳》之文字來注釋《論語》。遍檢《戴氏注論語》一書,直接標明引自《穀梁傳》的文字共有四條:

(1)《論語・學而》:"夫子之求之也,其諸異乎人之求之與?"戴氏注曰:

> 明夫子有尊行,而人自與之,如亢言求者,以甚其不知。《春秋穀梁傳》曰:"求之爲言,得不得未可知之辭也。"[③]

按:本條所引見《穀梁傳》隱公三年。

(2)《論語・爲政》:"知之爲知之,不知爲不知,是知也。"戴氏注曰:

> 言不可穿鑿以爲智。《春秋》書"日有食之",《穀梁傳》曰:"其不言食之者何也?知其不可知,智也。"[④]

---

① 章太炎先生在《訄書・清儒》中説:"惟德清戴望述《公羊》以贊《論語》,爲有師法。"見氏著:《訄書・清儒》,《章太炎全集》,第3册,上海:上海人民出版社,1984年,第158頁。劉師培稱:"德清戴望,受業宋氏之門,祖述劉、宋二家之意,以《公羊》證《論語》,作《論語注》二十卷。"見氏著:《南北學派不同論》,收入《劉申叔遺書》,南京:江蘇古籍出版社影印甯武南氏校印本,1997年,第558頁下。梁啓超則認爲,"戴子高的《論語注》,引《公羊》爲解,雖多新見,恐非真義"。見氏著:《中國近三百年學術史》,載《梁啓超論清學史二種》,第316頁。關於戴氏之以《公羊》證《論語》的特色,可參見拙文:《述〈公羊〉以贊〈論語〉,〈戴氏注論語〉研究》,收入《經學、道學與經典詮釋》,臺北:臺大出版中心,2011年,第231-259頁。

② 戴氏之以《左傳》釋《論語》,大多體現在舉《左傳》之事蹟證《論語》,或引《左傳》之言證《論語》。如《雍也》篇戴氏釋"敬鬼神而遠之"曰:"知者務民,富、教之,宜不黷鬼神。季梁曰:'民,神之主也。聖王先成民而後致力於神。'"參見:郭曉東校疏:《戴氏注論語小疏》,華東師範大學出版社,2014年,第119頁。按:季梁語見《左傳》桓公六年。戴氏之引左氏學,不在本文的考察範圍之内,故不一一列舉之。

③ 郭曉東校疏:《戴氏注論語小疏》,第44頁。

④ 郭曉東校疏:《戴氏注論語小疏》,第58頁。

按:此條見《穀梁傳》隱公三年。

(3)《論語·子路》:"先有司,赦小過,舉賢才。"戴氏注曰:

> 《春秋穀梁傳》曰:"就師學問無方,心志不通,身之罪也。心志既通,而名譽不聞,友之罪也。名譽既聞,有司不舉,有司之罪也。有司舉之,王者不用,王者之過也。"①

按:此條引文見《穀梁傳》昭公十四年。

(4)《論語·憲問》:"臧武仲以防求爲後於魯,雖曰不要君,吾不信也。"戴氏注曰:

> 《春秋》于內大夫奔例月,罪不明者乃日。而紀之奔,書乙亥日。《穀梁傳》曰:"其日,正紀之出也。蘧伯玉曰:'不以道事其君者,其出乎。'"②

按:"內大夫奔例月,罪不明者乃日。"見《公羊通義》閔公二年。③ 所引《穀梁傳》,見襄公二十三年。

除了上述四條材料戴氏直接標明引自《穀梁傳》外,在《論語注》中更多的是對《穀梁傳》的隱性引證,即引其文而未標明出處,我們在此亦略舉數例予以說明:

(1)《論語·爲政》:"多聞闕疑,慎言其餘,則寡尤",戴氏注曰:

> 孔子曰:"聽遠音者,聞其疾而不聞其舒;望遠者,察其貌而不察其形。立乎定、哀以指隱、桓,隱、桓之際遠矣。夏五,傳疑也。"④

按:所引"孔子曰"云云者,見《穀梁傳》桓公十四年。

(2)《論語·述而》"暴虎馮河,死而無悔",戴注曰:

> 無兵搏虎曰暴虎,無舟楫渡河曰馮河。王者行師,以全取勝,不以輕敵爲上。《傳》曰:"善爲國者不師,善師者不陳,善陳者不戰,善戰者不死,善死者不亡。"⑤

按:所引"《傳》曰"者,見《穀梁傳》莊公八年。

(3)《論語·憲問》"子言衛靈公之無道也",戴氏注曰:

> 無道言失德也。《春秋》君死有三不葬:"失德不葬,弒君不葬,滅國不葬。"⑥

---

① 郭曉東校疏:《戴氏注論語小疏》,第196—197頁。

② 郭曉東校疏:《戴氏注論語小疏》,第216頁。

③ 孔廣森:《春秋公羊經傳通義》卷三下,《春秋正辭 春秋公羊經傳通義》,第401頁。

④ 郭曉東校疏:《戴氏注論語小疏》,第58頁。

⑤ 郭曉東校疏:《戴氏注論語小疏》,第126頁。

⑥ 郭曉東校疏:《戴氏注論語小疏》,第219頁。

按:所引"失德不葬,弑君不葬,滅國不葬"一語,見《穀梁傳》昭公十三年。

(4)《論語·陽貨》"小人有勇而無義爲盜",戴氏注曰:

《春秋》有三盜:微殺大夫謂之盜,非所取而取之謂之盜,辟中國之正道以襲利謂之盜。①

按:注文全引自《穀梁傳》哀公四年。

(二)述《穀梁》義以注《論語》

除了直接或間接引《穀梁傳》的文字來解釋《論語》之外,更重要的是戴氏之述《穀梁》義以注《論語》,我們下面也略舉數例來加以考察。

(1)《論語·學而》:"慎終追遠,民德歸厚矣。"戴氏注曰:

慎終者,先君以正終,後君以正始也。②

按:此條注全用劉逢祿《論語述何》,然其説實本于《穀梁》定公元年:"先君無正終,則後君無正始也;先君有正終,則後君有正始也。"③

(2)《論語·八佾》:"人而不仁,如禮何? 人而不仁,如樂何?"戴望注曰:

魯自文公始壞禮制。經書"公子遂如齊納幣",以喪娶;"四不視朔",廢臣禮;"作僖公主",失禮于鬼神;"大事於大廟,躋僖公",亂昭穆之序。無祖無天而行,以起季氏之僭,故曰"人而不仁,如禮何""如樂何",無所施用禮樂也。④

按:戴氏斥魯文公"無祖無天",此説本于《穀梁傳》文公二年:"逆祀,則是無昭穆也。無昭穆,則是無祖也。無祖,則無天也。"⑤在戴氏看來,《論語》"人而不仁"云云,主要針對如魯文公之流,以其"無祖無天",則雖有禮樂,亦無所施用。

(3)《論語·子路》:"雖之夷狄,不可棄也。"戴氏注曰:

言以此行之夷狄,亦不可棄。明君子不從物化。《春秋》卒鄭伯髡頑,"不使夷狄之民加乎中國之君也"。⑥

按:"不使夷狄之民加乎中國之君也"一語,引自《穀梁傳》襄公七年。⑦《春秋》襄公七

① 郭曉東校疏:《戴氏注論語小疏》,第266頁。
② 郭曉東校疏:《戴氏注論語小疏》,第43頁。
③ 范甯注,楊士勛疏:《春秋穀梁傳注疏》,第186頁。
④ 郭曉東校疏:《戴氏注論語小疏》,第67—68頁。
⑤ 范甯注,楊士勛疏:《春秋穀梁傳注疏》,第100頁。
⑥ 郭曉東校疏:《戴氏注論語小疏》,第205—206頁。
⑦ 范甯注,楊士勛疏:《春秋穀梁傳注疏》,第150頁。

年,鄭伯髡原不欲附楚而欲與諸夏,爲親楚之諸大夫所弒,《春秋》書曰:"十有二月,公會晉侯、宋公、陳侯、衛侯、曹伯、莒子、邾婁子於鄾。鄭伯髡原如會,未見諸侯。丙戌,卒於操。"《公羊傳》以爲,《春秋》不書諸大夫之弒其君,是"爲中國諱",即因爲中國之無義,導致鄭國諸大夫不欲從諸夏而欲附楚。① 《穀梁傳》則以爲,《春秋》不書弒,是"不使夷狄之民加乎中國之君也"。在此戴氏所以不取《公羊》之說而取《穀梁》之說,是因爲《穀梁傳》的説法更加森然地凸顯了夷夏之間的緊張關係。從《公羊》的角度來説,既有嚴夷夏之辨的一面,故不與夷狄之主中國,不與夷狄之治中國;同時,《公羊傳》更有夷夏進退之説,即以爲夷狄而中國則可以爲中國,故吳、楚可進至於爵。然而,戴氏所處滿清統治之朝,個人又頗以明遺民自居,政治立場上對滿清採取不合作態度,故不能全部接受《公羊》之夷夏進退學説。② 因此,《穀梁傳》"不使夷狄之民加乎中國之君"的説法,對於戴氏而言,其義也就顯得更長於《公羊傳》。

(4)《陽貨》篇:"唯女子與小人爲難養。"戴氏注曰:

> 女子以形事人,小人以力事人,皆志不在義,故爲難養。養,使也。禮:君疾顧命不在側,其營衛疾者皆臣子,婦寺不得與,以防亂也。魯僖公薨於小寢,絕於婦人之手,則《春秋》非之。③

按:戴氏以"使"訓"養"。戴氏以爲,爲了預防國君去世時出現不必要的變故,國君不當絕于婦人之手。所以他認爲,魯僖公三十三年"公薨於小寢",因不合於禮而《春秋》非之。按僖公三十三年,"公薨於小寢",《公羊》無傳,何氏無注,徐彦無疏。范甯注曰:"小寢,内寢也",④ 即夫人之寢,故《穀梁傳》説:"小寢,非正也。"楊士勳疏曰:"僖公雖卒,而没於婦人之手,故發傳以惡之也。"⑤ 戴氏此注顯然是述《穀梁》及楊疏而發明之。

---

① 《公羊傳》襄七年:"執弒之,其大夫弒之。曷爲不言其大夫弒之?爲中國諱也。曷爲爲中國諱?鄭伯將會諸侯于鄾,其大夫諫曰:'中國不足歸也,則不若與楚。'鄭伯曰:'不可。'其大夫曰:'以中國爲義,則伐我喪。'以中國爲強,則不若楚。於是弒之。"見《春秋公羊傳注疏》,第489頁。鄭之諸大夫批評中國之無義者,指的是襄二年鄭成公卒,同年諸侯伐鄭,取鄭邑虎牢。《春秋》之義,伐人之喪爲大不義,故《公羊》家認爲,《春秋》于鄭成公之卒而不書其葬,于諸侯之取虎牢不書取,于鄭僖公之被弒不書弒,賊未討而書葬等,皆是諱中國之不義。

② 相關的討論,參見拙文《述〈公羊〉以贊〈論語〉:〈戴氏注論語〉研究》,收入《經學、道學與經典詮釋》,第254—259頁。

③ 郭曉東校疏:《戴氏注論語小疏》,第267頁。

④ 范甯注,楊士勳疏:《春秋穀梁傳注疏》,第96頁。

⑤ 范甯注,楊士勳疏:《春秋穀梁傳注疏》,第96頁。

(三) 兼述《公羊》《穀梁》義以注《論語》

《公羊》《穀梁》兩傳,在大義上本有相通之處,故戴氏之注《論語》,亦時有兼取二傳之説,以相資爲用,我們可以從下列例子來加以考察:

(1)《子路》:"苟正其身矣,于從政乎何有? 不能正其身,如正人何?"戴氏注曰:

> 身弗正,欲以正人,君子弗予。"《春秋》之義,用貴治賤,用賢治不肖,不以亂治亂也。孔子曰:'懷惡而討,雖死不服。'"於楚虔之執蔡般,殺齊慶封,皆奪之,義辭也。①

按:楚虔之執蔡般,見《春秋》昭公十一年,"夏,四月,丁巳,楚子虔誘蔡侯般,殺之于申。"《公羊傳》曰:"楚子虔何以名? 絕也。曷爲絕之? 爲其誘討也。此討賊也。雖誘之,則曷爲絕之? 懷惡而討不義,君子不予也。"②按蔡侯般於襄公三十年弑其君而自立,則蔡般爲弑君之賊。楚子能討賊,本當褒之,然其懷惡而討,故奪之而不予,正如何休《解詁》所説的:"内懷利國之心,而外託討賊,故不與其討賊,而責其誘詐也。"③楚虔之殺齊慶封,見《春秋》昭公四年,"秋,七月,楚子、蔡侯、陳侯、許男、頓子、胡子、沈子、淮夷伐吳,執齊慶封,殺之。"《穀梁傳》曰:"慶封弑其君,而不以弑君之罪罪之者,慶封不爲靈王服也,不與楚討也。《春秋》之義,用貴治賤,用賢治不肖,不以亂治亂也。孔子曰:'懷惡而討,雖死不服,其斯之謂與?'"④故此條戴氏於楚虔執蔡般,取《公羊》説;於殺齊慶封,取《穀梁》説,來共同説明正人須先正己,治亂須先自治,而不可以亂治亂。

(2)《里仁》篇:"君子之于天下也,無敵也,無莫也,義之與比。"戴氏注曰:

> 比,比次也。"門外之治義斷恩",《春秋》于城邢、衛稱師,"雖通其仁,以義而不與",亦以此。⑤

按"雖通其仁,以義而不與"一語,見《穀梁傳》僖公二年。閔公、僖公之際,狄人南侵,相繼滅邢、衛兩國。僖公元年,"齊師、宋師、曹師城邢。"僖公二年,"城楚丘。"即在齊桓公幫助下,爲邢、衛兩國重新建國。然而,從禮上講,誠如《公羊傳》説"諸侯之義,不

---

① 郭曉東校疏:《戴氏注論語小疏》,第 201 頁。
② 何休注,徐彥疏:《春秋公羊傳注疏》,第 563—564 頁。
③ 何休注,徐彥疏:《春秋公羊傳注疏》,第 564 頁。
④ 范甯注,楊士勛疏:《春秋穀梁傳注疏》,第 166 頁。
⑤ 郭曉東校疏:《戴氏注論語小疏》,第 88 頁。

得專封",①或如《穀梁傳》所説,"非天子不得專封諸侯",②因此,城邢、城衞可以認爲
是齊桓公之仁,但從義的角度看,齊桓公之爲諸侯,則不得專封,故戴氏引《穀梁傳》之
語曰:"雖通其仁,以義而不與"。

(3)《論語·季氏》有對"邦君之妻"的諸種稱謂,戴氏注曰:

> 《春秋》之義,法天之道,陽尊而陰卑,卑不得敵尊,妾不得體君。魯僖公妻齊
> 媵女,而尊母成風爲嫡,以卑莊公,故聖姜之至,特書"禘於大廟,用致夫人",而不
> 稱姜氏,以著其篡。成風之薨,含、賵、會葬,王弗稱天,以不正其爲小君。于秦人
> 來歸禭亦然。一則以宗廟臨之而後貶焉,一則以外之弗夫人而見正焉。③

按:僖公八年,"秋,七月,禘於太廟,用致夫人。"《公羊傳》以爲僖公本取楚女爲嫡,取
齊女爲媵,齊女先至,遂脅公,使立之爲夫人,故因禘祭而見於廟,其曰:"夫人何以不
稱姜氏? 貶。曷爲貶? 譏以妾爲妻也。其言以妾爲妻奈何? 蓋脅于齊媵女之先至者
也。"④這裏的"夫人"是僖公夫人聖姜。而《穀梁傳》以爲,"夫人"是僖公之母成風。
僖公之母本莊公之妾,僖公尊之爲夫人。范甯注引劉向之説曰:"夫人,成風也。致之
於大廟,立之以爲夫人。"⑤《穀梁傳》曰:"言夫人必以其氏姓,言夫人而不以氏姓,非
夫人也,立妾之辭也,非正也。"⑥范甯曰:"夫人者,正嫡之稱,謂非崇妾之嘉號,以妾體
君,則上下無别。雖尊其母,是卑其父,故曰非正也。"⑦由此看來,戴氏此注似乎是雜
取了《公》《穀》的説法,而又以《穀梁》説爲主。又文公九年,"秦人來歸僖公、成風之
禭。"《穀梁傳》曰:"秦人弗失之也。"范甯注曰:"言秦人弗以成風爲夫人,故不言夫
人。"⑧故戴氏曰"于秦人來歸禭亦然"。"一則以宗廟臨之而後貶焉,一則以外之弗夫
人而見正焉",見《穀梁傳》僖公八年文。"一則以宗廟臨之而後貶焉",范甯注曰:"於
大廟去夫人氏姓,以明君之非正";"一則以外之弗夫人而見正焉",范甯注曰:"秦人來
歸僖公、成風之禭,不言夫人"。⑨ 此皆取《穀梁》説。

---

① 何休注,徐彦疏:《春秋公羊傳注疏》,第233頁。
② 范甯注,楊士勛疏:《春秋穀梁傳注疏》,第70頁。
③ 郭曉東校疏:《戴氏注論語小疏》,第254頁。
④ 何休注,徐彦疏:《春秋公羊傳注疏》,第258頁。
⑤ 范甯注,楊士勛疏:《春秋穀梁傳注疏》,第79頁。
⑥ 范甯注,楊士勛疏:《春秋穀梁傳注疏》,第79頁。
⑦ 范甯注,楊士勛疏:《春秋穀梁傳注疏》,第79頁。
⑧ 范甯注,楊士勛疏:《春秋穀梁傳注疏》,第107頁。
⑨ 范甯注,楊士勛疏:《春秋穀梁傳注疏》,第79頁。

四　小結

總之,通過上述的考察,我們可以看到,常州今文學派,不論是早期的莊存與,還是中期的劉逢禄,乃至晚期的戴望,雖然學術特色各不相同,但他們在以《公羊》爲宗的前提下,都不排斥《穀梁》學。這一點可以説是常州學派之共同特色。當然,《公羊》《穀梁》俱爲今文經學,其大義本多有相通之處。即便如此,從經學之專門性而言,這樣的特色仍然難免引起諸如陳立那樣"自亂家法"的譏評。然而,對常州學派而言,另一重要的特徵之一是其經世之色彩。常州經世之學,淵源於明末的唐順之、薛應旗,莊氏家學頗受其影響,①莊勇成説莊存與"晚喜唐荊川,研經求實用",②而譚獻則稱莊存與之學爲"致用之學,非經生之業。"③這一經世之學術特徵當影響到整個常州學派。孫春在就認爲,從莊存與的《春秋》學中可以看出,清代中業復興起的《公羊》學,一開始就出現了一個性格,即"現實的需要大於學統的沿承",且"通貫整個清末公羊思想"。④ 因此,常州學派從一開始即没有斤斤計較于"家法",莊存與如此,劉逢禄如此,在戴望這裏更是如此。這樣,他們在復興《公羊》學的同時,不排斥《穀梁》學,甚至部分接受《左傳》的學説,也就可以理解了。流風所及,晚清康有爲認爲《公羊》與《穀梁》同傳孔子口説,廖平乃至尊《穀梁》甚於《公羊》,亦可謂淵源有自。

作者簡介:

郭曉東,男,1970 年生,福建霞浦人,復旦大學哲學學院教授。主要研究領域爲儒家經學、宋明理學。近年代表性論著有《論朱子〈中庸〉詮釋對游酢〈中庸義〉的去取》(《學術界》2022 年第 10 期)、《三科九旨正是一物:論何休的"三科九旨"説及其與宋均的比較》(《哲學與文化》2022 年第 11 期)。

---

① 相關討論參見艾爾曼:《經學、政治和宗族:中華帝國晚期常州今文學派研究》,第三章,《經世之學與常州今文學派》。
② 莊勇成:《少宗伯養恬兄傳》,收入湯志鈞:《莊存與年譜》,頁 121。
③ 譚獻:《復堂日記》卷七,《叢書集成續編》,臺北:新文豐出版公司,1989 年,第 218 册,第 18 頁。
④ 孫春在:《清末的公羊思想》,第 29 頁。

以易象爲周禮
——張惠言《虞氏易禮》的解經特色與禮象釋例

李阿慧

内容摘要 乾嘉之际的著名學者張惠言以易學與禮學研究聞名於世。其《虞氏易禮》一書統合虞氏易與鄭氏禮等經學觀念，提出"禮象"這一極具啟發性的概念。《虞氏易禮》論析祭天、分封、巡守、朝覲等禮象，將文王系《周易》之辭與"周禮"的創立背景相照應，以見文王、周公創制之跡，可謂極富卓見。考察張惠言對易象與周禮關係問題的解答，包含對禮樂本原及變化之道的探討，實際上也事關禮樂文明的源頭活水。這種"以易象爲周禮"的思路，既是對漢代易學與禮學兩大傳統的融通，又是對清代經學傳統的再建構。

關 鍵 詞 張惠言 《虞氏易禮》 鄭玄 禮象 周禮

一 前言

清乾嘉時期，學者遞相以鑽研漢代經學爲業，如惠棟（1697—1758）、戴震（1724—1777）分別以"漢易"與"三禮"爲治學的核心，在考證古訓與古義的基礎上，進而推闡六經之道及其微言大義，開啟了清中期漢學極盛的局面。張惠言（1761—1803）在《易》與《禮》方面分別繼承吳、皖兩派的治經方式，能够各依漢儒家法及條例，其治《易》宗虞翻，而治《禮》則主鄭玄，并求二者的融會貫通，提出"禮象"這一極具啟發性的概念。張氏研虞氏易與鄭氏禮的宗旨，可概括爲"求天地陰陽消息于易虞氏，求古先聖王禮樂制度於禮鄭氏，庶窺微言奧义以究本原"。① 張氏將虞氏易與鄭氏禮融會貫通，以禮象推尋古聖王制禮作樂之跡，這在易學史及禮學史上皆堪稱卓識。

---

① 張惠言：《文稿自序》，《茗柯文編》，上海：上海古籍出版社，2015 年，第 121 頁。

關於張氏之學,阮元(1764—1849)評價云:"其學要歸六經,而尤深《易》《禮》"。①張氏弟子董士錫(1782—1831)在《張氏易説後叙》中總結道:"先生初學爲詞賦、古文,既成以爲空言,未足以明道,乃進求諸六經,取漢諸儒傳注讀之,尤善鄭氏禮,盡求鄭氏書,得其《易》注,善其以《易》説《禮》"。②這是張惠言易學很重要的一個層面,當代學者對此雖然有所論,③然尚未充分認識其解經的基本方法與體例。

概言之,張惠言認爲《易》本爲殷周革命之書,"《易》著殷周革命之文。《象》《傳》言之,《緯》言之,漢儒莫不言之。後人不敢道文王受命,稱王改制,遂使大義淪晦"。④《虞氏易禮》中強調"受命"與"改制",反映了今文經學的治學理路,這也是理解張氏易學的主要綫索。⑤而《周易》中所涉祭天、分封、賓禮等周禮亦多屬文王稱王改制之事,故其論禮象也包含三代之制的維度。張氏云:"《易》有三代之制,其他如此者甚眾,惜乎唐之儒師未有見及此者,遂使禮家微言泯没而不傳也。"⑥其認爲唐孔穎達不考求《易》中三代之制,而禮家之微言的不傳亦與之相關。應強調的是,這種對易禮的判攝乃是著眼于殷周之變,亦不同於惠棟認爲易禮爲夏殷之禮的觀念。⑦故可略見張氏參研《易》與《禮》之宗旨。

本文聚焦張惠言《虞氏易禮》中以消息、易象論證周禮的理論方法,並對所涉祭禮、分封之禮、賓禮等相關禮象進行釋例,以此探究張氏結合《周易》與《周禮》而論證禮象的解經特色,闡釋其對"易象何以爲周禮"這一經學問題的嘗試性解答。

二　張惠言《易》學與《禮》學及禮象觀念

張惠言《易》類著作主要包括以下:《周易虞氏義》九卷、《周易虞氏消息》二卷、

---

① 阮元:《儀禮圖序》,《揅經室集》上冊,北京:中華書局,1993年,第244頁。
② 董士錫:《齊物論齋文集》卷一,道光二十年江陰暨陽書院刻本,第6頁。
③ 關於張惠言《虞氏易禮》的相關研究論文主要包括以下:蘭甲雲《張惠言〈虞氏易禮〉的易學成就》(收入《周易古禮研究》,湖南大學博士學位論文,2007年),關於《虞氏易禮》之成就,作者總結爲:以虞氏易禮之易象分析方法爲基礎,以殷周革命爲《周易》時代背景,構建分析易禮體系的基礎,并對《易緯》《鄭氏易注》中易禮成果作了詳細辨析;盧鳴東《張惠言〈虞氏易禮〉中的〈公羊〉思想》(收入蔡長林、丁亞傑主編《晚清常州地區的經學》,臺北:學生書局,2009年5月),作者分析張惠言《虞氏易禮》中的公羊學思想,而認爲其聯繫的關節點是禮;楊自平《張惠言易學之禮象及義理析論》(載《東吳中文學報》2014年11月),探討張惠言以禮釋《易》的特點及其義理內涵。
④ 張惠言:《虞氏易禮》卷一,《皇清經解》本,第5頁。
⑤ 李阿慧:《受命與改制:張惠言〈虞氏易禮〉的經學歸旨》,載《原道》第35輯,2018年12月。
⑥ 張惠言:《丁小疋鄭氏易注後定序》,《茗柯文編》,第62頁。
⑦ 惠棟稱文王爻辭皆據夏商之制,而其論"禘祭",僅以時祭釋之,並無周改殷制的論述。

《虞氏易禮》二卷、《虞氏易事》二卷、《虞氏易候》一卷、《虞氏易言》二卷、《周易鄭荀義》三卷、《易義別録》十四卷、《易圖條辨》一卷、《易緯略義》三卷,共計十一種。張惠言以虞氏易爲宗,所謂"虞氏"是漢末三國時期虞翻(164—233),虞翻世傳孟氏易,虞翻易注保存於李鼎祚所輯《周易集解》中,也是漢代存世最爲完整的易學體系。虞氏注易多依消息、爻變之例,以其本出於《易》"消息盈虚""剛柔相推而生變化",又以之正、互體、旁通、象變爲取象依據。張惠言認爲虞氏易上接漢初易學之脈,並認爲:"求七十子之微言,田何、楊叔、丁將軍之所傳者,舍虞氏之注,何所自焉?"①張惠言在《易義別録》中梳理孟氏易源流,並以漢末魏晉之時的姚信、翟玄、蜀才言消息、卦變、互體、取象,多與虞翻易學相近,皆可歸入孟氏易之流裔。因而,張氏治《易》乃試圖從漢末魏晉易學上溯西漢乃至先秦易學之源。

乾嘉學者致力於漢易傳統的構建,對宋易傳統多有批評,張惠言也不例外,他既反對王弼以後捨象言《易》的趨向,又反對宋代以先天易學爲代表的象數風潮。"自王弼注興而《易》晦,自孔穎達《正義》作而《易》亡。宋之季年,學者争説性命,莫不以王、孔爲本,雜以華山道士之言。"②宋易的義理傳統源自於王弼注、孔穎達疏,而象數傳統則以陳摶、邵雍之學爲肇端。張氏同時反對宋易"義理"與"象數"兩派,進而構建以漢易爲中心的易學系統。在張惠言心目當中,理想化的漢易是取裁虞翻與鄭玄兩家易學特長、進而貫通消息與人事的易學。

因而,張惠言構建漢易體系,既專門闡析虞氏,又別論鄭、荀兩家易學,尤其注重鄭玄以禮注《易》的特點:"經論創制,吉凶損益,與《詩》《書》《禮》《樂》相表裏,則諸儒未有及之者也。"③所以,這種理想化的漢易並非僅有"象"的層面,還有"義理"與"人事"的層面。故而張氏論虞氏易的著作中,《虞氏易言》推顯"義理"層面,《虞氏易禮》及《虞氏易事》則以"易象"統攝"人事",是對漢易"易象"與"義理"兩方面的再建構。

張惠言對易禮的論析,亦直接相關其禮學著作《儀禮圖》。清代中期以後,學者關於《儀禮》專門著述頻出,如凌廷堪《禮經釋例》、胡培翬《儀禮正義》,或以例求禮,或以補缺考訂爲主,各具特色,然大抵皆以鄭注爲本。張氏《儀禮圖》亦以鄭注爲本,特點是以圖明禮。此書篇章結構,先明宫室及衣服,其餘則依據《儀禮》篇次繪製禮圖,以見其具體建制及行禮的環節。《讀儀禮記》是《儀禮》中禮文之解讀,於漢儒則取鄭玄之説,於近儒則取江永、戴震、金榜之説。黄以周《禮書通故》、孫詒讓《周禮正義》頗

---

① 張惠言:《周易虞氏義序》,《茗柯文編》,上海:上海古籍出版社,2015年,第40頁。
② 張惠言:《丁小疋鄭氏易注後定序》,《茗柯文編》,第60頁。
③ 張惠言:《周易鄭荀義序》,《茗柯文編》,第42頁。

采其説,而後世論張惠言《儀禮圖》,也常與南宋楊復《儀禮圖》相比較,並認爲張著比楊著更加"詳審精密"。① 張惠言研究《儀禮》也爲其《虞氏易禮》提供必備的禮學基礎。如張氏對"易禮"的解讀往往結合《儀禮》中"聘禮""公食大夫禮""喪服""特牲饋食禮"等禮。亦多引申《儀禮》鄭注而論,如認爲觀卦"利用賓于王"爲觀禮,坎卦"尊酒簋貳用缶"爲饗食之禮,從而揭示《易》中卦爻辭所稱引的周禮。張氏《儀禮圖》中"公食大夫禮"包括十二幅圖,其迎賓的環節與"聘禮"相類,而主要表現其食禮方面,如"入鼎設醬""設正饌""祭饌設粱"皆重視主賓間的關係,再如"賓入卒食""賓出"等爲食禮之結束,亦強調君臣間揖讓相敬;《儀禮圖》中"觀禮"在五禮中亦屬賓禮,張惠言繪製了"受勞""授玉""告聽事""賜車馬""會同爲壇祀方明"等圖,顯示出觀禮之時天子與諸侯間的授受儀節。從中亦可見張氏對《虞氏易禮》中對周禮的闡發,與《儀禮圖》一書有極大淵源。

"禮象"這一觀念,幾乎未被前儒所論。張惠言的創見之處在於認爲《易》即禮象,"《易》者,禮象也。是説也,諸儒莫能言,唯鄭氏言之。故鄭氏之《易》,其要在禮。若乃本天以求其端,原卦畫以求其變,推象附事,以求文王、周公制作之意,文質損益,大小賅備,故鄭氏之《易》,人事也,非天象也。"②張惠言認爲只有鄭玄言及禮象,實際上也重視鄭氏以禮解《易》的注經方式。"禮象"體現了張惠言對虞氏易與鄭氏之學的融合,這在清代恢復漢學傳統中是極爲重要的一條綫索。

《虞氏易禮》中所論"禮象"以卦爻辭爲題,張惠言對每一卦的疏解,先列虞翻易注,並以"六十四卦消息"及"卦氣消息"論之,對卦義的理解也多遵循虞注。但對"禮象"的闡發,則多用鄭玄注"三禮",間引《左傳》《毛詩》《尚書》之文。關於《虞氏易禮》對卦爻辭中所涉及禮制的論證,可以總結爲以消息、易象與周禮並重、進而融通"六經"以論禮象的解經方法。

第一,以卦氣消息解禮象。張氏多采用《乾鑿度》卦氣用事之説,以論述《周易》卦爻辭中的郊祭之禮。如益卦"亨帝"爲南郊祭感生帝,時當立春,與益卦卦氣相應;隨"亨西山",張氏取《乾鑿度》中的卦氣用事,以隨爲二月之卦,萬物隨陽而出,以明陰陽相隨之義;比卦爲四月卦,故以天子迎夏氣行郊祭,而後封賞諸侯;又以卦氣言田獵,而

① 曹元弼:《禮經學》云"金氏著《禮箋》九篇以授張氏惠言,張氏作《儀禮圖》詳審精密勝於宋楊氏書"。又云《儀禮圖》"詳明例"。參見曹元弼撰《禮經學》卷七,宣統元年刻本,第18頁。陳緒波專門研治《儀禮》"宮室",而認爲"清張氏惠言《儀禮圖》則最爲精審,實爲禮圖研究的集大成之作"。參見陳緒波《〈儀禮〉宮室考》,上海:上海古籍出版社,第51頁。
② 張惠言:《丁小疋鄭氏易注後定序》,《茗柯文編》,第62頁。

涉及到田獵的六爻①卦氣多在春秋,以示田獵順天之時,而冬、夏應以休養爲主。另以卦氣消息言昏禮及嫁娶之時,如以隨爲二月卦以陰隨陽,會男女之正,因而爲昏禮;漸爲正月請期之時,咸、姤皆五月卦以明昏期止於夏至,正如張氏云"《易》以陰陽消息人事,故言男女夫婦爲多"。② 故此可知,張氏用卦氣消息體系與周禮所涉四時之序建立關聯。

第二,以"六十四卦消息"及虞氏易例釋禮象。張惠言按照《周易虞氏消息》中的《六十四卦消息圖》對六十四卦卦序的分析,以説明禮象之間的關聯。例如,其頗爲強調剝復之際的消息所生卦,因爲此間消息含有新舊交際的深意,如復、姤、泰、否之交的數卦,皆有繼世之義,故於此數卦多論父子承位、嗣君立位之禮。又剝復之際,也反映在朝代更替之時,其間消息所生之卦,若師、謙、比等卦的卦爻辭,皆含有王者受命以征伐之象;再如,否反泰、泰反否之間的數卦象征中興之時,如既濟、未濟之"伐鬼方"爲王者征伐不庭,其中的王者蓋爲中興之君,而非始受命建邦之君。張惠言以此推衍六十四卦消息與禮象之間的微妙聯繫。

第三,以易象釋周禮,以周禮證禮象。張惠言所論易象主要本于虞氏,而虞氏易象的特點是以消息卦、之正卦、旁通卦取象,一卦之中又兼取互體之象。如與祭禮有關的易象,乾爲考爲祖,艮爲宗廟,震爲帝,坤爲牛,亦爲祭祀用的大牲,這些易象本身即《周易》中的具體物象。張惠言在《易義別録》中云"虞凡祭祀多用觀象"。③ 虞翻易注中與祭祀相關的易象多用觀卦,如益、萃、渙皆互體觀卦,其卦爻辭中也多涉及祭祀之禮。④ 虞氏往往以震、離、兑、坎四正卦表示四時與四方,張惠言亦取虞氏"四時象具"的易例,而指稱周禮中的四時巡守(見釋例"賓禮")。又虞氏易中震爲長子主器爲祭主,體現了周代的宗法制度,張惠言也用以解釋嗣位之禮。可見,虞氏易象之設置往往與禮義相契合,張惠言引申虞氏易象以證周禮。

第四,若虞氏易注不備,亦擇取鄭玄、惠棟之説,并引三禮文獻,以論證《周易》卦爻辭中所包含的禮象。如益卦"亨帝",虞氏未言何禮,張氏對其解讀主要取於惠棟注,而采鄭玄祭感生帝之説;觀"盥而不薦",所言宗廟之祭,不取虞翻注,而用鄭玄注;如益"凶事用圭",張惠言沿襲惠棟觀點,以此爲諸侯相贈之禮,而又引申虞氏易象以

---

① 田獵六爻包括屯六三"即鹿無虞"、師六五"田有禽"、比九五"王用三驅,失前禽"、大畜九三"良馬逐"、解九二"田獲三狐"、巽六四"田獲三品",此六爻有田獵之象。

② 張惠言:《虞氏易禮》卷二,《皇清經解》本,第20頁。

③ 張惠言:《易義別録》卷六,《皇清經解》本,第4頁。

④ 益卦二爻至上爻、萃卦初爻至五爻、渙卦二爻至上爻皆互體觀卦。益卦六二"王用享於帝",萃卦辭"王假有廟",渙卦辭"王假有廟",皆爲王者之祭禮。

證之;如萃"用大牲",張惠言不用虞氏"宗廟祭祀"之義,而從鄭氏易注,以其爲會盟而殺牛;如豫卦"薦上帝",虞注闕,張惠言引《禮記・祭法》及《毛詩・周頌》"維清"中的周初之禮,作爲明堂配祀的依據,又取《禮記・明堂位》的觀念,以周公攝政朝諸侯於明堂;震"不喪匕鬯",虞注云震長子主器以爲祭主,然未言具體禮制,張惠言則取鄭氏易注及《周禮》五爵分封制;張氏取鄭玄注《禮記・雜記》以及《周禮・大司徒》論訟三爻與采邑有關,從而認爲《周易》中的禮制與《周禮》相合。以上都體現出張惠言綜合各家易説及禮學文獻,以彌補虞注在禮文上的闕略。

三 《虞氏易禮》禮象釋例

《虞氏易禮》中易禮以卦爻辭爲題,分爲兩卷,共四十四條。其中上卷所涉及周禮爲祭天、郊祭、時祭、廟祭、朝覲、封禪、喪禮、時會、征伐、分封等,以吉禮爲主,而且大多爲王者之禮;下卷主要涉及的周禮爲巡守、朝覲、會盟、册命、燕饗、征伐、田獵,爲天子及諸侯交接之禮,以賓禮、軍禮、嘉禮三者爲主體。以下列《〈虞氏易禮〉禮象表》(見表1),按《虞氏易禮》之篇目而訂,呈現張氏對禮象之分析體例。一、"消息"包括卦氣消息與六十四卦的卦次消息,可見張氏舉消息以論禮象的經學特點;二、"卦義取捨"則爲張氏對禮象相應的卦義的判斷;三、"禮學文獻"主要爲張氏所據"三禮"及五經方面的禮學文獻;四、"所涉周禮"爲禮象所指涉的周代禮制,由之可見《周易》中的禮制内容。

本節聚焦全書四十四條禮象中最有代表性的十六條,以此概述《周易》所包含的周禮。對十六條禮象進一步細分爲祭禮、分封之禮及賓禮三類,並按其條類進行釋例。

表一 《虞氏易禮》禮象表

卦象	禮象	消息	卦義取捨	禮學文獻	所涉周禮
升、晉、明夷	周家受命三卦,文王受命改制以征討	升,十二月之卦。陽之息卦始於升,明夷於消息次升,於序卦反晉	以虞氏易例言之,並取"三禮"之文,而自爲之説	《禮記・祭統》《儀禮・覲禮》《左傳》《周禮》	朝覲、巡守、時祭、封禪、征伐
臨	周改殷正	臨自週二月用事,至八月遯卦受之。臨者,陽之盛,息爲升、爲明夷	鄭、虞之注相近,張取鄭"周改殷正"之説		

卦象	禮象	消息	卦義取捨	禮學文獻	所涉周禮
益"亨帝"	南郊祭感生帝,王者改郊祭	益,正月之卦。天氣下施,王者法天地、施政教。益者,否反泰之卦。上之初體復,出震爲帝	取惠棟注,襲鄭玄"南郊祭感生帝"爲之説	《禮記·月令》《禮記·喪服小記》	祈穀、郊祭、迎氣
豫"薦上帝"	明堂配祀,周公朝諸侯於明堂	豫自復初之四,四降坤初爲復。小畜乾爲考,復乾爲祖	虞注闕,取《禮記》鄭注之義	《禮記·祭法》《毛詩·周頌》《禮記·明堂位》	祭祖、朝覲
鼎"亨上帝"	祭天、祀上帝	鼎者,乾元出震之消息。鼎五應屯五。四變震象,五爲上帝	以虞氏易例推之,並取《周禮》之説	《周禮·天祀》	祀昊天、五帝之禮
隨"亨西山"	巡守、封禪	隨,二月卦。萬物隨陽而出。隨消息在泰後,以正泰反否爲中興之君	取《乾鑿度》消息之説,義取《毛詩》鄭箋	《毛詩·周頌》	祀明堂、柴祭
觀"盥而不薦"	宗廟之祭。	觀上反三成蹇	以虞氏易象言之。易禮不取虞説,而用鄭注		禘祭
萃、升、既濟之"禴"	夏祭。文王改殷之禘祭		取鄭、虞之注,據《毛詩正義》明改制之義	《毛詩·天保》	四時祭
損"二簋用亨"	同姓之士宗廟之祭。	益正月,損七月。所謂春秋祭祀以時思之。損者,消始在泰、既濟之後	依《儀禮》及鄭注之説	《儀禮·特牲饋食禮》	
大過死	繼世承祀之禮	復、姤、泰、否之交,皆有繼世之義。大過在乾、姤之間,而有死象	以虞氏消息及易象言之		喪禮、祔祭

卦象	禮象	消息	卦義取捨	禮學文獻	所涉周禮
渙"王假廟"	嗣王立廟之禮	渙爲否反泰之消息	以虞氏易象言之,以《尚書》明其禮	《尚書・顧命》《白虎通》	喪禮
離	繼世之禮	離坎之際,剥復之交	取鄭玄易注爲之説		
鼎"得妾以其子"	長子死,立庶子	鼎自大壯上之初,大壯震爲長子,變成鼎,則顛入大過,長子死	引申虞氏易象而言卦義		
蠱"不事王侯"	讓國之事	蠱上爲泰初之上,本爲乾元	雖引鄭氏易注,然亦有所闕疑		
萃"齋資涕洟"	天子吊諸侯之禮	萃由觀四之上。觀五爲天子,四爲諸侯	取虞氏易象而言,並取《周禮》鄭注之義	《周禮・宰夫》	喪禮
益"凶事用圭"	諸侯相贈之禮。或以爲追賜死者	以益上之三成既濟	取惠氏易注以言之	《春秋公羊傳》《春秋穀梁傳》	喪禮
屯"建侯"	始受命以建侯	乾自屯、鼎出復	取虞氏消息言之		
豫"建侯"	王者受命有天下,分土建邦、除去殘暴之象	豫四復初息小畜	取虞氏易象言之,義取《九家易》		
師"開國"	師功之成,封賞有功	師二上五成比	以虞氏卦變言之		
震"不喪匕鬯"	分封諸侯之禮	震非消息受命之卦,文王以之次鼎。	取鄭氏易注及《周禮》之説	《周禮》	
比"建萬國親諸侯"	建國、分爵之象	比,四月卦也。立夏之日,迎夏南郊	以虞氏易象言文質之别,並取惠氏易注,然不以惠説爲是	《禮記・月令》《禮記・祭統》《白虎通》《聖證論》	

96

續表

卦象	禮象	消息	卦義取捨	禮學文獻	所涉周禮
訟三爻	采地之象		以虞注与鄭注言之,並取《禮記》《周禮》之説	《禮記·雜記》《周官·大司徒》《詩·文王之什》	
觀"省方"	巡守之禮	觀之反臨,觀變成蹇,四時象具	以虞氏易象求易禮		
觀"賓王"	王賓之禮,朝覲之禮		襲鄭玄、惠棟之説,並取《儀禮》《周禮》之説	《儀禮·聘禮》《左傳》《周禮·大行人》	朝聘、宗廟之禮
萃"用大牲"	會盟用牲之禮	萃由觀上之四。又取萃三四之正成蹇	不從虞義,而用鄭説,引《周禮》《儀禮》以證之	《周禮·大行人》《儀禮·覲禮》	時會、征伐
大有"公用亨於天子"	天子册命之禮	大有通比,以乾征坤體	引申虞氏易例,易禮則取《周禮》及鄭注	《左傳》《周禮·春官宗伯》《詩·彤弓》	
坎"尊酒簋貳用缶"	燕饗之禮		以象釋禮,易禮據"三禮"鄭注	《儀禮·燕禮》《禮記·表記》	祭禮
益"遷邦"	遷邦之象	否成益反泰,中興之時,故有遷邦	以象釋禮,取惠棟易注	《左傳》	
師	軍禮	謙通履而降師,師通同人而升比。剝復之間王者之象	以消息明之	《周禮·春官宗伯》	征伐
既濟、未濟"伐鬼方"	征不庭之象	既濟,九月之時。既濟,泰之極當反否。未濟,否之極當反泰	取《乾鑿度》義,以消息明之		

續表

卦象	禮象	消息	卦義取捨	禮學文獻	所涉周禮
田六爻	田獵之象	解二月春分,巽八月白露,大畜秋分前五日	以《周禮》爲據,結合卦氣消息	《周禮·大司馬》《禮記·王制》《尚書大傳》	征伐
鼎"我仇有疾"	妾子爲君,不得尊其母		不取虞義,而用鄭説	《五經異義》	
剝"貫魚以宮人寵"	女史彤管之法,媵妾侍君	剝消觀五,陽衰之時	自爲之説		
同人於宗	同姓不婚之象		取許慎之義,以虞氏易象言之	《五經異義》	昏禮
泰、歸妹	昏禮。周改殷制	泰者,正月之卦。至於歸妹八月也	以卦氣消息明之,兼取"三禮"鄭注	《周禮·媒氏》《箴膏肓》《禮記·曾子問》《儀禮·喪服》	
隨"孚於嘉"	嘉禮	隨二月卦,會男女之正	取惠棟之説		昏禮
漸"女歸吉"	請期之禮	漸,正月卦。否三之四,以反成歸妹爲義	以虞氏易例言之,取《毛詩》鄭箋義	《毛詩·匏有苦葉》	昏禮
咸"取女吉",姤"勿用取女"	嫁娶之象	咸、姤皆五月卦,咸六日七分而姤陰生	以消息推求其義,取《毛詩》鄭箋義	《毛詩·摽有梅》	昏禮
大過"過以相與"	喪偶而復嫁娶		以虞氏易例言之,並引《周禮》鄭注	《周禮·地官司徒》	昏禮
姤"包有魚"	或爲饗食之禮		取惠士奇之説,然尚有闕疑	《儀禮·公食大夫禮》	燕禮、食禮
鼎"雉膏不食"	不養賢之象		據《周禮》鄭注爲説	《周禮·膳夫》	食禮

續表

卦象	禮象	消息	卦義取捨	禮學文獻	所涉周禮
噬嗑"用獄"	訴訟及刑獄之象		以爻位而言,並引《周禮》	《周禮·大司寇》	
坎"置於叢棘"	斷獄之象		舍虞義,從鄭説	《周禮·秋官司徒》	
鼎"其刑渥"	受刑之象		以虞氏易象言之		
豐"折其右肱"	臣子請刑之象	夏至積陰生豐,君弱臣强	以虞氏易象言之,然易禮則據鄭氏易注及《儀禮》鄭注	《儀禮·覲禮》	

(一)祭禮

《虞氏易禮》論禮象,以祭天之禮爲首,其形式包括禘祭、郊祭、廟祭等,凡卦爻辭當中言"亨帝""立廟""用享""用禴"皆爲祭天、祭祖之事。張氏考證其禮,多援引鄭玄之説,並參校《詩》中《周頌》《維清》《時邁》諸篇,從中可見《周易》中周初的祭禮。

其一,益"亨帝"爲南郊祭感生帝。益六二"王用亨於帝,吉"。張氏首列虞氏注,益卦䷩的消息卦爲否䷋,取否乾象爲王,象天子親祀。否上之初成益體震,象帝。益互體爲觀卦,亦有宗廟之象。否變成益,坤象不見,象殺牛而燔之,益卦體噬嗑爲食,象亨神也。虞注稱燔,①蓋以此爲郊祭。張氏對益卦禮制的解讀,又襲惠棟之説,另引《乾鑿度》及《禮記·月令》以説明益卦亨帝與郊天有關。《乾鑿度》中益卦候值正月,王者祭天在於法天地而施教化,其時在正月立春之日。案《禮記·月令》鄭注,則四時皆有祭天之禮,天子於四立日及季夏迎氣於郊,又以五帝配祭。《周易虞氏義》對益卦的疏解引《禮記》"王者禘其祖之所自出,以其祖配之",②鄭玄注以此爲祭感生帝,祭感生帝的核心是五德之運,帝王之祖得天之五精而降生。關於禘祭之界定,鄭玄似將禘祭與南郊祭感生帝、圜丘祭等同而論,以其同爲王者祭天配祖層面的禮。③ 王肅以圜丘即郊,而禘是祭宗廟之禮,並且是五年一次的大祭,因而將禘祭與圜丘、郊祭相區分

---

① 所謂燔,也即柴祭,焚牲以祭天。如《禮記·祭法》"燔柴於泰壇,祭天也"。虞翻以折坤爲燔焚之象。

② 張惠言《周易虞氏義》所引之文本爲《禮記·喪服小記》,然引鄭注則取自《禮記·大傳》。

③ 陳贇認爲鄭玄論配天之禘實有兩種,一者爲圜丘之禘,一者爲郊之禘。參見陳贇《"以祖配天"與鄭玄禘論的機理》,載《學術月刊》2016年第6期。又參見馮茜對鄭注禘禮的區分,載《唐宋之際禮學思想的轉型》,北京:三聯書店,2020年9月,第66頁。

（《禮記正義·郊特牲》孔疏引王肅義）。張氏強調《禮記·大傳》中的"不王不禘"，沿襲鄭玄對禘禮的界定，亦不甚區分禘祭與郊祭之異，既然禘祭、郊祭皆爲王者祭天之禮，因而益卦中的郊祭也蘊含了"王者受命"的維度。文王繫辭之事，皆反映殷周之際的史事，文王改制主要體現在南郊祭蒼帝，并配祀先祖后稷。"所郊應是蒼帝，文王又以木德王，故周郊蒼帝。自后稷肇祀也，王者受命圜丘祭上帝，五時祭五帝，其帝皆無所變革，所改者唯南郊帝耳，故特言之也"。① 因而，張氏認爲益卦"亨帝"實際上體現了王者改制。益卦初爻"利用爲大作"與農作相關，因而張氏又以益六二"王用亨於帝"爲祈穀之祭。故而，張惠言以益卦"亨帝"包含郊祭、禘祭以及祈穀之祭，而且側重於王者受命以祭天。

其二，豫《象》"先王以作樂崇德，殷薦之上帝以配祖考"，爲明堂之祭。所謂"配祖考"即以文王、武王配於明堂，明堂之祭與郊祭在形式上都是配祀先祖。張惠言的依據是《禮記·祭法》中"（周人）祖文王而宗武王"，並取鄭玄注而云"以祖宗爲配帝於明堂"。張惠言引《詩·周頌·維清》"肇禋，迄用有成"，案《毛詩》及鄭箋，所謂"肇禋"爲文王受命始祭天，鄭玄引《周禮·大宗伯》祀昊天上帝釋其説。② 故張氏亦以"肇禋"爲文王始受命祭天而征伐。張氏以豫《象》"作樂崇德"蓋指武王時奏"象舞"之樂，於明堂薦文王之功，宗祀文王以配上帝。這也是對鄭玄《易注》的擇取。③ 關於周公配祀文王於明堂之説，也見于《孝經》中"嚴父莫大乎配天"，④又見諸《詩·周頌·我將》"我將我享，維羊維牛"，《毛傳》云"《我將》，祀文王於明堂也"，當爲敬天之威以保文王之道。⑤《周頌》中《昊天有成命》《我將》《時邁》《維清》均涉及周初之祭天配祖之禮，而與《易》"亨帝"相應，誠可見周初禮制之實際情形。

其三，鼎"亨上帝"爲祭天、祀上帝之禮。鼎《彖》云"聖人亨以享上帝"，虞翻注以鼎☲初四易位成大畜☰，大畜互體震爲帝，因震在乾天之上，故稱"上帝"。而大畜又互體頤象，鼎三變體噬嗑☲爲食，故云"亨上帝"。張惠言結合消息卦次及爻位例，以言其禮象：

---

① 張惠言：《虞氏易禮》卷一，第7頁。

② 毛亨傳，鄭玄箋，孔穎達疏：《毛詩正義》卷第一九，北京：北京大學出版社，2000年，第1515頁。

③ 李鼎祚《周易集解》卷四引鄭玄注"殷薦之上帝"云："王者功成作樂，以文得之者，作《籥舞》；以武得之者，作《萬舞》。各充其德而爲制。祀天帝以配祖考者，使與天同饗其功也。"（北京：中華書局，2016年，122—123頁）

④ 《孝經·聖治章第九》云："嚴父莫大於配天，則周公其人也。昔者，周公郊祀后稷以配天，宗祀文王於明堂，以配上帝。"

⑤ 《我將》"我其夙夜，畏天之威，於時保之"。鄭箋云："早夜敬天，於是得安文王之道。"引自《毛詩正義》卷第一九，第1530頁。

鼎者,乾元出震之消息。離五應屯五,復初生焉,故四變震象,上帝謂五也。鼎三正位凝命,莫大於亨上帝。《周官》天祀有昊天、有上帝、有五帝,合而言之則皆謂之上帝也。①

張惠言以鼎☲與屯☳旁通,屯初震上息成鼎,因而鼎爲"乾元出震之消息"。張氏又取《周禮》之文,認爲"五帝"之祭以及圜丘所祭之"昊天",皆合於《周易》中"上帝",可見其禮義之融通。

其四,隨"亨西山"爲巡守、封禪、柴祭之禮。隨上六"王用亨於西山"。虞翻注以隨☱消息卦爲否☶,否乾爲王,亦有觀象,故與亨帝祭祀有關。隨互體兌爲西,互體艮爲山,故稱"亨於西山"。其中"亨",張氏以其讀作"饗",與"享"亦相通,當爲祭祀之象。隨卦二爻至五爻亦互體觀,除祭祀外,也含有省方觀民之義,由此引申爲巡守。張惠言引《乾鑿度》文,以隨爲二月之卦:"萬物隨陽而初,欲待九五拘繫之、維持之。"可見陰隨陽之義乃指由九五之陽維繫,而九五又爲王者之象:"譬猶文王之崇至德,顯中和之美。"②因而文王能拘民以禮、系民以義。這顯示了隨卦九五爲王者中和之象,而民咸悦文王之德,③故而爻辭稱"王用亨於西山",有敬天保民之象。隨卦"亨西山"與升卦"亨岐山"所言之禮相近,都爲柴祭、封禪之屬。然而升爲文王受命之卦,言岐山之地,當爲王業發端之處,隨卦消息在泰卦之後,泰將反否,當爲"中興之君",故不爲文王始受命之辭。張惠言以《毛詩》及鄭箋爲據,關於《周頌·時邁》所涉之禮,《毛詩》解讀爲"巡守告祭柴望也",鄭箋云:"天子巡行邦國,至於方嶽之下而封禪也。"④所謂巡守、柴祭、封禪之禮皆相連舉行,以此説明隨卦"亨西山"當屬封禪之禮。

其五,觀"盥而不薦"爲宗廟之祭。歷來學者釋此條,大抵依據《論語》"禘自既灌而往者,吾不欲觀之矣",若虞翻、馬融、惠棟等皆以此爲禘祭,張氏云"虞及馬融、王弼皆引《論語》之文,惠徵士據以爲禘祭,其實非也"。⑤張惠言釋"盥而不薦"時,主要依鄭玄之義,據震卦"不喪匕鬯"鄭玄注"人君於祭之禮,匕牲體薦鬯而已,其餘不親爲也",鄭注又取於《儀禮·特牲饋食禮》,以人君於祭禮只是薦鬯而已,薦牲則由卿大夫爲之。故而張惠言以"盥而不薦"爲特牲之祭,而不專指禘祭。

---

① 張惠言:《虞氏易禮》卷一,第8頁。
② 張惠言:《虞氏易禮》卷一,第9頁。
③ 惠士奇引《乾鑿度》注隨卦云:"隨者,言萬物隨陽而出,文王修積道德,鄰國被化、岐民和洽。是以升六四蒙澤而承吉。"引自惠士奇《易説》卷四,影印文淵閣《四庫全書》本,臺北:臺灣商務印書館,1983年,第724頁。
④ 毛亨傳,鄭玄箋,孔穎達疏:《毛詩正義》卷第一九,第1530頁。
⑤ 張惠言:《虞氏易禮》卷一,第9頁。

觀卦的取象原則,虞注以觀☳下反三成蹇☶,而後再取相應的象。張惠言也兼取觀與蹇卦象來解釋"盥而不薦"的易象淵源:觀互體巽爲鬱草,蹇坎爲酒,艮手持之,灌獻之象。觀體坤爲牛,觀變蹇,坎棘爲匕,艮手持棘,坎入坤中,坤牲之象不見,爲匕牲之象。坎木又爲俎,坤牛之象在下,未升俎上,故爲灌酒而不薦牲之象。

其六,損"二簋用亨"爲同姓之士的宗廟之祭。損《象》辭"損剛益柔有時",虞翻注云"春秋祭祀以時思之",主要是結合四時之祭解釋"有時"。而張惠言則云"王者治定制禮,時也",禮的制定須著眼於"時",也即損益之道。損☶益☳兩卦互爲反對,皆爲否泰之間消息,於此可見剛柔、盛衰之"時"。張惠言認爲損卦辭"可貞"指的是損二五正位而成益,結合益卦之象可理解損卦"二簋可用亨"與宗廟之祭的關聯,益卦互震爲長子主器,坤爲器,益互體艮,艮手下接坤器,艮手執器以亨宗廟。可以説張惠言結合虞氏對損卦及其消息卦的取象,以解釋卦爻辭中的禮象。在《六十四卦消息圖》中,損卦消息在泰反否的過程之中,將損卦與泰、否、既濟數卦相比較來闡述,以見損卦中制禮的"時義"。

損卦"二簋用亨",張惠言理解爲"同姓之士祭宗廟禮",依據於《儀禮・特牲饋食禮》中的"兩敦"之義,並引鄭玄注:"敦,有虞氏之器也。周制,士用之。變敦言簋,容同姓之士得從周制耳。"案鄭玄注,此處爲周制改有虞氏之饋食。張惠言認爲損初爲元士,損二五正成益,損二變體震爲長子,益五本由損二而來,與震長子爲一體,故爲同姓之士。而周禮注重宗族内部的親親,"王者制禮始於士,周道親親,故以二簋用亨爲制禮之大也"。[1]

其七,萃、升、既濟言"禴"爲時祭。萃☵六二"孚乃利用禴"、升☳九二"孚乃利用禴"、既濟☵九五"東鄰殺牛,不如西鄰之禴祭",三卦爻辭中提到的禴祭,鄭玄、虞翻皆以爲夏時之祭,虞氏又以離象爲禴。案《禮記・王制》及鄭注,殷代四時之祭,春曰礿,"礿"通"禴",夏曰禘。在周代四時祭中,春曰祠,夏曰禴,並且以禘爲王者之大祭。可見,周與殷之間的變禮,一是將禴舉行的時節由春改爲夏,二是將殷禮中的禘祭改爲王者大祭。張惠言以此爲周改殷禮,又依《詩・天保》"禴祠烝嘗,於公先王"及孔穎達疏,而認爲"孔沖遠以爲文王改制"。[2] 又《禮記・祭義》鄭注"周以禘爲殷祭,更名春祭曰祠",張惠言蓋亦吸取鄭注而云:"舉一時以該三,且以明改制也。"以禴祭一時之祭該四時之祭,以明周公對殷禮的改制與損益。另外,萃與升的卦辭都與禴祭有關。

① 張惠言:《虞氏易禮》卷一,第11頁。

② 孔穎達疏云:"祠、禴、嘗、烝之名,周公制禮之所改也。若然,文王之詩所以已得有制禮所改制名者,然王者因革,與世而遷事,雖制禮大定,要亦所改有漸。《易》曰:'不如西鄰之禴祭。'鄭注爲夏祭之名。"參見《毛詩正義》卷第九,第685頁。

萃卦"王假有廟,用大牲吉",當指用禴祭之法;升卦"南征吉"及六四"亨於岐山",乃示禴祭之後舉行巡守及封禪之事。

另如,既濟九五之"禴祭",張惠言以東鄰爲殷,西鄰爲周,東鄰殺牛爲殷行禘祭,而西鄰禴祭爲周行禴祭。關於文王以禴祭改殷之禘祭,張惠言云:"然文王不言禘制者,立廟追祖所自出,殷人已然審諦,昭穆亦因殷祭之義,但明時祭之不用禘,則禘之大祭足以明之矣。"[1]這表明文王禴祭之法仍然沿承自殷之時祭,但不用禘祭,因爲"不王不禘",周禮將禘祭改爲王者之大祭,因而不於時祭言之。

(二)分封之禮

所謂建侯、分封、采邑都與王者之賜命有關。《周禮·大宗伯》云"以九儀之命,正邦國之位",[2]則應爲嘉禮之屬。《虞氏易禮》對於"建侯"的定義較爲寬泛,主要有兩層含義:一爲始受命稱侯,然而尚未分封,如屯"利建侯";二爲王者建國而分封其他諸侯國,如豫"利建侯"、師"開國承家"、震"不喪匕鬯"、比"建萬國親諸侯"。

其一,屯"建侯"爲受命以建侯。屯卦"元亨利貞,勿用,有攸往,利建侯"。張氏認爲屯☳於《六十四卦消息圖》中在坤、復之間,從消息而論,"屯未成乾爲侯",屯卦只有坎象與震象而無乾象,於易象而言,乾爲王,而震爲侯,故屯爲建侯之象。又據荀爽易注云"天地初開,世尚屯難,震位承乾,故宜建侯是也"。屯初即復初,陽爻隱於初,象征世處屯難之際以建侯,當能正位凝命(張氏以屯旁與鼎旁通,鼎《象》曰"正位凝命")。張氏以屯卦"建侯"非所封賞之侯,而是以太王遷岐爲例,其以貴下賤,大得民心,乃爲受命之主。

其二,豫"利建侯"爲王者分土建邦之禮。豫卦"利建侯行師",虞氏以豫☳互坤爲邦國,豫互震爲諸侯,豫中又有比象及師象,故云"利建侯行師"。張惠言從消息而論豫卦禮象,"豫消息,乾正坤元,又爲功成作樂之卦",豫卦作爲一陽五陰之卦,可看作由乾坤相交而成,因而是"乾正坤元"(豫卦一陽爻由乾而來),所謂"功成作樂"指豫卦《象》"先王以作樂崇德"。張氏以屯爲始建侯之象,然尚未稱王。而豫爲王者功成而分土建邦,與屯卦建侯之象不同,"王者受命有天下,分土建邦以崇有德,除去殘暴之象也"。[3] 此取《九家易》之説。

其三,師"開國承家"爲建國、封賞之禮。師上六"大君有命,開國承家"。虞翻以師☵二升五爲比☷,比有建侯之象,與師"開國承家"相應。張惠言云:"師功之成,封

---

① 張惠言:《虞氏易禮》卷一,第10頁。
② 鄭玄注,賈公彥疏:《周禮注疏》卷一八,北京:北京大學,1999年,第470頁。
③ 張惠言:《虞氏易禮》卷一,第19頁。

賞有功,二本大夫,進之爲君,將帥之士使爲諸侯也"。① 此依虞氏卦變例,師爲行師,比爲建國之象,師二升五成比象徵"師功之成",於此時分封有功之臣,從爻位的升降而言,二爲大夫位,五爲國君,而使將帥之士升爲諸侯。師"開國"與豫"建侯"較爲接近,都爲建國以封有功之臣。

其四,震"不喪匕鬯"爲分封諸侯之禮。震卦"震驚百里,不喪匕鬯",虞氏取象言之,以臨☷二之四爲震☳,震互體坎爲匕,上震爲鬯,臨互體坤爲喪。聯繫震《彖》"出可以守宗廟社稷以爲祭主",虞氏以震爲長子、爲守,震互艮爲宗廟社稷。張惠言引鄭玄易注,鄭氏將震卦《彖》辭與"不喪匕鬯"聯繫起來,認爲諸侯發教令以戒其國,則守宗廟而爲祭主。張惠言采用《周禮・地官司徒》中五爵分封制,故以"震驚百里"與諸侯分封有關。"雷震百里,古者象以封諸侯,《周禮》則封公方五百里、侯四百里、伯三百里、子二百里、男百里"。② 張惠言又從"六十四卦消息"論震卦,並認爲震非消息受命之卦,而是在鼎卦王者革命正位之後,其義爲分封天下諸侯以使守宗廟。從中可見張氏從《周易》經文發掘周代創制之跡,他將震卦"震驚百里"與周公制禮的史事相依附,並且認爲《序卦》"主器者莫若長子",體現了"周道尊尊,立適之文"。因而《周易》卦爻辭反映出周禮的諸多方面。

其五,比"建萬國親諸侯"爲建國分爵之禮。比《象》云"地上有水比,先王以建萬國親諸侯"。張惠言采納虞氏易象,以比☵九五爻爲天子,而比初爻正體震象諸侯。而且認爲比卦中所謂分爵,有文家與質家之别。"本象以五陰比一陽,故文家封五等",比卦之象爲五陰一陽,九五一陽既爲天子,則其他五陰就是所封之爵,故而爲五等爵。而質家並五等爲三等,則將五陰並爲坤卦三陰,"坤國之象唯三爻,故五等爲三位,質家則三等,取坤爻也"。③ 張惠言論質家與文家依據西漢今文學家之説,以質家三等法三光,爲殷爵制,文家五等法五行,爲周爵制。④ 惠棟易注以比卦消息爲四月,引《禮記・月令》以四月立夏之時,天子迎夏氣並舉行郊祭,返還時封賞諸侯,惠氏此説沿承《禮記》鄭玄注,並且認爲此爲夏殷之禮。而張惠言卻不認爲《易》中言禮均是夏殷之禮,"惠氏言《易》以文王所言皆夏殷法,非也"。⑤ 這體現張氏對易禮的界定,與惠棟不同,張氏認爲《易》中的"周禮"當是周改殷禮,爲"變禮"範疇。

其六,訟三爻均爲采地之象。張惠言結合虞注,以訟卦☰中五爻爲天子,二三四爻

① 張惠言:《虞氏易禮》卷一,第 19 頁。
② 張惠言:《虞氏易禮》卷一,第 20 頁。
③ 張惠言:《虞氏易禮》卷一,第 21 頁。
④ 參見《白虎通》"爵制"條,引自陳立《白虎通疏證》,北京:中華書局,1994 年,第 6 頁。
⑤ 張惠言:《虞氏易禮》卷一,第 21 頁。

同體爲五之臣，並以九二、六三爻辭皆與王臣采邑有關。訟九二“其邑人三百户”。鄭玄注云“小國之下大夫，采地方一成，其定税三百家，故三百家”。説明“三百户”爲大夫之禄，張惠言乃用此説，並引鄭玄《禮記·雜記》注“諸侯之大夫，邑有三百户之制”，而認爲鄭注也是根據於《周易》訟卦“三百户”。除引用鄭玄之義，張惠言尚能追溯《周禮·大司徒》中造都定室數的禮制，“《易》於震言百里，於邑人言三百户，實與《周官經》合”。訟六三“食舊德”。虞氏取象過程繁複，然於易事略闕。張惠言則用爻位例，三爲三公，二爲卿大夫，並取許慎《五經異義》之説：“《春秋左氏》説卿大夫得世禄不世位，父爲大大死，了得食其故采地，如有賢才則復父故位。”①因而張氏以“食舊德”爲“食父世禄”，“或從王事”爲“復父故位”。故示卿大夫之子得繼承世禄，並且可以得父之采地。可見，張惠言只是沿用虞氏卦變、爻位、易象等例，但對禮制的論述，則據於《周禮》《禮記》，而又多取鄭玄、許慎的觀點。但鄭、許二人對禮制往往有分歧，張惠言所用許慎“世卿食禄”之説，並未被鄭玄所駁，因而被張氏所取，“知周制世義也，鄭無駁，與許同”。②

(三) 賓禮

所謂“巡守”爲“天子適諸侯”，③巡諸侯所守之地，當爲虞夏之古禮。《禮記·王制》記載天子五年一巡守，而《周禮》稱王十二歲一巡守，然皆於四時巡守四方。朝覲爲諸侯朝天子，以明君臣之義。會盟爲諸侯間之會同，有定期與不定期之分，因會盟之地亦有主客之别。故而，巡守、朝覲、會盟皆爲賓禮之屬。

其一，觀“省方”爲巡守之禮。觀《象》“先王以省方，觀民設教”。虞翻注闕。張惠言以觀互坤爲方、爲民，又依虞氏卦變，以觀☷三上易位成蹇卦☵，蹇卦互體離爲見、艮爲止，故有省方觀民之象。又取觀之反臨，互體震兑爲春秋，觀變成蹇，互體坎離爲冬夏，因而震、離、兑、坎四正卦皆備，表示四時四方之象具，因而“省方觀民”爲四時之巡守。因而，對於巡守之禮，張惠言亦以易象言之。

其二，觀“賓王”爲賓禮及朝覲。觀六四“觀國之光，利用賓於王”。虞注以觀☷互體坤爲臣，六四之臣在王庭，賓事於九五之王。惠棟以《儀禮·聘禮》中的“請觀之禮”言之，以“觀國之光”爲聘禮及覲禮。對於“利用賓於王”的理解，張惠言引申虞注，以坤臣賓事於五，天子以賓禮待四。關於觀卦中的賓禮，張惠言又引《周禮》《左傳》中的賓禮，蓋與觀“賓王”較爲相近。若《周禮·春官宗伯第三》云：“以賓禮親邦國，春見曰

---

① 張惠言：《虞氏易禮》卷一，第22頁。
② 張惠言：《虞氏易禮》卷一，第22頁。
③ 《孟子·梁惠王下》：“天子適諸侯曰巡狩。巡狩者，巡所守也。”

朝,夏見曰宗,秋見曰覲,冬見曰遇,時見曰會,殷見曰同,時聘曰問,殷覜曰視。"①則廣義的賓禮又包含朝、覲等。《左傳・莊公二十二年》陳侯筮例,遇觀之否云:"庭實旅百,奉之以玉帛。"②《正義》以之爲諸侯朝覲之禮。張惠言取觀卦及變卦否之象,觀互艮爲庭,坤爲財、爲衆,否乾爲百、爲玉,坤爲帛,艮手奉之。因而,可見張惠言對虞氏易象的運用,乃與《左傳》之筮例中的易象相應。所謂"盥而不薦",前論爲宗廟之祭,張氏據《周禮・大行人》"王禮再灌而酢",則兼有王賓之禮,又案鄭玄易注,天子及國君以賓禮待所貢之士,"唯主人盥而獻賓,賓盥而酢主人,設薦俎則弟子也"。③故此,張氏以六四"利用賓於王"爲賓賢能,可與鄭注"盥而不薦"的賓士之説相通。因而,觀卦所涉禮象乃以廣義的賓禮爲核心,包括覲禮、朝聘之禮在内。

其三,萃"用大牲"爲會盟用牲之禮。萃"王假有廟,利見大人,亨利貞。用大牲吉,利有攸往"。虞翻以萃☷☷由觀☷☷上之四而成,觀卦九五爲王,互艮爲宗廟,觀上之四成萃,爲王假有廟之象。所謂"用大牲吉",虞翻取萃四之三,則三、四兩爻失位得正成蹇卦,折入坤牲之象。萃六二"孚乃利用禴",虞翻謂萃體觀,有祭祀之象,萃四之三爲用大牲(折坤象),互離爲夏,禴乃夏祭。因而虞翻認爲"用大牲即孝亨之事",與宗廟祭祀相關。張惠言取鄭玄會盟之説,而不取虞翻之説,即不以用大牲爲廟祭之義。鄭玄注云"言大人有嘉會,必殺牛而盟,既盟則可以往,故曰利往",故鄭以"用大牲"爲會盟之事。關於會盟的具體情形,張氏又引《周禮・大行人》及《儀禮・覲禮》及鄭注,時會的目的是王者外合諸侯以"發四方之禁",征伐不順服者,因而需殺牲以詔神明,並建造土壇。張惠言認爲萃卦之辭及萃《象》"除戎器戒不虞"正是"時會發禁"之事。而時會所用牲,即《五經異義》中的"盟牲",《韓詩》與《玉府》亦記載天子、諸侯會盟用牲之禮。又以虞氏易象言禮象:萃艮山坤土合爲壇象;萃三四之正成蹇,蹇互坎爲血、爲耳,蹇變成萃,則坎血入兑口,艮手執之,合爲盟象。

《虞氏易禮》一書實際是以禮象之説彌合易象與周禮兩者,以見文王、周公創制之跡。而其中《周易》所繫之事與殷周革命、周公制禮的史事相依附,並在"六經"中有所反映。如祭天、分封、巡守、朝覲之禮,作爲"三禮"文獻中最核心的部分,同時也是華夏禮樂文明的制度根基。其將文王系《周易》之辭與"周禮"的創立背景相照應,可謂極富卓見。

---

① 鄭玄注,賈公彦疏:《周禮注疏》卷一八,北京:北京大學出版社,1999年,第464頁。
② 左丘明傳,杜預注,孔穎達正義:《春秋左傳正義》卷九,北京:北京大學出版社,1999年,第271頁。
③ 鄭玄注,王應麟輯,丁傑訂:《周易鄭注》卷三,清《湖海樓叢書》本,第9頁。

四　結語：易象何以爲周禮?

　　常州學者陸繼輅(1772—1834)曾作札記探討"易象何以爲周禮"這一問題："《鮚埼亭集》有董秉純者問於全謝山'易象何以爲周禮?' 善哉問乎！而謝山不能答也。"①此問答原見於全祖望《經史問答》中《易問目答董秉純》一文。② 陸繼輅認爲張惠言"《易》者禮象也"與"《易》有三代之制"就是對此問題的極好回復，"周禮盡在魯矣，易象何以爲周禮？先儒皆未言其故,近張編修惠言始發明之"。③

　　進一步考察張惠言對易象與周禮關係問題的解答,實際包含了對禮樂本原及變化之道的探討。在其《虞氏易禮序》及《丁小疋鄭氏易注後定序》兩篇俱引《左傳》中"韓宣子見《易象》與《魯春秋》,曰周禮盡在魯矣。"(事見《左傳・昭公二年》)並用《禮記・禮運》"禮必本於太一,轉而爲陰陽,變而爲四時,其降曰命",張氏提出"禮象"申發《易》與《禮》的關係,表面上是探究文王、周公制作之意,但亦可從更爲普遍與抽象的層面而論：一方面,張氏認爲"禮"在其本原之處與易象是相通,所謂"禮必太一"及"禮本于天",這也是從本原論的層面來討論"禮"與"天地""陰陽""四時"的關係；另一方面,張氏強調"禮"的損益變化之道,所謂禮象"一以消息爲本"(《虞氏易禮序》),"禮"之變化正如同易象的陰陽消息變化一樣,張氏認爲禮家之微言需借《易》之消息而推顯,而世代更迭及興衰之蘊又爲理解"禮"的歷史維度,實際上也事關禮樂文明的源頭活水。從中可見張惠言的學術宗旨。

　　這種"以易象爲周禮"的思路是對漢代易學與禮學兩大傳統的融通,其意圖是強調《易》與《禮》兩部經典作爲古今制度損益變革的依據,這在清代經學傳統中具有義理建構的意義。清後期學者如李道平、曾釗、姚配中、曹元弼等學者多參校張氏之書,往往以易象論周禮,④亦可視爲對張惠言之學的繼承。另如清代常州學派學者劉逢

---

① 陸繼輅：《合肥學舍札記》卷四,清光緒四年興國州署刻本,第17頁。

② "(董秉純)問易象用之占筮,列國皆有之,何以韓宣子獨見之魯,且易象何以爲周禮? 不應當時列國皆無易象。"全祖望引宋代陳潛室之説回復董氏云："《左傳》所載卜筮繇辭,其見於列國者,各不與《周易》同,而別爲一種占書,獨周史及魯所筮則皆《周易》。"引自全祖望《經史問答》卷一,清乾隆三十年刻本,第15頁。

③ 陸繼輅：《合肥學舍札記》卷八,第5頁。

④ 李道平《周易集解纂疏》疏文大半取於惠棟及張惠言兩家學説,而其疏往往取《周禮》及鄭注,如屯卦六三、蒙卦初六、師卦初六及九二、比卦九五等。曾釗《周易虞氏義箋》亦多襲用張惠言之説,對屯卦六三、觀卦、坎卦六四等卦爻辭的補箋,多取於《虞氏易禮》。姚配中《周易姚氏學》以《周禮》之疏與虞氏注相合。曹元弼亦精於《易》與《禮》,並皆以鄭玄爲宗,其論觀卦、坎卦、損卦、鼎卦中周禮,對張氏禮象學説亦有所發揮。

禄、宋翔鳳早年曾向張惠言學虞氏易與鄭氏禮,劉逢禄稱"精研《易》《禮》,時雨潤物,吾不如張皋文",①其稱張惠言與孔廣森並列爲清今文經學的源頭之一,②而劉氏發掘《周易》改制之説,以與《春秋》聖王改制學説相配,亦受張氏《虞氏易禮》中文王改制學説的影響。③ 故而,需將張氏易學與禮學納入清中後期經學傳統尤其是常州學派的思想譜系中加以考論,方可見其經學思想對後世的實際影響。

作者簡介:

　　李阿慧,男,1987 年生,山東棲霞人,浙江財經大學倫理學研究所講師。主要研究領域爲經學、易學、歷史文獻學,近年代表性論著有《重估常州學派思想譜系及其經學文明觀》(《廣東社會科學》2022 年第 4 期)、《從經史到文明史:重審 20 世紀初新史學轉向及其文明論視角》(《東南學術》2022 年第 3 期)、《從漢魏學術之變論虞翻易學淵源》(《國際儒學論叢》,社會科學文獻出版社,2020 年)。

---

① 劉逢禄:《歲暮懷人詩小序》,《劉禮部集》卷一〇,清道光十年思誤齋刻本,第 2 頁。

② 劉逢禄云:"皇清漢學昌明,通儒輩出,於是武進張氏治虞氏《易》,曲阜孔氏治公羊《春秋》,今文學萌芽漸復。"參見劉逢禄《〈詩古微〉序》,《劉禮部集》卷九,第 6 頁。

③ 劉逢禄《春秋公羊經何氏釋例》卷一云:"晉、明夷、升三卦,言受祖得民而伐罪也。臨,商正,言改正朔也。文王之道未洽於天下,而繫《易》以見憂患萬世之心,《春秋》象之。"此取張氏《虞氏易禮》"周家受命三卦"以及"臨卦改正朔"兩節,可見張惠言改制學説對劉逢禄的啟發與影響。

簡論夏燮喪服學經例體系

張　照

内容摘要　夏燮在禮學上受到父兄的影響,強調人倫的重要性,同時又繼承了凌廷堪、程瑤田等人對經例的重視。夏燮没有滿足於簡單地運用經例分析條目之正誤,而是將之匯總爲《五服釋例》一書。夏燮治《喪服》,首先是建立在《喪服》一篇無佚文、漏義的前提上,通過涵詠經例,發明經之書法。他以正名之法爲一切制服原則的總綱,以對文、互文之法爲發揮和補充,又靈活地辨證經傳注之間的矛盾,構建了完備的喪服學經例體系。
關鍵詞　夏燮　五服釋例　喪服　禮學

夏燮,字嗛父,安徽當塗人,家學淵博,其父夏鑾兼通漢宋,五十以後尤重程朱。夏氏兄弟四人幼承庭訓,在治學上各有成就。伯兄夏炘著有《檀弓辯誣》《學禮管釋》《述朱質疑》《三綱制服尊尊述義》等書,又官教諭多年,在當地影響很大;仲兄夏炯精於考據,長於音韻,又秉持宋學立場,對當時乾嘉學派重考據而輕義理的風氣多有批評;叔兄夏燠曾校勘《四聲切韻表》。夏燮本人于官宦生涯之外亦留心學問,其著述繁富、征引廣博,通音韵,尤精於史,流傳于世的著作有:《明通鑑》一百卷、《五服釋例》二十卷、《述韻》十二卷、《中西紀事》二十四卷、《粤氛紀事》二十卷,并校有陶安《陶學士集》、吴應箕《樓山堂集》、汪萊《衡齋算學遺書合刻》《漢書八表》等書。另有《明史綱目考證》《明史考異》《謝山堂文集》等書逸散。當代學界對夏燮的研究大多集中在其史學著作上,而其在禮學上的貢獻没有得到足够的重視。夏燮作《五服釋例》共二十卷,著重在發明經例,有凡例有變例,有服制有形制,囊括甚備,邊涉群經,形成了完整的喪服學體系。而夏燮喪服學的中心思想,則集中體現《五服釋例叙》中,本文將以此爲中心,結合《五服釋例》一書中的具體例證,梳理夏燮喪服學的方法與觀點。

一　释例

《五服釋例》一書最大的特色就是其完備的經例體系。羅檢秋認爲,夏燮受父兄影響,推崇朱子,其《五服釋例》是仿淩廷堪《禮經釋例》而作,以"三綱"爲禮學的主旨,①而对淩氏多有批駁之處。不可否認的是,夏氏兄弟都曾受到淩廷堪的影響。夏鑾于嘉慶十年(1805)官新安,其時夏炘十七歲,夏炯十一歲,夏燮六歲。此時夏鑾還著力于漢儒學問,夏氏兄弟亦然。夏炯在《夏仲子集自序》中回憶稱:"炯年十一二,侍先君子官新安,一時與先君講學諸先生若程徵君瑤田、淩教授廷堪及吾師汪萊,皆稱海内同人。炯兄弟朝夕聆其講論,得稍稍有志于漢唐諸儒之學。"②然而,嘉慶十四年夏鑾回到當塗,一年後丁母憂,發生了學問上的轉變,從此篤志于程朱之學。夏炘在《先考行述》中這樣描述父親的轉變:"五十以後篤志程朱之學,一言一動,造次必于儒者。……又病近世學者如《原善》《復禮》諸篇皆穿鑿義理,大爲學問之害,故訓士教子必以篤信朱子爲先,此府君一生學術之大略也。"又"每自悔向者溺於訓詁,而聞道之晚也",③而這一點無疑對其諸子產生了很深的影響。夏炯也詳細記述了自己發生學術轉變的過程:

> 予幼隨先訓導公于新安學舍讀書時,淩次仲教授以憂歸里,主紫陽講。教授向與先人爲學問交,至是復朝夕相聚。予從旁聆其議論,輒欣喜,以爲聞所未聞,其譏宋儒,不知非也。……以《復禮》三篇冠諸首,予年既弱冠,讀《禮經釋例》而好之,謂自有《儀禮》以來無如此書之綱舉目張豁人心目,而于所弁《復禮》諸篇仍未知其謬也。既而精讀宋儒之書,博究元明以來暨國初諸儒之文集語錄,始能灼然知義理之歸,而洞見百數十年來考訂家之習氣好與宋儒爲讎,於是於教授《復禮》之論祇覺其牽扯附會,其於道茫然無得也。④

在這段回憶中可以看到,夏氏父子對淩廷堪產生不滿,是源於淩廷堪反宋學的立場。具體到喪服學上,淩廷堪以爲,尊尊特指"封建尊尊",既本于封建,則當世不必然。在《封建尊尊服制考》中,淩廷堪列出了他認爲的尊尊之服,並於文末直言:"以上皆封建尊尊服制也。封建既廢,則不能行。陋者昧於古今世變,不得其解,往往穿鑿,遂成聚訟。……此自宋以來言《喪服》者未發之覆也,願與好學深思共質之云爾。"⑤也就是說,他認爲《喪服》中的很多服制都屬於"封建尊尊"之服,當世可以不服。是以他在《復禮》篇中反復提到五常,但並沒有提到三綱,而這正是夏氏父子所不能接受的。夏

① 羅檢秋:《學术調融与晚清禮學的思想活力》,《近代史研究》,2007年,第5期。
② 夏炯:《夏仲子集・自序》,《清文海》第75册,北京:國家圖書館出版社,2001年,第162頁。
③ 夏炘:《景紫堂文集》卷一三《先考行述》,台北:文海出版社,1970年,第745—746、741—742頁。
④ 夏炯:《書禮經釋例後》,《清文海》第75册,北京:國家圖書館出版社,2001年,第188頁。
⑤ 淩廷堪:《禮經釋例》,鄧聲國、劉蓓然點校,南昌:江西人民出版社,2017年,第185頁。

炘在《三綱制服尊尊述義》中開宗明義,認爲尊尊是天下國家之所系,而尊尊就體現在三綱中,從而构成了对凌廷堪"封建尊尊"論的批評。在學術立場上,夏燮無疑受到父兄的影響,他也認同制服始於三綱,也即是说,人倫始於三綱,所謂"君爲臣綱、父爲子綱、夫爲妻綱,制服之始以此三者爲綱,而尊尊之等親親之殺皆出于此。"①相比于親親,夏燮認爲尊尊在人倫和制服中都有更爲重要的地位,是以在《五服釋例》中前六卷皆釋尊尊。但值得注意的是,夏燮也受到了凌廷堪很大的影響。

首先,夏燮強調:"然則五服之例,經皆著之於書法中矣。"②是以,應以"經之書法"來治《喪服》,而凌廷堪在《禮經釋例叙》中明確指出,此書是仿照杜預《春秋釋例》而成:"初仿《爾雅》,爲《禮經釋名》十二篇。如是者有年,漸覺非他經可比,其宏綱細目,必以例爲主,有非詁訓名物所能賅者。乾隆壬子,乃删蕪就簡,仿杜氏之於《春秋》,定爲《禮經釋例》。"③凌廷堪和夏燮都有意識地將《春秋》義例之學引入禮經研究,以發明經例爲要旨。其次,凌廷堪以爲,三《禮》應該互證,但"傳記之文,有與經合者,有與經違者,當據經以正傳記,未可強經以就傳記也。"④而"以經解經,以傳記輔之"正是夏燮釋經的主要方法。第三,凌廷堪認爲,"六術"爲喪服之綱目,其中特重"親親""尊尊",以爲"親親、尊尊二者以爲之經也,其下四者以爲之緯也。"⑤夏燮雖不同意凌廷堪對尊尊的看法,但也并不像夏炘一樣認爲聖人主以尊尊制服,而是并重尊尊親親。而凌廷堪認爲,"名即親親、尊尊之所繫,故《大傳》之論服術,'一曰親親,二曰尊尊',繼之以'三曰名'。"⑥這與夏燮以名統尊尊、親親的正名之旨也是不謀而合。在夏燮看來,三綱和六術并無根本上的矛盾,一者是人倫秩序,一者是制服方式,二者都能經例中體現出來,共同構成了喪服的制服原則。由此而言,夏燮并不同於父兄,在喪服學的旨趣上没有與凌廷堪形成尖銳地衝突。

對夏燮經例學影響很大的還有程瑤田。夏鑾官新安時,程瑤田也是交游諸人之一,同樣也是夏氏兄弟"朝夕聆其講論"的對象,夏炘曾爲程瑤田立傳,盛讚其《儀禮喪服文足徵記》駁鄭注之處:"先生皆一一援據經傳,疏通證明,以規鄭氏之失。"⑦可以想見他應是詳細讀過程著的。對觀《儀禮喪服文足徵記》與《五服釋例》,同樣能看到夏

---

① 夏燮:《五服釋例》卷一〇《妻爲夫妾爲君例》,《續修四庫全書》第 95 册,上海:上海古籍出版,2002 年,第 482 頁。

② 夏燮:《五服釋例叙》,《續修四庫全書》第 95 册,第 482 頁。

③ 凌廷堪:《禮經釋例》,第 4 頁。

④ 凌廷堪:《禮經釋例》,第 20 頁。

⑤ 凌廷堪:《禮經釋例》,第 4 頁。

⑥ 凌廷堪:《禮經釋例》,第 184 頁。

⑦ 夏炘:《景紫堂文集》卷一三《程先生瑤田別傳》,台北:文海出版社,1970 年,第 698 頁。

變對程瑤田學説的繼承。程瑤田釋《喪服》,特重涵泳經傳,以求義例,這不僅體現在《儀禮喪服文足徵記》大量的"義述""例説""例述"中,更體現在考辨中。他駁鄭注,往往也是因爲此與"喪服經例""經傳義例"不符。除此以外,程瑤田也表現出對經文屬文諸法,如互文、省文、屬對之文、散文的重視。當然,要通過涵詠經傳以求義例,須得以經文爲聖人制作,無逸文,無漏義爲基礎,所謂"余合《喪服》全篇經傳,考其義例,皆据其本文以疏通而證明之。余以'足徵'名此編,亦徵之於其本文而無不足也。"①阮元爲此書作叙,也指出了程氏治學的特色,以爲其治《喪服》以經文爲先,不爲傳注所拘泥:"精言善解,窮極隱微,明聖人制禮、賢人傳禮之心於千百年後,非好學深思、心知其意,何以能之?夫玩索經之全文以求經之義,不爲傳注所拘牽,此儒者之所以通也。"②可以看到,程瑤田批駁傳注的信心實際上是來自于對經文的極度重視和信任。而上述特點,我們都可以在夏燮的《五服釋例》中看到更爲深入的展開和發揮。

然而,相比于凌廷堪、程瑤田,夏燮以經例釋《喪服》,展現出了更大的野心。《封建尊尊服制考》僅僅是附在《變例》之後,以抽取與"封建尊尊"相關經文并注經的方式展開,《儀禮喪服文足徵記》也僅是就《喪服》中的某些具體條目發明義例,給後世的喪服學者留下了很大的繼承和發展的空間。事實上,其他經學家也做出了類似的工作,比如凌曙在《禮説》中表現出了對經例的極大重視,論證問題亦每先"合經例以申其説"。③ 他認爲:"《易》《禮》《春秋》此皆以例言者也。其中有正例有變例,且有變例中之正例,有正例中之變例,更有變例中之變例也。参伍錯綜,非比而同之不能知也。"④在《禮經學·明例篇》中,曹元弼也指出:喪服是以六術爲綱,首重尊尊、其次親親,其餘四條原則是從尊尊親親中衍生而來。而在此基礎上,又依次發揮,如在尊尊之例下,又分出親親中之尊尊例、君服純乎尊尊例、三綱尊尊之義例、受重尊尊例、諸侯大夫降例、君臣服例等。然而,《五服釋例》一書並未採用《禮經學》以六術爲綱目總會經例的方式,也未如凌氏以經例分析具體條目,而是試圖全面地匯總《喪服》經例,形成完備的體系:其中前五卷釋尊尊服例,六到九卷分別釋出降、殤降、從服、報服,第九到十一卷别適庶,十二卷别大宗小宗,十三卷釋親親,十四卷别君之差,後六卷釋弔服禮、喪服形制、變除、通禮與變禮,可謂囊括備至。夏燮雖没有嚴格遵循經文次序排列經例,但總體上還是以《喪服》從重至輕的原則排列各卷。《五服釋例》一書的結構清晰

---

① 程瑤田:《儀禮喪服文足徵記》卷二《爲夫之從父、昆弟之妻》,《續修四庫全書》第95冊,上海:上海古籍出版,1996年,第163頁。

② 程瑤田:《儀禮喪服文足徵記·叙》,《續修四庫全書》第95冊,第140頁。

③ 凌曙:《禮説》卷一,《清經解》第7冊,上海:上海書店出版社,2013年,第670頁。

④ 凌曙:《禮説》卷一,《清經解》第7冊,上海:上海書店出版社,2013年,第669頁。

地顯示出,治《喪服》的要旨在於以發明經例,舉"綱要"以通"大義",而這也正是喪服制服的精義所在。

二 正名

《五服釋例》第二個重要特徵在於對"名"的重視。一般而言,喪服中的"名"主要特指母名,名服只是喪服制服原則中的一種。《禮記·大傳》有云:"服術有六,一曰親親,二曰尊尊,三曰名,四曰出入,五曰長幼,六曰從服。"鄭注:"術猶道也。親親,父母爲首;尊尊,君爲首;名,世母叔母之屬也;出入,女子子嫁者及在室者;長幼,成人及殤也;從服,若夫爲妻之父母、妻爲夫之黨服。"[1]"六術"是構建喪服體系的六種基本原則:親親首隆父母,然後以一體之親爲基準,上殺下殺旁殺,此爲本宗喪服;尊尊首重君臣,尊降、厭降也因之而生;出入處理的是女子子適人後與本宗族人的關係,長幼專治殤服,從服處理夫黨、妻黨、母黨、女君之黨、君黨的服制;"同姓從宗合族屬,異姓主名治際會,名著而男女有別"[2],名服處理的則是與來嫁的異姓婦人間的關係。但夏燮擴展了此義,他認爲六術都由"名"統攝,喪服所涉的人與人之間的關係都是由名確定的,名同時規定了喪服制服的原則和結果。是以在《五服釋例叙》中,夏燮開宗明義地指出,喪服之旨首在於正名:

> 喪服之旨莫先于正名,名正而後尊親之殺,伸降之差,禮所由生,義所由起。故名者,人治之大,而喪者,人道之至文者也。至尊之服,則父也、君也、夫也,所謂三綱者是也;至親之服則母也、妻子也、昆弟也,所謂一體者是也;由尊尊之義而推之,則祖也、適也、宗也,此正統不降之例也;由親親之義而推之,則上殺也、下殺也、旁殺也,此五服遞降之例也。不降之例大夫之所同,遞降之例大夫則有異,而諸侯以上又異焉,所謂尊降、厭降者也。[3]

由此可見,夏燮認爲,父、君、夫三者爲至尊之名;母、妻、子、昆弟四者爲至親之名;由尊尊推之,祖、適、宗三者爲宗統之尊之名,因而不降;大夫、諸侯、天子三者爲君統之尊之名,而有尊降。相似的,由尊尊而推之,或名公子,或名公之庶昆弟,或名大夫之子,因而或有尊降或有厭降;由親親而推之,或名昆弟,或名從父昆弟、從祖昆弟、族昆弟,因知其減殺之等而親疏自明。《喪服》經例集中體現爲正名之法,名正而後服正。"服之

---

[1] 阮元校刻:《禮記正義》卷三四,《十三經注疏》,北京,中華書局,2009年,第3267頁。
[2] 阮元校刻:《禮記正義》卷三四,《十三經注疏》,第3266頁。
[3] 夏燮:《五服釋例叙》,第399頁。

所在而名以命之",①所有的制服義理都統于正名之法中,而正父母之名則是正名之首。

父母之名的特殊性首先體現在對父母之名的嚴格限定,夏燮認爲:"父母者,生我之專稱,莫之能易者也","生我之實不可没,即生我之名不可假也"。② 父母有生養之大恩,是唯一的,是以名定不可易、不可移。而根據"名正而後服定"的原則,正因爲父母之名無二,是以父母之服也不可輕易,是故爲父之三年自庶人達乎天子,女子子雖嫁天子亦不敢尊降其父母。但顯然,《喪服》經中確有降父母之服,是以夏燮認爲,子固無降父之義,降服必有他因,或因"爲人後",或因"不貳斬"。子亦無降母之義,如必有降服,則或因父而屈,如"父在爲母";或因宗廟之重,如"庶子为父後者爲其母";或爲父尊所厭,如"公子爲其母"。另外,夏燮特別強調,即便礙於他因而不得不降父母之服,爲人子者也不敢易父母之名,這主要體現在如下幾個方面:

一、女子子適人者爲其父母不杖期,爲舅姑亦不杖期,二者服同而名異,女雖適人,但父母之名不可易、不可移。夏燮特別指出,正是由於不明父母之名不可移,後世才會俗稱舅姑爲父母,進而移風易俗,更改禮制,"自唐制加舅姑服齊衰三年,宋明又加斬衰,不唯不貳斬之義不明,而終其子道之恩亦薄矣"。③ 爲舅姑之服過重,使得女子適人者爲夫之父母服逾己之父母,減薄了父女母女之恩。

二、經于爲人後者爲其父母服,亦不易其父母之名。夏燮特別反對"本生父"這一稱呼,認爲這是"乃添足續脛之贅文,親之而愈疏之也",④更有二本之嫌疑。夏燮非常清楚,爲人後者應當疏本生父母而親所後之人,這也是爲其父母降服,而爲所後者服若子的原因所在,但這並不妨礙他抓住經文稱"其父母""所後者"這兩點,堅持"父母之名不可易"的觀點。

三、子之適或庶,根本上是由其母妻或妾的身份所決定的,但夏燮認爲子無庶母之義,是以經但云"大夫之庶子爲母"而不云"大夫之子爲庶母",是庶名必繫之于子而不繫之于母。相似的,父可以出母,但子無出母之義,是以經但云"出妻之子爲母"不云"子爲出母",是出之名必繫之于母而不繫之于子。

四、在服制上,繼母、慈母雖同於爲母之三年,但人子須要加以區別,是以經曰繼曰慈,別母名以正其無生我之實,是以傳言"如母",以明其別于生母。

然而,夏燮特重父母生我之實,而認爲其名不可假、不可移、不可易,也會帶來一些

---

① 夏燮:《五服釋例叙》,第400頁。
② 夏燮:《五服釋例叙》,第400頁;《五服釋例》卷二《爲人後者出降例》,第415頁。
③ 夏燮:《五服釋例》卷二《女子子適人者出降例》,第416頁。
④ 夏燮:《五服釋例》卷二《爲人後者出降例》,第415頁。

解釋上的困難。比如經中不見庶子爲君母服，這說明庶子爲君母應并於"父在爲母"
"父卒則爲母"兩條中。這樣看來，經文似乎並沒有分別君母、生母的名稱差異，這顯
然與"父母者生我之專稱"的立論相矛盾。對此，夏燮也做出了解釋：君母不可稱"如
母"是因爲君母非同于繼母、慈母，母子之義不待父命，稱如母則有名不正言不順之
嫌。稱君母，就是因爲其雖有母名之正，但又並非生母，不得不做出的調和。因此，君
母尊而不親，爲其黨之服，傳言"不敢不從"，《小功章》亦言"爲君母之父母"，是比例
爲君之黨制服，可見恩輕；爲生母之黨則直云"外祖父母"，是自生我者推之，可見恩
重。這個解釋雖略有牽強，但從中可窺見夏燮思路的一貫："然則父母之名盖生我者
之所獨，按之經文無一語之出入，此可以見《喪服》稱名之例矣。"①

　　正父母之名爲夏燮所特重，是因爲人是由父母所生，而父母之名直接體現了這一
關係的規定性，從而進一步規定了喪服服制。夏燮將這一原則推廣開來，認爲正名所
以定分，名代表了制服中兩者關係的實質內涵，而名之所繫，繫與不繫，是正名分、定服
制的關鍵，是以經傳于此有非常精微的區別：一般而言，從服繫名于所從之人，如"爲
君之父母、長子"是從服，名繫于君，但爲君之妻服，制服之義則不繫于所從，故傳特以
"小君"名之，明其不爲從服。同樣，"娣姒"是從男子長幼之稱而來，取同室生親，引而
進之之義，不爲從服，故名不繫于夫。②"爲夫之世母、叔父母"是從服，故名繫于夫。
而"爲舅姑"雖爲從服，但夏燮認爲，經曰"舅姑"不曰"夫之父母"，是正婦之名而定舅
姑之分，制服之義不限於從服，故名不繫于夫。

　　此外，名的差別也體現了制服根據的差別：經曰"世母、叔母"，此爲來嫁之婦人，
是因胖合于世叔父而生母名，經曰從母，是爲母之姊妹而生母名，二者皆名尊而實疏，
無生我之實，爲之服自然不同於爲母服；經曰"從母昆弟"，則是因有昆弟之名而兩相
爲服。③經曰國君曰君，二者同稱君是因爲君爲尊名，而一者稱國君、一者稱君，是因
自身或爲庶人或爲大夫，身份有別，與君關係不同，名分有差，而制服有異。經曰夫曰
妻，是因夫妻一體，尊卑匹敵，故夫爲妻雖僅不杖期，亦有心喪三年；經曰君曰妾，是因
妾之名卑，不能體君，應事君與女君如臣事君，故爲君尊加之，而士與大夫但爲貴妾緦，
其餘自天子至庶民則無服。在夏燮看來，名代表了制服雙方的關係，從而規定了制服

① 夏燮：《五服釋例》卷二《庶子爲君母如適子例》，第420—421頁。
② 此處夏燮並沒有論證叔嫂無服，筆者猜測，可能是因爲經文中沒有此條，所以夏燮不將其收入釋例
之中，也無以此爲證的必要。
③ 在"從母昆弟"服的問題上，夏燮反對賈疏"謂因從母之名而服其子"的說法，他認爲此是以昆弟之
名服而非因母名而服，見從母之名僅僅是因爲從母昆弟是母族中的昆弟。詳見夏燮《五服釋例》卷八《從母
昆弟名服例》，第473頁。

的方式和結果,是以名定而後服成。《喪服》傳有"故名者,人治之大者也"之文,孔子答子路,有"名不正則言不順;言不順則事不成;事不成則礼乐不興"之語,夏燮所云經之正名之法,正是此意。

三　書法

如果説正名之法是喪服制服的第一原則,對文、互文則是經之書法的重要組成部分。前人叙述經例,也有對文則異,散文則通的講法,如"太祖"與"始祖"、"父"與"考",但類似的用法比較有限。程瑶田在《儀禮喪服文足徵記》中出對文,屬對之文等條目,但也是多僅就一例來具體分析,如大夫之子適庶相對,厭降有父在與父卒相對,大功以上與以下相爲屬對等等。夏燮則不然。一方面,他承襲了前人"對文則異,散文則通"的講法,①但更重要的是,他認爲經文書法,俱是以對文、互文之法明其異同,從而歸納出某一制服的原則,并在不同的對象中施用和展開。相對應的,經文中所不見的條目,也可以通過對文、互文之法推導出來,在《五服釋例叙》中,夏燮先舉出六條尊尊之例:

> 曰"大夫爲祖父母適孫爲士者",曰"曾祖父母爲士者如眾人",曰"大夫爲宗子',此正統之不降例也;曰"大夫之子爲爲大夫命婦者",曰"大夫,大夫之子爲姑、姊妹、女子子嫁于大夫者",此尊同之不降例也;曰"大夫爲爲士者""大夫,大夫之子爲適士者",此尊降例也;曰"大夫之適子爲妻""大夫之庶子爲適昆弟",此父在不降之例也;曰"大夫之庶子爲母、妻、昆弟",此父在厭降之例也;曰"公之庶昆弟爲母、妻、昆弟",此父卒餘尊厭降之例也。②

從表面上來看,以上數條即爲經文發明降與不降原則之正例,但實際上,所有的制服原則都必須經由對文之法才得以體現,而其中又有著複雜的交錯關係。《大功章》"大夫为世父母、叔父母、子、昆弟、昆弟之子为士者"此與五服常例相對,于此見尊降之義,又對"大夫之子爲爲大夫命婦者""大夫爲姑姊妹女子子嫁于大夫者",于此見尊同不降之義;又對"大夫爲祖父母、適孫爲士者",于此見不降正統、不敢降祖之義;"大夫爲

---

① "或以對文則異,散文則通。《記》言公子据君在之稱,《經》言公之庶昆弟,据君卒嗣君在位之稱,此對文之例也。若散則相通,故《大傳》公子之注云'先君之子,今君昆弟',傳言'公子不得禰先君',是公子者諸侯庶子之通稱。今《經》不言公子,《記》不言公之昆弟,所謂對文則異者也。"夏燮:《五服釋例》卷二《諸侯之公子父在服卒例》,第414頁。

② 夏燮:《五服釋例叙》,第400頁。

宗子"正對"丈夫、妇人为宗子",于此見不敢降宗之義。以上幾者,均是于對比中明尊降與不降之例,"故欲明其降,必先知其所不降,而後尊降之例可推矣"。① "大夫之庶子爲母、妻、昆弟"對士庶人爲母、妻、昆弟,于此見厭降之義,又對"大夫之適子爲妻""大夫之庶子爲適昆弟",于此見父之所不降,子亦不敢降之義;又對"公之庶昆弟爲母妻昆弟",于此見尊之不同,一者有餘尊厭降,一者爲從父而降,父卒則皆如國人之義。以上幾者,均是于對比中明厭降之例。由此推類,可以想見,喪服制服每一條重要的原則都是在或明或暗的對比之中體現出來,才形成經例。縱觀全文,夏燮認爲,經文中所採取的對文之法,主要有四種形式:

一、如上文所述,有明確的兩條經文作爲對文,從而形成經例。

二、雖無明文與之相對,而于經文中暗含對文之法。如"公妾、大夫之妾爲其子",此一條暗對"大夫之妾爲君之庶子""爲長子",妾但得從女君降君之庶子,而不得同女君尊降己之子。又如"大夫之妾爲世父母、叔父母、姑姊妹",此一條亦是對女君而言,大夫之妾服此四者如邦人,不得同女君尊降其世叔父母以下。以上兩組對文,都針對妾與女君之異,經文背後,體現的是夫妻一體的經義,夫妻尊同,妻可以體君,能尊降己子與旁親,而妾不得體君,故夫雖貴而妾無尊,亦不得尊降己子與旁親。經雖無對舉明文,但其義自明。

三、舉一以明二。如"爲姑姊妹女子子無主者,姑姊妹報",則女子子不報自明;曰"唯子不報",則其餘皆報自明。

四、經文中正名有異,對舉而得。如"父卒則爲母"即"父在爲母"之對文,一在齊衰三年、一在齊衰杖期,正見父卒始得爲母三年,方得申其私尊。繼母、慈母則爲生母之對文,傳言"如母",以明其別,此三者同服而異名,尊母之義同而親恩有差。又如"公之庶昆弟、大夫之庶子爲母、妻、昆弟",對"公子爲其母",又對"大夫之子爲六命夫、六命婦"。公子是父在之稱,爲父所厭,爲其母練冠、麻衣。公之庶昆弟是父卒之稱,所謂"曰庶昆弟則今君之昆弟也,是先君之子必先君既没而後始有公之昆弟之稱",②諸侯有餘尊之所厭,故父卒只能申至大功,不得如國人。大夫之庶子亦是父在之稱,大夫卒則已爲庶人,不得復言大夫之子,所謂"以經之書法,曰大夫則大夫在也,曰大夫之子則父在斯爲子之稱也",③父在時爲父所厭,爲其母大功,大夫無餘尊之厭降,故父卒則如國人。由此可見,對文之法也往往基於上文提出的正名之法。

① 夏燮:《五服釋例叙》,第400頁。
② 夏燮:《五服釋例》卷五《大夫之庶子父卒如邦人例》,第444頁。
③ 夏燮:《五服釋例》卷五《大夫之庶子父卒如邦人例》,第444頁。

如果説對文之法是通過經文對舉來明例，那互文之法則是舉一以通二，從而找出二者可以互通的原因所在。夏燮也指出了六種互文之法：

其一、父子相通，舉子以明父。如"大夫之子爲六命夫、六命婦"一條，傳曰："父之所不降，子亦不敢降。"尊同不降的原則可以用于大夫之子，當然也可以推之于大夫。因爲在制服上，大夫尊降旁亲是源于大夫之尊，而大夫之子行大夫禮，就分享了大夫的尊。①

其二、兄弟、適庶相通，或以"大夫之子"，或以"公之昆弟"而通言之。如"大夫、公之昆弟、大夫之子爲其從父昆弟、庶子、姑姊妹之長殤"一條，注云："大夫之子不言庶者，關適子，亦服此殤也。"大夫之適子以尊降，庶子以厭降，但皆從父之所降子不敢不降之例，是以大夫之子之名而通言之。

其三、舉夫以言妻。大夫妻之服僅見于《大功章》"大夫、大夫之妻、大夫之子、公之昆弟为姑、姊妹、女子子嫁于大夫者"一條，但於《不杖章》"大夫之子"，傳曰："大夫何不降命婦也？夫尊于朝，妻貴于室矣。"此是因夫妻一體，妻得以體君，故與之尊同，言夫則可以略言妻。

其四、舉妾以言妻。《大功章》"大夫之妾爲君之庶子、女子子嫁者未嫁者"一條，傳曰："妾爲君之黨服，得與女君同。"此是因妾爲君之黨服與女君同，故言妾可以略言女君。

其五、舉疏以言親，如《記》"大夫、公之昆弟，大夫之子于兄弟降一等"，《小功章》"爲人後者于兄弟降一等"，則爲小功以上亦然；又如"君之所爲兄弟服，室老降一等"，則爲君父母、長子亦然；《小功章》"凡妾爲私兄弟如邦人"，則爲其本親小功以上亦然。

其六、舉重以言輕，《大功章》"大夫爲世父母、叔父母、昆弟、昆弟之子爲士者"，《小功章》"大夫爲從父昆弟"，大夫尊降之例言旁親舉在大功以上，則爲小功及小功以下亦然。

我們可以看到，對文、互文之法首先是以正名之法爲基礎的，或者説，對文、互文之法是對正名之法的發揮和補充。只有通過對文、互文之法，名對禮的規定性，其在制服原則中的作用才能充分展現出來。夏燮總結道："凡此互文對文之例，求之于經，左右遇之，故必經不見而後求之于傳記，傳記所不見而後求之于注疏者，此擿埴而索塗，扣

———————————

① 夏燮以爲此條亦是大夫之子通庶互文之例："世叔父以下之等皆大夫旁親尊降之例，而適子以尊與大夫同，庶子又從乎大夫而降，故其服皆同。若大夫之所不降者，則適子庶子又從乎子不敢降之例，故經統以大夫之子，明其父在之同也……若其他旁親之降與不降皆以大夫爲本，故適子以尊降、庶子以厭降，降之例不同而其服同，故言大夫之子以通之，凡此皆適子庶子父在之例也。"夏燮：《五服釋例》卷一一《適子庶子父在服同例》，第488頁。

盤而捫燭者也。莊子曰：'世人但知求其所不知，而不知求其所已知'者，夫已知之例具見于經文而人不察也。"①縱觀全書，對文、互文之例甚多，不勝枚舉。《喪服》內部有層疊的結構，而經例之重，就在於以對文、互文之法形成完備的體例，進而發明每一原則。是以，夏燮以爲，傳之所以解經，注之所以釋傳，全在於推廣經例而得其義，由此可以知其本末，讀者應詳細研究經文，發詳經例，自然明白通曉。

四　辨異

夏燮認爲《喪服》一書是以"正名""對文、互文"之書法發明經義，這必然建立在"《喪服》爲周公之完書，無佚文，無漏義"的基礎上，②否則，他將面臨極大的解釋困難。是以，圍繞這一前提，我們可以看到夏燮在經傳注或有衝突時的鮮明取捨。首先，夏燮在《五服釋例》中引證三《禮》甚多，但在具體問題的分析上，若不同的經文之間有牴牾，往往以《儀禮》爲正，如《喪服》經文經例自相矛盾，則或以文字疏漏錯誤釋之。而若傳文與經例相違，則多以爲傳文傳抄有誤。其次，夏燮認爲傳、注都是憑藉經之書法發明經例而來。傳文發揮之處，以其爲"以經之書法知之也"，③鄭注發揮處，以其爲"皆以經傳之文推之也"。④最後，夏燮秉持"經例已備然後傳文釋之，傳文已備然後注文釋之"的思路，宗鄭之處不鮮，但凡鄭注中有駁傳之處，夏燮往往從傳而斥鄭，或以爲是其改舊讀有誤，或從經義上加以解釋，或以爲是文字轉寫之誤。除此以外，夏燮又認爲鄭玄有"過度"推廣經義的嫌疑，凡經傳不書、對文互文之法不出者，應皆是無此服、無是義。

在經文的取捨方面，夏燮同意淩廷堪以《儀禮》經文爲正，《禮記》爲輔的講法。如妾爲女君之黨服歷來爲諸家所承認，《雜記》有"女君死則妾爲女君之黨服，攝女君則不爲先女君之黨服"一條，鄭注云："妾爲女君之親若其親然。"是以李如圭以其爲特殊的從服，"妾爲女君之黨，雖爲從服，然猶之近臣'君服斯服'，故其服悉與女君同，不從降一等之例。且雖徒從，而女君死猶服其黨，所以防覬覦也"。⑤孔疏釋《喪服小記》"從服者，所從亡則已；屬從者，所從雖沒也服"一條，又以"妾爲女君之黨"爲徒從的第

---

① 夏燮：《五服釋例敘》，第 401 頁。
② 夏燮：《五服釋例敘》，第 401 頁。
③ 夏燮：《五服釋例》卷五《大夫之庶子父卒如邦人例》，第 444 頁。
④ 夏燮：《五服釋例》卷一四《天子諸侯葬前藏服例》，第 512 頁。
⑤ 李如圭《儀禮集釋》卷一七，《叢書集成初編》第 1004 冊，商務印書館，1925 年，第 444 頁。

一種情況。① 諸家雖然在從服的具體方案上微有爭議,但都以爲妾爲女君之黨有服無疑。但夏燮則不然,他認爲,如按《雜記》"女君死則妾爲女君之黨服",則近涉于屬從,而從服皆降等,此又不屬從服。且如令妾與女君同服期,則禮過重,于情不和,"使其視陌路之人同于毛裹之屬,無是理也。"②況且"外親不可二統",如妾爲女君從服,"是則妾自服其私親,又從女君而服之,已涉二統之嫌。"③即令有服,也應以緦服爲限。是以他認爲,此條是後人知妾爲君黨之服,而誤會以妾亦爲女君之黨服,又誤會妾爲君之黨與女君同,而以爲妾服女君之黨亦同。追本溯源,夏燮認爲,這個誤解是本自唐初本《喪服小記》"妾從女君而出則不爲女君之子服"一條,注云"妾爲君之黨服得與女君同,而今俱出女君猶爲子期,妾于義絶無施服",有于"妾爲君之黨服"之"君"字上衍一"女"字,淺人於是妄改其爲"妾爲女君之黨服得與女君同"。而杜氏《通典》沿襲之,④乃至于改《喪服》傳注中"妾爲君之黨得與女君同",從而生出"妾爲女君之黨服"。必須承認的是,夏燮的解釋并沒有很強的説服力,是以他並沒有完全否認《雜記》中所言妾爲女君之黨有服,而只是認爲妾爲女君之黨服不得與女君同。筆者推論,夏燮之所以會提出這種解釋,主要是因爲如妾爲女君之黨服與女君同,則此服當與爲女君同屬"不杖期",但《不杖章》中但有"妾爲女君"而無"妾爲女君之黨",是以妾定不可以服女君之黨與女君同。因爲此種解釋與《儀禮》經文不符,故而捨棄《禮記》的説法。

如經文與傳文相違背,則夏燮每以經文爲正。如大部分經學家都認爲,報服始于爲昆弟之子。從義理上來看,按照親親減殺的原則,昆弟之子爲己服本爲大功,因其父與己爲一體之親,故爲己加服至期,己因而報昆弟之子,亦加服至期。是以于"世父母、叔父母"一條,傳言"然則昆弟之子何以亦期也? 旁尊也。不足以加尊焉,故報之也",而于"昆弟之子"一條下,傳言"何以期也? 報之也",二者前後呼應,互爲明證。但夏燮以爲不然:

若傳言報則注當釋其報之義,何以反引《檀弓》所云"引而進之"爲證又不破傳? 是此章昆弟之子有經無傳,注引《檀弓》,蓋釋經也,又證之此章《正義》云:

① "徒,空也。與彼非親屬,空從此而服彼,徒中有四:一是妾爲女君之黨,二是子從母服於母之君母,三是妾子爲君母之黨,四是臣從君而服君之黨。就此四徒之中,而一徒所從雖亡則猶服,如女君雖没妾猶服女君之黨。"阮元校刻:《禮記正義》卷三四,《十三經注疏》,第3242頁。
② 夏燮:《五服釋例》卷八《妾從女君服例》,第472頁。
③ 夏燮:《五服釋例》卷八《妾從女君服例》,第472頁。
④ 今本《通典》中亦作"妾爲君之黨服得與女君同"。夏燮提出這一觀點,有可能是所見版本不同,也可能是曲爲之説。杜佑:《通典》,北京:中華書局,2016年,第2536頁。

"昆弟子疏于親子,世叔父爲之此兩相爲服,不言報者,引同己子與親子同,故不言報。"是以引《檀弓》文爲證也。又下章"夫之昆弟之子"《正義》云:"若然,世叔之下不言報,至此始言之者,二父本是父之一體,又引同己子不得言報,至此本疏故言報也。"据此二疏,則是上章"昆弟之子"不但經無報文,即傳亦未嘗言報,是此世父叔父及昆弟之子相爲之服,一則以尊加之故,一則以引而進之之故,其不可以報例相況明矣。是則報服之起于旁尊,而旁尊之起于夫之昆弟之子,故傳于下章始見報文也。[1]

夏燮認爲,"昆弟之子"一條經文中并無"報"字,"報之"是傳文所言。而《檀弓》釋之以"引而進之"之義,則是昆弟之子與己子同,不應言報的明證。據此,他又認爲,經"昆弟之子"下,"傳曰'何以期也? 報之也'"與"夫之昆弟之子"下"傳曰"等九字同,前者應爲衍文。他又舉鄭注、賈疏皆不言報而引《檀弓》爲證,以爲當時"昆弟之子"一條下并無此傳文,報服應該始於傳文中首出"報"字的"爲夫之昆弟之子"一條。夏燮的解釋確有牽強之處,疏所言是爲解釋何經文中不于"世父母、叔父母"一條出"報"字,[2]而引而進之之義與報義亦本是相輔相成,不相干涉。但從這一條解釋中,我們可以清楚看到夏燮以《檀弓》經文爲正而改《喪服》傳文的傾向。

在經義方面,夏燮也堅持"經傳不出則無"的原則。《大功章》"女子子嫁者未嫁者,爲世父母、叔父母、姑、姊妹"一條,舊讀本爲"大夫之妾爲君之庶子、女子子嫁者未嫁者、爲世父母、叔父母、姑、姊妹"。鄭玄以爲大夫之妾爲私親,應于"爲世父母"前加一其字,[3]如按舊讀,則不合于經例。是以他認爲傳中的"妾爲君之黨得與女君同"是文爛在下,從而提出"逆降旁親"一說來解釋女子子嫁與未嫁同服大功的問題。夏燮則反對"逆降旁親"這一義理,他認爲,舊讀能够體現經例對文之法:"嫁者嫁于大夫"是伸大功尊同之例,故《小功章》又見"大夫之妾爲庶子適人者"一條,是此條嫁于大夫者之對文;適人者小功,則在室者大功,又爲此未嫁者之對文。更何況鄭于《小功章》注云"庶女子子在室大功,其嫁于大夫亦大功",夏燮以爲,這正是此條的鐵板注腳。那麼鄭駁舊讀,不僅僅是贅生出"逆降旁親"一義,而且自相矛盾。另外,夏燮以爲,如改舊讀,則經文但有大夫之妾爲君之女子子適人之服,而缺大夫之妾爲女子子在室及嫁大夫之服。即便女子子在室者可統于庶子之中,由於妾爲君之黨服得與女君同,大

---

① 夏燮:《五服釋例》卷九《世叔父無報例》,第 477 頁。

② 張錫恭在此條指出:"此謂經不於上世叔父母節言報,而特著此經,非謂傳不言報也。"張錫恭:《喪服鄭氏學》,吳飛點校,上海書店出版社,2017 年,第 394 頁。

③ 經例于私尊前必加其字,這也是夏燮所同意的原則,是以他並沒有對鄭改舊讀的這一依據提出質疑。

夫之妾爲女子子嫁于大夫者應同於大夫之妻爲女子子嫁于大夫者,這又與《小功章》"大夫、大夫之子爲姑姊妹、女子子適士者"形成對文,正見大夫、大夫之妻之尊同不降,又從而闡明大夫之妻與大夫夫婦一體,尊卑匹敵的道理,是以大夫之妾爲女子子在室及嫁于大夫一條是萬不可遺漏的。① 同理,如不按舊讀,則大夫之妾爲其私親之服除父母以外皆不見,這也違背了夏燮認爲《喪服》經文無佚文的原則。值得注意的是,夏燮也並非完全堅持舊讀,比如"公之庶昆弟"一條,經文"公之庶昆弟、大夫之庶子,爲母、妻、昆弟"舊讀昆弟在下。然而,顯而易見的是,公之昆弟、大夫之庶子爲其昆弟仍爲厭降,是以夏燮此處從鄭,認爲舊讀有誤。由此可知,夏燮從舊讀與否,還是根據此條的解釋是否違背他所總結的經文體例、經書完備的原則。

最後,夏燮認爲經義應在經例中發明,傳之釋經同樣也是根據經例,那麼由此反推,也可以用已發明的經義、經例來正經文。夏燮的這一觀點在報服問題的討論上體現的最爲明顯。夏燮釋報服的基本原則都來自經傳,而在經傳之間又有一定取捨的原則:若注違傳則以傳爲主,若傳違經則以經爲主,更有以經例反推而決定經文句讀的情況。在此基礎上,他根據經例總結出了以下幾條原則:

一、報服是兩相爲服,服皆相等,是以經中若前文已著報,則所報之服經文不再著。

二、報服有先施和後報之別,"明乎報者報其所施,則其先後之序自有其一成而不可易者,故傳之釋經,仍以經例推而知之也。"② 如旁尊報服,則是卑者先施服而尊者後報之,因而卑者爲尊者之服不得謂報。是以他認爲,"女子子適人者爲眾昆弟"應與下文"姪,丈夫、婦人,報"一條連讀。因爲如不連讀,則是以姑爲姪先施,姪爲姑後報,與其歸納的"經無以卑報尊之例"不符。③ 而女子子適人者爲昆弟也屬於報服,連讀則報字可以統此一條。④ 女子子在室本應同於昆弟相爲之服,不得言報,但適人後出降是所謂先施,昆弟降其一等是所謂後報;若姑姊妹無主,則其昆弟、姪爲之伸至期是先施,而姑姊妹亦以期報之。總而言之,兩相降爲報,兩相伸亦爲報,女子之適人者與昆弟互爲主客,有先施後報之義,故可以言報。此爲以經例改經文句讀之例。

三、報服雖必同等,但同等之服不一定是報服。報服有先施和後報,而平等相爲之服無所謂先施與後報,不得言報,亦無"相爲"之文。如昆弟互爲之服,經言昆弟而兩

---

① 筆者以爲,這完全可以從大夫之妻爲子之服中推出,夏燮的解釋重點仍在證明喪服正文的"無佚文"。

② 夏燮:《五服釋例》卷九《旁尊之報服例》,第478頁。

③ 夏燮以爲應上下連讀的另一個理由是,如此一來,此條則正爲上章"姑姊妹女子子適人者"之對文,而由昆弟及于姪,由姑及于姊妹,亦符合經屬之法。夏燮:《五服釋例》卷九《適人之報服例》,第479頁。

④ 其實本章首條已言"爲姑姊妹女子子適人者",若再言報則違背了夏燮所總結的"報服已出,則經不再著"的原則,基於此一原因,夏燮將這二條解釋爲互爲對文。

服具見,"故舉其昆弟之名,則弟之爲昆,昆之爲弟,皆統于書法中矣"。① 此乃正名之法又一體現。同理,"娣姒婦"也是平等互爲之服,不應言報。故夏燮以爲"夫之姑姊妹、娣姒婦,報"一條是將二者合爲一節,"娣姒婦"應在下別爲一章,"而報字則似本在夫之姑姊妹下,分章者偶未及撿,遂奪于上而衍于下耳"。② 此又是以經例改經文句讀之例。

四、正尊不得言報。《緦章》"夫之諸祖父母"一條,夏燮以爲,鄭注中所云"諸祖父者,夫之所爲小功,從祖祖父母、外祖父母",末句"外"字應爲"從"字轉寫之誤。他認爲,鄭注所云"夫之所爲小功"正據《小功章》"從祖祖父母、從祖父母,報"一條而來。且外祖父母是母黨之正尊,尊與曾祖父母同,"故外孫之服在《緦章》,下小功一等,是不報也。"③而正尊本就無報服,亦不可以"諸"名之,更不得言報。此是以經例改注之例。

可見,夏燮認爲傳注多是根據經之書法,在經文中推演經例而來,所以,相比于傳注,經文有更高的優先性。通過具體分析,不難看到,夏燮採用不同的方法靈活處理經傳注之間的矛盾,其主旨仍在於維護"經之書法"的完備。因此,夏燮不惜每每駁注、改傳、正經,甚至不惜曲爲之説,也要堅持以經文中推導出的義例爲基準,來統攝自己對《喪服》經文融貫的解釋,進一步補充和發微經義。

五　結語

夏燮釋《喪服》,最重經之書法。他以爲,《喪服》爲周公之完書,經文之義皆是自書法而出,其中名以定服,對文、互文以釋義,共同塑造了《喪服》經例,而"經例之嚴,有增一字不可減一字亦不可者,此春秋之書法也。"④是以,夏燮治《喪服》的旨趣,在於以《喪服》經文爲本,通過窮盡經例的方式探尋制服的原則,由此發明聖人制作之理,暢人倫大義。《五服釋例》二十卷,通詳經文,論述精微,見解獨到,形成了完整的喪服學的體系,值得學者做詳細的研究。本文關心的重點,在於夏燮喪服學的特色,至於其在具體問題上與諸家説的異同正誤,則多置之不論,其解經之精妙處亦則未能詳盡,而夏燮形成這一學術立場的根本原因,也需進一步的研究補充。

---

① 夏燮:《五服釋例》卷九《昆弟以下無報例》,第477頁。
② 夏燮:《五服釋例》卷六《夫之姑姊妹服例》,第452頁。
③ 夏燮:《五服釋例》卷九《從服之報服例》,第478頁。
④ 夏燮:《五服釋例》卷二《諸侯之公子父在服卒例》,第414頁。

作者簡介：

　　張照,女,1996 年生,黑龍江哈爾濱人,北京大學宗教學系博士研究生。主要研究領域爲喪服學、易學。

五岳新考
——兼述傳統國家岳鎮海瀆祭祀體系的形成過程 *

賈晉華

内容摘要 岳、四岳和五岳的稱呼在商代至漢初的傳世和出土文獻中記載紛紜,可以大致以古人的山岳崇拜信仰進行解説貫通。三禮所述五岳四瀆的祭祀體制在漢代之前并未實際出現,五岳四瀆并稱可以系年的最早出現爲陸賈撰于公元前 206 年至 195 年的《新語》。漢武帝在改革郡國制的背景下逐步收回五岳的管轄權和祭祀權,是傳統國家山川祭祀體系形成過程中最關鍵的事件,直接導致漢宣帝時將五岳四瀆祭祀正式納入國家祭典。其後又逐漸加入五鎮和四海,最終于北宋形成五岳五鎮四海四瀆的完整體系。

關 鍵 詞 五岳 漢武帝 岳鎮海瀆 國家山川祭祀體系

以五岳五鎮四海四瀆爲主體的傳統國家山川祭祀體系,在從西漢至北宋的漫長時期中逐漸形成,并一直延續至清代。雖然已有不少學者從不同角度對五岳和岳鎮海瀆

---

* 本文爲加拿大社會科學與人文研究基金會(SSHRC)資助的"佛教與東亞宗教研究"項目的研究成果。

祭祀體系展開研究,近年來的成果尤爲豐碩,①但是總的看來,還有不少疑點尚未解決或尚在爭論,其中有關五岳并稱和祭祀的起源尤其紛紜複雜,而且也還未見到關于岳鎮海瀆祭祀體系形成過程的完整考述。本文綜合運用宗教、歷史、地理和政治研究的方法,主要展開兩方面的討論。其一是對五岳做出新的考察,考訂五岳并稱和祭祀出現的時間和漢武帝收回五岳祭祀權的史實。其二是考辨岳鎮海瀆祭祀體系形成過程中的一些疑點,從而提供一個較爲完整可靠的描述,説明這些重要的地理座標如何逐漸與宗教信仰、政治制度及典禮儀式相融合,成爲領土的、神圣的和政治的合法性象征。

一　五岳并稱的起源和構成

有關五岳起源的早期文獻記載繁雜不一,一些學者已經做了很好的綜述,②但總地看來各有偏重,都還不夠充分完整,各人的分析和解説也各不相同。因此,我們仍有必要給出一個簡要而完備的綜述,并做出新的闡釋和考證。

---

①　主要可參考:Édouard Chavannes, *Le T'ai chan: essai de monographie d'un culte chinois* (Paris: Ernest Leroux, 1910);陳夢家:《殷虛卜辭綜述》,北京:中華書局,1988 年;顧頡剛:《州與岳的演變》(1933 年),收顧潮、顧洪編,《中國現代學術經典:顧頡剛卷》,石家莊:河北教育出版社,1996 年,第 551—585 頁;顧頡剛:《"四岳"與"五岳"》(1933 年),收游琪、劉錫成編:《山岳與象徵》,北京:商務印書館,2004 年,第 12—23 頁;酒井忠夫:《泰山信仰的研究》,《思潮》1937 年第 7 輯第 2 號,第 70—118 頁;屈萬里:《岳義稽古》,《清華學報》1960 年第 2 卷第 1 期,第 62—67 頁;吉川忠夫:《五岳と祭祀》,收清水哲郎編,《ゼロビットの世界》,東京:岩波書店,1991 年,第 215—78 頁;Terry Kleeman, "Mountain Deities in China: The Domestication of the Mountain God and the Subjugation of the Margins," *Journal of the American Oriental Society*, 114.2 (1994), 226—238;唐曉峰:《五岳地理説》,《九州》第 1 輯,北京:中國環境出版社,1997 年,第 60—70 頁;王元林:《國家祭祀與海上絲路遺迹:廣州南海神廟研究》,北京:中華書局,2006 年;雷聞:《郊廟之外:隋唐國家祭祀與宗教》,北京:三聯書店,2009 年;James Robson, *Power of Place: the Religious Landscape of the Southern Sacred Peak (Nanyue) in Medieval China* (Cambridge, Mass.: Harvard University Asia Center, 2009);楊華:《秦漢帝國的神權統一:出土簡帛與〈封禪書〉〈郊祀志〉的對比考察》,《歷史研究》2011 年第 5 期,第 4—26 頁;王元林、張目:《國家祭祀體系下的鎮山格局考略》,《社會科學輯刊》2011 年第 1 期,第 181—185 頁;周書燦:《中國早期四岳五岳地理觀念析疑》,《浙江學刊》2012 年第 4 期,第 52—57 頁;田天:《秦漢國家祭祀史稿》,北京:三聯書店,2015 年;劉釗:《談出土文獻中有關祭祀山川的資料》,《古文字與古代史》第 5 輯,2017 年,第 528-530 頁;牛敬飛:《古代五岳祭祀演變考論》,北京:中華書局,2020 年。

②　主要參看顧頡剛:《"四岳"與"五岳"》,第 12—23 頁;屈萬里:《岳義稽古》,第 62—67 頁;Terry Kleeman, "Mountain Deities in China: The Domestication of the Mountain God and the Subjugation of the Margins," pp. 226—228;唐曉峰:《五岳地理説》,第 60—70 頁;James Robson, *Power of Place*, p. 25, n31—38;周書燦:《中國早期四岳五岳地理觀念析疑》,第 52—57 頁;牛敬飛:《古代五岳祭祀演變考論》,第 528—530 頁。

根據卜辭所載，在殷商時代，山川祭祀已經成爲常見的禮儀。[①] 其中祭祀最多的一種，其字被釋爲岳，[②]多數學者贊同，但有的認爲泛指大山，[③]有的認爲專指某座山，并有太岳山(亦稱霍山或霍太山)、[④]嵩山、[⑤]華山等不同説法。[⑥]

周代至漢初文獻中，關于岳字又出現許多不同記載，可大致分爲兩組。在第一組記載中，岳、四岳和大岳等名稱涉及氏族世系、祖先、祖先神及首領。《國語》記四岳爲共工從孫，佐禹治水有功而封爲侯伯，賜姓姜；[⑦]如果去掉神話色彩，此處四岳可以解釋爲代表姜姓部落的祖先。《左傳》(莊公二十二年、隱公十一年、襄公十四年)也記姜、許(出自姜姓)氏族爲大岳或四岳之後，《詩經·大雅·崧高》述岳是申、甫(也出自姜姓)等氏族的祖先神。[⑧] 而《尚書》述堯與四岳問答，又述舜日覲四岳群牧。[⑨] 去掉傳説色彩，此處四岳可看成代表管轄四方的氏族首領/諸侯。在第二組記載中，岳或四岳用來指稱山岳或山岳之神。《左傳》(昭公四年)將四岳與其它山名地名一起羅列爲"九州之險"之一。[⑩] 而根據侯馬盟書、溫縣盟書等，春秋晋國訂立盟約時常以岳神爲證，并尊稱此神爲岳公；此岳公可能指太岳霍山，晋國所崇拜的山神。[⑪]《山海經》中的岳則涵括以上兩組意藴，所記有崇岳之山、北岳之山、岳山、岳、諸岳、南岳、西岳等，前五種岳指山，後二種指氏族祖先。[⑫]

① 陳夢家：《殷虛卜辭綜述》，第594—596頁；常玉芝：《商代宗教祭祀》，北京：中國社會科學出版社，2010年，第159—62頁；劉釗：《談出土文獻中有關祭祀山川的資料》，第528—530頁。

② 孫詒讓：《契文舉例》卷上，濟南：齊魯書社，1992年，第26頁。

③ 丁山：《中國古代宗教與神話考》，上海：上海文藝出版社，1988年，第407頁。

④ 屈萬里：《岳義稽古》，第62—67頁。

⑤ 孫詒讓：《契文舉例》卷上，第20頁上；彭裕商：《卜辭中的"土""河""岳"》，《古文字研究論文集》，成都：四川人民出版社，1982年；Sarah Allan, *The Shape of the Turtle: Myth, Art, and Cosmos in Early China* (Albany: State University of New York Press, 1991), 99—100；劉釗：《談出土文獻中有關祭祀山川的資料》，第511—512頁。

⑥ 郭沫若：《卜辭通纂》，北京：科學出版社，1983年，第93—94頁；詹鄞鑫：《神靈與祭祀：中國傳統宗教綜論》，南京：江蘇古籍出版社，1992年，第68頁。

⑦ 來可泓：《國語直解》卷三《周語下》，上海：復旦大學出版社，2000年，第138頁。

⑧ 參看顧頡剛、劉起釪：《尚書校釋譯論》，北京：中華書局，2005年，第77—79頁。

⑨ 孔安國傳，孔穎達疏：《尚書正義》卷二《堯典》，《十三經注疏》整理本，北京：北京大學出版社，2000年，第47—58頁；卷三《舜典》，第65頁。

⑩ 周書燦認爲此處四岳泛指四方之大山，見其《中國早期四岳五岳地理觀念析疑》，第52—57頁。祁履泰(Terry F. Kleeman)則認爲此處四岳界定周王朝的四方邊境，見其"Mountain Deities in China," 228.

⑪ 魏克彬(Crispin Willams)，《侯馬與溫縣盟書中的"岳公"》，《文物》2010年第10期，第76—83頁；趙瑞民、郎保利：《侯馬盟書、溫縣盟書中的太岳崇拜：兼論侯馬盟書中的"吾君"》，《史志学刊》2017年第2期，第1—5頁。

⑫ 袁珂：《山海經校釋》，上海：上海古籍出版社，1985年，第29,60,93,123,260,272,299頁。

　　以上所述早期文獻中有關岳、四岳或大岳的各種記載,可以大致概括爲指稱太岳山/霍山或其神(岳公)、嵩山、華山、其它各類山名、氏族祖先或祖先神、氏族及其世系、氏族首領或諸侯、泛稱四方大山或界定四方邊境等八種説法。至于爲何會有衆多的不同記載和説法,我認爲可以用古人的山岳崇拜觀念加以關聯貫通。古人持萬物有靈觀念,山岳皆是神靈,①故山名也就是神名。同時,由于人類社群往往依山而居,地方氏族與所居地的山岳在生活、治理、信仰等方面也就不可分離地聯繫在一起。因此岳、四岳或大岳皆既指稱山岳,又指稱山岳之神,并擴展指稱居住于山岳之地的氏族、氏族祖先神及首領的名稱。由此,以山岳崇拜爲基礎,這些看似繁雜而大不相同的記載和説法之間,仍然可以找到相互關聯的綫索。如果再進一步從深層次探索,這種將人類社群與自然環境及超自然神靈相融相通的觀念,體現了中國古人關聯思維的特徵和"一個世界"的觀念,其後在戰國末至西漢初發展成爲天人感應、無所不包的陰陽五行宇宙體系。

　　上述早期文獻中都還未出現五岳并稱和祭祀,所記述的各種四岳,也與後來的五岳構成無關。不過,三禮(《周禮》《儀禮》《禮記》)中的確出現有關五岳、四瀆并稱和祭祀的記述。② 這些記述使得周代已出現五岳四瀆祭典成爲傳統看法,并爲現當代不少學者所接受。但是如果細考相關資料,這一看法是難于成立的。首先,目前學界普遍認爲,三禮雖然蘊含周代禮文化内容,其成書時間大致在春秋晚期至漢初,其中摻雜不少作者們的構想成分,未必都是實際的政治宗教體制。其次,三書涉及五岳的記述,相互矛盾之處甚多。例如,《禮記・王制》稱"名山大澤不以封",與同篇所述"諸侯祭名山大川之在其地者"自相矛盾,③不符合秦代統一之前諸侯擁有領地内名山大川的史實。同篇又述周王巡視岱宗、南岳、西岳及北岳,除岱宗可視爲泰山的別稱外,南、西及北岳皆未述及具體山名,也未提及中岳;而周王巡視四岳的時間,與春夏秋冬四時等相配,體現的是戰國後期至漢初逐漸形成的陰陽五行宇宙結構,也顯示此説後出。④ 而且《周禮・職方氏》有九州九山鎮之説,其中包括後來五岳中之四岳的山名,

---

　　① 傳世和出土早期文獻中所載對有名或無名山川的崇拜和祭祀比比可見,最典型者爲《山海經》,書中記各方山名時,往往説明祭祀所用犧牲和玉幣。
　　② 鄭玄注,賈公彦疏:《儀禮注疏》卷二七《覲禮》,《十三經注疏》整理本,第615頁;鄭玄注,賈公彦疏:《周禮注疏》卷一八《大宗伯》,《十三經注疏》整理本,第536—537頁;鄭玄注,孔穎達疏:《禮記正義》卷一二《王制》,《十三經注疏》整理本,第451頁。
　　③ 鄭玄注,孔穎達疏:《禮記正義》卷一一,第396—397頁;卷一二,第451頁。
　　④ 鄭玄注,孔穎達疏:《禮記正義》卷一一,第425—426頁。《尚書・舜典》述舜巡視四岳,與《禮記》所述周王巡視幾乎完全相同,也應是戰國末至西漢初的産物。

但都只稱爲鎮而不稱爲岳。① 其三，雖然山川祭祀是周代禮文化的一部分，但是周王只是在名義上擁有并祭祀天下的名山大川，大多數僅能遙遠地"望祭"；諸侯實際地擁有本國領土，各自祭祀境內的山川，既舉行望祭也舉行實地的即祭。關于春秋戰國時期諸侯國對領地山川的祭祀，傳世和出土先秦文獻中有大量的記載，②但是除三禮外，都未有提及五岳、四瀆之名稱者。戰國晚期彙集諸家思想的兩部集大成著作《管子》和《呂氏春秋》，前者處處強調山川與治國的關係，却從未述及五岳四瀆；後者運用五行理論解釋四時十二月的祭祀活動和政治運作，也從未提及體現五行模式的五岳。主體内容可能出自先秦的《山海經》，分述南西北東中五經，詳細叙述祭祀各地山神所用牲幣等，并述及各種岳山，却從未出現五岳的并稱及其構成成分。綜上所述，比較合理的結論是周代尚未形成五岳四瀆的祭祀禮儀。

秦代廢除分封制，建立中央集權的郡縣制，將天下山川皆納于國家的統一祭祀管理，從而結束先秦時諸侯各自祭祀領地山川的局面。秦王朝以關中的七山四水和關東的五山二水爲名山大川，并配上其他小山川，整合成一個統一的國家山川祭祀體系；并制定祭祀管理制度，由中央禮官太祝主管，以四時禱祠。③ 這一祭祀體系包括華山、嵩山、恒山、泰山、黄河、長江、淮水、濟水等，即五岳中的四岳和全部四瀆，但并未將這些山川稱爲岳瀆，也未包括漢初稱爲南岳的衡山，可知秦時也尚未形成五岳四瀆的國家祭祀體系。④ 秦統一前的《秦駰禱病玉版》祭禱華山，⑤秦始皇的《泰山石刻》（一稱《封泰山碑》）述封禪泰山，⑥也都未提及岳字。

那麼在可系年的文獻中，五岳四瀆最早在何時出現？ 本文首次指出，可以確知五岳和四瀆這兩個并稱的出現時間，最早見于陸賈（前 240？ —前 170？）的《新語》，其首

---

① 鄭玄注，賈公彦疏：《周禮注疏》卷三三，第 1020—1034 頁。《逸周書·職方解》（黄懷信：《逸周書匯校集注》卷八，上海：上海人民出版社，1995 年，第 1042—1058 頁）所載同。《呂氏春秋·有始》（陳奇猷校釋：《呂氏春秋新校釋》卷一三，上海：上海古籍出版社，2001 年，第 662—663 頁）、《尚書·禹貢》（《尚書正義》卷六，第 197 頁）也有九州島九山的記載，但九山的構成不同。

② 參看楊華：《楚地水神研究》，載氏著《古禮新研》，北京：商務印書館，2012 年，第 287—313 頁；楊華：《秦漢帝國的神權統一》，第 4—26 頁；田天：《秦漢國家祭祀史稿》，第 258—263 頁；牛敬飛：《古代五岳祭祀演變考論》，第 13—24 頁。

③ 司馬遷：《史記》卷二八，第 1372—1373 頁。參看楊華：《秦漢帝國的神權統一》，第 4—10 頁；田天：《秦漢國家祭祀史稿》，第 277—293 頁；牛敬飛：《古代五岳祭祀演變考論》，第 26—32 頁。

④ 見顧頡剛《"四岳"與"五岳"》，第 12—23 頁。

⑤ 參看李零《秦駰禱病玉版的研究》，《國學研究》卷六，北京：北京大學出版社，1999 年，第 525—547 頁。

⑥ 司馬遷：《史記》卷六《秦始皇本紀》，第 242—247 頁。《史記·封禪書》在叙述舜、周、秦事時皆提到五岳四瀆，此可能僅是雜采漢初文獻所記。

篇"道基"記:"地封五岳,畫四瀆,規污澤,通水泉";"當斯之時,四瀆未通,洪水爲害。禹乃決江疏河,通之四瀆,致之于海,大小相引,高下相受,百川順流,各歸其所。然後人民得去高險,處平土。"①陸賈此著仍應漢高祖之命而撰寫,②完成于劉邦在位期間,即公元前206年至195年。則五岳和四瀆的并稱可確知在此十一年中已出現,可以據此推測這些并稱是戰國後期至漢初逐漸形成的關于大一統國家的山川空間格局的構想,并與此時期逐漸形成的陰陽五行宇宙體系相關聯。

但是,陸賈的《新語》也還未列舉五岳和四瀆的具體構成成分。關于五岳構成的具體山名,最早見于戰國末至漢初間毛亨爲《詩經・崧高》所做的傳,釋"崧高維岳"云:"岳,四岳也。東岳岱,南岳衡,西岳華,北岳恒。堯之時,姜氏爲四伯,掌四岳之祀,述諸侯之職。于周則有甫、有申、有齊、有許也。"③毛亨列出東南西北四岳的山名,但尚未有中岳,而且將四岳與《國語》《左傳》等所載作爲氏族首領和世系的稱呼聯繫起來,顯示出將先秦文獻中的四岳與實際的四岳大山相關聯的痕迹。《尚書・舜典》述舜巡狩泰山、衡山、華山及恒山,但未稱岳和未述及嵩山;孔安國注此四山分別爲東岳、南岳、西岳及北岳,也同樣未提及中岳,與毛亨所述相同。④漢武帝元封元年(前110)詔稱嵩山爲中岳,⑤爲目前所能見到的最早記録。《爾雅》也明確地記述"嵩高爲中岳",但所記南岳爲漢武帝于元封五年(前106)所欽定的霍山(見下考),⑥則此書所記五岳構成,最早已當西漢中葉。根據這些文獻,五岳的具體構成成分可能逐漸形成于戰國末至西漢中葉的時期。

從四岳到五岳,特別是中岳的增加,明顯受到當時正在發展的五行理論和五德終始説的影響。山川代表邦國領地,而崇高雄偉的岳山尤爲國之象徵。四岳與四方四土

---

① 陸賈著,王利器校注:《新語校注》卷一,北京:中華書局,1986年,第6、13頁。

② 司馬遷:《史記》卷九七《酈生陸賈列傳》,北京:中華書局,1963年,第2697—2701頁。

③ 毛亨傳,鄭玄箋,孔穎達疏:《毛詩正義》卷一八,《十三經注疏》整理本,第1419頁。

④ 孔安國傳,孔穎達疏:《尚書正義》卷三,第71頁。《史記・封禪書》和《漢書・郊祀志》引《尚書・舜典》,都將傳文衍入正文,并添加了中岳嵩山;見《史記》卷二八,第1355—1356頁;班固:《漢書》卷二五,北京:中華書局,1964年,第1191頁。《尚書孔氏傳》長期以來被認爲是僞作,有關《舜典》孔傳的來源尤其衆説紛紜,有王融、王肅、姚方興所撰諸説,但也有認爲是孔安國所傳者,特別是近年來有較多學者重新審視古文《尚書》和孔傳的真僞問題。主要可參看《尚書・堯典》孔疏;陳夢家:《尚書通論》,北京:中華書局,1985年,第68—72頁;陳士鳳:《近三十年的晚出古文〈尚書〉及〈孔傳〉研究述議》,《古籍整理研究學刊》,2013年第2期,第109—113頁。此處孔傳以衡山爲南岳,可證此段傳文出現于漢武帝元封五年(前106)定霍山爲南岳前(見下)。《史記》《漢書》所引,也説明此段文字早出。司馬遷曾從孔安國問學,其《史記》引《尚書》多用古文之説,史書有明載:"司馬遷亦從安國問,故遷書載《堯典》《禹貢》《洪範》《微子》《金縢》諸篇多古文説"。(班固:《漢書》卷八八,中華書局,1964年,第3607頁)

⑤ 班固:《漢書》卷六,第190—191頁。

⑥ 郭璞注,邢昺疏:《爾雅注疏》卷七,《十三經注疏》整理本,第239頁。

相關聯。殷代卜辭中常出現的四方四土,代表"衆多外圍國族與商王國核心區之間的臣服、隷屬和結盟等不同關係的組合體"。[①] 到了周代,四岳的出現代表四方邦國對于周王朝的拱衛屏護,象徵周王朝與諸侯的關係。而中岳在西漢中期的增添,則象徵中央集權統治天下的帝國,體現明顯的政治地理内涵。此外,漢初有關于五德終始説的爭論,文帝時公孫臣、賈誼等認爲漢當土德,張蒼則認爲是水德;武帝時從倪寬、司馬遷説定爲土德。[②] 土者中也,西漢中葉四岳加入中岳嵩山而形成五岳,同樣體現對中央集權的大一統帝國的地理空間和宇宙力量的建構。

四瀆的構成也可能大致出現于同一時期。《史記·殷本紀》引《尚書·湯誥》云:"東爲江,北爲濟,西爲河,南爲淮;四瀆已修,萬民乃有居。"[③]學界一般認爲,《尚書》中那些内容較古的篇章,如虞夏書、商書中的大部分,出現的時間皆較遲,可能編成于戰國至西漢期間。[④]《爾雅》所載四瀆名稱相同。[⑤]

二 漢武帝收回五岳及岳瀆祭祀之確立

漢初改變秦制,采用封建和郡縣并存的郡國制,其時藩國勢强地廣,"大者誇州兼郡,連城數十,宮室百官同制京師"。[⑥] 許多名山大川歸屬于各諸侯王國,在很大程度上又退回先秦時諸侯各自祭祀領地山川的格局。《史記·封禪書》載:"始名山大川在諸侯,諸侯祝各自奉祠,天子官不領。"[⑦]東漢桓帝延熹四年(161)《西岳華山廟碑》亦載:"高祖初興,改秦淫祀。太宗承循,各詔有司。其山川在諸侯者,以時祠之。"[⑧]由此可推知漢初雖已出現五岳四瀆的并稱,五岳和四瀆的構成成分也在逐漸形成,但五岳

---

① David N. Keightley, "The Shang State as Seen in the Oracle-Bone Inscriptions," *Early China* 5 (1979—80), p. 26. 參看 Aihe Wang, *Cosmology and Political Culture in Early China* (Cambridge: Cambridge University Press, 2000).

② 班固:《漢書》卷二五《郊祀志下》,第 1270 頁。

③ 司馬遷:《史記》卷三,第 97 頁。傳世《湯誥》屬古文《尚書》,與《史記》所載大部分不同,其中未有此段。

④ 顧頡剛:《自序》,《古史辨》第 1 冊,上海:上海古籍出版社,1982,第 51 頁;陳夢家,《尚書通考》,第135—146 頁。

⑤ 郭璞注,孔穎達疏:《爾雅注疏》卷七,第 250 頁。

⑥ 班固:《漢書》卷一四,第 393—394 頁。參看嚴耕望:《中國地方行政制度史:秦漢地方行政制度》(1961),上海:上海古籍出版社,2007 年,第 10—19 頁;周振鶴:《西漢政區地理》,北京:人民出版社,1987年,第 6—7 頁。

⑦ 司馬遷:《史記》卷二八,第 1380—1381 頁。

⑧ 高文:《漢碑集釋》,開封:河南大學出版社,1997 年,第 270 頁。

四瀆并未實際成爲漢王朝的國家祭典。其後景帝、武帝大力削藩,使得各王國領地縮小至僅餘一郡,國王徒有虛名,國猶如郡,從而逐漸恢復秦代中央集權的郡縣制。①

在此過程中,武帝逐次收回五岳的管轄權和祭祀權,對于五岳祭祀的形成至爲關鍵,但是以往學界尚未給予充分注意,本節首次展開全面的細考。首先看西岳和中岳。華山在華陰,漢初沿秦制屬京畿地區内史,太初元年(前104)改屬京兆尹。② 嵩山在河南郡,漢高祖二年(前205)河南王申陽降後設郡,爲漢王朝所領。③ 雖然此二岳在武帝前即歸屬漢王朝,但正是武帝于元封元年(前110)最早在此二山建祠祭祀。《西岳華山碑》記:"孝武皇帝修封禪之禮,……立宮其下,宮曰集靈宮,墅曰存僊墅,門曰望僊門。"④《漢書·武帝紀》載:"[元封元年]春正月,行幸緱氏。詔曰:'朕用事華山,至于中岳。……翌日親登嵩高,……其令祠官加增太室祠,禁無伐其草木。以山下百户爲之奉邑,名曰崇高,獨給祠。'……夏四月癸卯,上還,登封泰山,降坐明堂。"⑤

其次,東岳、南岳、北岳皆由武帝逐漸取回。關于東岳,《史記·封禪書》載:元狩中(前122—前117),"于是濟北王以爲天子且封禪,乃上書獻泰山及其旁邑。天子受之,更以他縣償之"。⑥ 濟北王在武帝決定封禪後獻泰山,顯然是不得已之事。

關于南岳,情況則較爲複雜。《史記·封禪書》記文帝時事云:"及齊王、淮南國廢,令太祝盡以歲時致禮如故。"張守節《正義》云:"齊有泰山,淮南有天柱山,二山初天子祝官不領,遂廢其祀,令諸侯奉祠。今令太祝盡以歲時致禮,如秦故儀。"⑦按《史記》所載和張守節所注并不準確。據上考,泰山至武帝時才歸屬朝廷,非在文帝時。此外,文帝六年(前174)淮南王劉長謀反徙蜀而死,十二年(168)劉喜繼任淮南王。⑧ 十六年(164)文帝三分淮南,封賜劉長三子,劉安爲淮南王,劉勃爲衡山王,劉賜爲廬江王。⑨ 景帝四年(前153)徙劉賜爲衡山王,國除爲廬江郡。⑩ 天柱山在廬江郡,因此應該要至景帝四年後此山才歸屬朝廷,并非在文帝時。其後衡山國于元狩元年

① 嚴耕望:《中國地方行政制度史》,第19—30頁;周振鶴:《西漢政區地理》,第6—7頁。
② 班固:《漢書》卷二八《地理志上》,第1543—1544頁。
③ 班固:《漢書》卷一《高帝紀》,第33頁。
④ 高文:《漢碑集釋》,第270頁。
⑤ 班固:《漢書》卷六,第190—191頁。
⑥ 司馬遷:《史記》卷二八,第1387頁;亦見《武帝紀》卷一二,第458頁。
⑦ 司馬遷:《史記》卷二八,第1380—1381頁。
⑧ 班固:《漢書》卷四《文帝紀》,第121頁。
⑨ 班固:《漢書》卷四四《淮南衡山濟北王傳》,第2144頁。
⑩ 班固:《漢書》卷四四《淮南衡山濟北王傳》,第2144頁。參看周振鶴:《西漢政區地理》,第46—57頁。

（前122）廢除爲衡山郡，①漢初經學家所稱之南岳衡山亦入漢天子之手。但是武帝于元封五年（前106）巡視天柱山（亦稱霍山、灊山），改號此山爲南岳。《史記·封禪書》載："明年冬，上巡南郡，至江陵而東。登禮灊之天柱山，號曰南岳。"②《漢書·武帝紀》也記載元封五年冬武帝登天柱山事。③

最後，至武帝元鼎三年（前114），北岳恒山亦歸屬漢王朝。《史記·封禪書》載："常山王有罪，遷，天子封其弟于真定，以續先王祀，而以常山爲郡。然後五岳皆在天子之郡。"④常山王爲劉勃，元鼎三年以罪徙房陵，國除爲常山郡。⑤ 常山即恒山，避漢文帝諱改。

綜上所考，漢武帝擁有、收回五岳的管轄權和祭祀權的過程可總結如下：

1.西岳華山：漢初屬京畿地區内史，太初元年（前104）改屬京兆尹；武帝于元封元年（前110）建祠祭祀。

2.中岳嵩山：高帝二年（前205）河南王申陽降，設河南郡；武帝于元封元年建祠祭祀。

3.南岳衡山：衡山國于元狩元年（前122）廢除爲郡。又南岳天柱山：景帝四年（前153）廬江王國除爲廬江郡，元封五年（前106）武帝命名此山爲南岳，登山祭祀。

4.東岳泰山：元狩中（前122—117）濟北王獻泰山以助封禪。

5.北岳恒山：元鼎三年（前114）常山王國除爲郡，收回北岳。

於是在元封元年武帝封禪泰山之前，五岳已經全部歸屬于漢郡；其後武帝于元封五年改天柱山爲南岳，改變漢初學者如毛亨、孔安國等以衡山爲南岳之説。按衡山地當南方，符合五行理論以五岳與五方相配的原則；而天柱山實際上位于漢王朝中部，稱南岳并不恰當。漢武帝改立天柱山爲南岳的原因，可能確如郭璞（276—324）、干寶（286—336）、徐靈期（？—474）等所推斷，是由于衡山僻遠，不便巡游。⑥

① 班固：《漢書》卷四四《淮南衡山濟北王傳》，第2156頁。
② 司馬遷：《史記》卷二八，第1387頁；亦見《漢書》卷二五《郊祀志下》，第1243頁。
③ 班固：《漢書》卷六《武帝紀》，第196頁。
④ 司馬遷：《史記》卷二八，第1387頁；亦見《史記》卷一二《武帝紀》，第458頁。
⑤ 班固：《漢書》卷一四《諸侯年表》，第417頁。徐廣注云"元鼎四年時"，未確。
⑥ 《爾雅》記"霍山爲南岳"，顯然根據的是武帝所立；邢昺疏引郭璞語云："漢武帝以衡山遼曠，移其神于此，今其土俗人皆呼之爲南岳"（《爾雅注疏》卷七，第239頁）。《太平御覽》（《四部叢刊三編》本，卷三九，第9頁）引郭璞《爾雅》注、干寶《搜神記》及徐靈期《南岳記》，所述理由略同。參看唐曉峰：《五岳地理説》，第60—70頁。漢代出現的兩種南岳説在後代學者中引起很大的爭論（關於這些爭論的綜述，參看 James Robson, Power of Place, 57—89；牛敬飛：《古代五岳祭祀演變考論》，第170—179頁；田天：《秦漢國家祭祀史稿》，第306—317頁），但實際上如果追根溯源，其本來事件其實相當簡明。

　　漢武帝于元封元年登泰山封禪之前收回五岳的管轄權和祭祀權,具有明顯的政治宗教目的。如同秦始皇一樣,武帝封禪的目的是向天地報告一統乾坤的偉大功業,證明君權神授,受天命而治理天下。五岳代表中央統轄四方的空間布局,是天下一統和中央集權的重要象徵。武帝在削藩平亂、開邊拓土等方面獲得重大功績,五岳的收回即是這一功績的體現之一,表明漢王朝中央已經將神權和政權牢牢掌握在手心。此外,如同有些學者指出,由于武帝好神仙,其對巡游和祭祀山川的興趣也可能同時伴隨求仙侯神的目的。[1]

　　漢武帝收回五岳的直接結果,是導致漢宣帝在神爵元年(前61)三月將五岳四瀆的祭祀之禮正式納入朝廷禮制,確定爲國家長年奉行的常典,“自是五岳四瀆皆有常禮”。[2] 其後在魏晉南北朝時期,雖然大多時間處于分裂狀況,不少王朝爲奉行禮制和表明正統,仍然延續這一以霍山爲南岳的五岳四瀆祭祀體系,但主要是在舉行郊禮時從祀和望祭,實際祭祀的僅是本地所領岳瀆。北魏泰常三年(418)曾建立五岳四瀆廟,將岳瀆之神聚于一廟祭祀。[3]

　　隋代統一天下,文帝開皇九年(589)始“以南衡山爲南岳,廢霍山爲名山”,[4]恢復漢初經學家所規劃的五岳格局,從而更加符合東西南北中的五方地理空間配置,其後一直沿襲至清代。有的學者根據《無上秘要》所稱“南岳衡山君”,推測北周已經以江南衡山爲南岳從祀方丘。[5] 但是,《無上秘要》雖然爲北周武帝宇文邕敕纂,但畢竟出自道士之手,是一部重要的道教類書。其中以道教名號“五岳君”稱五岳之神,并運用五行理論的各種元素描繪這些神靈,而位于南方的衡山顯然更適合與南方相應的各種元素。[6] 因此此書所反映的是道教的五岳觀,未必代表北周朝廷祭典。

三　五鎮四海的增添和岳鎮海瀆祭祀體系的完成

　　雖然學界對于五鎮四海祭祀的形成已有重要研究成果,但尚存在一些疑點,也尚

　　① 田天:《秦漢國家祭祀史稿》,第316—317頁。
　　② 班固:《漢書》卷二五下,第1249頁。顧頡剛最早據此記載指出五岳四瀆祭祀確立的時間,見其《州與岳的演變》,第581頁。
　　③ 魏收:《魏書》卷一〇八《禮志一》,北京:中華書局,1974年,第2737頁。關于魏晉南北朝時期五岳四瀆祭祀的詳細討論,參看梁滿倉:《魏晉南北朝五禮制度考論》,北京:社會科學文獻出版社,2009年,第205—18頁;牛敬飛:《古代五岳祭祀演變考論》,第50—101頁。
　　④ 李林甫等:《唐六典》卷三,北京:中華書局,1992年,第69頁。
　　⑤ 牛敬飛:《古代五岳祭祀演變考論》,第128頁。
　　⑥ 《無上秘要》卷一八,《道藏》,北京:文物出版社,上海:上海書店,天津:天津古籍出版社,1988年,第25册,第43頁;卷一九,第47頁。

缺乏全面的叙述。本節對相關疑點逐一澄清,以提供一個完整的考述。

鎮山的稱呼源自《周禮》,《大司樂》記有"四鎮五岳"的并稱,但并未述及具體的構成.①《周禮·職方氏》述九州九山鎮,爲揚州會稽山、荆州衡山、豫州華山、青州沂山、兗州泰山、雍州岳山(吳山)、幽州醫無(巫)閭山、冀州霍山、并州恒山。② 九山鎮并未分稱岳鎮,可知此處山鎮只是泛指大山。鄭玄注《大司樂》之"四鎮五岳",即基于《職方氏》所述,將九山鎮分爲五岳(泰、衡、華、吳、恒)和四鎮(會稽、沂、醫無閭、霍)。這一五岳四鎮的構成,顯然是鄭玄將《大司樂》和《職方氏》兩相對照而做出的推測,并未有任何先秦文獻的佐證。有的學者認爲《爾雅》記述兩套五岳説,而鄭玄所述五岳沿襲了其中一套,③此説不確。雖然《爾雅》的確在以霍山爲南岳的五岳之外,另外列舉五山爲"河南華,河西岳,河東岱,河北恒,江南衡",但並未稱此五山爲五岳,而是以邢昺疏爲恰切:"篇首載此五山者,以爲中國之名山也。"④

魏晉南北朝時期,祭祀五岳四瀆時往往加上佐祭之次等山川,其中包括或多或少的鎮山。⑤ 隋開皇十四年(594)正式爲鎮山建祠祭祀,立有東鎮沂山、南鎮會稽山、北鎮醫無(巫)閭山及冀州鎮霍山諸祠;開皇十六年(596)又在西鎮吳山建廟。⑥ 隋時有"五岳四鎮"的稱呼,⑦四鎮指東西南北四鎮,但未稱霍山爲中鎮,也未稱五鎮。這種情況的出現,可能是由于遵循《周禮》的"四鎮五岳",不敢逾越爲五鎮。唐代祭祀東鎮沂山、西鎮吳山、南鎮會稽山、北鎮醫巫閭山,也同樣明確地用"四鎮"的并稱。⑧ 霍山在唐代倍受尊崇,因爲此山爲李唐發源地,李氏開國之初曾借霍山神傳説以神化其政權;天寶十載(751)封霍山爲應聖公。⑨ 但同樣可能由于《周禮》的局限,唐代并未將霍山稱爲中鎮及未列爲五鎮之一。

---

① 鄭玄注,賈公彥疏:《周禮注疏》卷二二,第697—698頁。

② 鄭玄注,賈公彥疏:《周禮注疏》卷三三,第1020—1034頁。

③ 牛敬飛:《論衡山南岳地位之成立》,《社會科學論壇》,2014年第2期,第37—44頁。

④ 郭璞注,邢昺疏:《爾雅注疏》卷七,第231頁。郭璞注"河西岳"爲吳岳,即吳山;注"江南衡"爲衡山。

⑤ 房玄齡等:《晋書》一九《禮上》,北京:中華書局,1974年,第584—585頁;魏徵等《隋書》卷六《禮儀志一》,第108頁;卷六,第114頁。參看梁滿倉:《魏晉南北朝五禮制度考論》,第205—218頁;王元林、張目:《國家祭祀體系下的鎮山格局考略》,第182頁。

⑥ 魏徵等:《隋書》卷七《禮儀志二》,第140頁。其中北鎮祠實際立于營州,因醫巫閭山不在隋朝版圖内。

⑦ 魏徵等:《隋書》卷二《高祖紀》,第45—46頁。

⑧ 蕭嵩等編:《大唐開元禮》,北京:民族出版社,2000年,第199頁;劉昫等:《舊唐書》卷二一《禮儀志一》,北京:中華書局,1975年,第820頁。

⑨ 杜佑:《通典》卷四六,第263頁;劉昫等:《舊唐書》卷一,北京:中華書局,1975年,第23頁;王應麟:《玉海》卷一二〇,南京:江蘇古籍出版社,1987年,第1873頁。

宋初沿襲唐禮,只祀四鎮。《玉海》載:"[建隆]六年詔祭四鎮,准開元禮。"①乾德六年(968)九月曾短暫加上中鎮霍山,形成五鎮祭祀,但"既而五鎮之祭複闕",不久即停止。② 有些學者未注意到五鎮成立後旋即停止的記述,斷定乾德形成的五鎮祭祀自此延續下去,未確。③ 其後至太平興國八年(983),由于秘書監李至建言,才正式恢復并確立包括五鎮在內的岳鎮海瀆祭祀體系。④

四海的海,既指大洋靠近陸地的地方,也指湖泊。對于海神的崇拜同樣起源很早。《莊子》中述及北海之神"若"、南海之神"儵";《楚辭》中亦有海神"若";《山海經》有對東西南北四海之神的名字和特徵的描述。⑤ 魯國祭祀作爲其三望之一的東海(見《左傳》僖公三十一年)。《呂氏春秋·仲冬紀》記"天子命有司祈祀四海、大川、名源、淵澤、井泉",⑥所祭祀的五種神靈中,後四種皆爲水神,可知此處四海也應確指海神。《呂氏春秋》成書時爲秦統一天下之前夕,所謂"天子"之命祠,應是爲即將到來的大一統帝國所設計。《史記·封禪書》記秦并天下後,確實在雍地立有四海祠,"以歲時奉祠"。⑦ 有的學者斷定,由于雍地遠離大海,此祠僅是以四海泛稱四方天下,不是指海神。⑧ 但是對照《呂氏春秋》的記載,此四海祠應是對海神的望祭。秦始皇東巡,曾在沿海多處祭祀海神。⑨ 漢宣帝神爵元年起"以四時祠江、海、雒水",作爲五岳四瀆的陪祀。⑩ 東漢光武帝建武二年(26)以五岳、四瀆、四海等附從于郊祀之禮。⑪ 漢代以降各朝代大致都以海或四海附從于各種朝廷祭祀。⑫ 隋代于會稽縣建東海祠,于南海鎮建南海祠。⑬ 唐代改在萊州祭祀東海,并將西海和北海分別附于河瀆和濟瀆望祭。⑭ 北海原本一直未有確切的位置,既指渤海,也泛指北方偏遠地區的湖泊和地區,如貝加爾湖、巴爾喀什湖等。清康熙時改在盛京望祭北海,乾隆四十三年(1778)改在山海關立

---

① 王應麟:《玉海》卷一二〇,第1873頁。
② 李燾:《續資治通鑑長編》(《四庫全書》本)卷九,第13—15頁。
③ 王元林、張目:《國家祭祀體系下的鎮山格局考略》,第183頁。
④ 脫脫等:《宋史》卷一〇二,第2485—2486頁。
⑤ 參看王元林:《國家祭祀與海上絲路遺迹》,第16—19頁。
⑥ 陳奇猷校釋:《呂氏春秋新校釋》卷一一,上海:上海古籍出版社,2001年,第574頁。
⑦ 司馬遷《史記》卷二八,第1375頁。參看李零:《秦漢祠時通考》,收《中國方術續考》,北京:中華書局,2006年,第146頁。
⑧ 牛敬飛:《論先秦以來官方祭祀中的海與四海》,《宗教學研究》,2016年第3期,第245—249頁。
⑨ 司馬遷《史記》卷六,第223—294頁。
⑩ 班固:《漢書》卷二五下,第1249頁。
⑪ 范曄:《後漢書·祭祀志上》,北京:中華書局,1965年,第3158—3160頁。
⑫ 參看王元林:《國家祭祀與海上絲路遺迹》,第30—49頁。
⑬ 魏徵等:《隋書》卷七《禮儀志二》,第140頁。
⑭ 杜佑:《通典》卷四六,第1282頁。

北海神廟。① 西海泛稱西部的青海湖等湖泊,清代曾在青海湖邊立西海神廟。②

從南北朝至隋代,岳鎮海瀆的名稱已經時常出現于祭典中,但基本上是一種泛稱,尚未形成體系。③ 從現存史料看,唐初高祖、太宗時才明確地將五岳四鎮四海四瀆合稱,形成一個祭祀體系。④ 宋初添加中鎮霍山,并最終于太平興國八年(983)形成五岳五鎮四海四瀆的完整祭祀體系:

> 太平興國八年,……立春日祀東岳岱山于兗州,東鎮沂山于沂州,東海于萊州,淮瀆于唐州。立夏日祀南岳衡山于衡州,南鎮會稽山于越州,南海于廣州,江瀆于成都府。立秋日祀西岳華山于華州,西鎮吳山于隴州,西海、河瀆并于河中府,西海就河瀆廟望祭。立冬祀北岳恒山、北鎮醫巫閭山并于定州,北鎮就北岳廟望祭,北海、濟瀆并于孟州,北海就濟瀆廟望祭。土王日祀中岳嵩山于河南府,中鎮霍山于晉州。⑤

這一祭祀體系一直沿襲至清代。每年于立春、立夏、立秋、立冬及季夏土王日分別祭祀岳鎮海瀆,這是典禮中稱爲五郊迎氣日的祭祀方法。這一方法以五行理論爲基礎,將五個季節與岳鎮海瀆各自的東西南北中方位相匹配,從隋唐時已經開始實行。⑥

四 結語

通過考察大量相關文獻,本文討論五岳的起源及岳鎮海瀆祭祀體系的形成過程,主要提出五方面的新結論。

首先,本文澄清有關五岳并稱和祭祀起源的混雜記載及學界的不同看法。岳、四岳和五岳的稱呼在商代至漢初的傳世和出土文獻中記載紛紜,現代學者的解說也各不相同,有指稱山岳、山岳之神、氏族世系、氏族首領、氏族祖先神、泛稱大山、四方之地或邊境等諸種説法。本文以古人的山岳崇拜信仰和世界觀對這些不同記載和解説進行

---

① 《欽定大清會典則例》卷八三《禮部·中祀四》,影印文淵閣《四庫全書》本,臺北:臺灣商務書館,1983年,第616頁;《欽定皇朝文獻通考》卷一〇〇《郊社考十》,《四庫全書》本,第244—245頁。

② 參看王元林:《國家祭祀與海上絲路遺迹》,第1—15頁;王子今:《秦漢人世界意識中的"北海"和"西海"》,《史學月刊》2015年第3期,第24—31頁;李零:《説岳鎮海瀆》,第131頁;牛敬飛:《論先秦以來官方祭祀中的海與四海》,第245—249頁。

③ 魏徵等:《隋書》卷六《禮儀志一》,第110頁;卷七《禮儀志二》,第126—127、130、148頁。

④ 杜佑:《通典》卷四六,第1282頁。劉昫等:《舊唐書》卷二一,第819—820頁;卷二四,第910頁。

⑤ 脱脱等:《宋史》卷一〇二,第2485—2486頁。

⑥ 詳細討論參看牛敬飛《論中古五岳祭祀時間之演變》,《世界宗教研究》2017年第5期,第105—112頁。

新的詮釋貫通:由于山岳皆被古人看成是神靈,而且人類社群與居住地的山岳具有密切的生活聯繫,以及古人將自己與自然和超自然世界相關聯,這些稱呼既指稱山岳又指稱山岳之神,并擴展至山岳之地所居氏族、氏族首領和祖先神。

其次,由于三禮中描述五岳四瀆的祭祀體系,許多學者認爲這一體系在周代已經建立。本文不同意這一看法,指出雖然山川祭祀在周代已經成爲官方典禮,但周天子僅是在名義上擁有天下的名山大川,各邦國分別領有各自領域内的山岳水瀆的管轄權和祭祀權,三禮所述五岳四瀆的祭祀體制在彼時并未實際出現。至秦代大一統帝國開始整合各地的名山大川,但也還未涉及岳瀆的稱呼和祭典。

其三,本文指出,五岳和四瀆的并稱可以確定日期的最早出現,可以考定見于陸賈撰于漢初高祖朝(前 206—前 195)的《新語》。五岳和四瀆的并稱及其構成成分,可能逐漸形成于戰國末至西漢中葉的期間,當是此時期學者以陰陽五行宇宙觀爲基礎而構想的大一統帝國的神聖地理空間格局。

其四,本文詳細考證漢武帝如何在改革郡國制、削除諸侯權勢的背景下,逐步收回五岳的管轄權和祭祀權,借以加強漢代帝制的中央化和大一統。這是傳統國家山川祭祀體系形成過程中最重要的事件,直接導致漢宣帝時將五岳四瀆祭祀正式納入國家祭典。

其五,本文解決有關五鎮和四海祭祀的一些疑點和爭論,從而描繪出岳鎮海瀆祭祀體系在北宋最終形成的完整過程。

于是,以儒家祭祀文化爲基礎,作爲國家重大地理標志的岳鎮海瀆逐漸與宗教信仰、政治制度、典禮儀式相結合,形成一套合法性的象徵體系,貫通神權和政權,爲維持兩千年的大一統帝制發揮了一定的功能。①

作者簡介:

賈晋華,女,福建漳州人。美國科羅拉多大學博士,武漢大學中國傳統文化研究中心研究員及澳門大學人文學院哲學及宗教學系兼職教授,研究領域爲中國古代宗教、思想和文學。近年代表性論著有《從禮樂文明到古典儒學》(東方出版中心,2020年)、《唐代女道士的生命之旅》(社會科學文獻出版社,2022年)。

---

① 由于篇幅所限,本文集中于考述岳鎮海瀆祭祀體系的形成過程,未展開相關祭祀典禮的發展演變及其與道教、佛教和地方信仰的交涉,以及邊境各民族的宗教信仰與山川祭祀的融合等衆多問題的研究。

《毛詩》闡釋體系中"后妃之德"的設定、淵源及影響[*]

白 如

内容摘要 對於《關雎》"后妃之德",《傳》《箋》的設定各有側重:《毛傳》理解爲"夫婦有別",《毛詩箋》則照應《關雎》小序續序部分的觀點理解爲"不嫉妒"。這兩種設定皆有其經學淵源:《毛傳》的"夫婦有別"説與三家《詩》的共性特徵十分顯明;"不嫉妒"之説雖在《魯詩》及《齊詩》的相關文獻中有所體現,但並非主流觀點,東漢初期衛宏編修小序時,爲了貼合現實政治的需求,才將這一觀點正式納入到《關雎》的詩旨闡説體系中。《關雎》"后妃之德"的理解亦影響到《詩經》其他一些詩篇的詩旨設定:在《二南》體系内的幾首詩皆取用"不嫉妒"説;而在《國風》其他一些詩篇之中,則多數取用"夫婦有別"説。"后妃之德"理解與闡釋的參差正體現出《毛詩》闡釋體系幾經增益的建構過程。從《傳》《序》《箋》的差異入手,聯繫兩漢經學發展的背景,可更爲清晰地展現這一闡釋體系中的文本層次以及不同觀念的區隔與交融。

關 鍵 詞 "后妃之德" 《關雎》 《詩小序》 闡釋體系 衛宏

　　《毛詩》闡釋體系由《毛傳》《毛詩箋》以及《詩大序》和《詩小序》組成,因其闡説多與《左傳》《周禮》相合,故被視爲漢代《詩經》的古文經學派。[①] 其實《毛詩》闡釋體系内部並非鐵板一塊,在具體篇章的闡釋中,《傳》《序》《箋》三者就存在一些矛盾之處。《關雎》作爲《詩經》之首,承載着"風天下而正夫婦"的詩教意義,而《傳》《箋》在此篇的訓釋中即呈現出一系列差異。這些訓釋差異背後有着怎樣的理念作爲支撐? 這些

---

　　[*] 本文爲"中央高校基本科研業務費專項資金"資助成果。

　　[①] 這一觀點章太炎先生、陸宗達先生皆有論述:"《毛詩》所以稱古文者,以其所言事實與《左傳》相應,典章制度與《周禮》相應故爾。"(見章太炎:《國學講演錄·經學略説》,上海:華東師範大學出版社,1995年,第56頁。)"《詩經》這部書,歷史上從未記載發掘出《詩經》的'古文本',也可以説漢世没有出現過'古文本詩經'。但毛亨詩傳在東漢列於學官,稱'古文詩經'。這是毛亨的《詩傳》,説事實本於《左傳》;解制度依據《周官》;講訓詁合乎《爾雅》。因此,《毛詩》以其'説'爲古文。"(見陸宗達《説文解字通論》,北京:中華書局,2015年,第22頁腳注。)

理念的產生有何歷史淵源,又會對其他詩篇的闡說產生怎樣的影響? 這些問題都值得深入探究。

關於《關雎》篇中《傳》《箋》的訓釋差異問題,歷代論詩者皆有不少闡說與評述,但對於訓釋背後理念層面的問題則較少論及。就材料來源來看,不少學者(如陳澧、王先謙等)皆提到鄭玄"和好眾妾"之說是"義本三家《詩》",但均未對其内在動因做更多分析。① 也有學者關注到鄭玄觀點與小序之間存在關聯,但被視爲"誤讀",馬瑞辰指出:"后妃求賢之説,始于鄭《箋》誤會《詩序》","序所謂求賢者,亦進后妃之賢耳"。② 黄焯亦云:"(鄭玄)又緣誤解篇義'無傷善之心'之語,遂援左氏'怨偶曰仇'之文。"③也有學者從事理層面指出鄭玄訓釋的問題,皮錫瑞稱:"且古諸侯一娶九女,適夫人一姪一娣,左右媵各一姪一娣,是爲九女。貴妾之數早定,不待后妃求之。故止可爲旁義,而不得爲正義也。"④更多學者則並未察覺《傳》《序》《箋》之間的矛盾之處,而是在既定的闡釋框架之内做更多的注脚。

當代學者對於這一問題也做了不少探究。葉勇詳細梳理了歷代學者對於《傳》《箋》訓釋差異的理解,並指出《毛傳》和《毛詩箋》的訓釋皆運用了"以禮注《詩》"的方法,而鄭玄"融合諸家、斷以己義"的特點更爲明顯。⑤ 也有學者對訓釋差異背後的原因進行了探尋。日本學者保科季子認爲,鄭玄的訓釋與兩漢時期皇后地位的變遷有關。⑥ 成倩則指出鄭玄的訓釋與東漢章帝以下皇后道德品行的日漸式微關係密切。⑦ 二者都將鄭玄的訓釋與同時期的現實政治進行橫向關聯,但並未對鄭玄所持的觀點進行縱向溯源。已有的研究成果較多關注《傳》《箋》之間的訓釋差異,但對於小序與《傳》《箋》觀點的異同情況、以及《關雎》詩旨對於其他詩篇闡釋的影響情況則缺乏深入關照。

本文以"后妃之德"的理解與闡釋爲切入點,將《關雎》篇中《毛傳》《詩小序》《毛詩箋》的訓釋差異放置到兩漢《詩經》學發展的歷史脈絡中進行考察,同時探討《關雎》篇義的不同理解對於其他詩篇闡釋的影響情況,以期對《關雎》詩義在漢代《詩經》學

① 陳澧:《東塾讀書記》,上海:上海古籍出版社,2012年,第102頁。王先謙:《詩三家義集疏》,北京:中華書局,1987年,第9—10頁。
② 馬瑞辰:《毛詩傳箋通釋》,北京:中華書局,2008年,第29頁。
③ 黄焯:《毛詩鄭箋平議》,武漢:武漢大學出版社,2013年,第5頁。
④ 皮錫瑞:《經學通論・詩經》,北京:中華書局,1954年,第9頁。
⑤ 葉勇:《"窈窕淑女,君子好逑"句傳箋異說探究》,《第三屆詩經國際學術研討會論文集》,1997年。
⑥ 保科季子著,石立善譯:《天子好逑——漢代儒教的皇后論》,《中國經學》第四輯,2009年。
⑦ 成倩:《鄭玄改動"〈關雎〉后妃之德"及原因探析——以"逑,匹"與"怨耦曰仇"的訓詁爲切入點》,《西北大學學報(哲學社會科學版)》2015年第3期。

史中的發展流變,以及《毛詩》闡釋體系内在組成部分之間的相互關係建立更爲深入的認識。

一 “后妃之德”的不同設定:《關雎》篇的訓釋差異

在《關雎》中,《毛傳》與《毛詩箋》有 5 處字詞訓釋存在訓釋差異,分別爲:“好”“逑(仇)”“左右”“服”“友”。這些差異並非僅僅是詞義層面的歧解,而是在某一理念指引下成系統的訓釋佈局,《傳》《箋》訓釋中的不少信息點值得進一步細讀與詳辨。

(一)“淑女”所指對象的設定差異

“窈窕淑女,君子好逑”一句爲《關雎》一詩的詩眼,毛、鄭對於“逑”字的訓釋存在明顯差異。《毛傳》:“逑,匹也。”《毛詩箋》:“怨耦曰仇”。[①] 鄭玄的訓釋取自《左傳·桓公二年》:“嘉耦曰妃,怨耦曰仇。”“逑”爲“仇”的借字,“仇”“讎”同源,仇敵義與妃匹義相反相成,均有“匹敵”的特徵。《傳》《箋》訓釋雖有其内在的詞義關聯,但仍屬於不同義位,直接影響到句意的解讀:

> 《傳》:“窈窕,幽閒也。淑,善。逑,匹也。言后妃有關雎之德,是幽閒貞專之善女,宜爲君子之好匹。”(《毛詩正義》卷一之一,第 20 頁)
>
> 《箋》:“怨耦曰仇。言后妃之德和諧,則幽閒處深宫貞專之善女,能爲君子和好衆妾之怨者。言皆化后妃之德,不嫉妒,謂三夫人以下。”(《毛詩正義》卷一之一,第 20 頁)

《毛傳》認爲此句是對“后妃與君子”之間關係的描寫。“是”爲指示代詞,代指前句的“后妃”。詩句中的“淑女”即爲后妃,關於這點清人已有詳辨。[②]《禮記·曲禮下》:“天子之妃曰后。”后妃即君王之正妻。

而《毛詩箋》則增添了“善女”“衆妾”等女性主體。《禮記·昏義》:“古者天子后立六宫、三夫人、九嬪、二十七世婦、八十一御妻,以聽天下之内治,以明章婦順,故天下内和而家理。”《毛詩箋》此處暗引《禮記》,指明“善女”和“衆妾”的具體所指爲“三夫

---

① 《毛傳》《毛詩箋》皆引自毛亨傳,鄭玄箋,陸德明音義,孔穎達疏:《毛詩正義》卷一之一,台北:藝文印書館,2001 年,第 20 頁。《毛詩》原本當作“仇”,今作“逑”疑爲後人改動,詳見臧琳撰,梅軍校補:《經義雜記》卷二九,北京:中華書局,2020 年,第 702—704 頁。

② 陳澧:“此毛以爲后妃是淑女,‘是’字甚明。”(見氏著《東塾讀書記》,第 102 頁。)

人以下",其實也就是除后妃之外的其他嬪妾。① "眾妾"當爲身份地位較低的女子,如世婦、御妻等等。"善女"則當爲"三夫人""九嬪"這一類身份地位居中的嬪妃,她們是承化后妃之德,和好眾妾中嫉怨之人的中間角色。與此相照應,鄭玄還將本爲形容詞的"好"轉變爲表"和好"義的動詞,但是未專門設立訓釋點,只在句意訓釋中體現。《經典釋文》在注音時將這一隱藏的訓釋差異體現了出來:"好,毛如字,鄭呼報反。"(《毛詩正義》卷一之一,第 20 頁)

觀察其他文句的訓釋,《毛傳》也皆未提及后妃之外的其他嬪妾,而《毛詩箋》則想方設法地將"善女""眾妾"安插進來。爲了服務這一觀點,鄭玄將"左右""服""友"等詞的訓釋均進行了改易,並通過句意訓釋來進一步疏解詩義:

"參差荇菜,左右流之"一句,《毛傳》訓釋爲"后妃有關雎之德,乃能共荇菜,備庶物,以事宗廟也"(《毛詩正義》卷一之一,第 21 頁),動作的行爲主體爲后妃。《毛傳》未釋"左右"一詞,説明其理解爲常用義,表示左右方位。《毛詩箋》:"左右,助也。言后妃將共荇菜之菹,必有助而求之者。言三夫人、九嬪以下,皆樂后妃之事。"(《毛詩正義》卷一之一,第 21 頁)意在指明此處是眾妾幫助后妃一起供荇菜。② "窈窕淑女,寤寐求之"一句,《毛傳》未進行句意疏解,顯然"求"這一動作的主體爲君子,客體則爲后妃。《毛詩箋》云:"言后妃覺寐則常求此賢女,欲與之。"(《毛詩正義》卷一之一,第 21 頁)將"求淑女"的主體轉變爲"后妃",客體則爲三夫人、九嬪等"賢女"。"求之不得,寤寐思服"一句,《毛傳》釋"服"爲思念義,《毛詩箋》則訓釋爲"事",爲的是照應前文供荇菜之職事。"窈窕淑女,琴瑟友之"一句,《毛傳》訓爲"宜以琴瑟友樂之"(《毛詩正義》卷一之一,第 22 頁),"友"爲親密友愛之義。鄭玄將"友"釋爲"同志爲友"。"友"在詩文語境中用爲動詞,鄭玄用其名詞義進行訓釋,其用意在於強調后妃與賢女"志意之同"。

(二)"后妃之德"內涵的理解差異

通觀《關雎》一詩中《傳》《箋》的訓釋差異可以發現:《毛詩箋》將詩義的側重點由《毛傳》所強調的"君子與后妃"二者間的關係轉移到了"后妃、賢女與眾妾"三者之間

---

① 此言"三夫人以下",其實包括三夫人在內。考鄭玄在《禮記注》中對此句的訓釋:"三夫人以下百二十人,周制也。"(鄭玄注,王鍔點校:《禮記注》,北京:中華書局,2021 年,第 803 頁。)"百二十"這個數字包括三夫人、九嬪、二十七世婦、八十一御妻在內。明乎此,則下文鄭玄言"言三夫人、九嬪以下,皆樂后妃之樂"與此處的表述並不矛盾。《毛詩正義》的調和之説未關注鄭玄"三夫人以下"這一説法的特殊義涵。

② 鄭玄的這一説法也有禮學文獻作爲支撐。世婦、御妻在祭祀活動中的確有此職責。《周禮・天官・世婦》:"掌祭祀、賓客、喪紀之事。……及祭之日,蒞陳女宮之具,凡内羞之物。"《周禮・天官・女御》:"凡祭祀,贊世婦。"

的關係上來。這一改動直接關係到毛、鄭對於詩旨主題的理解。

關於《關雎》一詩的詩旨主題,《毛詩》的開篇首句"《關雎》,后妃之德也"便已點明。其後内容則既有對《關雎》王道政教意義的説明,又有對《詩經》産生緣由及整體結構的叙述。《關雎》一詩之前的這段文字,歷來有不同的劃分標準。① 而關於《詩小序》的内部結構與創作時間,更是"説經之家第一争詬之端"。② 不過小序非成於一時一人之手,則基本可視爲眾家共識。唐代成伯璵將序首之語與其下的補充之説分别開來,受到較多認可。不過,這兩部分的名稱也眾説紛雜。如程大昌《考古編》將這兩部分分别稱爲"小序"與"大序",嚴粲稱爲"首序"與"後序",《四庫提要》稱爲"序首"與"續申之詞"。③ 本文將序首"也"字之前的部分稱作"首序",其後的補充性論説稱作"續序"。

從表述特點來看,"《關雎》,后妃之德也"這句話與"《葛覃》,后妃之本也""《卷耳》,后妃之志也"類似,均可視爲詩篇小序的首序部分。馬銀琴指出,首序是周代禮樂文化的直接産物,二南諸詩的首序多爲詩篇的樂章義,更有其深厚的歷史淵源:"'二南'之樂本是流行於周、召二公岐南采地的鄉樂,周公制禮作樂時取之以爲王室房中之樂、燕居之樂。"④樂章義往往通過組曲的形式表現,《周南》諸詩首序首尾照應、主題一貫的形式也正與其樂章義的性質相呼應。故而"《關雎》,后妃之德也"應當源自先秦舊説。

而"是以《關雎》樂得淑女以配君子。憂在進賢,不淫其色。哀窈窕,思賢才,而無傷善之心焉,是《關雎》之義也"這段文字則是對"后妃之德"具體表現的補充説明,其功能等同於其他詩篇小序的續序部分。關於續序的創作時間,亦是眾家争訟的焦點。

---

① 較具代表性的觀點有二:其一,《經典釋文》所引舊説將"《關雎》,后妃之德也"至"用之邦國焉"定爲小序,從"風,風也"至末定爲大序。(《毛詩正義》卷一之一,第 11 頁。)其二,朱熹《詩序辨説》將"詩者,志之所之也"到"詩之至也"這部分内容劃定爲大序,其他内容則定爲《關雎》小序。(朱熹集撰,趙長征點校:《詩序辨説》,見《詩集傳》,北京:中華書局,2017 年,第 14—15 頁。)

② 相關的整理性著述可參胡樸安:《詩經學》,長沙:嶽麓書社,2010 年,第 14—17 頁。張西堂:《詩經六論》,上海:商務印書館,1957 年,第 116—140 頁。夏傳才:《再談〈毛詩序〉和關於〈毛詩序〉的争論》,《河北師院學報(社會科學版)》,1995 年第 3 期。洪湛侯:《詩經學史》,北京:中華書局,2002 年,第 156—167 頁。

③ 程大昌《考古編》:"凡詩發序兩語,如'《關雎》,后妃之德也',世人之謂小序者古序也。兩語以外,續而申之,世謂大序者,宏語也。"(見氏著《考古編》,《景印文淵閣四庫叢書·子部一五八》,台北:台灣商務印書館,1986 年,第 10 頁下欄。)嚴粲《詩輯》在諸多詩篇的分析中都用到了"首序"和"後序"的説法。(見氏著《詩輯》,《景印文淵閣四庫叢書·經部六九》,台北:台灣商務印書館,1986 年。)《四庫提要·詩序二卷》:"今參考諸説,定序首二語爲毛萇以前經師所傳,以下續申之詞,爲毛萇以下弟子所附。"(見永瑢等撰《四庫全書總目提要》卷十五,上海:商務印書館,1933 年,第 3 頁。)

④ 馬銀琴《兩周詩史》,北京:社會科學文獻出版社,2006 年,第 252 頁。關於首序的歷史淵源,詳見馬銀琴《〈毛詩〉首序産生的時代》,《文學遺産》2002 年第 2 期。

較具代表性的觀點有二:其一爲子夏、毛公合作完成。《經典釋文》引沈重云:"案鄭《詩譜》意,大序是子夏作,小序是子夏、毛公合作。卜商意有不盡,毛更足成之。"①成伯璵做了進一步説明:"子夏惟裁初句耳,至也字而止。……以下皆大毛公自以詩中之意而繫其辭也。"②其二則爲衛宏潤益説。陸璣《毛詩草木鳥獸蟲魚疏》:"時九江謝曼卿亦善《毛詩》,乃爲其訓。東海衛宏,從曼卿受學,因作《毛詩序》,得風雅之旨。"③范曄在《後漢書·儒林列傳》中亦從此説。④《隋書·經籍志》將此觀點與"子夏、毛公合作説"進行了調和:"《序》,子夏所創,毛公及敬仲(衛宏)又加潤益。"⑤本文較爲認同這一觀點。就《關雎》一詩而言,"《關雎》,后妃之德也"可上溯至前秦時期,孔子後學的確有可能參與到詩序的編纂之中。而"憂在進賢,不淫其色"以下的表述,則與《毛傳》觀點並不相符,又可與東漢時期的幾則史料相印證。(下文詳述)故而衛宏編修小序之説有其合理之處。

總體來看,《關雎》一詩詩旨讚美的是"后妃之德",這一點《毛傳》、《關雎》首序、《毛詩箋》並無異議。但"后妃之德"的具體表現是什麼,《毛傳》、《關雎》續序、《毛詩箋》則有不同的看法。回到《關雎》首句"關關雎鳩,在河之洲"的訓釋上來:

《傳》:"興也。關關,和聲也。雎鳩,王雎也,鳥摯而有別。水中可居者曰洲。后妃説樂君子之德,無不和諧,又不淫其色,慎固幽深,若關雎之有別焉,然後可以風化天下。夫婦有別則父子親,父子親則君臣敬,君臣敬則朝廷正,朝廷正則王化成。"(《毛詩正義》卷一之一,第 20 頁)

《箋》:"摯之言至也,謂王雎之鳥,雌雄情意至然而有別。"(《毛詩正義》卷一之一,第 20 頁)

《毛傳》將"后妃之德"理解爲"有別","雎鳩"即爲這一德性特徵的載體。其後的句意疏解其實是對孔子"樂而不淫"説的重新闡釋。孔子此言是在評價《關雎》整體的詩義具有中庸和諧的特徵,"樂""淫"本皆爲形容詞,而《毛傳》爲了把此句之意融入到"君子與后妃"的人際關係特點之上,故將這幾個形容詞轉換爲動詞,將"樂"與"淫"的對象具體化,從而達到闡釋重構的目的。鄭玄在此處並未提出反對意見,且對《毛傳》

---

① 毛亨傳,鄭玄箋,陸德明音義,孔穎達疏:《毛詩正義》卷一之一,第 12 頁。

② 成伯璵:《毛詩指説·解説第二》,《景印文淵閣四庫叢書·經部六四》,台北:台灣商務印書館,1986 年,第 174 頁上欄。

③ 陸璣:《毛詩草木鳥獸蟲魚疏》卷下,《景印文淵閣四庫叢書·經部六四》,台北:台灣商務印書館,1986 年,第 27 頁上欄。

④ 范曄:《後漢書》卷七十九上,北京:中華書局,1965 年,第 2575 頁。

⑤ 魏徵等撰:《隋書》卷三十二,北京:中華書局,2020 年,第 1037 頁。

"摯而有別"的説法進行了申釋。但在"窈窕淑女,君子好逑"以及其他詩句的訓釋中,鄭玄則並不強調后妃與君子的"夫婦有別",而更強調后妃"和好眾妾"行爲和"不嫉妒"的品質。這一點在前一小節中已有詳述。

鄭玄爲何採用"后妃不嫉妒"之説?上文已提及古人的相關研究情況,今人對於這一問題也有探索。但均未詳細辨明《毛詩箋》與《關雎》首序及續序之間的關係。其實細讀續序便可發現,鄭玄的訓釋與此關係密切:

> 《關雎》,后妃之德也。……是以《關雎》樂得淑女以配君子。憂在進賢,不淫其色。哀窈窕,思賢才,而無傷善之心焉,是《關雎》之義也。(《毛詩正義》卷一之一,第 20 頁)

"樂得淑女以配君子"與詩篇內容基本相符,但"憂在進賢"以下的表達則頗爲迂回。其原因是續序作者想要權衡和勾連多方面的意義。一方面,孔子提出的"樂而不淫,哀而不傷"爲漢儒無法回避的闡釋綱領。另一方面,續序作者又想要將"后妃不嫉妒"的觀念納入到詩旨之中。其所採用的闡釋思路與《毛傳》一致,也通過將形容詞轉變爲動詞的方式完成闡釋重構:"淫"謂"不淫其色",即不留戀枕席,與君王"摯而有別",此句的理解與《毛傳》相同;"哀"謂"哀窈窕",意爲憐惜貞專之善女;"傷"謂"無傷善之心",即不殘害賢者,"傷善"一詞在其他文獻中也表示此義。爲照應"寤寐思服""輾轉反側"的詩文,續序還添加了"憂在進賢""思賢才"等表述,也進一步明確了后妃不嫉妒善女的品性特徵。

《毛傳》訓釋並沒有體現續序的這些觀點,上文已有詳細説明,而《毛詩箋》對於"不嫉妒"這一主題的闡釋則不遺餘力。除了在詩文訓釋中努力照應續序觀點外,鄭玄還將續序中的"哀"改爲與之形近的"衷":"'哀'蓋字之誤也,當爲'衷'。'衷'謂中心恕之,無傷善之心,謂好逑也。"(《毛詩正義》卷一之一,第 19 頁)"恕"強調的是"己所不欲勿施於人"的寬容之德,鄭玄將"哀"改爲"衷",其目的是爲了更好地貼合后妃"不嫉妒"的品質。而鄭玄在注《毛傳》前先注《論語》,當時並未改易"哀"字。《論語·八佾》:"樂而不淫,哀而不傷。"鄭玄注:"哀世夫婦不得此人,不爲滅傷其愛。"[1]對此前後矛盾鄭玄言:"《論語》注人間行久,義或宜然,故不復定,以遺後説。"[2]由此更可看出,在鄭玄的訓釋理念中,文本用字是讓步于經學觀念的表達需求的。此外,在《儀禮·鄉飲酒禮》和《儀禮·燕禮》注中,關於《關雎》詩義也有相關表

---

[1] 語出《論語》鄭玄注,轉引自《毛詩正義》卷一之一,第 20 頁。
[2] 語出《鄭志》,轉引自《毛詩正義》卷一之一,第 20 頁。

述,但皆未提及"不嫉妒"或"和好衆妾"的觀點。^① 這更説明鄭玄"和好衆妾"之説是爲小序續序服務的,而並非鄭玄新創。

二 "后妃之德"不同觀點的經學淵源

鄭玄改易《毛傳》訓釋是爲續序服務,那麽續序將后妃之德理解爲"不嫉妒",又有何緣由與用意呢? 清儒已經發現,鄭玄的"和好衆妾"之説與《列女傳·湯妃有㜅》中的相關記載可相照應。但細讀文獻可知,《列女傳》中"和好衆妾"之説僅是其賦詩之義,這一説法並非三家《詩》對於《關雎》詩旨的主流觀點,而《毛傳》的"夫婦有別"説與三家《詩》對於《關雎》詩旨的理解更爲接近。

《列女傳》引用《詩經》的用例非常豐富,但在一些篇目中引《詩》的取義角度與詩篇原義並不一致。如《列女傳·柳下惠妻》:"君子謂柳下惠妻能光其夫矣。《詩》曰:'人知其一,莫知其他。'"^②所引詩句來自《小雅·小旻》,前後文分別爲"不敢暴虎,不敢馮河""战战兢兢,如临深淵,如履薄冰"。此句表示人對於所處的危險了解不够全面。聯繫全篇來看,"危險"指的是政治黑暗、民不聊生的社會現實。而《柳下惠妻》引用此詩則顯然是褒獎柳下惠之妻才能出衆,與詩句原義關係甚遠,屬於"斷章取義"式的賦詩之義。對於《列女傳》引《詩》的這一特點,田中和夫指出:"《列女傳》脱離主題的傾向性更强,有的原意甚至和主題相反。引證的詩句有極强的獨立性,它是從引證者一方的立場加進去的,反映了引證者的獨特個性。"^③陳子展亦云:"按《列女傳》,凡引《詩》或涉《詩》本事,而云《詩》曰、賦《詩》曰、作《詩》曰,語義有別。《詩》曰、賦《詩》曰,類皆'斷章取義,余取所求'。"^④這些研究都提示我們,對於《列女傳》中的引《詩》材料,應當對其材料性質進行辨別。

《列女傳》中與鄭玄"和好衆妾"相關的引《詩》正屬此類"賦詩之義"。《列女傳·湯妃有㜅》:"有㜅之妃湯也,統領九嬪,後宮有序,咸無妒媢逆理之人,卒致王功。君子謂妃明而有序。《詩》云:'窈窕淑女,君子好逑。'言賢女能爲君子和好衆妾,其有㜅

① 《儀禮·鄉飲酒禮》:"乃合樂《周南》:《關雎》《葛覃》《卷耳》。"鄭注:"《關雎》言后妃之德。"(鄭玄注,賈公彥疏:《儀禮注疏》卷九,台北:藝文印書館,2001 年,第 93 頁。)《儀禮·燕禮》:"遂歌鄉樂《周南》:《關雎》《葛覃》《卷耳》"。鄭注:"《關雎》言后妃之德。"(鄭玄注,賈公彥疏:《儀禮注疏》卷一五,第 173 頁。)

② 劉向著,綠淨譯注:《古列女傳譯注》,上海:三聯書店,2014 年,第 97 頁。

③ 田中和夫著,李寅生譯:《〈列女傳〉引〈詩〉考》,《河北師院學報(社會科學版)》,1997 年第 2 期,第 80 頁。

④ 陳子展:《詩經直解》,上海:復旦大學出版社,2015 年,第 77 頁。

之謂也。”（《古列女傳譯注》，第 14 頁）從前後文本信息來看，此處引《詩》的取義重在強調其統領後宮井然有序。“能爲君子和好衆妾”，可與《關雎》小序觀點及鄭玄訓釋相照應，但與“窈窕淑女”一句的常規解讀存在距離。

《列女傳》中還有其他援引《關雎》的例證，取義角度則落腳在“夫婦有別”上，《列女傳·魏曲沃負》載：

> 周之康王夫人晏出朝，《關雎》預見，思得淑女以配君子。夫雎鳩之鳥，猶未嘗見乘居而匹處也。夫男女之盛，合之以禮，則父子生焉，君臣成焉，故爲萬物始。君臣、父子、夫婦三者，天下之大綱紀也。（《古列女傳譯注》，第 146—147 頁）

劉向習《魯詩》，此處的“康王晏起，《關雎》預見”之説正是三家《詩》普遍認可的《關雎》詩旨。《漢書·杜欽列傳》：“禍敗曷常不由女德？是以佩玉晏鳴，《關雎》歎之。”李賢注：“李奇曰：‘后夫人雞鳴佩玉去君所。周康王后不然，故詩人歎而傷之。’臣瓚曰：‘此《魯詩》也。’”（《漢書》卷六十，第 2670 頁注釋）匡衡爲《齊詩》的重要傳人，其在奏書中也持康王晏起之説，《漢書·匡衡列傳》：“《詩》曰：‘窈窕淑女，君子好仇。’言能致其貞淑，不貳其操，情欲之感無介乎容儀，宴私之意不形乎動靜，夫然後可以配至尊而爲宗廟主。”（《漢書》卷八十一，第 3342 頁）薛君的《韓詩章句》是東漢時期《韓詩》的代表作，亦主康王晏起之説：“故人君動靜退朝，入于私宮，后妃御見，去留有度。……今時人君内傾于色，賢人見其萌，故詠《關雎》，説淑女，正容儀，以刺時也。”[1]

三家《詩》批判“康王晏起”，其本質是抨擊康王留戀枕席，不知夫婦有別。而《毛傳》從“摰而有別”的角度讚揚“后妃之德”，其内核亦落腳在“夫婦有別”上。再看《列女傳·魏曲沃負》中“思得淑女以配君子”之後的論説，與《毛傳》在“關關雎鳩”一句下的訓釋非常類似，均爲雎鳩賦予了人格化特徵，進而從夫婦推衍至父子、君臣乃至天下。據葉勇考察，這種人倫關係的推衍思維在《禮記·昏義》《禮記·郊特牲》以及《大戴禮記》的一些篇目中皆有體現。[2] 更可証明《毛傳》與三家《詩》在《關雎》詩義的理

---

[1] 轉引自王先謙《詩三家義集疏》，第 4—5 頁。

[2] 此説詳見葉勇：《“窈窕淑女，君子好逑”句傳箋異説探究》，《第三屆詩經國際學術研討會論文集》，1997 年，第 548 頁。《禮記·郊特牲》：“男女有別，然後父子親，父子親然後義生，義生然後禮作，禮作然後萬物安。”《禮記·昏義》：“男女有別，而後夫婦有義；夫婦有義，而後父子有親；父子有親，而後君臣有正。故曰：昏禮者，禮之本也。”《大戴禮記·哀公問與孔子》：“公曰：‘敢問爲政如之何？’孔子對曰：‘夫婦別，父子親，君臣義，三者正，則庶民從之矣。’”

解上是同出一源的。①

　　除了《列女傳》,《齊詩》在《關雎》的説解過程中也有"和好眾妾""不嫉妒"的説法,《詩推度災》:"《關雎》知原,冀得賢妃正八嬪。"②但結合上述材料來看,這一觀點並非三家《詩》對於《關雎》詩旨的主流看法。所以説,將鄭玄的"和好眾妾"之説簡單歸結爲"義本三家《詩》",其實忽視了文獻材料本身的特點,而將理念溯源的複雜問題簡單化了。

　　那麼小序又爲何捨棄在西漢時期更爲主流的"夫婦有別"説,而取用"不嫉妒"之説呢? 有兩則史料值得注意。《後漢書‧皇后紀》載:

　　　　十七年,廢皇后郭氏而立貴人。制詔三公曰:"皇后懷執怨懟,數違教令,不能撫循它子,訓長異室。宮闈之内,若見鷹鸇。既無《關雎》之德,而有吕、霍之風,豈可托以幼孤,恭承明祀。"(《後漢書》卷十上,第 406 頁。)

這段文字是漢光武帝廢除其第一位皇后郭聖通的詔書。主要是從其内生嫉怨、薄待庶子的角度來陳説罪狀的。"《關雎》之德"與"吕、霍之風"對舉,説明二者含義相近。吕雉(漢高祖之后)、霍成君(宣帝之后)是前漢歷史上以妒殺嬪妃、殘害皇嗣聞名的皇后。故此處的"《關雎》之德"理解爲"不嫉妒"更爲合理。

　　在漢順帝時期,梁皇后提及《螽斯》一詩時,也著重從"不專寵""不嫉妒"的角度取義,按《後漢書‧皇后紀》:

　　　　(梁皇后)常特被引御,從容辭於帝曰:"夫陽以博施爲德,陰以不專爲義,螽斯則百,福之所由興也。願陛下思雲雨之均澤,識貫魚之次序,使小妾得免罪謗之累。'由是帝加敬焉。"(《後漢書》卷十下,第 439 頁)

史料記載梁皇后習《韓詩》,故王先謙將此則材料歸入《韓詩》,以證明《韓詩》與《毛詩》觀點相同。③ 因爲三家《詩》材料的複雜性,這則材料反映的究竟是哪個學派的觀點我們暫且擱置不論。不過從中仍可看到,"后妃不嫉妒"的觀點在東漢時期更爲流行,朝廷層面對這一説法更爲認可。

　　此外,魏晉文獻中所載的"衛宏作序"之説,其時間焦點亦指向漢光武帝時期。陸

----

　　① 關於這一觀點,清人已有認識。胡承珙言:"匡衡之言,實同毛氏。"(見胡承珙著,郭全芝校點:《毛氏後箋》,合肥:黄山書社點校本,1999 年,第 11 頁)馮登府言:"考三家所爲刺詩者,乃陳古諷今之説也。"又云:"此明言《關雎》文王之化,后妃之德,齊家治國之本,夫婦造端之正,與《毛序》皆合,猶得曰刺詩乎?"(見馮登府著,房瑞麗校點:《三家詩遺説》,上海:華東師範大學出版社點校本,2010 年,第 3 頁、第 5 頁。)

　　② 安居香山、中村璋八:《緯書集成》上册,石家莊:河北人民出版社,1994 年,第 471 頁。

　　③ 王先謙:《詩三家義集疏》,第 35 頁。

璣《毛詩草木鳥獸蟲魚疏》:"時九江謝曼卿亦善《毛詩》,乃爲其訓。東海衛宏,從曼卿受學,因作《毛詩序》,得風雅之旨。"①衛宏生於建武元年(25 年),卒于建武中元二年(57 年),與漢光武帝在位時間完全相合。當代學界有不少學者均指出"衛宏作序"説有其合理性。② 由此我們推測:衛宏在編修小序的過程中爲了貼合漢光武帝一朝政治現實,而將"后妃不嫉妒"的觀點納入到了小序的詩旨闡説體系之中。

其實,衛宏編修小序過程中"迎合政治需求"的理念,也與東漢時期古文經學的發展特點相合。王莽之亂後,爲了更好地適應現實政治的需求,古文經學家在説解經義時也會進行了一定程度的改造。據曲利麗研究,賈逵的《春秋左傳注》較之西漢董仲舒的《春秋繁露》帶有更明顯的"尊君卑臣"特徵,爲的是更加適應東漢帝王的王權專制思想。③ 賈逵與衛宏所處時代接近,且都曾學《詩》于謝曼卿,二人在學術理念方面或有相通之處。從這個角度來看,衛宏在編修詩序的過程中取用與現實政治聯繫更爲緊密的觀點也就不難理解了。

三 "后妃之德"觀念在其他詩篇中的理解與闡釋

《傳》《序》《箋》對《關雎》一詩"后妃之德"的不同理解也影響到其他一些詩篇的詩旨闡説。《二南》小序多以"后妃"或"夫人"爲主題,與《關雎》詩旨存在顯性關聯,此外《國風》中其他一些詩篇亦與《關雎》詩旨的理解有着隱性聯繫。而這些詩篇的小序對於"后妃之德"的理解並不完全一致。這種觀念上的參差其實正是小序闡釋體系在層纍建構過程中所留下的痕跡。

《二南》作爲"正始之道,王化之基",在《毛詩》闡釋體系中屬於"正經"。《毛傳》已體現出一定程度的主題關聯意識。④ 衛宏編修小序更是在詩篇之間主題的關聯性與體系性方面下足了功夫。因其在《關雎》詩旨闡説中力主"后妃不嫉妒"之説,所以

---

① 陸璣:《毛詩草木鳥獸蟲魚疏》卷下,《景印文淵閣四庫叢書·經部六四》,台北:台灣商務印書館,1986 年,第 27 頁上欄。

② 參趙沛霖:《詩經研究反思》,天津:天津教育出版社,1989 年;李山:《漢儒〈詩〉説之演變——從〈孔子詩論〉〈周南·關雎〉篇的本義説起》,《北京師範大學學報(哲學與社會科學版)》2004 年第 4 期;尚學鋒:《從〈關雎〉的闡釋史看先秦兩漢詩學》,《北京師範大學學報(哲學與社會科學版)》2004 年第 4 期;劉鳳泉:《也論〈毛詩序〉之作者問題(上)——衛宏作〈毛詩序〉辯護》,《廣西社會科學》2012 年第 10 期;劉鳳泉:《也論〈毛詩序〉之作者問題(下)——否定衛宏作〈毛詩序〉駁議》,《廣西社會科學》2012 年第 11 期。

③ 曲利麗:《兩漢之際文化精神的演變》,北京:中華書局,2017 年,第 152—156 頁。

④ 如《芣苢》一詩,《魯詩》處理爲"傷夫有疾"之詩,《毛傳》訓釋則將"芣苢"訓爲"宜懷妊"之物,與婦人有關。又如《草蟲》,《魯詩》處理爲"好善道"之詩,《毛傳》則在訓釋中言"卿大夫之妻,待礼而行,隨從君子",顯然與"夫人"主題相聯繫。《魯詩》的相關材料,參見王先謙《詩三家義集疏》,第 47 頁、第 74 頁。

在《周南》的《樛木》《桃夭》《螽斯》,以及《召南》的《小星》中,小序續序部分也均添加了"不嫉妒"的相關表述。此外,《小雅·車轄》一詩的小序設定爲諷刺幽王,而極受幽王寵愛的褒姒可以説是賢妃的典型反面角色。小序言"褒姒嫉妒",也受到了《關雎》詩旨理解的影響:

> 《樛木》,后妃逮下也。言能逮下,而無嫉妒之心焉。
>
> 《桃夭》,后妃之所致也。不妒忌,則男女以正,婚姻以時,國無鰥民也。
>
> 《螽斯》,后妃子孫眾多也。言若螽斯不妒忌,則子孫眾多也。
>
> 《小星》,惠及下也。夫人無妒忌之行,惠及賤妾,進御於君,知其命有貴賤,能盡其心矣。
>
> 《車轄》,大夫刺幽王也。褒姒嫉妒,無道並進,讒巧敗國,德澤不加於民。周人思得賢女以配君子,故作是詩也。

與《關雎》相同,《毛傳》在這些詩篇的闡釋中均未提及"不嫉妒",而《毛詩箋》則對這一信息有所呼應。但不同于《關雎》中積極運用改易《毛傳》字詞訓釋的方式來申明其觀點,鄭玄在這些詩篇中多通過句意訓釋的方式照應續序。在《螽斯》中,鄭玄將"不嫉妒"與螽斯的物種屬性聯繫起來:"凡物有陰陽情欲者無不妒忌,維蚣蝑不耳,各得受氣而生子,故能詵詵然眾多。后妃之德能如是,則宜然。"(《毛詩正義》卷一之二,第35頁)而《毛傳》對於"螽斯"則僅進行了簡單的名物訓釋:"螽斯,蚣蝑也。"(《毛詩正義》卷一之二,第35頁)在《車轄》一詩中,鄭玄將一般的詩句轉化爲興喻之辭,將"不嫉妒"的信息灌注到詩文闡釋之中。如"陟彼高岡,析其柞薪。析其柞薪,其葉湑兮"一句中的"薪"本爲一個常見的與婚姻有關的意象。[①] 而鄭玄則將"析薪"理解爲"辟除嫉妒之女":"登高崗者,必析其木以爲薪。析其木以爲薪者,爲其葉茂盛,蔽岡之高也。此喻賢女得在王后之位,則必辟除嫉妒之女,亦爲其蔽君之明。"(《毛詩正義》卷十四之二,第485頁)不過除了《螽斯》《車轄》,《樛木》《桃夭》《小星》這幾首詩的訓釋中鄭玄均未明確提及"不嫉妒"這一信息。

除上述幾首詩外,《詩經》中還有一些詩篇的闡釋其實亦受《關雎》詩義的深刻影響。但這些詩篇中的小序並沒有堅持"不嫉妒"説,而取用的是《毛傳》及三家《詩》所持的"夫婦有別"説。

如《齊風·雞鳴》寫的是男子留戀枕席,女子勸其早起之事。這一"起床"主題恰好就是三家《詩》眼中的《關雎》詩旨——"康王晏起"。起床本爲一件小事,但是對於

---

① 有學者指出,"薪"與先民婚禮中的"燎炬"之俗有關。參邵炳軍、郝建傑:《〈詩·唐風·綢繆〉詩旨補證》,《河北師範大學學報(哲學社會科學版)》2007年第1期。

君王而言,晏起則意味着荒淫怠慢、不顧朝政。所以馮衍《顯志賦》云:"美《關雎》之識微兮,愍王道之將崩。"(《後漢書》卷二十八下,第 994 頁)《雞鳴》小序的表達也與《關雎》詩旨相照應:"《雞鳴》,思賢妃也。哀公荒淫怠慢,故陳賢妃貞女夙夜警戒相成之道焉。""賢妃貞女"正是《關雎》中的"窈窕淑女"。與此類似,《鄭風·女曰雞鳴》也是一首與"起床"主題相關的詩篇。① 小序:"《女曰雞鳴》,刺不説德也。陳古義以刺今,不説德而好色也。"鄭玄對於"女曰雞鳴,士曰昧旦"一句的訓釋也顯然依循"夫婦有別"説:"此夫婦相警覺以夙興,言不留色也。"

又如《邶風·静女》一詩,其文本内容爲女子等候心上人的心理活動。《毛傳》爲了迎合政治化的闡釋目標,對其詩義進行了一系列改造。其中最關鍵的要數"彤管"一詞的訓釋。《毛傳》:"既有静德,又有美色,又能遺我以古人之法,可以配人君也。古者后夫人必有女史彤管之法,史不記過,其罪殺之。后妃群妾以禮御於君所,女史書其日月,授之以環,以進退之。生子月辰,則以金環退之。當御者,以銀環進之,著於左手;既御,著於右手。事無大小,記以成法。"(《毛詩正義》卷二之三,第 105 頁)此處《毛傳》頗費筆墨,將"彤管"釋爲女史記録妃妾進御君主的工具,以象徵妃妾進御君王應當有法有度。據董志翹的考察,"彤管"即爲"彤菅",亦即紅蘭,在詩中爲男女互贈香草以示愛情的信物。② 聯繫此詩小序:"《静女》,刺時也。衛君無道,夫人無德。"按照《毛傳》的説法,此詩爲"陳古刺今"之作,當今夫人所缺之"德"正是彤管所象徵的進御有度、夫婦有別之德,亦即《關雎》所強調的"后妃之德"。鄭玄對此説法並無異議。

此外,《陳風》中《東門之池》的小序亦體現了"后妃之德"的影響。《東門之池》讚美的是"彼美淑姬,可與晤歌",小序則以美爲刺,認爲此詩有"疾其君之淫昏,而思賢女以配君子也"的用意。這首詩雖未明確強調"夫婦有別",但從"思賢女以配君子"的表述中仍可看到《關雎》詩旨的烙印。通過這些詩篇的小序及相關闡釋可以看到:《關雎》所讚美的"夫婦有別"已經内化爲漢儒評判女子德性教養的重要標杆。而在這些詩篇中,小序、《毛詩箋》同《毛傳》的理解是一致的。

回到《毛詩》闡釋體系中,爲何小序在《二南》部分取用並貫徹"后妃不嫉妒"的觀念,而在《國風》其他相關詩篇中則採用與《毛傳》相同的"夫婦有別"説呢?

前文已提到,將《關雎》詩旨解讀爲"后妃不嫉妒"其實是衛宏編修小序時照應現

---

① 《傳》《序》《箋》皆將《女曰雞鳴》的首章理解爲君子不好美色,次兩章理解爲君子好有德之士。其實《女曰雞鳴》全詩皆講的是夫婦之間的關係,這一點從"與子偕老""琴瑟在御"等表達便可看出。《傳》《序》《箋》的理解雖然有所偏差,但對於首章的解讀仍與《關雎》詩義聯繫密切。

② 董志翹:《〈詩〉語間詁(一)》,《漢語史研究集刊》第十八輯,第 7—20 頁。

實政治的一種做法。而另一方面,將《二南》的詩旨體系建構得精巧嚴密同樣也是衛宏編修小序時的重要追求。所以《螽斯》《桃夭》等詩的小序續序部分才會添加一些"后妃不嫉妒"的表達。但無論是西漢還是東漢,在史料和文學作品中,漢儒對於《關雎》詩義的理解一直以"夫婦有別"説占主導,説明在漢代這一觀點是很具影響力和生命力的。所以在《二南》之外,在詩旨闡説體系建構的要求不那麼緊迫的闡釋語境中,衛宏和鄭玄則沿用《毛傳》所主的"夫婦有別"説。這也更加説明,衛宏將《關雎》詩旨改爲"不嫉妒",其實是一種"權宜之計"。

除此之外,被釋詞詞義範圍的限制以及詩篇文本闡釋空間的約束也是小序和《毛詩箋》在一些詩篇中未取用"不嫉妒"説的原因之一。古文經學家闡説義理,多以被釋詞的客觀詞義作爲媒介。如《毛詩箋》在《關雎》中的"怨偶爲仇""左右,助也"等訓釋,皆爲其"后妃不嫉妒"的詩旨理解服務。雖然這一理解未必合乎詩篇文意本身,但鄭玄的這幾則訓釋皆未超出被釋詞的客觀詞義範圍。加之《關雎》一詩内容與結構的特點,也爲"不嫉妒"説提供了一定的闡釋空間,故而小序和《毛詩箋》可以自圓其説。而在《雞鳴》《女曰雞鳴》等詩中,詩文内容爲"起床"主題,顯然與"夫婦有別"主題關係更爲密切,小序和《毛詩箋》如果仍取用"不嫉妒"説,則會使得詩旨主題以及訓釋内容更大程度地偏離詩文原意,使得訓釋更爲曲折附會,有悖於古文經學根本性的學術理念。

四　結語

通過比較《毛傳》《詩小序》《毛詩箋》就《關雎》"后妃之德"理念的設定差異,挖掘不同觀念的經學淵源,探討《關雎》詩旨對於其他詩篇闡釋的影響情況,我們可以看到:漢代經學雖有今古文之分,師法家法亦以嚴格著稱,但《毛詩》與三家《詩》之間並非涇渭分明的敵對陣營,二者不乏相通之處,不同學派内部也並非鐵板一塊。《列女傳》中雖然有"和好眾妾"之説,但並非三家《詩》的主流觀點。《毛詩》闡釋體系中,《毛傳》與小序(尤其續序)、《毛詩箋》之間的差異和矛盾在有些篇目中也十分顯著。清末學者對於今古文之學的理解,或帶有一些強化差異的嫌疑。而唐代孔穎達《毛詩正義》的很多疏解,則有着彌合矛盾的取向。不同詩派之間整體的治學風格或有區別,但具體觀點方面則不能通過其外在"標籤"來做判斷。從訓釋材料和史書材料本身出發,才可對漢代《詩經》研究的實際情況有更爲清晰的認識。

清儒對於字詞訓詁與經學義理之間的關係有不少論説。戴震言:"經之至者道也,所以明道者其詞也,所以成詞者字也。由字以通其詞,由詞以通其道,必有漸。”①錢大昕云:“有文字而後有訓詁,有訓詁而後有義理。訓詁者義理之所由出,非別有義理出乎訓詁之外者也。”②本文對“后妃之德”的研究從《關雎》篇的訓釋差異入手,追溯觀念差異的經學淵源,梳理小序闡釋體系的内在關聯,最後又落腳到《螽斯》《車舝》《静女》等詩篇的訓釋問題上來,也是我們沿着先人治學理念的一點探索。其實,訓詁與義理之間的關係並非綫性的、單向的,探究訓詁問題離不開經學義理的關照,而經學義理的理解亦需要字句訓釋作爲“把手”。我們作爲經學典籍的研究者,必須在這兩個向度之間來回穿梭。

作者簡介:

白如,女,1989 年生,山西太原人,北京師範大學文學院助理研究員。主要研究領域爲《詩經》學、訓詁學。近年代表性論著有《試論〈毛詩箋〉文意訓釋的語義構成》(《語言學論叢》2021 年第 1 輯,總第 63 輯)、《〈毛詩箋〉“以禮箋〈詩〉”的經學建構理念探源》(《中國詩歌研究》2020 年第 2 輯,總第 20 輯)、《鄭玄〈毛詩箋〉基於對文語境的訓釋及其特色》(《勵耘語言學刊》2019 年第 1 輯,總第 30 輯)。

---

① 戴震著,楊應芹、諸偉奇編:《與是仲明論學書》,《戴震全書》第六册,合肥:黄山書社,2010 年,第368 頁。

② 錢大昕:《經籍籑詁序》,見阮元編《經籍籑詁》,北京:中華書局,1982 年,第 1 頁。

鄧秉元《孟子章句講疏》出版

《孟子章句講疏》，復旦大學歷史學系鄧秉元教授撰，上海人民出版社 2022 年 10 月出版。

孟子其人不僅是先秦諸子之一，後來且被尊爲"亞聖"，其書也是宋以來"十三經"或"四書"之一，兩千餘年來所影響於中國思想學術與中國人之心靈者甚大。自東漢趙岐作注以來，歷代注釋解説極夥，每隨學術之進展與時代之變遷而有所發明，於中亦可見《孟子》所蘊之深，可以不斷探究闡釋。本書作者自 2004 年起在復旦大學"中國經學史"課上開始講授《孟子》，其後研精覃思，取精用宏，耗時十餘年，撰成本書。其中前六卷曾附以朱熹集注，於 2011 年刊行，此次則刪去朱注，補寫完後八卷，以成全璧。

本書爲對《孟子》一書的注釋和解讀，每卷開頭爲解題，仿趙岐《章指》之作，概述該卷大旨，下列章旨結構圖，勾勒一卷之整體脈絡。原文之下，分簡注與講疏兩部分。前者疏通文義，對《孟子》原文中對一般讀者來説理解相對有困難的，或歷來有争議、有誤解的字詞進行簡要注釋，講疏則章分句析，詳細闡釋《孟子》原文的基本含義及其中所蘊含的義理。本書特色鮮明，創見迭出，舉其犖犖大者，約略有五：

其一，作者一反近人"先秦諸子不自著書"之説，以爲《孟子》此書實如《史記》所言，乃孟子自著，而爲其高第弟子續成，故能義旨嚴密，條貫井然。以此爲基礎，作者對各卷的先後次序、每一卷的篇章結構皆作了仔細分析，以見《孟子》一書義理系統的圓融周密，渾然一體。

其二，作者以"經學"視角理解《孟子》。所謂"經學"視角，基於先秦儒學仁智一體的德性思維，在對"天道"一體性的把握之中，揭示孟子與原儒的心性結構與體用層次，因此對《孟子》大義的闡釋與時論頗有不同。

其三，作者對《孟子》解讀的同時，也嘗試打通《周易》《禮記》等經典，以揭示孔孟學術的一貫之處，證明孟子非僅先秦諸子之一，實爲孔子以後儒學的樞紐所在，其學説實有無可取代的價值。

其四，在解説《孟子》過程中，本書也對道、墨、名、法、縱橫諸家之説有所辨析，以經學衡判諸子，使各自的學術特色、價值與在學術史上的定位得以凸顯。

其五，作者力主對《孟子》的闡釋應該是開放的，因此儘量融會近世中西學術，也體現了時代的特色，是站在今人的立場去看待經典，而不是固守古人成説。

要而言之，本書不止爲今人解讀《孟子》的新成果，更可謂當代"新經學"之重要代表，足以見中華傳統學術之生生不已。

晉武帝諸王師友之經學

馬 楠

内容摘要 晉武帝泰始元年、咸寧三年、太康十年三次大規模封建宗室,與之密切相關的是選任辟除諸王之師、友、文學。泰始元年所封皇弟樂安王鑒、燕王機,咸寧三年徙封之皇子南陽王柬,因武帝特加關注,師友文學可稱選任得人,與一般諸王師友率取膏粱、構長浮華頗有不同。綜理武帝時諸王師友及相關著述,禮學最受重視,《儀禮·喪服》相關討論依然最爲集中。而值得關注的變化是,泰始年間《周禮》《禮記》研究相對突出,呈現出合流、互證趨勢,可以見出"禮記"從漢代普遍認爲的《儀禮》之記向"記二禮之遺闕"轉換的過程。

關 鍵 詞 晉武帝 《禮記》 《周禮》

對於東晉、南朝而言,西晉典籍最稱完備,南渡後蒐集舊書、繼有新著,但直至梁武帝時文德殿書卷帙依然不及西晉《中經新簿》舊藏。[①] 司馬彪、華嶠所續《漢書》被認爲是"詳實""準當",堪爲後漢史書之冠;[②]《漢書》晉灼、臣瓚兩種集解構成了顏注的

---

① 西晉《中經新簿》載書,《隋書經籍志》云"合二萬九千九百四十五卷"。(《隋書》卷三二《經籍》,北京:中華書局,1973 年,第 906 頁)而據阮孝緒《七録序》所附"古今書最",梁武帝"天監四年文德正御四部及術數書目録,合二千九百六十八袠,二萬三千一百六卷"。(《廣弘明集》卷三,上海:商務印書館,四部叢刊初編本,第 38 頁)很多學者據"古今書最",認爲《晉中經簿》載書"二萬九百三十五卷",是不正確的。《中經新簿》據《隋志》《舊唐志》著録皆爲十四卷,而"古今書最"稱《晉中經簿》"書簿少二卷,不詳所載多少",是阮氏所見之《中經新簿》爲十二卷,欠二卷。説詳張固也《〈七録序〉探微二則》(《古典目録學研究》,武漢:華中師範大學出版社,2014 年,第 59 頁)。

② 梁人劉勰《文心雕龍·史傳》曰:"至於後漢紀傳,發源東觀。袁張所製,偏駁不倫。薛謝之作,疏謬少信。若司馬彪之詳實,華嶠之準當,則其冠也。"(黄叔琳注、李詳補注、楊明照校注拾遺:《增訂文心雕龍校注》,北京:中華書局,2012 年,第 205 頁)

主體內容，東晉蔡謨以下則被認爲鮮有貢獻，都是建立在上述認識的基礎上。① 西晉學術史卻因材料所限，研究不夠深入，本身有極大的發掘空間。

至於西晉經學，往往被視作曹魏經學的延續，或東晉學術的前身，相關研究也多從曹魏推演、從東晉上溯，甚少關注西晉本身。而西晉經學本身的討論又相對集中，有限的若干議題，如杜預《春秋左傳集解》的研究，較少涉及晉武帝時期的學術背景；汲冢竹書、辟雍碑及"十九博士"的討論，②也以王朝的秘書、太學爲中心，西晉經學的整體面貌依然模糊不清。

西晉初年，武帝統治時期有三次大規模封建宗室，與之密切相關的是選任辟除諸王之師、友、文學，這一群體人數相對有限，但流傳至東晉南朝的經學著述與論說遺文並不罕見，因而我們以武帝時諸王師友的經學著述爲切入點，試圖爲西晉經學史研究提供新的議題，也試圖深化對於西晉經學的了解。

一　諸王師友

晉武帝時有三次大規模封建宗室，分別在踐祚之初的泰始元年（265）、重病復愈後的咸寧三年（277），③與崩逝前夕的太康十年（289）。④ 與廣封諸王密切相關的是選任諸王之師、友、文學，充任諸侯王師友文學當然是起家進身良選，而對於諸侯王而言，也無疑能得到名士豪族的助益。

惠帝時愍懷太子被廢，閻纘上書理太子之冤，指陳太子師保以及諸王師友文學，率取膏粱，相勸交遊，構長浮華：

臣伏念遹生於聖父而至此者，由於長養深宮，沈淪富貴，受饒先帝，父母驕之。

每見選師傅下至羣吏，率取膏粱擊鍾鼎食之家，希有寒門儒素如衞縮、周文、石奮、

---

① 顏師古《漢書敘例》晉灼、臣瓚以後，又有劉寶，小注"侍皇太子講《漢書》，別有駁義。"郭璞，小注"止注相如序及游獵詩賦。"蔡謨，《敘傳》云"全取臣瓚一部散入《漢書》，自此以來始有注本……謨亦有兩三處錯意，然於學者竟無弘益。"崔浩，小注"撰荀悦《漢紀》音義。"（《漢書》，北京：中華書局，1962 年，第5—6 頁）

② 參看童嶺：《晉初禮制與司馬氏帝室——〈大晉龍興皇帝三臨辟雍碑〉勝義蠡測》，《學術月刊》，2013 年 10 期；程蘇東：《西晉"十九博士"所掌師法考——以〈大晉龍興皇帝三臨辟雍碑〉爲參照》，《華南師範大學學報》（社會科學版），2015 年 06 期。

③ 仇鹿鳴：《咸寧二年與晉武帝時代的政治轉折》，《學術月刊》2008 年 11 期。

④ 吳南澤：《劉頌的封建論與西晉武惠之際的政局》，《許昌學院學報》2018 年 9 期。

疎廣，洗馬、舍人亦無汲黯、鄭莊之比，遂使不見事父事君之道。臣案古典，太子居以士禮，與國人齒，以此明先王欲令知先賤然後乃貴。自頃東宮亦微太盛，所以致敗也。非但東宮，歷觀諸王師友文學，皆豪族力能得者，率非龔遂、王陽，能以道訓。友無亮直三益之節，官以文學爲名，實不讀書，但共鮮衣好馬，縱酒高會，嬉遊博弈，豈有切磋，能相長益？

閻纘的建議，則是爲愍懷太子"重選保傅"，謂當以張華、劉寔、裴頠爲之，"置游談文學，皆選寒門孤宦以學行自立者，及取服勤更事、涉履艱難、事君事親、名行素聞者，使與共處。使嚴御史監護其家，絶貴戚子弟、輕薄賓客"。①

回顧晉武帝時期諸王師友文學，頗近於閻纘所謂"率取膏粱""實不讀書"的情形；但武帝特別重視的子弟，如皇弟樂安王鑒、燕王機、皇子秦王柬，師友文學屢見史籍記載，著述、議論亦多見於《隋志》《通典》等書，選任可以説頗得其人。②

（一）泰始元年至咸寧二年

武帝即位之初，泰始元年（265）冬十二月丁卯廣封諸王，隨即爲皇弟樂安王鑒、燕王機"高選師友"，其詔曰："樂安王鑒、燕王機並以長大，宜得輔導師友，取明經儒學，有行義節儉，使足嚴憚。昔韓起與田蘇遊而好善，宜必得其人。"③

《隋書·經籍志》著録樂安王、燕王師友著述，有：

> 梁有《尚書義疏》四卷，晉樂安王友伊説撰，亡。
> 《周官禮》十二卷，伊説注。
> 梁又有《周官寧朔新書》八卷，晉燕王師王懋約撰，亡。
> 《禮記寧朔新書》八卷，王懋約注。梁有二十卷。④
> 《周官禮異同評》十二卷，晉司空長史陳劭撰。⑤

伊説、王懋約生平不詳。王懋約所注兩"寧朔新書"爲司馬伷所撰，司馬伷卒於太康四年（283），年五十七，則生於魏明帝太和元年（227），《晉書》本傳云"正始初，封南安亭

---

① 房玄齡等：《晉書》卷四八《閻纘傳》，北京：中華書局，1974 年，第 1350 頁—第 1351 頁。
② 相關研究參可看張興成《兩晉宗室制度研究》，上海：上海古籍出版社，2013 年，64—67 頁。
③ 房玄齡等：《晉書》卷三八《文六王傳·樂安王鑒》，第 1138 頁。
④ 《通典》卷三一《職官》歷代王侯封爵引《山公啟事》曰："王楙爲燕王師"，當即其人。（杜佑：《通典》，北京：中華書局，2016 年，第 856 頁。）
⑤ 魏徵等：《隋書》卷三二《經籍》，第 914、919、922 頁。

侯。早有才望,起家爲寧朔將軍",①故題曰"寧朔"。而稱作"新書",當爲改易《周禮》《禮記》次第,離合篇卷。②

陳劭爲燕王師,見於《晉書·儒林傳》:"東海襄賁人也。郡察孝廉,不就,以儒學徵爲陳留内史,累遷燕王師。撰《周禮評》,其有條貫,行於世。泰始中,詔曰:'燕王師陳劭清貞潔静,行著邦族,篤志好古,博通六籍,耽悦典誥,老而不倦,宜在左右,以篤儒教,可爲給事中。'卒於官。"③未詳與王懋約爲燕王師先後。此書《舊唐志》作"《周官論評》十二卷,陳劭駮,傅玄評",則成書在傅玄卒殁以前。

泰始元年十二月所封諸王,司馬孚以外,皆爲武帝叔父、從伯從叔、從父兄弟,皇弟僅有三人,即"攸爲齊王,鑒爲樂安王,機爲燕王"。泰始年間三王皆未之國,齊王攸本人已"行太子少傅,數年,授太子太傅",④且爲景帝嗣,諸史傳記未聞其師友;而從前引詔書看來,武帝對樂安王、燕王師友顯然頗爲關注。

(二)咸寧三年至太熙元年

咸寧三年(277)八月封建諸王,基本實現了移封就鎮,都督方面的目的。武帝子柬徙封爲南陽王,太康十年(289)十一月改封爲秦王後之國。管輅稱譽的"劉潁川兄弟"劉寔、劉智,⑤劉智入爲秘書監,領南陽王師,當在此時。胡奮唯有一子,"爲南陽王友,早亡",當與劉智略同時。⑥石鑒第二子斟除南陽王文學,後遷南陽王友,⑦修武令劉訥補南陽王友,⑧當與胡奮子相先後。元敬皇后父虞豫"拜南陽王文學,早卒",據年齒推排,當在此時。⑨氾毓"召補南陽王文學",不就,亦當在此時。⑩

① 房玄齡等:《晉書》卷三八《宣五王傳·琅邪王伷》,第1121頁。
② 姚振宗:《隋書經籍志考證》,《二十五史補編》,北京:中華書局,1995年,第5093—5094頁。《舊唐書》卷一〇二《元行沖傳》元行沖作《釋疑》曰:"馬伷增革,向踰百篇。"北京:中華書局,1975年,第3179頁。
③ 房玄齡等:《晉書》卷九一《陳劭傳》,第2348頁。《經典釋文》叙録則云"陳劭字節良,下邳人,晉司空長史",(影印國家圖書館藏宋刻宋元遞修本,上海:上海古籍出版社,2008年,第43頁)與《隋志》結銜相同。
④ 房玄齡等:《晉書》卷三八《文六王傳·齊王攸》,第1132頁。
⑤ 房玄齡等:《晉書》卷四一《劉寔劉智傳》:"平原管輅嘗謂人曰:'吾與劉潁川兄弟語,使人神思清發,昏不假寐。自此之外,殆白日欲寢矣。'"第1198頁。
⑥ 房玄齡等:《晉書》卷五七《胡奮傳》,第1557頁。
⑦ 《石尠墓誌》,《全三國兩晉南朝文補遺》,西安:三秦出版社,2013年,第90頁。
⑧ 《太平御覽》卷二四八《職官》"王友"引《山公啓事》,北京:中華書局,2000年,第1169頁。參看張興成《兩晉宗室制度研究》,第65頁。
⑨ 房玄齡等:《晉書》卷九三《外戚傳·虞豫》,第2413頁。
⑩ 房玄齡等:《晉書》卷九一《儒林傳·氾毓》,第2351頁。

《晉書》本傳云劉智"著《喪服釋疑論》,多所辯明。太康末卒。"《隋志》著録,則有:

> 梁有《喪服釋疑》二十卷,(孔)[劉]智撰,亡。①

咸寧三年八月册立的還有皇子瑋,爲始平王;皇子允,爲濮陽王。太康十年(289)十一月瑋徙封爲楚王,允徙封爲淮南王。李重爲始平王文學,刁協"釋褐濮陽王文學",荀崧"補濮陽王允文學"當在這一階段。②

太康十年(289)十一月,也就是武帝末年,改封南陽王柬爲秦王,王湛少仕歷秦王文學則在此後。③又立皇子晏爲吳王,惠帝永康元年(300)八月改封爲賓徒縣王,趙王倫誅後復本封,永嘉五年(311)洛陽陷落後遇害。④蘇紹爲吳王師,⑤韓壽弟韓鑒、摯虞爲吳王友,鄧攸、鄭豐爲吳王文學,⑥以及二陸兄弟爲吳王郎中令,⑦主要集中在惠帝時期。

太康十年武帝同時册立皇孫遹爲廣陵王,也就是後來的愍懷太子。劉潁川劉智的兄長劉寔,曾爲廣陵王師,時間下限則是次年永熙元年(290)八月愍懷太子立爲皇太子。⑧《隋志》所載有:

> 《春秋條例》十一卷,晉太尉劉寔撰。梁有《春秋公羊達義》三卷,劉寔撰,亡。

---

① 魏徵等:《隋書》卷三二《經籍》,第920頁。
② 房玄齡等:《晉書》卷四六《李重傳》、卷六九《刁協傳》、卷七五《荀崧傳》,第1309、1842、1976頁。《荀崧傳》云"泰始中,詔以崧代兄襲父爵,補濮陽王允文學"當作兩句,補濮陽王文學在咸寧三年以後。
③ 房玄齡等:《晉書》卷七五《王湛傳》,第1960頁。
④ 房玄齡等:《晉書》卷六四《武十三王傳·吳敬王晏》,第1724頁。又卷四《惠帝紀》,第96頁。
⑤ 《世説新語·品藻》"謝公云:'金谷中蘇紹最勝。'"劉孝標注引石崇《金谷詩叙》曰:"余以元康六年,從太僕卿出爲使持節,監青、徐諸軍事、征虜將軍。有別廬在河南縣界金谷澗中……凡三十人,吳王師、議郎、關中侯、始平武功蘇紹字世嗣,年五十,爲首。"余嘉錫:《世説新語箋疏》,中華書局,2007年,第628頁。
⑥ 房玄齡等:《晉書》卷四〇《賈謐傳》"韓壽少弟蔚有器望,及壽兄軍令保、弟散騎侍郎預、吳王友鑒、謐母賈午皆伏誅。"卷五一《摯虞傳》"元康中,還吳王友"。卷九〇《良吏傳》鄧攸"舉灼然二品,爲吳王文學。"1174、1426、2338頁。又《隋志》集部"梁又有吳王文學鄭豐集二卷、録一卷,亡。"鄭豐與陸雲有詩辭往返,説詳姚振宗《隋書經籍志考證》,《二十五史補編》,第5744頁。
⑦ 房玄齡等:《晉書》卷五四《陸機傳》《陸雲傳》,第1473、1482頁。
⑧ 房玄齡等:《晉書》卷三《武帝紀》太康十年十一月甲申"皇孫遹爲廣陵王",卷三《惠帝紀》"秋八月壬午,立廣陵王遹爲皇太子,以中書監何劭爲太子太師,吏部尚書王戎爲太子太傅,衛將軍楊濟爲太子太保。"第79、89頁。

劉寔等《集解春秋序》一卷。①

所謂《春秋公羊達義》,《兩唐志》作"違義",據《晉書》本傳,此書"尤精三傳,辨正《公羊》,以爲衞輒不應辭以王父命,祭仲失爲臣之節,舉此二端以明臣子之體,遂行於世",②是論《公羊》之"違義",當從《兩唐志》。③

咸寧以後諸王師友,劉寔、劉智兄弟以外,大多未聞著述傳世。秦王柬(泰始六年封汝南土,咸寧三年徙封南陽王,太康十年徙封秦王)與惠帝同産,"於諸子中尤見寵愛",咸寧年間以左將軍居齊王攸故府,天下屬目。④ 南陽王—秦王師友文學屢見於《晉書》,確可見出武帝寵異。而愍懷太子爲廣陵王不足一年,劉寔爲廣陵王師時間自然更爲有限,愍懷太子被廢後閻纘建議爲之"重選保傅",提到"光禄大夫劉寔,寒苦自立,終始不衰,年同吕望,經籍不廢,以爲之保",全然未及劉寔爲廣陵王師事。

總結晉武帝時期諸王師友,確如閻纘所稱"率取膏粱擊鍾鼎食之家",⑤而武帝特別關心重視的樂安王鑒、燕王機、皇子秦王柬卻可説選任得人。

二　禮學特點

綜理上述武帝時諸王師友及相關著述,禮學明顯最受重視。《儀禮・喪服》篇的討論依然最爲集中,《通典》中屢有援引。東宮官及諸王師友有太子中庶子劉寶,《漢書叙傳》在晉灼、臣瓚之間,小注:"侍皇太子講《漢書》,別有《駁義》。"⑥又有上文所論劉智,有《喪服釋疑》。《通典》引劉寶下往往有王敞難、吴商答;引劉智《釋疑》下往往

---

① 魏徵等:《隋書》卷三二《經籍》,第929、930頁。
② 房玄齡等:《晉書》卷四一《劉寔劉智傳》,第1197頁。
③ 詳姚振宗《隋書經籍志考證》,《二十五史補編》,第5134頁。
④ 房玄齡等:《晉書》卷六四《武十三王傳・秦獻王柬》,第1720頁。
⑤ 又《晉書》卷四六《李重傳》重於惠帝初年"遷尚書吏部郎,務抑華競,不通私謁,特留心隱逸,由是羣才畢舉,拔用北海西郭湯、琅邪劉珩、燕國霍原、馮翊吉謀等爲秘書郎及諸王文學,故海內莫不歸心。時燕國中正劉沈舉霍原爲寒素,司徒府不從,沈又抗詣中書奏原,而中書復下司徒參論"(第1311頁),同樣反映了上述特點。
⑥ 詳前。《世説新語・簡傲》"陸士衡初入洛,咨張公所宜詣,劉道真是其一。陸既往,劉尚在哀制中。性嗜酒,禮畢,初無他言,唯問:'東吴有長柄壺盧,卿得種來不?'陸兄弟殊失望,乃悔往。"余嘉錫箋疏:"《通典》八十八孫爲祖持重議載劉寶以爲孫爲祖不三年,引據經典甚詳。則寶亦治喪服之學者,而其居喪乃如此!違其實而習其文,此魏、晉之經學,所爲有名無實也。"余嘉錫:《世説新語箋疏》,第905頁。

有虞喜《通疑》,大概後者引前議、前書而作。① 另外,濮陽王文學習協、荀崧,也以禮學著稱,元帝踐祚後二人共定中興禮儀。②

特別值得注意的是,泰始年間《周禮》《禮記》研究相對突出,且存在合流、互證趨勢。《禮記》漢代普遍認爲是《儀禮》("禮""士禮""禮經")之"記",至陸德明《經典釋文》轉謂"記二禮之遺闕,故名《禮記》"。魏晉時期《儀禮》《周禮》並立於學官,③那麼《周禮》及《周禮》《禮記》關聯性的研究就非常必要了。

《周禮》《禮記》研究合流、互證趨勢,當從馬融弟子盧植開始,④《後漢書》本傳:

> 時始立太學石經,以正五經文字,植乃上書曰:"臣少從通儒故南郡太守馬融受古學,頗知今之《禮記》特多回宂。臣前以《周禮》諸經,發起粃謬,敢率愚淺,爲之解詁,而家乏,無力供繕[寫]上。願得將能書生二人,共詣東觀,就官財糧,專心研精,合《尚書章句》,考《禮記》失得,庶裁定聖典,刊正碑文。"⑤

鄭玄《三禮目録》以《周禮》《儀禮》《禮記》爲次,改換了《漢志》"經—記—周官"的次第,以經(《周禮》《儀禮》)統傳(《禮記》),以傳證經。《三禮目録》順序及鄭注經記互證的特點,可以視作陸德明《禮記》"記二禮之遺闕"的先聲。

據上文,《隋志》著述諸王師友《周禮》《禮記》相關著述有:

> 《周官禮》十二卷,(晉樂安王友)伊説注。
> 梁又有《周官寧朔新書》八卷,晉燕王師王懋約撰,亡。
> 《禮記寧朔新書》八卷,王懋約注。梁有二十卷。
> 《周官禮異同評》十二卷,晉司空長史陳劭撰。

司馬伷"起家爲寧朔將軍",《周官寧朔新書》《禮記寧朔新書》當爲改易《周禮》《禮記》

① 詳姚振宗《隋書經籍志考證》,《二十五史補編》,第5101頁。
② 《晉書》卷六九《習協傳》云"協久在中朝,諳練舊事,凡所制度,皆稟於協焉,深爲當時所稱許。"第1842頁。
③ 程蘇東:《西晉"十九博士"所掌師法考——以〈大晉龍興皇帝三臨辟雍碑〉爲參照》,《華南師範大學學報》(社會科學版),2015年06期。
④ 又賈公彦《周禮疏·序周禮廢興》引馬融云:"奈遭天下倉卒,兵革並起,疾疫喪荒,(劉歆)弟子死喪,徒有里人河南緱氏杜子春尚在,永平之初,年且九十,家于南山,能通其讀,頗識其説。"(清嘉慶阮元刊本《十三經注疏·周禮注疏》,北京:中華書局,2009年,第1369—1370頁)。《隋書·經籍志》作"河南緱氏及杜子春受業於歆,因以教授。"不以緱氏爲河南縣,而與杜子春平列。且《隋志》載"《禮記要鈔》十卷,緱氏撰",兩《唐志》同。(《隋書》卷三二,第925、922頁)此處存疑不論。
⑤ 范曄:《後漢書》卷六四《盧植傳》,北京:中華書局,1965年,第2116頁。

次第,離合篇卷,似乎也有"以《周禮》諸經,發起秕謬"的意味。

陳邵所撰《周官禮異同評》,《經典釋文》叙録引述一條,卻是論《禮記》篇次的:

> 陳邵(字節良,下邳人,晉司空長史)《周禮論序》云:戴德删古禮二百四篇爲八十五篇,謂之大戴禮;戴聖删大戴禮爲四十九篇,是爲小戴禮。①

司馬伷、王懋約、陳邵著述都與《小戴禮記》篇次改易相關,應當是《周禮》《禮記》關聯、互證研究所引發的現象。《小戴禮記》最爲歷代經師熟知的自然是鄭玄所注四十九篇,但《禮記》篇目、篇次及分合歷史上有多次變化。唐初貞觀年間,魏徵"以戴聖《禮記》編次不倫,遂爲《類禮》二十卷,以類相從,削其重復,採先儒訓注,擇善從之"。② 開元時,元行沖爲《類禮》撰修義疏,"勒成五十卷,十四年八月奏上之"。尚書左丞相張説駁奏:

> 今之《禮記》,是前漢戴德、戴聖所編録,歷代傳習,已向千年,著爲經教,不可刊削。至魏孫炎始改舊本,以類相比,有同抄書,先儒所非,竟不行用。貞觀中,魏徵因孫炎所修,更加整比,兼爲之注,先朝雖厚加賞錫,其書竟亦不行。今行沖等解徵所注,勒成一家,然與先儒第乖,章句隔絶,若欲行用,竊恐未可。

而元行沖著《釋疑》自釋云:

> 小戴之禮,行於漢末,馬融注之,時所未覩。盧植分合二十九篇而爲説解,代不傳習。鄭因子幹,師於季長。屬黨錮獄起,師門道喪,康成於竄伏之中,理紛挐之典,志存探究,靡所咨謀。而猶緝述忘疲,聞義能徙,具於《鄭志》,向有百科。章句之徒,曾不窺覽,猶遵覆轍,頗類刻舟。王肅因之,重茲開釋,或多改駁,仍按本篇。又鄭學之徒,有孫炎者,雖扶玄義,乃易前編。自後條例支分,箴石間起。馬伷增革,向踰百篇;葉遵删修,僅全十二。③

《禮記正義》稱"然鄭亦附盧、馬之本而爲之注",説明鄭本的次第同於馬融、盧植,據元行沖《釋疑》,王肅"仍按本篇",亦同鄭本。改易舊本,以類相比,始於曹魏孫炎(《隋志》:《禮記》三十卷,魏祕書監孫炎注),此後有西晉司馬伷(《隋志》:《禮記寧朔新書》

---

① 此句下又有"後漢馬融、盧植考諸家同異,附戴聖篇章,去其繁重及所叙略而行於世,即今之《禮記》是也。鄭玄亦依盧、馬之本而注焉。"很有可能同屬于《周禮論序》。《經典釋文》卷一《序録》,第43—44頁。
② 劉昫等:《舊唐書》卷七一《魏徵傳》,第2559頁。
③ 劉昫等:《舊唐書》卷一〇二《元行沖傳》,第3178—3179頁。

八卷,王懋約注。梁有二十卷)與宋奉朝請葉遵(《隋志》:梁有《禮記》十二卷,業遵注,亡)。①

就《小戴禮記》本身各篇特點而言,《禮記》諸篇中很大一部分確實與《儀禮》關係緊密,甚至與《儀禮》附經之記文句頗多相似。另有部分篇目則與《儀禮》關係疏遠,多論名物制度,與《周禮》卻有可資互證之處。

據《禮記正義》引鄭玄《三禮目録》"此於《別録》屬某某"排列:

《別録》	篇目
制度	曲禮　王制　禮器　少儀　深衣
通論	檀弓　禮運　玉藻　大傳　學記　經解　哀公問　仲尼燕居　孔子閒居　坊記　中庸　表記　緇衣　儒行　大學
喪服	曾子問　喪服小記　雜記　喪大記　奔喪　問喪　服問　聞傳　三年問　喪服四制
祭祀	郊特牲　祭法　祭義　祭統
世子法	文王世子
子法	内則
吉禮	投壺
吉事	冠義　昏義　鄉飲酒義　射義　燕義　聘義
明堂陰陽	月令　明堂位
樂記	樂記

其中《冠義》《昏義》《鄉飲酒義》《射義》《燕義》《聘義》與《士冠禮》《士昏禮》《鄉飲酒禮》《大射》《燕禮》《聘禮》經文相應,《投壺》與射禮頗多類似。"此於《別録》屬喪服"的十篇及《檀弓》等篇,與《士喪禮》《喪服》密切相關,固然都可以視作"記《儀禮》之遺闕"。

而《王制》《禮器》《郊特牲》《明堂位》多論制度,《内則》《玉藻》等篇多論名物,與《儀禮》關係較遠(當然《郊特牲》後半與冠義、昏義、饋食義有關,《玉藻》後半更偏重儀節),雖撰寫編纂時未必與《周官》有關,但就後代研究者來說,視作《周禮》記文似乎更爲合適。又如《雜記》篇雖論喪服、喪禮行事,最後又有子貢觀蜡、釁廟的内容,可能也是司馬伷《禮記寧朔新書》百餘篇的分篇依據。

---

① 魏徵等:《隋書》卷三二《經籍》,第922頁。《隋志》又有"《業詩》二十卷,宋奉朝請葉遵注"(第918頁),亦當是改易《詩經》篇第,且爲注釋。

作者簡介：

馬楠,女,1982 年生,北京人,清華大學歷史系副教授。主要研究領域爲歷史文獻學,近年代表性論著有《唐宋官私目録研究》(中西書局,2020 年)。

《大戴禮記》佚篇的學術史考察[*]

覃力維

内容摘要 歷來對《大戴禮記》佚篇的説解,可約爲兩類:一是小戴删大戴,即《小戴禮記》是《大戴禮記》的佚篇,其實質是《大戴禮記》並未散佚;一是漢唐間群籍所引逸禮、逸記與《大戴禮記》佚篇對應,篇目略爲可考。前者多調和傳世文獻所記禮書篇數,但能得出正反兩種結論,且生發出大戴增廣小戴的説法。後者則通過輯佚,試圖還原《大戴禮記》佚篇的面貌乃至全貌;尤其是清代輯佚學大興,《大戴禮記》佚篇的考索漸爲成説。二者皆有難解的疑問,且各家説經學體式與今古文,標準各異,亦顯雜糅。但從篇數調和到今古文混同,《大戴禮記》佚篇詮解的學術史可得以還原。而諸家在數字、今古文、家法、經記之間,展開對各種異説的辨别與選擇,也恰能體現經學考證中學者智識所産生的作用。

關 鍵 詞 大小戴記 今古文 輯佚 逸禮 逸記

世傳《大戴禮記》並非全帙,今僅存三十九篇。相比於《周禮》《儀禮》《禮記》三禮,《大戴禮記》的研習和流傳在歷史上並不繁盛,至清代樸學大興,方有較爲完整的疏體著作。歷來對《大戴禮記》佚篇的考證,陳壽祺、梁啓超、武内義雄、阮廷焯、錢玄、

* 本文是國家社科基金重大課題"中國傳統禮儀文化通史研究"(批號 18ZDA021)的階段性成果。

劉曉東、孫顯軍、甘良勇等皆有所述。① 從學術源流看,《大戴禮記》佚篇首先是與小戴删大戴説相關聯,然後才有《大戴禮記》佚文佚篇的專門考證。從二戴《記》篇目數字的彌縫到《大戴禮記》佚篇的輯佚,這一學術議題的詮釋史可得以還原。而且通過勾連、對比前後時段的異同之處,也可一窺傳統禮學文獻考證的細微之處。

一　小戴删大戴説與篇數的調和

關於二戴《記》的關係,小戴删大戴之説影響最廣。該説漢代無聞,《漢書‧藝文志》也未載二書。此説最早見於晉陳邵《周禮論序》(陸德明《經典釋文序録》引),有戴德删古《禮》二百四篇爲八十五篇、戴聖删大戴爲四十九篇之説,古《禮》二百四篇本自劉向《别録》(《經典釋文序録》亦有征引)。② 據此,《大戴禮記》的佚篇就是傳世本《禮記》,即《大戴禮記》並未散佚。這種説法的主要依據,是對傳世文獻記載的禮書篇卷數目進行比附與調和。傳世文獻中,"禮記"類文獻篇目的記述,主要出自劉向《别録》、班固《漢書‧藝文志》、鄭玄《六藝論》、《隋書‧經籍志》等:

《古文記》二百四篇。(《經典釋文序録》引劉向《别録》)

《記》百三十一篇。《明堂陰陽》三十三篇。《王史氏》二十一篇。《曲臺后倉》九篇。(《漢書‧藝文志》)

後得孔氏壁中、河間獻王古文《禮》五十六篇,《記》百三十一篇,《周禮》六篇。……今《禮》行於世者,戴德、戴聖之學也。戴德傳《記》八十五篇,則《大戴

---

① 清人陳壽祺雖不是該問題最早的提出者,但擁有基本完備的解釋,其後諸家輯佚皆不出其所定範圍。梁啓超、武内義雄、阮廷焯、錢玄、劉曉東等皆注重對諸篇的分類,在取捨態度上也有存疑。洪業《儀禮引得序》《禮記引得序》二文,對漢代禮學流傳作了完整而精到的分析。孫顯軍、甘良勇二人博士論文設有專章專節討論該問題,甘氏書僅列舉武内義雄、阮廷焯、劉曉東三家之説,孫氏則對清代資料的搜集比較完備。陳壽祺:《左海經辨》卷上《大小戴禮記考》,《續修四庫全書》第 175 册,上海:上海古籍出版社,2001年,第 417—421 頁。梁啓超:《要籍解題及其讀法》,張品興主編《梁啓超全集》,北京:北京出版社,1999 年,第 4668 頁。〔日〕武内義雄:《兩戴記考》,江俠菴編譯《先秦經籍考》,上海:商務印書館,1931 年,第 156—185 頁。洪業:《儀禮引得序》《禮記引得序——兩漢禮學源流考》,劉夢溪主編《中國現代學術經典‧洪業卷》,石家莊:河北教育出版社,1996 年,第 77—143 頁。阮廷焯:《禮大戴記佚篇佚文考略》,《大陸雜誌語文叢書》第 1 輯《通論‧經學》,臺北:臺灣大陸雜誌社,1963 年,第 262—267 頁;《禮大戴記佚文考略》,《大陸雜誌》1964 年第 29 卷 1 期,第 27—28 頁。錢玄:《三禮通論》,南京:南京師範大學出版社,1996 年,第 48—52 頁。劉曉東:《〈大戴禮記〉佚篇考辨》,《中國典籍與文化論叢》第 5 輯,北京:中華書局,2000 年,第 47—55 頁。孫顯軍:《〈大戴禮記〉詮釋史考論》,北京:社會科學文獻出版社,2011 年,第 50—77 頁。甘良勇:《〈大戴禮記〉研究》,浙江大學 2012 年博士學位論文,第 38—51 頁。

② 吳承仕:《經典釋文序録疏證》,北京:中華書局,1984 年,第 101 頁。

禮》是也。戴聖傳《禮》四十九篇,則此《禮記》是也。(《經典釋文敘錄》、《禮記正義》引鄭玄《六藝論》)

戴德删古《禮》二百四篇爲八十五篇,謂之《大戴禮》;戴聖删《大戴禮》爲四十九篇,是爲《小戴禮》。(《經典釋文序錄》引陳邵《周禮論序》)

漢初,河間獻王又得仲尼弟子及後學者所記一百三十一篇獻之,時亦無傳之者。至劉向考校經籍,檢得一百三十篇,向因第而叙之。而又得《明堂陰陽記》三十三篇、《孔子三朝記》七篇、《王史氏記》二十一篇、《樂記》二十三篇,凡五種,合二百十四篇。戴德删其煩重,合而記之,爲八十五篇,謂之《大戴記》。而戴聖又删大戴之書,爲四十六篇,謂之《小戴記》。漢末馬融,遂傳小戴之學。融又定《月令》一篇、《明堂位》一篇、《樂記》一篇,合四十九篇;而鄭玄受業於融,又爲之注。(《隋書·經籍志》)

由上引諸文可知,鄭玄時尚未明確表達小戴删大戴之説,經過陳邵、陸德明等人的傳述,至隋唐時,該説已成定讞,且細節越加豐富,構築起了由河間獻王到劉向、戴德、戴聖,再到馬融、鄭玄的流傳、整理譜系。洪業《禮記引得序》除徵引前文外,又添補唐徐堅《初學記》"東海后蒼善説禮,於曲臺殿撰禮一百八十篇,號曰《后氏曲臺記》"、杜佑《通典》"四百十一篇"等説。① 但其中矛盾頗多,一是篇數錯雜,如百三十一篇與百三十篇及百四十篇、二百四篇與二百十四篇及二百二篇之異;二是篇目有調整,如《孔子三朝記》《樂記》與劉向整理本的關聯,以及馬融增補《月令》《明堂位》《樂記》三篇(杜佑説無《樂記》)與《小戴禮記》四十九篇的關係;三是時間先後有待考證,戴聖以博士參與石渠閣會議在前(前51年),劉向雖然也曾參加石渠閣會議,但校書中秘在後(始於前26年,至前6年去世仍在持續校書)。

雖然隋唐至明多認同小戴删大戴説,但至清代,隨着考據學的發展,這一説法日益引起學者懷疑,並引出兩種新的解釋路徑:一種仍是著眼於篇數的調和,利用與隋唐人可見的相同材料,得出了相異的結論,有"破壞"小戴删大戴説之功;一種是輯佚《大戴禮記》佚篇,則有建設之力,詳見下文。前者之中,尤以錢大昕之説影響最大。錢氏之

① 徐堅之説論大戴删后氏、小戴删大戴爲四十六篇、諸儒又加三篇爲"今之《禮記》"四十九篇。此與陸德明言"後漢馬融、盧植考諸家同異,附戴聖篇章,去其繁重及所叙略而行於世,即今之《禮記》是也"以及《隋書·經籍志》所論大同小異,可見"今之《禮記》"有別於漢之《禮記》當是隋唐時人的共同觀點,只是徐堅説更注重大小戴的師承淵源。杜佑以河間獻王得"四百十一篇"乃傳抄有誤,"四百"當是"百四"(承襲者見《舊唐書·禮儀志》"王又鳩集諸子之説,爲禮書一百四十篇")。杜説應是本自《隋志》,但篇數有異,除百三、百四有別外,《明堂陰陽記》作二十二篇、《王史氏記》作二十篇、劉向第而叙之"總二百二篇"、小戴删大戴爲四十七篇、馬融增《月令》《明堂位》兩篇,皆與《隋志》不同。徐堅:《初學記》卷二一《文部·經典》,北京:中華書局,1962年,第498—499頁。杜佑:《通典》卷四一《禮·禮序》,王文錦等點校,北京:中華書局,1988年,第1120頁。

説,主要是從篇數上論證了《大戴禮記》八十五篇與《小戴禮記》四十九篇,正合《漢書・藝文志》"《記》百三十一篇"之數,而多出來的三篇是由於《小戴禮記》中《曲禮》《檀弓》《雜記》各有上下篇所致。[①]

錢大昕論證的主要依據仍是本自劉向《別録》、班固《漢書》、鄭玄《六藝論》等書的篇數記載。以錢大昕爲關節點,錢氏之前多主張小戴删大戴説,錢氏之後大致趨勢如曾運乾所言"大率清以前諸儒之説,謂小戴删取大戴。清代諸儒之説,謂大小戴各自爲書"。[②] 但曾運乾本人其實更認同小戴删取大戴之説,只是轉換了説法。清人亦有新説論證《大戴禮記》並未散佚,或者説即使有散佚,也與《小戴禮記》篇目近似。諸家差異,略如下表所示。

表1　二戴《記》來源與關係異説簡表[③]

異説		來源(諸《記》)	大戴《記》	小戴《記》
小戴删大戴説	陳邵	204(古禮)	→85	→49
	《隋志》	131→130+33(《明堂陰陽記》)+7(《孔子三朝記》)+21(《王氏史氏記》)+23(《樂記》)→214	→85	→46+3(《月令》、《明堂位》、《樂記》)
	徐堅	180(《后蒼曲臺記》)	→85	→46+3
	杜佑	141→130+22(《明堂陰陽記》)+7(《孔子三朝記》)+20(《王氏史氏記》)+23(《樂記》)→202	→85	→47+2(《月令》、《明堂位》)
	晁公武	150(河間獻王集而上之,劉向校定) 131(河間獻王所獻)+33(《明堂陰陽記》)	→85	→46+3
	曾運乾	131 (叔孫通第一次撰輯;大小戴所輯有出於此《記》之外者)	→85 (第二次撰輯)	→49(第三次撰輯,與慶氏合作)

----

① 錢大昕:《廿二史考異》卷七,孫開萍等點校,陳文和主編《嘉定錢大昕全集》第2冊,南京:江蘇古籍出版社,1997年,第175—176頁。洪業:《禮記引得序——兩漢禮學源流考》,第117—129頁。洪業《禮記引得序》還引證了戴震、沈欽韓、陳壽祺等人的觀點。馬楠對陳邵大戴删小戴説、馬融足篇説有辨析,總體上認同錢大昕有關百三十一篇合大小戴《記》的説法,並認爲劉向校書時,經書傳記多已編纂成書,並非單篇流傳,進而反思學界關於二戴《記》成書在東漢的説法。馬楠:《劉向〈别録〉"古文記二百四篇"析疑》,《中國經學》第25輯,桂林:廣西師範大學出版社,2019年,第151—158頁。另甘良勇又以《三國志》裴松之注引《别録》言"作《三朝記》七篇,今在《大戴禮》"一條爲有力證據,反駁《大戴禮記》成書於東漢的觀點。但裴注所引《别録》佚文一條,諸家利用者不多,且有疑應。孔廣森注引此文,點校者即分開點斷。甘良勇:《〈大戴禮記〉研究》,第1、26頁。

② 曾運乾:《三禮通論》,中國國家圖書館藏民國國立湖南大學講義,時間不詳,第30頁。

③ 晁公武:《郡齋讀書志》卷一上,《景印文淵閣四庫全書》第674冊,臺北:臺灣商務印書館,1983年,第168—169頁。沈欽韓:《漢書疏證》卷二四,《續修四庫全書》第266冊,第655頁。丁晏:《佚禮扶微》,《叢書集成續編》第10冊,上海:上海書店,1994年,第868—870頁。曾運乾:《三禮通論》,第23—27頁。黃懷信:《關於〈大戴禮記〉源流的幾個問題》,《齊魯學刊》2005年第1期,第15—20頁。

	異説	來源(諸《記》)	大戴《記》	小戴《記》
各自爲書説	錢大昕	131(《漢志》)	→85+46(《曲禮》《檀弓》《雜記》三篇分上下而有49篇)	
	沈欽韓	204(古禮)	→85	49篇不出大戴
	陳壽祺	131(叔孫通輯之,河間獻王得之,劉向第之)→131+33+7+21+23→215(《樂記》11篇同)→204	→85	49篇不出大戴
增廣説	丁晏	49(后蒼之師法,實原止四十九篇)	46+39→85	←46
		131(《漢志》)←85(大戴)+46(小戴)		
	黄懷信	49(《后蒼曲臺記》)	46+39→85	←46

除是否贊同小戴删大戴説外,諸家之説的不同之處,主要有兩方面:一是《小戴禮記》篇卷數目之形成,二是二戴《禮記》之來源。

其中對《小戴禮記》篇數的認識,主要差別在於四十六篇之外的三篇,即對《月令》《明堂位》《樂記》三篇或《曲禮》《檀弓》《雜記》三篇的選擇。前者在陳邵小戴删大戴之説外,又增加了一種禮學流傳異説,即馬融足篇説;從禮學源流看,該説不僅後起,也頗爲迂曲。後者經錢大昕闡發,直接開啓了《大戴禮記》佚篇的考證。皮錫瑞以鄭玄《六藝論》證無小戴删大戴之説,言"近人推闡鄭義者,陳壽祺《左海經辨》爲最晰",其中陳壽祺即引錢大昕之説以爲證;且皮氏《六藝論疏證》亦以錢大昕、陳壽祺二説爲據。[1]

諸家對二戴《記》來源的判斷,也有二種:一是劉向校書所録諸《記》,陳邵、陸德明、《隋志》、杜佑、晁公武、錢大昕、沈欽韓、陳壽祺等皆主此説,其中錢大昕説最爲巧妙。各家對諸《記》最初來源、篇卷數目、今古文性質的判斷,雖互有差異,但對河間獻王與劉向作用的認識相對一致,大都承認《漢志》所著録的經書,有相當一部分來自古文的大發現。《漢書》記載的古文來源,首先是河間獻王所得,"皆古文先秦舊書,《周官》《尚書》《禮》《禮記》《孟子》《老子》之屬,皆經傳説記,七十子之徒所論";[2]其次是魯恭王壞孔子壁所見"古文《尚書》及《禮記》《論語》《孝經》凡數十篇",後歸於孔安國;[3]再次是魯淹中所得,稱"《禮古經》"者,出於魯淹中及孔氏,與十七篇文相似,多三

---

① 皮錫瑞:《六藝論疏證》《經學通論》,吳仰湘編《皮錫瑞全集》第3、6冊,北京:中華書局,2015年,第565—568、371—373頁。

② 班固:《漢書》卷五三《河間獻王傳》,北京:中華書局,1964年,第2410頁。

③ 班固:《漢書》卷三〇《藝文志》,第1706頁。

十九篇"。① 其中,魯淹中最爲可疑,其與孔壁古書、河間獻王的關係,後世各有異説。至劉向校書,對《禮記》的著録,《別録》稱"《古文記》二百四篇",而班固《漢志》所載諸《記》已不言今古。後世以界限嚴明的今古文之争,對《漢志》所載諸經傳記説進行今古文性質的判定,如洪業以二戴傳今文學,不應雜以古文之經、記,而吕思勉以百三十一篇之《記》爲今文,無論是從古書通例,還是從學術源流看,其實都有難通之處。② 曾運乾在諸家基礎上,尤其是藉助陳壽祺的觀點(突出叔孫通的作用),將《記》的形成與流傳分爲前後三次撰輯,並未將今古文作爲核心的要素。

　　二是后蒼所傳之《記》,主要依據是二戴皆傳后蒼今文禮學。徐堅最早倡此説,但所記篇數與《漢志》載《曲臺記》九篇不合,王葆玹以此一百八十篇是百三十一篇《記》與四十九篇《禮記》的合數。③ 宋鄭樵《禮經奧旨》以《曲臺記》即今之《禮記》,未言其據。④ 丁晏、黄懷信則逆向思考,以《大戴禮記》是在《禮記》基礎上增廣而成,皆不言所本。二者的差異在於丁晏並不言《曲臺記》即是《禮記》,黄懷信則同鄭樵説,且進而猜測《漢書》載《曲臺記》"九篇"前脱"四十"二字。⑤ 丁氏、黄氏之説實際上反向説明了《大戴禮記》並没有散佚,但在小戴删大戴説之外,又構築起大戴廣小戴之説。洪業更是以此"大戴"與戴德無關,並根據許慎《五經異義》所引只言"禮戴""大戴",而不説戴德、戴聖,也不説大戴、小戴,懷疑"大戴禮"之"大"就是增廣之義,跳出了二戴關係的争論。⑥ 洪氏推論較爲大膽,今人所取者甚少。不難發現,諸家之説,都有刻意發揮的地方。謹慎言之,或可言二戴《記》傳后蒼之學,但是否取自后蒼《曲臺記》,從文獻證據看,至少需要存疑。此説最大的價值並非能够解釋二戴《記》的來源與成書,而是將視角放置於今文禮學内部考察。而黄以周《禮書通故》甚至以《曲臺記》九篇特指今文禮家解《士禮》九篇(士冠禮、士昏禮、士相見禮、士喪禮、既夕、士虞禮、特牲饋食禮、鄉飲酒禮、鄉射禮)之文,⑦尤有新義,並可能影響了沈文倬對漢代今文禮學"推致

　　① 班固:《漢書》卷三○《藝文志》,第1710頁。此處字句有異説,"與十七"三字是劉歆所改,本作"學七十"。黄以周以爲改"學"爲"與"非是,"及"即言與,另改"孔"爲"后",言"后氏學"與後文"猶瘠倉等"相應。黄以周:《禮書通故》,王文錦點校,北京:中華書局,2007年,第7—8頁。
　　② 今古文首先是文獻學概念(更直接的是字體差異),其次才是學派。洪業:《禮記引得序——兩漢禮學源流考》,第136—137頁。吕思勉:《經子解題》,上海:華東師範大學出版社,1995年,第51頁。
　　③ 王葆玹:《禮類經記的各種傳本及其學派》,中國哲學編輯部編《經學今詮續編》,瀋陽:遼寧教育出版社,2001年,第334頁。
　　④ 鄭樵:《禮經奧旨》,《四庫全書存目叢書·經部》第103册,濟南:齊魯書社,1997年,第501頁。
　　⑤ 丁晏:《佚禮扶微》,第868—870頁。黄懷信:《關於〈大戴禮記〉源流的幾個問題》,《齊魯學刊》2005年第1期,第15—20頁。
　　⑥ 洪業:《禮記引得序——兩漢禮學源流考》,第141頁。
　　⑦ 黄以周:《禮書通故》,第6頁。

説"家法的復原。①

以劉向著録諸《記》爲説者,較爲注重文獻源流,尤其是漢代古文經典的出現,後世的反駁意見也多集中於此。而以后氏今文禮學爲説者,則更重視學脈淵源,即今文禮傳授的譜系,最爲新穎。二説都有今古文的背景,前者重古文源流,後者重今文家法。從《大戴禮記》散佚與否論,不論是支持《大戴禮記》並未散佚的傳統小戴刪取大戴説、後起的大戴增廣小戴説,還是支持《大戴禮記》有散佚的觀點,這種數字上的彌縫、文獻脈絡的推演,只是一種比較巧妙的思路。傳世文獻中存在的禮類逸經、逸記,經由古人尤其是清人輯佚,更易與《大戴禮記》佚篇關聯。另如從年代(漢時並無小戴刪大戴説、二戴早於劉向)、文獻內容(二戴《記》的來源、今古文類別、叢書性質、分類、相似內容、散佚原因)角度,也能證明《大戴禮記》的散佚。

二 逸禮、逸記的輯佚與佚篇的調整

從年代學和文獻內容看,《大戴禮記》的散佚較爲明顯。上文從篇數調和的角度,突出了《大戴禮記》流傳的多元解釋。在此基礎上,我們可以進一步討論《大戴禮記》的散佚篇目。《大戴禮記》佚文佚篇的輯佚,據筆者所目,始於元陶宗儀《説郛·大戴禮逸》。② 但真正系統的輯佚實踐,要到清代樸學的展開之後。按照孫啟治、陳建華《古佚書輯本目録》所載,有關《禮記》的輯本(不含注解之書)有十餘種,其中輯佚《大戴禮記》的僅兩種(《説郛》、顧觀光),但所輯都不全備,另《王度記》(附《三正記》)有專門的輯本。③ 今梳理諸家文獻,其中對《大戴禮記》佚篇考證較爲完備者,有陳壽祺、王仁俊、武內義雄、阮廷焯、錢玄、劉曉東等。④

其中陳壽祺奠定了基本的考證範圍,其後諸家多是對陳氏説往復辯證,或增或減。陳壽祺《左海經辨》中有《大小戴禮記考》一篇,在錢大昕、臧琳、臧庸等人的基礎上,對《大戴禮記》的佚篇做了集中交待,贅引如下:

> 今二戴《記》有《投壺》《哀公問》兩篇篇名同,大戴之《曾子大孝》篇見小戴

---

① 沈文倬:《從漢初今文經的形成説到兩漢今文〈禮〉的傳授》,《菿闇文存》,北京:商務印書館,2006年,第528—530頁。

② 陶宗儀:《説郛》,《景印文淵閣四庫全書》第876冊,臺北:臺灣商務印書館,1983年,第242—243頁。

③ 孫啟治、陳建華:《古佚書輯本目録》,北京:中華書局,1997年,第45、49頁。

④ 陳壽祺:《左海經辨》卷上,第417—420頁。王仁俊:《禮記篇目考》,《國故》1919年第1期,第1—4頁。武內義雄:《兩戴記考》,第156—185頁。阮廷焯:《禮大戴記佚篇佚文考略》,第262—267頁。錢玄:《三禮通論》,第48—52頁。劉曉東:《〈大戴禮記〉佚篇考辨》,第47—55頁。

《祭義》,《諸侯釁廟》篇見小戴《雜記》,《朝事》篇自"聘禮"至"諸侯務焉"見小戴《聘義》,《本事》篇自"有恩有義"至"聖人因殺以制節"見小戴《喪服四制》,其他篇目尚多同者。《漢書·王式傳》稱驪駒之歌在《曲禮》,服虔注云"在《大戴禮》"。《五經異義》引《大戴·禮器》,《毛詩齒譜》正義引《大戴禮·文王世子》,唐皮日休有《補大戴禮祭法》。又《漢書·韋玄成傳》引《祭義》,《白虎通·耕桑》篇引《祭義》、《曾子問》,《情性》篇引《間傳》,《崩薨》篇引《檀弓》、《王制》,蔡邕《明堂月令論》引《檀弓》,其文往往爲《小戴記》所無,安知非出大戴亡篇中,如《投壺》、《釁廟》之互存而各有詳略乎?《大戴記》亡篇四十七,唐人所見已然。《白虎通》引《禮·謚法》《王度記》《三正記》《別名記》《親屬記》《五帝記》,《少牢饋食禮》注引《禘于太廟禮》,《周禮》注引《王霸記》,《明堂月令論》引《昭穆篇》,《風俗通》引《號謚記》,《論衡》引《瑞命篇》,皆大戴逸篇。其他與小戴出入者,略可舉數,豈能彼此相足。竊謂二戴於百三十一篇之記各以意斷取,異同參差,不必此之所棄即彼之所録也。[1]

陳氏所舉《大戴禮記》佚篇的範圍,一是與《小戴禮記》同篇名者,其邏輯起點是現存二戴《記》中存在内容重複現象,因此傳世文獻中與世傳《禮記》同篇名的佚文可視作《大戴禮記》佚篇佚文;一是傳世文獻中存在數量不少的逸禮、逸記,如賈公彥以《禘于太廟禮》即出自《大戴禮》,且二戴《記》中同樣是經記並存(如《小戴禮記》中的《奔喪》、《投壺》,鄭玄明言"實逸曲禮之正篇""實曲禮之正篇",後世將《大戴禮記》中的《諸侯遷廟》、《諸侯釁廟》等亦作逸經看待),類推則其他經記篇目也可歸入《大戴禮記》佚篇,只是陳壽祺並未對逸禮篇目進行整合。另陳氏所言"《大戴記》亡篇四十七",即存三十八篇,是因爲唐人所見《大戴禮記》中,《盛德》與《明堂》尚爲一篇,臧琳《經義雜記》已論及。[2]

除以上篇目外,陳氏還認同叔孫通將《爾雅》置於《禮記》的説法。三國魏人張揖《上廣雅表》曾言周公著《爾雅》一篇,而"爰暨帝劉,魯人叔孫通撰置《禮記》,文不違古",王念孫以叔孫通事對應《後漢書·曹褒傳》所言《漢儀》十二篇,臧庸則進一步發揮出《大戴禮》有《爾雅》的説法:

---

① 陳壽祺:《左海經辨》卷上《大小戴禮記考》,第418頁。"禘于太廟禮"下小注"疏云《大戴禮》文","瑞命篇"後小注"《毛詩·靈臺》正義引《政穆篇》即《昭穆篇》,'彼汾'正義引《大戴·辨名記》即《別名記》,《文選注》引《禮·瑞命記》即《瑞命篇》"。

② 臧琳:《經義雜記》卷二〇《大戴禮記逸篇》,《續修四庫全書》第172册,上海:上海古籍出版社,2001年,第193頁。

《公羊》宣十二年注"禮:天子造舟,諸侯維舟,卿大夫方舟,士特舟",疏云《釋水》文也。案何邵公引《爾雅·釋水》而俱"禮"者,魏張揖《上廣雅表》言《爾雅》"叔孫通撰置《禮記》",此蓋漢初之事。《大戴禮記》中當有《爾雅》數篇,爲叔孫氏所取入。故班孟堅《白虎通》引《爾雅·釋親》文俱爲"禮親屬記",應仲援《風俗通·聲音》篇引《釋樂》"大者謂之産,其中謂之仲,小者謂之籥"爲"禮樂記",則《禮記》中之有《爾雅》信矣。或疑《漢·藝文志》禮家不及叔孫通,張氏之言恐未得實,蓋未考之班氏諸書也。①

此説主要以古書重複内容爲説,以出土文獻研究下的古書形成研究視之,《白虎通》、何休、應劭所引實則未必是《爾雅》原文(陳壽祺對世傳《禮記》同篇佚文的判定也是如此)。但古人對古書經典形成的認識,在聖人制作觀念的影響下,一般都重視綫性的因果鏈條。無論如何,此説爲陳壽祺、王仁俊、阮廷焯等人所接受。王仁俊説更爲獨特,在陳氏基礎上,他還原了《大戴禮記》所佚四十六篇的全貌,阮廷焯言其"妄矣"。② 總體而言,在判定《大戴禮記》佚篇時,清儒臧琳、臧庸、陳壽祺、王仁俊等相對武斷,近今人武内義雄、阮廷焯、錢玄、劉曉東諸家較爲審慎。按照是否明言出自《大戴禮記》和是否同於《小戴禮記》篇名來分類,綜合諸家輯佚成果,諸佚篇可簡化成下表。

表2　《大戴禮記》佚篇分類表③

	言出《大戴》	不言出《大戴》
同小戴	《文王世子》 《曲禮》 《禮器》 《祭法》(孔廣森)	《曾子記》(王仁俊、劉曉東),《禮運(記)》、《曾子問》、《祭義》、《王制》、《檀弓》、《内則(記)》、《玉藻》、《樂記》、《雜記》、《間傳》、《大傳》、《服傳》(武内義雄)

① 臧庸:《拜經日記》卷二《大戴禮有爾雅》,《續修四庫全書》第1158册,上海:上海古籍出版社,2001年,第68—69頁。

② 王仁俊以《爾雅》二十篇足《大戴禮記》所佚四十六篇之數,阮廷焯認爲"張揖撰置《爾雅》於《禮記》中之説至塙",且張揖所稱《禮記》是指百三十一篇之《記》,但"以《爾雅》二十篇足《大戴記》佚篇之數,則妄矣"。王仁俊:《禮記篇目考》,《國故》1919年第1期,第4頁。阮廷焯:《禮大戴記佚篇佚文考略》,第267頁。武内義雄認爲《爾雅》是屬於叔孫通所撰十六篇《禮記》中的一篇,與《漢志》諸《記》有别。武内義雄:《兩戴記考》,第169頁。

③ 本表是綜合諸家輯佚、判定的結果,不代表每位學者都如此認定。學者與他家所取尤其不同者則以"()"特别注明。表中"言出《大戴》"與"不言出《大戴》"以出處言,經與記的區分則以名稱言。其中"逸禮"的輯佚是另外一個話題,關乎學者對古文《禮經》五十六篇、《逸禮》三十九篇的認知。從二戴《記》的内容看,大小戴在傳今文《禮經》的同時,以二人命名的"禮記"類著述實兼收今古文。且禮類"記"體文獻不僅見於專門的"禮記",也見於"禮經"之中。漢時"禮記"更有指稱"禮經"的文例,洪業《儀禮引得序》有論。至於二戴《記》及佚篇今古文篇目的確定,綫索並不明顯,是以本表未區分今古文,事實上也很難區分。

续表

		言出《大戴》	不言出《大戴》
異小戴	經	《禘于太廟禮》	《學禮》、《朝事儀》、《天子巡狩禮》、《朝貢禮》、《王居明堂禮》、《古文明堂禮》/《古大明堂禮》、《中雷禮》、《烝嘗禮》、《奔喪禮》(武内義雄)、《爾雅》(臧庸、陳壽祺、王仁俊)
	記	《謚法》/《號謚記》、《王度記》、《辨名記》/《別名記》、《昭穆篇》/《政穆篇》、《三正記》	《親屬記》、《五帝記》、《王霸記》、《瑞命記》/《瑞命篇》、《太學志》(阮廷焯)、《泰山威德記》(王仁俊)、《瞽史記》、《青史氏記》(錢玄)、《明堂陰陽録》(劉曉東)、《喪服變除》(甘良勇)

諸家所考佚篇篇目,多以《辨名記》與《別名記》同,《昭穆篇》與《政穆篇》同,《瑞命(篇)》與《瑞命記》同,《謚法》與《號謚記》同。但也有不同意見,陳壽祺、梁啓超皆以《謚法》與《號謚記》爲二;王仁俊以《古大明堂禮》與《昭穆篇》爲《古大明堂禮昭穆篇》,並以《曾子記》爲《明堂曾子記》;武内義雄以《古大明堂禮》爲《古文明堂禮》。

如上表,其中明言出自《大戴禮記》的佚篇有十篇,武内義雄於此不列《祭法》與《三正記》,言《祭法》又稱《祀典》《祭典》;劉曉東以《曲禮》《禮器》《祭法》三篇存疑。甘良勇所列無《曲禮》《禮器》《三正記》,且認爲《王度記》《禘于太廟禮》被歸入《大戴禮記》,是孔穎達、武内義雄的誤讀;甘氏又以戴德《喪服變除》是《大戴禮記》的佚篇,可備爲一説。① 阮廷焯在十篇基礎上,增《親屬記》《五帝記》《王霸記》《太學志》《瑞命記》五篇確定爲《大戴禮記》佚篇(諸篇除《太學志》外,已見於陳壽祺所列篇目;劉曉東以五篇是否采入《大戴禮記》殊難質言)。

關於各家對諸篇經、記的區分,實則與二戴《記》存篇的分類與來源相關,如《小戴禮記》中的《奔喪》《投壺》,《大戴禮記》中的《諸侯遷廟》《諸侯釁廟》《公冠》等被認爲是《禮古經》的篇目,或稱《逸禮》,或稱《儀禮逸經》。諸家所列逸禮、逸記,實則宋人王應麟已有論述:

> 《逸禮》有三十九篇,……餘三十九篇絶無師説,祕在於館。今其篇名頗見於他書,若《學禮》《天子巡狩禮》《朝貢禮》《朝事儀》《烝嘗禮》《中雷禮》《王居明堂禮》《古大明堂禮》《昭穆篇》《本命篇》《聘禮志》,又有《奔喪》《投壺》《遷廟》《釁廟》《曲禮》《少儀》《内則》《弟子職》諸篇見大小戴《記》及《管子》。……《隋志》云"河間獻王得仲尼弟子及後學者所記一百三十一篇獻之",今逸篇之名可見者,

---

① 戴德《喪服變除》的研究,可參馬曉玲:《戴德〈喪服變除〉佚文校勘整理與研究》,《國學學刊》2015年第2期,第52—65頁。

有《三正記》《別名記》《親屬記》《明堂記》《曾子記》《禮運記》《五帝記》《王度記》《王霸記》《瑞命記》《辨名記》《孔子三朝記》《月令記》《大學志》,《雜記》正義云"案《別録》《王度記》云,似齊宣王時淳于髡等所説也"。①

這其實已經涉及另外一個問題,即漢代禮學文獻中《逸禮》三十九篇以及逸記的輯佚。該話題同樣有豐富的學術信息可以挖掘,此不贅述。通過對比,王仁俊所列"逸禮"與王應麟大同小異。王應麟列《朝事儀》《昭穆篇》爲《逸禮》篇目(後世多以二篇爲記之屬),王仁俊同此。但王仁俊不取見於今本二戴《記》及《管子》的篇目,又不取《本命篇》《聘禮志》,並將《昭穆篇》與《古大明堂禮》合二爲一。武内義雄則不取《學禮》《朝事儀》,而特别確定爲《大戴禮記》佚篇的有《中霤禮》《烝嘗禮》,另補入《奔喪禮》一篇,爲他家所無。

在對諸《記》的判斷上,黄懷信以《大戴禮記》佚篇主要是與《小戴記》篇名同者,並引陳壽祺説爲佐證,其他諸《記》則不太可能是《大戴記》的佚篇。方向東則認同《四庫全書總目》的判斷,認爲《王度記》《三正記》《別名記》《親屬記》等明確標示屬於逸禮、逸記的篇目比較可靠。② 錢玄在引述陳壽祺觀點的同時,也與丁晏的論述相比較。與《小戴記》篇名不同者,丁晏以爲是《古文記》《明堂陰陽》《王史氏》之屬;與《小戴記》篇名同者,丁晏以爲是今本《禮記》的脱文,武内義雄、阮廷焯等也有這種傾向。錢玄進而認爲諸佚篇,其實已無法一一分别考辨,但不出《大戴禮記》逸篇、《禮記》脱文、百三十一篇之《古文記》逸篇三種可能。③ 後世學者因世傳《禮記》中有《逸禮》篇目,多以此類推《大戴禮記》佚篇,實際上是以今古文混融爲前提。

三 輯佚標準的確定與篇目的取捨

《大戴禮記》確實存在佚篇佚文,這一點容易被學者們接受,但何者足以證實爲《大戴禮記》佚篇,諸家所定標準則互有異同。其中,武内義雄言之較詳:

> 現存於《大戴禮記》中之諸篇,及上所舉之《大戴》佚篇文,爲班固《白虎通》、

---

① 王應麟:《漢藝文志考證》,《景印文淵閣四庫全書》第 675 册,第 25 頁;《困學紀聞》,清翁元圻等注,欒保群、田松青、吕宗力校點,上海:上海古籍出版社,2008 年,第 572 頁;《玉海》,武秀成、趙庶洋校證,南京:鳳凰出版社,2013 年,第 197—198 頁。

② 方向東:《大戴禮記匯校集解》,北京:中華書局,2008 年,第 3—4 頁。

③ 丁晏《佚禮扶微》輯禮之逸經、逸記較爲全備,其後諸家如阮廷焯、錢玄等皆受其益。上文已述,丁晏逆向思考《大戴禮記》的成書,反對小戴删《大戴禮記》之説,《大戴禮記》是增廣《禮記》而成,因此諸《記》自然不可能是《大戴禮記》的内容。錢玄:《三禮通論》,第 48—52 頁。

應劭《風俗通義》、蔡邕《明堂月令》等後漢之儒所引者,往往單標《禮·某記》,或《禮記·某某》而已,多不明言《大戴禮》。蓋後漢儒者,對於兩戴《記》,均稱爲《禮記》,故當時著作,援引《禮記》之文,若不見於《小戴記》者,多是《大戴》之語,所以班、應、蔡諸儒所稱爲《禮記》之語,其不見於《小戴記》者,可以想像爲《大戴》佚篇之名。①

武内氏主要是通過時代先後,區分二戴《記》與東漢諸儒所引之"記",並通過"想像"的方式實現《大戴禮記》佚篇的判定。武内氏所論顯然較爲武斷,卻是諸家所採用的基本預設。即輯佚各篇多有異名,或單稱《某記》,或稱《禮記·某》,或稱《禮·某記》,或稱《逸禮·某記》,又有"大戴禮逸禮""禮記逸禮"之稱,前後貫通,互畫等號,遂可定佚篇名目。較之武内義雄,劉曉東先生態度更爲謹慎:

> 考《大戴》佚篇,須先明數事:其一,《大戴》不立學官,其名不定,故魏晉以降,有稱之爲"逸禮"者,亦有稱之爲"禮記"者。然"逸禮"爲三十九篇逸《禮經》之專稱,"禮記"爲小戴四十九篇之定名,而《大戴禮》亦或稱之,則當辨名析實矣。其二,漢魏迄唐所引不在今《大小戴記》之文,有有篇名者,亦有無篇名者。其有篇名者,爲《大戴》八十五篇之佚篇抑《大戴》未采之古《記》佚篇不易定也。其無篇名者,爲佚篇之存文抑存篇之佚文亦不易定也。前賢考《大戴》佚篇者,率拘牽於《漢志》之篇數,多方彌合之,强以附八十五篇之數,若陳壽祺、孫志祖、王仁俊等,或短促不備,或汎濫無擇,均未愜當。②

劉氏所言與錢玄所論"三種可能"近似,遂定"有明文可据者,可確定爲《大戴禮記》之佚篇"七篇(《謚諡記》《文王世子》《王度記》《別名記》《政穆篇》《三正記》《禘于太廟禮》)、"可定爲古《記》之佚篇"六篇(《明堂陰陽録》《親屬記》《五帝記》《王霸記》《瑞命記》《太學志》)、"或是《大戴》之佚篇,或是存篇之佚文"一篇(《曾子記》)、存疑三篇(《曲禮》《禮器》《祭法》),其他與《小戴》篇同文異者皆《小戴》之異文佚文。從諸佚篇實際稱引的篇名看,明言出自《大戴禮(記)》的十篇,漢人稱引者只有《御覽》引許慎《五經異義》(《禮器》)、《漢書》顔注引服虔注(《曲禮》)兩條,而劉先生都以爲不可靠而存疑。六朝人稱引的僅宋王應麟《玉海》引沈約一條(《謚法》),剩下七篇皆爲唐人所稱引,其中皮日休《補大戴禮祭法》一條,劉先生亦列入存疑。

而黃懷信先生從年代、家法入手,得出了相反的結論,認爲唐人所引《大戴禮記》

---

① 武内義雄:《兩戴記考》,第 167 頁。
② 劉曉東:《〈大戴禮記〉佚篇考辨》,第 48—49 頁。

佚文都不可信,因爲《大戴禮記》在唐前或已只傳今本所見篇目;而漢人所引如言"見《大戴禮》"(服虔注言《曲禮》條)則不可不信。① 前文已述,黄氏不信小戴删大戴説,與丁晏一樣,認爲大戴有增廣小戴之舉,是以《大戴禮記》所佚四十六篇主要是《小戴禮記》所有之篇。以上多是針對佚篇立論,傳世文獻中又有不知出於何篇、但明言出自《大戴禮記》的佚文。清儒孔廣森即已注意到這一現象:

> 鄭君《喪服》注云"神不歆非族",《檀弓》注云"吉笄無首素總",《郊特牲》注云"庭燎之差,公蓋五十,侯伯子男皆三十",疏者並以爲《大戴禮》文。又《詩·雲漢》正義引"一穀不升,徹鶉鷃;二穀不升,去鳧雁;三穀不升,去兔;四穀不升,去囿獸;五穀不升,祭不備牲",《樂記》正義引"文王年十五而生武王發",《士冠禮》疏引"文王十三生伯邑考",《喪服》疏引"大功以上唯唯,小功以下額額然",《士喪禮》疏引"大夫于君命,升聽命,降拜",《少牢饋食》疏引"卿大夫之蓍長五尺",《文選·景福殿賦》注引"禮義之不譽,何恤人言",《舞賦》注引"驪駒在門,僕夫具存",《歸去來兮辭》注引"君道當,則萬物皆得其宜",《後漢書》注引"六十無妻曰鰥,五十無夫曰寡",今《記》皆無其語,則唐本信有增多于今者矣。②

孔氏所引,除部分可與上述佚篇重合,如"卿大夫之蓍長五尺"下孔廣森言"似《三正記》亦《大戴》篇名也",其他都無篇題。此可知唐人所見《大戴禮》確與今本有別,但似亦不至如黄先生所言絶不可信。圍繞此類佚文,清儒姚鼐則注重從經文、記文體式出發予以討論,其説本自伯父姚範(號姜塢):

> 《儀禮·喪服傳》疏引《大戴禮》"大功以上唯唯,小功以下額額",此非今《大戴禮記》也,大戴説十七篇之辭也,又非賈公彦唐人所能引載也。魏晉六朝以來舊義疏得見大戴説者所引,而賈氏襲之。《晉書·禮志》載杜元凱云:"《士喪》一篇,戴聖之記雜錯其間。"二戴之説,晉時尚存,是以知其雜錯也。今則存於經者無以辨之,而其亡者不可得見矣。③

姚範、姚鼐將此《大戴禮》佚文解釋爲大戴説《禮經》之文,唐人乃是承六朝義疏而知。

① 黄懷信:《大戴禮記匯校集注》,孔德立、周海生参撰,西安:三秦出版社,2004年,第18—19頁。黄先生還主張因爲環境與爲人的原因,盧辯可能只注了《大戴禮記》二十四篇,並影響了《大戴禮記》的散佚,今本有可能就是盧注本之舊。黄先生又指出戴震早就言及"隋唐間《大戴》闕篇與今本無異",並以司馬貞《史記索隱》所言"四十七篇亡,見今存者有三十八篇"未計入單篇流傳的《夏小正》,其間論證似有不備。關於《大戴禮記》篇卷流傳之異,涉及版本流傳,此不贅述。
② 孔廣森:《大戴禮記補注》,王豐先點校,北京:中華書局,2013年,第13—14頁。
③ 姚鼐:《惜抱軒九經説》卷十一《儀禮説》,《續修四庫全書》第172冊,第662頁。

此説已深入經學解釋層級的深處,只是施行起來頗爲困難,但對思考《大戴禮記》佚文佚篇的思考,頗有助益。推論"記"之體,禮學典籍中起碼存在《儀禮》經之"記"、二戴説《禮經》之"記"與二戴《記》之"記"(還可細分今文、古文)。因此,佚文與佚篇的性質都有重新並深入思考的必要。

當然還有另一種極端的觀點,不僅以世傳《儀禮》十七篇無散佚,亦以所謂《大戴禮記》佚篇爲"《詩》疏所謂文多假託者也"。① 邵懿辰又言二戴《記》還可隨《禮經》次第編次,"可附者略相比附,不可附者併歸通記通論,而非必經記別相傳授",似有姚氏所説之義,但取消了《大戴禮記》佚文佚篇這一問題存在的合理性。邵氏注重今文禮學内部的系統性,尤其是"四際八篇"之論,前承朱子《儀禮經傳通解》、李光地之説,後啓康有爲《新學爲經考》之作。② 從今文家法而言,其系統頗爲完備,但不足以解釋傳世文獻中出現的佚文與佚篇。至如王聘珍對今存《大戴禮記》各篇進行考訂,反推《禮三本》《禮察》《保傅》《夏小正》《曾子立事》《五帝德》《帝系》《孔子三朝記》七篇、《朝事》("《禮經》之記")諸篇出自孔壁二百四篇之古文《記》,《諸侯遷廟》《諸侯釁廟》(二篇名屬經,内容屬記)《投壺》《公符》諸篇屬於《禮古經》,《盛德》《明堂》諸篇屬於古記《明堂陰陽》,不唯承襲舊説,又未能探賾深思。③

可見,諸家對《大戴禮記》佚篇的探究,實則與各自對二戴《記》成書與流傳的判斷有關。各家在爲得出結論所採取的方法上,又多有強作調人之嫌。學者自身的智識、目的、學力各有不同,所得結論也有不少差異。贊同《大戴禮記》未散佚者,論如小戴刪取大戴之説、大戴增廣小戴説,多在篇數、文獻傳承脈絡、家法上用力。贊同《大戴禮記》散佚者,往往將佚篇的觸角伸入傳統佚禮之學的内部,並注重引證時代與語境的分析,同時也淡化今文與古文、今文學與古文學、經與記的區別。這種知識的考證,往往是一個複雜的系統工程。在面對漢代的經書文本時,學者首先要面對今古文的采擇,進而思考經、記諸體式的性質與混雜,當然還要面對傳世文獻的層累解讀(如言諸佚篇出自《大戴禮記》者多是唐人説)。事實上,各家的調和與解釋,在没有確切出土文獻佐證的情況下,難有對錯之分,但有精粗之別。以學術源流論,通過梳理各家説法的來源與差異,前後的變遷軌跡卻是十分清晰,並有助於我們繼續思考禮學文獻内部的傳承與詮釋問題。

---

① 邵懿辰:《禮經通論》,《清經解續編》第 5 册,上海:上海書店,1988 年,第 590 頁。
② 王汎森:《清季的社會政治與經典詮釋——邵懿辰與〈禮經通論〉》,《中國近代思想與學術的系譜》,長春:吉林出版集團有限責任公司,2010 年,第 23—38 頁。
③ 王聘珍:《大戴禮記解詁》,王文錦點校,北京:中華書局,1983 年,第 1—9 頁。

作者簡介:

覃力維,男,1989 年生,湖北宜昌人,武漢大學文學院博士後。主要研究領域爲中國經學史、禮學禮制史。近年代表性論著有《六朝孔氏襲封世系的形成與演變》(《人文論叢》2019 年總第 31 卷)、《曾運乾〈三禮通論〉述略》(《經學文獻研究集刊》2020 年總第 23 輯)。

趙永磊《王念孫古韵分部研究(外一種)》出版

　　趙永磊《王念孫古韵分部研究(外一種)》近由上海教育出版社付印,主要探尋王念孫古韵分部,兼論《經義述聞》作者疑案。作者系統調查北京大學圖書館、中國國家圖書館、上海圖書館、傅斯年圖書館等所藏王氏父子稿抄本,近於窮盡式利用王氏父子已刊本、未刊稿抄本等文獻,細緻深入解读有關王氏父子的兩大學術公案。

　　書前有北京大學中文系孫玉文、漆永祥教授序,主體凡五章,又有緒論、結語及附錄《北人圖書部編〈中文登録簿〉I(登録號:5090—5149)細目》《羅常培致傅斯年書》《王念孫古韵分部六階段簡表》。

　　王念孫寓書李廣芸及江有誥,自稱在乾隆四十五年(1780)獲讀段玉裁《六書音均表》之前已分古韵爲二十一部,其中析支、脂、之爲三,真、諄爲二,尤、侯爲二,後世傳爲學界"閉門造車,出門合轍"的美談,學者多信從此説,幾成定論。即便上世紀二三十年代學者已見王念孫諸《韵譜》《合韵譜》等稿本,仍囿於此説。本書從新見清人過録王念孫校本《六書音均表》出發,結合清抄本《經韵》,民國間抄本《王念孫遺文》所收《古韵十七部韵表》,以及《平入分配説》《晏子春秋雜志》等,臚舉五證,層層論定王念孫基於《六書音均表》初分古韵爲十七部,絶非二十一部,且段玉裁、王念孫古音學之别,初不在韵部、聲調,而在平入分配。

　　本書力證王念孫古韵分部凡六階段。在論定王念孫初分古韵爲十七部之後,更論《高郵王氏父子手稿》所收王念孫《論音韵》爲二十二部(古無去聲)。此後,又析王念孫古韵二十一部爲三階段:乾隆四十五年(1780)以後,王念孫《致陳碩甫書》《九經補韵》《詩經群經楚辭韵譜》等爲二十一部(古無去聲),乾隆四十六年(1781)以後,《易林韵譜》等爲二十一部(古無入聲);乾隆五十三年(1788)或稍前,王念孫《史記漢書韵譜》《廣雅疏證》等爲二十一部(古有四聲)。至道光元年(1821)王念孫從孔廣森東、冬分部説,最終定古韵爲二十二部。在闡明王念孫二十一部脱胎於其十七部之後,更論王念孫諄、侯、支、之獨立説非其獨立發明,至、祭、緝、盍四部獨立説源自《六書音均表》。

　　《〈經義述聞〉作者疑案研究》凡三章,另附結語及附録《〈經義述聞〉諸刻本與〈廣雅疏證〉互見表》《書影》《中國國家圖書館藏〈經義述聞〉稿本述要》。

　　學界關於《經義述聞》作者疑案的討論聚訟紛紜,而《經義述聞》《讀書雜志》所署王念孫、王引之學説代表其學説的發明權,若學説發明權疑竇重重,著作權也受到影響。本書以《經義述聞》《讀書雜志》成稿歷經校訂群書形成校語、迻録群書校語增訂爲札記(《校書録》)、彙整成書形成稿本三階段,發現《讀書雜志》《經義述聞》稿本、三種刊本(第三階段)所見王引之經説不乏出自王念孫群書校語及其札記(第一階段、第二階段),由此討論《經義述聞》所見王引之經説存在王念孫歸美之嫌,不必强爲賢者諱。

　　作者趙永磊,1987年生,河南臨潁縣人,北京大學歷史學博士,現任中國人民大學歷史學院講師。主要研究禮制史、經學史、文獻語言學等。近年"文獻語言學"爲學界所重視(華學誠、張猛:《"文獻語言學"學科論綱》,《文獻語言學》2017年第4輯),此書足供學者參考。

《尚書·牧誓》"惟家之索"及相關問題*

黄　傑

内容摘要　《尚書·牧誓》王曰"牝雞之晨,惟家之索",學者們對"索"的解釋很紛繁。有學者根據新近古文字考釋成果,認爲"索"可能本來寫作戰國文字的"蔑"字形(𦸝、𦭼)或"剌(割)"一類形體,本用作"害",後被誤認作"索",此説值得注意。《牧誓》創作之初,"索"可能本來寫作"剌(割)"、用作"害",由於"剌"字後來不再行用,後人不識,遂誤將其當作形聲結構,認作或讀作"索"字。在上述誤認發生之後,"索"字固定下來,並通過上下文獲得了"敗""破"一類意義。《微子》書序"殷既錯天命"的"錯"很有可能是在"索"字基礎上進一步發展出來的音近異文,承襲了"索"的這一意義。如今對"索"字的還原,不影響及於"錯"字。

關　鍵　詞　《尚書·牧誓》　"惟家之索"　"剌(割)"　《微子》書序　"錯天命"

　　《尚書》是由商周時期流傳下來的一些文獻編集而成的一部典籍。由於時代邈古、語言艱澀、所用文字原始,後人閱讀這些文獻時,常常有識讀的困難,導致某些字被認錯。藉助商周時期的甲骨、金文、簡帛等出土古文字材料揭示《尚書》中由於早期誤讀誤認導致的錯誤,使其文本更接近其本真面貌,是十九世紀晚期以來《尚書》文本解讀工作的一個重要組成部分。所取得的成果,最爲人所熟知的莫過於清末王懿榮、吴大澂等人指出《大誥》等篇"寧考""寧王""前寧人""寧武"之"寧"是"文"的誤認。② 近年的主要成果有:李春桃指出《大誥》《洛誥》等篇的"攸"是"𡱂(纘)"的誤

　　* 本文系山東省社科規劃青年項目"《尚書》疑難字詞研究"(18DLSJ03)的階段性成果。初稿曾收入筆者的博士後工作報告《〈尚書〉之〈牧誓〉〈洪範〉〈金縢〉〈大誥〉新探》,在2021年9月11日舉行的出站報告會上得到侯乃峰先生指正,謹致謝忱!

　　② 參看裘錫圭《談談清末學者利用金文校勘〈尚書〉的一個重要發現》,《古籍整理與研究》第四期,中華書局,1989年;收入《裘錫圭學術文集·語言文字與古文獻卷》,上海:復旦大學出版社,2012年,第412—417頁。

認,①筆者指出《梓材》"王啟監厥亂"的"啟"是"肇"的誤認,②趙平安指出《立政》"庶獄庶慎"的"慎"是從戰國古文"眘"轉寫來的,而"眘"實際上是"訡"的誤認、應讀爲"訟",③等等。本文所要討論的,是《牧誓》"惟家之索"的"索"。有學者認爲"索"可能是誤認其他字而來,本文贊同這一看法。而且,與上舉諸例相比,"索"有一個特別之處,即它還進一步衍生出了別的異文。下面試作論述。

一 "惟家之索"的解釋

《牧誓》:

> 王曰:"古人有言曰:'牝雞無晨。牝雞之晨,惟家之索。'"④

這幾句古人之言的意思大體是清楚的,即母雞不報曉;誰家的母雞如果報曉,那麼家裏就要倒霉了。"牝雞之晨"的"之",王引之已經指出猶"若",同時舉了《盤庚》"邦之臧,惟汝眾;邦之不臧,惟予一人有佚罰"、《金縢》"爾之許我,我其以璧與珪歸俟爾命""我之弗辟,我無以告我先王"等諸多例證,⑤其説甚是。但是對"索"字的解釋,學者們的看法分歧很大。歸納起來,有如下幾類:

(1)盡。偽孔傳云"雌代雄鳴則家盡"。⑥ 不少學者從之。⑦《正義》云:"《禮記·

---

① 李春桃:《説〈尚書〉中的"敉"及相關諸字》,《出土文獻與古文字研究》第六輯,上海:上海古籍出版社,2015 年 2 月,第 703—716 頁。

② 黄傑:《〈尚書〉之〈康誥〉〈酒誥〉〈梓材〉新解》,武漢大學博士學位論文,2017 年 5 月,第 97—101 頁。

③ 趙平安:《出土文獻視域下的"庶眘"》,《中國文字》二○二○年夏季號總第三期,臺北:萬卷樓圖書股份有限公司,2020 年 6 月,第 131—141 頁。

④ 兩個"晨"字,神田本作"眘"(顧頡剛、顧廷龍:《尚書文字合編》,上海:上海古籍出版社,1996 年,第 1395 頁)。于省吾《新證》云:"即古慎字。古音晨、慎聲近。《周禮·大司馬》'大獸公之'注'慎讀爲麎',《説文》'麎'从鹿辰聲,是晨、慎古通之證。"(于省吾:《雙劍誃尚書新證·雙劍誃詩經新證·雙劍誃易經新證》,北京:中華書局,2009 年,第 95 頁)許舒絜則認爲"眘"是内野本該字昚的訛變(許舒絜:《傳鈔古文〈尚書〉文字之研究》,臺灣師範大學國文研究所博士論文,2011 年 1 月,第 1239 頁)。今按:于説可信。《説文》"慎"古文作昚,眘爲其隸定形體;先秦秦漢文獻中還有其他"辰"聲、"真"聲之字相通的例子,見張儒、劉毓慶《漢字通用聲素研究》,太原:山西古籍出版社,2002 年,第 947—948 頁。

⑤ 王引之:《經傳釋詞》,長沙:嶽麓書社,1984 年,第 199 頁。

⑥ 孔穎達:《尚書正義》卷一一,阮元校刻:《十三經注疏》,北京:中華書局,1980 年,第 183 頁。

⑦ 魏了翁《尚書要義》,吳澄《書纂言》,周用錫《尚書證義》,吳汝綸《尚書故》,馬其昶《尚書誼詁》,姚永樸《尚書誼略》,吳闓生《尚書大義》,曾運乾《尚書正讀》,王世舜《尚書譯注》,李民、王健《尚書譯注》,程水金《尚書釋讀》等。爲了節省篇幅,本文羅列這類在某個問題上依從同一種前人觀點的文獻時,只出作者和書名,不注明詳細出版信息。

檀弓》曰:'吾離羣而索居.'則'索居'爲散義。鄭玄云:'索,散也.'物散則盡,故索爲盡也。"①《漢書·五行志》《後漢書·安帝紀》引"惟家之索",顔師古、李賢注亦解"索"爲盡。②　林之奇云:"家有此不祥,則將索然而盡。"③

（2）窮。真德秀解爲窮。④

（3）破。薛季宣曰:"占書:牝雞之雛,爲家破之象。"⑤

（4）蕭索。蔡沈云:"索,蕭索也……而家道索矣。"⑥一些學者從之。⑦

（5）散。江聲解爲散,⑧是采用《正義》所引鄭玄説。有學者從之。⑨

（6）素、空。孫星衍云:"索者,《釋名》云'索,素也'。案:素之義爲空也。"⑩一些學者從之。⑪

（7）"祟"之譌。牟庭云:"此引古語,似當有韵。若索字爲祟之形譌,則祟與晨之古音爲韵。又祟訓爲禍,明白易曉,殊勝索字。訓散訓盡,俱費解也。但無確據,未敢質言,姑私記之於此。"⑫

（8）索室。俞樾云:"惟家之盡于義未安,枚説非也。《周官·方相氏》'以索室毆疫',即此'索'字之義。牝雞晨鳴,必有妖孽,當索室以毆除之,故曰'惟家之索'。武王以諸侯伐紂,爲天下除暴亂,亦猶索室毆疫也,故以爲喻耳。"⑬高本漢從之,解爲"這一家就應該搜索了(搜索那不祥的氣數)"。⑭

（9）"孛"之誤。王闓運云:"此武王釋古之意,言牝不知時而恃以占時,則是此家

①　孔穎達等:《尚書正義》卷一一,阮元校刻:《十三經注疏》,第183頁。
②　班固:《漢書》卷二七中之上《五行志》第七中之上,北京:中華書局,1962年,第1370、1371頁;范曄撰,李賢等注:《後漢書》卷五《孝安帝紀》第五,北京:中華書局,1965年,第243頁。
③　林之奇:《尚書全解》卷二三,北京大學《儒藏》編纂與研究中心編:《儒藏》精華編一四,北京:北京大學出版社,2014年,第376頁。
④　真德秀:《大學衍義》卷三三,《文淵閣四庫全書》第704冊,臺北:臺灣商務印書館,1986年,第811頁。
⑤　薛季宣:《書古文訓》卷七,《續修四庫全書》第42冊,上海:上海古籍出版社,2002年,第295頁。
⑥　蔡沈著,王豐先點校:《書集傳》,北京:中華書局,2018年,第154頁。
⑦　金履祥《書經注》,姜兆錫《書經參義》。
⑧　江聲:《尚書集注音疏》,《清經解》第2冊,《清經解　清經解續編》,上海:上海書店出版,1988年,第880頁。
⑨　簡朝亮《尚書集注述疏》,朱廷獻《尚書研究》。
⑩　孫星衍:《尚書今古文注疏》卷一一,《續修四庫全書》第46冊,上海:上海古籍出版社,2002年,第610頁。
⑪　劉逢祿《尚書今古文集解》,朱駿聲《尚書古注便讀》,黄式三《尚書啟幪》。
⑫　牟庭:《同文尚書》,《續修四庫全書》第47冊,上海:上海古籍出版社,2002年,第439頁。
⑬　俞樾:《群經平議》卷五,《續修四庫全書》第178冊,上海:上海古籍出版社,2002年,第67頁。
⑭　高本漢著,陳舜政譯:《高本漢書經注釋》,臺北:中華叢書編審委員會,1970年,第471頁。

之字悖也。索、字字相近而誤耳,索當爲字。或説以《易》'震索索'馬云'索索,内不安也';又説,索,入家捝也;索,盡也,空也。皆所未安。"①

(10)隙。楊筠如云:"索,疑讀爲隙。《易·震》爻辭'虩虩''蘇蘇''索索',並同義,可知隙、索聲近可通。《周語》韋注:'隙,瑕釁也。'"②

(11)絞索。黄懷信云:"惟,同'爲',是。索,絞索。"將"惟家之索"翻譯爲"是家庭的絞索"。③

(12)"索"字原本是"蒢(葛)"或"剌",讀爲"割(害)",後來誤爲"索"。郭永秉、鄔可晶將古文字"剌"釋爲"割"的表意初文,舉伯上父鼎(《商周青銅器銘文暨圖像集成》02211號)"用剌眉壽"與無重鼎(《殷周金文集成》2814)"用割眉壽萬年"相對應爲證據,認爲字形表示以刀割繩索之意,"索"旁很可能兼起一定的表音作用;戰國文字及傳抄古文中從"艸"從"索"的"葛"字是從"剌(割)"省聲的。④ 其説證據充分,論證周密,已經得到學界公認。侯乃峰據此懷疑,《牧誓》的"索"字原本寫作戰國文字的"葛"字形,如同𧂇(上博三《周易》簡43)、𧂇(上博五《季庚子問於孔子》簡8)那樣,因與"索/素"字形極其接近,被誤認成"索"了。也有可能此字本來是"剌",表"割",傳抄過程中將"刀"旁抄脱(或者後人誤將本是會意字的"剌"字看成是形聲字),從而導致字形誤爲"索"字了。這句話原本當是作"牝雞無晨。牝雞之晨,惟家之割(害)"。《大誥》"弗弔天降割(害)于我家"即是"割(害)"與"家"搭配,正可類比。從押韻的角度看,"割(害)"古音屬於月部,與文部的"晨"恰好合韻。再者,《尚書》中"割"字多見,如《湯誓》"舍我穡事,而割正夏""率割夏邑",《多士》"有命曰:'割殷,告敕于帝。'",可作爲以上推測之佐證。⑤

上述諸説中,有幾家是從"索"字本身出發,分別解爲"盡""窮""破""散",但一來這些都不是早期文獻中"索"的常用義,二來如牟庭、侯乃峰所指出的,周武王所述的這幾句古人之言可能有韻,而"索"無法與"晨"押韻。因此有學者將"索"讀爲別的字,有學者則將"索"看作誤字。孫星衍將"索"轉換爲"素",雖然"索""素"確實有很密切的關聯,但仍然無法説通。牟庭認爲"索"或許是"祟"之誤,這樣可以比較好地講通文義,可他自己也指出"無確據"。至於將"索"看成"字"之誤、讀爲"隙",就更加缺

① 王闓運:《尚書箋》卷一〇,《續修四庫全書》第51册,上海:上海古籍出版社,2002年,第340頁。

② 楊筠如:《尚書覈詁》,西安:陝西人民出版社,1959年,第134頁;西安:陝西人民出版社,2005年,第200頁。

③ 黄懷信:《尚書注訓》,濟南:齊魯書社,2002年,第211、212頁。

④ 郭永秉、鄔可晶:《説"索"、"剌"》,《出土文獻》第三輯,上海:中西書局,2012年,第99—118頁。

⑤ 侯乃峰:《讀〈尚書〉類文獻瑣記》,"出土文獻與《尚書》學研究"學術研討會論文,上海:延安飯店,2018年9月21日—23日。

乏依據了。

這些説法中,侯乃峰之説值得注意。從字形、文義、押韻等方面綜合考慮,此説比其他諸説的理據更爲充分。他實際上提出了三種解釋的可能性:一是“索”字原本寫作戰國文字的“𦵪(葛)”形(𦵪上博三《周易》簡43,𦵪安大簡《詩經》簡3),讀爲“割(害)”,因形近被誤認成“索”;二是“索”字本來是“𠛑”,傳抄過程中將“刀”旁抄脱;三是“索”字本來是“𠛑”,後人誤將本是會意字的“𠛑”字看成是形聲字。筆者認爲第三種解釋成立的可能性相對較大。第一種解釋的疑問是,如果《牧誓》此字是表示“害”這個詞,那麽它就不太可能寫作“葛”,因爲出土文獻中罕見“害”這個詞寫作“葛”的例子。第二種解釋要求“輾轉傳抄過程中將‘刀’旁抄脱”,這種附加條件削弱了這種解釋成立的可能性。相比之下,第三種解釋成立的可能性較大。其中的關鍵,在於郭永秉、鄔可晶所指出的,從目前掌握的資料看,西周晚期可能就是“割”的古體表意字“𠛑”和後起形聲字“割”並存、前者逐漸爲後者所取代的過渡階段;從“刀”“害”聲的“割”字,最早見於西周晚期的無惠鼎,並一直沿用下來;“𠛑”字在西周晚期的伯上父鼎之後似已基本不見使用。① 筆者認爲,在西周早期的《牧誓》文本中(《牧誓》可能是牧野之戰前由執事人員提前草擬好的,也有可能是武王臨場發揮、執事人員後來追記的),“索”字的位置可能本來是“𠛑”,即“割”的表意字,用作“害”(以“割”表“害”《尚書》常見),後人不認識這個字,有可能會將其誤當作形聲結構,認作或讀作“索”字。

按照上述推論將“索”字還原爲“𠛑(割—害)”後,還需要討論一下“惟家之𠛑(割—害)”應當如何解釋、翻譯,因爲學者們對此句的結構有不同的理解。不少學者將“惟”理解爲“是”一類意義(明顯的如王闓運、黃懷信、劉起釪都是這樣理解的),②“之”理解爲“的”,“惟家之索”理解爲“是家的……”。有學者認爲“惟”通“爲”,猶“則”;“之”與“惟”乃因果複句之關聯詞,“之”猶“所以”。③ 有幾位學者則認爲此句是倒裝句。周秉鈞云:“惟家之索,惟索家也,賓語前置。二之字,皆助詞,前者表語氣,後者表結構。”④臧克和説:“前一‘之’字用作結構助詞,位於主謂結構中間,取消句子的獨立性,使‘牝雞之晨’整體作爲一種現象,構成後面‘惟家之索’的陳述對象。後一‘之’字用於‘惟……之……’結構中間,表示一種倒置強調的結構,在這類結

---

① 郭永秉、鄔可晶:《説“索”、“𠛑”》,《出土文獻》第三輯,第112頁。
② 王闓運、黃懷信之説見前文引述,劉起釪之説見顧頡剛、劉起釪《尚書校釋譯論》,北京:中華書局,2005年,第1099頁。
③ 程水金:《尚書釋讀》,北京:人民文學出版社,2020年,第402頁。
④ 周秉鈞:《尚書易解》,長沙:嶽麓書社,1984年,第127—128頁。

構裏,'之'可替换爲'是'作'惟……是……';時、是在《尚書》文獻中通用,而時字從寺得聲,寺又從之得聲,時、之又可通。"①錢宗武云:"惟,範圍副詞,置於叙述句的前置賓語前,表示受事者的惟一性,可譯爲'只是'。"②

　　將"牝雞之晨"的"之"理解爲表語氣的助詞,或者認爲其位於主謂之間、取消句子的獨立性,都不確切。上文已指出,這個"之"意爲"若"。不過,周、臧等先生把"惟家之索"作爲賓語前置句,值得重視,因爲《尚書》中還有很多類似的句子,如《堯典》"惟刑之恤"(僞孔傳本在《舜典》)、《盤庚中》"罔不惟民之承保"、《康誥》"裕(欲)民惟文王之敬忌"、③《無逸》"惟耽樂之從""以庶邦惟正之供""以萬民惟正之供"、《吕刑》"罔不惟德之勤"。考慮到《書》類文獻中常見"割(害)"接名詞賓語的用法,如《湯誓》"率割夏邑"、《多士》"割(害)殷"、《多方》"劓割夏邑","惟家之剢(割—害)"完全有可能理解成賓語前置句,還原爲正常句序即"剢(割—害)家"。④《荀子・大略》"利夫秋豪,害靡國家",《晏子春秋・内篇諫下》"聾瘖,非害國家而如何也",《漢書・五行志》"兩宮親屬將害國家",都是動詞"害"接賓語"國家"的例子,可作爲佐證。之所以要將"剢(割—害)家"倒裝成"惟家之剢(割—害)",是因爲其前的兩句都是四字句,而格言諺語講究句式整齊。

　　在這個字由"剢(割)"訛變爲"索"之後,此句就變成了"惟家之索"。這樣一來,後面的學者就只能從"索"出發去理解文義。這使得"索"字帶上了敗、破等意義,正如上舉學者們的解釋所體現的那樣。這些意義當然是讀者從上下文推出來的。

---

①　臧克和:《尚書文字校詁》,上海:上海教育出版社,1999年,第221頁。

②　錢宗武、杜純梓:《尚書新箋與上古文明》,北京:北京大學出版社,2004年,第126—127頁。

③　此句的斷句及"裕"讀爲"欲"均依于省吾之説,參見于省吾《雙劍誃尚書新證・雙劍誃詩經新證・雙劍誃易經新證》,第127—130頁。新出清華簡《説命下》簡10"襞(欲)女(汝)亓(其)又(有)咎(友)昚(勑)朕命糵(哉)"[清華大學出土文獻研究與保護中心編、李學勤主編:《清華大學藏戰國竹簡(叁)》,上海:中西書局,2012年,第49頁(圖版)、128頁(釋文)]、《周公之琴舞》簡5"襞(裕—欲))皮(彼)趣(熙)不著(落),思逝(慎)"、簡6—7"襞(裕—欲))亓(其)文人,不挽(逸)藍(監)舍(余)"[清華大學出土文獻研究與保護中心編、李學勤主編:《清華大學藏戰國竹簡(叁)》,第57—58頁(圖版)、133頁(釋文)、137頁(註釋[三〇])、138頁(註釋[四一])],可以佐證其説。

④　學者們在將古漢語中的"惟……之……""惟……是……"這類賓語前置句還原爲正常句序時,一般保留"惟"字,並解爲只是,如周秉鈞云"惟家之索"即惟索家,錢宗武説"惟"表示受事者的惟一性、可譯爲"只是"。這種觀點實不可信。這樣理解,在否定的賓語前置句中會遇到問題。如《盤庚中》"罔不惟民之承保"、《吕刑》"罔不惟德之勤",如果還原爲"罔不惟承保民""罔不惟勤德",解釋爲無不只是承保民、無不只是勤德,既彆扭(上古漢語中找不到這種在雙重否定之後加範圍限定詞"惟"的表達),也不符合事實——王所做的事涵蓋各方面,絶不止於"承保民"或"勤德"。如果放棄"惟"有實義、意爲"只是"的成見,只將其作爲與"之""是"搭配的結構助詞看待,從而將這兩句還原爲"罔不承保民""罔不勤德",解釋爲無不承保民、無不勤德,就很順暢自然,也與上古漢語中一般的雙重否定句結構相同。這一問題,筆者將有專文論述。

討論到這裏,我們對"惟家之索"的"索"給出了比較完整的解釋。不過,問題還没有結束。《尚書》相關的文獻中還存在著可能是從"索"進一步發展出來的字詞。這就是下文要討論的《書序》"殷既錯天命"的"錯"。

二 《微子》書序"殷既錯天命"

《微子》書序云:

> 殷既錯天命,微子作誥父師、少師。①

學者們對"錯"的解釋可分爲三類:(一)廢。馬融解爲廢(《釋文》引),②不少學者、特别是清代以來的學者多從之。③ 清代學者還爲此説找了不少書證。江聲云:"《論語·爲政篇》云'舉直錯諸枉','錯'對'舉'言,是有廢誼,故云'錯,廢也'。《西伯戡黎》云'天既訖我殷命',是天廢殷命也。又云'惟王淫虐用自絕',則天之廢殷命,緣紂之淫虐、自絕于天故爾,叙欲見此意,故言錯天命也。"④王鳴盛云:"馬云'錯,廢也'者,《論語》'錯枉',包咸云'廢置邪枉',是錯爲廢也。"⑤段玉裁云:"錯,馬云廢也,則讀倉故反。錯與措古通用。《説文》手部云:'措,置也。'置與廢義同,如廢六關即置六關是也。既錯天命謂盡廢天命。盡廢天命者,天命盡去也。"⑥朱駿聲云:"錯,措也,廢也。"⑦(二)亂。僞孔傳解爲亂。《正義》云:"交錯是渾亂之義,故爲亂也。"⑧不少學者從之。⑨ 林之奇解爲紛錯,⑩亦相近。(三)錯過、失去。黄懷信如此解釋。⑪

---

① 孔穎達等:《尚書正義》卷一〇,阮元校刻:《十三經注疏》,第 177 頁。
② 孔穎達等:《尚書正義》卷一〇,阮元校刻:《十三經注疏》,第 177 頁。
③ 梅鷟《尚書考異》,江聲《尚書集注音疏》,王鳴盛《尚書後案》,段玉裁《古文尚書撰異》,孫星衍《尚書今古文注疏》,劉逢禄《尚書今古文集解》,朱駿聲《尚書古注便讀》,卞斌《尚書集解》,陳喬樅《今文尚書經説考》,王闓運《尚書箋》,吴汝綸《尚書故》,《太炎先生尚書説》,曾運乾《尚書正讀》,屈萬里《尚書集釋》。
④ 江聲:《尚書集注音疏》卷一一,收入《四部要籍注疏叢刊》,北京:中華書局,1998 年,第 1731 頁。
⑤ 王鳴盛:《尚書後案》卷三〇,《續修四庫全書》第 45 册,上海:上海古籍出版社,2002 年,第 291 頁。
⑥ 段玉裁:《古文尚書撰異》卷三二,《續修四庫全書》第 46 册,上海:上海古籍出版社,2002 年,第 296 頁。
⑦ 朱駿聲:《尚書古注便讀》卷三,《四庫未收書輯刊》經部第 6 輯第 2 册,北京:北京出版社,1997 年,第 33 頁。
⑧ 孔穎達等:《尚書正義》卷一〇,阮元校刻:《十三經注疏》,第 177 頁。"渾亂之義",該書原作"渾亂以義",《校勘記》云:"閩本、明監本同,毛本以作之。案:以字誤也。"(第 179 頁)
⑨ 蘇軾《書傳》,史浩《尚書講義》,黄度《尚書説》,袁燮《絜齋家塾書鈔》,陳經《尚書詳解》,錢時《融堂書解》,朱祖義《尚書句解》("殷既錯亂天命,逆天命也"),江瀬、錢宗武《今古文尚書全譯》。
⑩ 林之奇:《尚書全解》卷二一,北京大學《儒藏》編纂與研究中心編:《儒藏》精華編一四,第 334 頁。
⑪ 黄懷信:《尚書注訓》,第 190 頁。

在筆者看來,這幾種解釋或多或少都存在問題。由於第(一)種解釋需要較多辨析,這裏先簡要談談第(二)(三)兩説。第(二)種説法的問題是,按照《尚書》及其他早期文獻的表達習慣,如果要表示亂天命之義,應當直接用"亂"字,没有必要、也不太可能用"錯"字。第(三)種説法的問題是,解"錯"爲錯過,似乎是受到了現代漢語的影響,在早期文獻中找不到根據。

第(一)種説法的問題在於,將"錯"解爲"廢"的學者們舉的有些辭例靠不住。江聲、王鳴盛引《論語·顔淵》"舉直錯諸枉,能使枉者直"作爲"錯"表"廢"義的例子。這個解釋不可信,楊伯峻已經引前人之説作了很好的辨析:

> 一般人把它解爲廢置,説是"廢置那些邪惡的人"(把"諸"字解爲"衆")。這種解法和古漢語語法規律不相合。因爲"枉""直"是以虚代實的名詞,古文中的"衆""諸"這類數量形容詞,一般只放在真正的實體詞之上,不放在這種以虚代實的詞之上。這一規律,南宋人孫季和(名應時)便已明白。王應麟《困學紀聞》曾引他的話説:"若諸家解,何用二'諸'字?"這二"諸"字只能看做"之於"的合音,"錯"當"放置"解。"置之於枉"等於説"置之於枉人之上",古代漢語"於"字之後的方位詞有時可以省略。朱亦棟《論語札記》解此句不誤。①

"錯"通"措",意爲放置。"錯諸枉"即"置之於枉",意爲置之於枉人之中。經典中常見以"錯諸"表示"置之於"的用例,如《禮記·祭義》"錯諸天下,無所不行"、《周易·繫辭上》"苟錯諸地而可矣"。這兩句是説舉用正直的人,將他們放在邪曲的人中間,能使邪曲的人變得正直。

此外,還有其他一些學者們認爲"錯"表"廢"義的例子,也存在問題。《漢語大字典》在"錯"的"廢棄"義下還列舉了《荀子·天論》"故錯人而思天,則失萬物之情"楊倞注"若廢人而妄思天"。② 實際上,這個"錯"完全可以理解爲通"措"、解爲放置一旁("措人而思天"即將人放在一旁而考慮天),並不一定要解爲"廢"。《墨子·非命上》"今雖毋求執有命者之言,不必得,不亦可錯乎?",孫詒讓《閒詁》云"錯與廢義同",③其根據是上舉《微子》書序馬融注以及他懷疑《節葬下》"相廢而使人非之"的"相"是"措"之訛誤、與"廢"義同。④ 但是認爲"相"是"措"之訛誤,没有任何根據。

---

① 楊伯峻:《論語譯注》,北京:中華書局,1980 年第二版,第 20 頁。
② 王先謙撰,沈嘯寰、王星賢點校:《荀子集解》,北京:中華書局,1988 年,第 317—318 頁。
③ 孫詒讓撰,孫啟治點校:《墨子閒詁》,北京:中華書局,2001 年,第 267 頁。
④ 孫詒讓撰,孫啟治點校:《墨子閒詁》,第 171 頁。

《墨子全譯》認爲"錯"通"措",措置、放棄,①似更可信。"不必得,不亦可錯乎",意思是説:不一定能實現,不也可以擱置嗎?

《王力古漢語字典》在"錯"的"捨棄,停止"義下列舉《史記·張儀列傳》"且韓之南陽已舉矣,子何不少委焉以爲衍功,則秦魏之交可錯矣",②《戰國策·魏一》與"錯"對應的字作"廢"。③ 主張"錯"有"廢"義,應當以此爲據。

從上下文看,將"殷既錯天命"的"錯"解爲廢,大體不錯。不過,仍然面臨表達習慣的挑戰,即《書》類文獻中罕見用"錯"表示"廢"義的用例。

如果跳出上下文,從更廣的範圍來看,這個"錯"其實和《牧誓》"惟家之索"的"索"有著非常密切的關聯:首先,二字古音極近("索"在鐸部心母,"錯"在鐸部清母),且文獻中有通假例證。《易·震》"震索索",馬王堆帛書本"索"作"昔"。④ 馬王堆帛書《繫辭》:"深備錯根,枸險至遠。"⑤今本作"探賾索隱,鉤深致遠",⑥"錯""索"對應。其次,二者都是動詞,且文義很接近。從上下文推理,"惟家之索"的"索"表示的是敗、亂或喪亡等意義,《微子》書序"錯"表示的是敗壞、失去之類意思,很接近。因此,筆者認爲,"殷既錯天命"的"錯"和"惟家之索"的"索"實際上是一個詞的不同書寫形式。

考慮到《書序》的寫作時代遠遠晚於《牧誓》,結合上文第一節所論,我們認爲,"殷既錯天命"的"錯"有可能是在由"剌(割—害)"訛變而來的"索"的基礎上產生的音近異文。此後,它就承襲了"索"在"惟家之索"句中所具有的敗、亂或喪亡等意義,具有了獨立性。如今我們參考古文字資料,將"索"字還原爲"剌(割—害)",這不會對"錯"字產生影響。

三　小結

《尚書·牧誓》"牝雞之晨,惟家之索"的"索",學者們有很多種解釋。本文在前

---

① 周才珠、齊瑞端:《墨子全譯》,貴陽:貴州人民出版社,1995年,第308頁。

② 王力主編:《王力古漢語字典》,北京:中華書局,2000年,第1532頁。

③ 《戰國策》,上海:上海古籍出版社,1985年,第808頁。

④ 馬王堆漢墓帛書整理小組:《馬王堆帛書〈六十四卦〉釋文》,《文物》1984年第3期,第1—8頁。湖南省博物館、復旦大學出土文獻與古文字研究中心:《長沙馬王堆漢墓簡帛集成》叁,北京:中華書局,2014年,第22頁。

⑤ 湖南省博物館、復旦大學出土文獻與古文字研究中心:《長沙馬王堆漢墓簡帛集成》叁,第70頁。

⑥ 王弼、韓康伯注,孔穎達等疏:《周易正義》卷七,阮元校刻:《十三經注疏》,北京:中華書局,1980年,第82頁。

人意見的基礎上,認爲在此篇創作初期,"索"可能本來寫作"剚",即"割"的原始表意形體,用作"害","惟家之剚(割—害)"是賓語前置句,還原爲正常句序是"割(害)家";由於西周晚期會意結構的"剚"被形聲結構的"割"取代,之後不再行用,後來的人看到《牧誓》的"剚"字,不認識,誤將其看作形聲字,讀成了"索"。"惟家之剚(割—害)"遂變成了"惟家之索","索"也因此從上下文那裏獲得了"敗""破"一類意義。《微子》書序"殷既錯天命"的"錯"是在訛變後的"索"字基礎上產生的音近異文。它承襲了"索"的這一意義。如今我們參考古文字材料將"索"字推擬還原爲"剚(割—害)","錯"字不受影響。

作者簡介:

黃傑,男,1987年生,湖北建始人,山東大學儒家文明省部共建協同創新中心、儒學高等研究院副教授。主要研究領域爲古文字學、先秦秦漢文獻的整理與研究,近年代表性論著有《〈左傳〉"荊尸"考》(《文史哲》2022年第2期)、《〈周易〉"大人虎變""君子豹變"異文疏解——兼論〈尚書〉中的兩個"辯"字》(《周易研究》2019年第3期)等。

《左傳》"莊公寤生"諸説平議

莊文龍

内容摘要　《左傳》"鄭伯克段於鄢"記鄭莊公"寤生"而姜氏驚而惡之,當中"寤生"得名有寐寤而生説、生而未能開目説、逆生説、窒息説、五月五日生説等等,説者甚衆而莫衷一是。近人多承明清説者,以"寤"假"遌""牾"或"悟"等字,釋作"逆生"之難產義。然考諸説,則通行之"逆生"説恐未安,而"寐寤而生"説應最爲可信。

關鍵詞　《左傳》　寤生　逆生　難產　寐寤

一　引言

《左傳·隱公元年》:"初,鄭武公娶於申,曰武姜。生莊公及共叔段。莊公寤生,驚姜氏,故名曰'寤生',遂惡之。愛共叔段,欲立之。"①歷來解"莊公寤生"一句言人人殊,至今未成共識。主要可歸爲五説:一、寐寤而生説;二、生而未能開目説;三、逆產説;四、生而窒息説;五、五月五日生。以下試評述諸説。

二　"寤生"諸説述評

(一)寐寤而生

對於"寤生"一詞的明確注解,最早見西晉杜預《注》,其文曰:"寐寤而莊公已生,故驚而惡之。"②唐孔穎達爲此疏解,其《疏》云:"謂武姜寐時生莊公,至寤始覺其生,故杜云'寐寤而莊公已生'。"③皆以武姜睡時已生莊公,醒時驚覺其生並厭惡之,故以其名爲"寤生"。

---

① 杜預注,孔穎達疏:《春秋左傳正義》卷二,北京:北京大學出版社,1999年,第50頁。
② 杜預注,孔穎達疏:《春秋左傳正義》卷二,第50頁。
③ 杜預注,孔穎達疏:《春秋左傳正義》卷二,第50頁。

　　此説爲明以前之主流説法,自明清以來才備受質疑。① 清黄生《義府》云:"寤而已生,此正産之極易者,何必反驚而惡之?……莊公寤生,是逆生也。逆生則産必難,其母之驚惡也宜矣。"②質疑寐寤而生即生産過程極爲容易,不必驚惡,暗示其不合於《史記》所謂:"生太子寤生,生之難,夫人弗愛;後生少子叔段,段生易,夫人愛之。"③今人楊伯峻《春秋左傳注》云:"杜注以爲寤寐而生,誤。寤字當屬莊公言,乃牾之借字。寤生猶言逆生,現代謂之足先出。"④以"寤生"之主語歸屬質疑此説。論者曹嫄在《異説紛紜的寤生》一文中又説:"但這一説法的問題是,原文明明是'寤生',爲何要解釋爲'寐生'? 如果這個問題解決不了,杜預的説法就難以成立。"⑤前人所疑可歸爲數點:"寤而已生"乃易生,不合《左傳》謂"驚姜氏";所謂"寤生"之生産情況當屬莊公而言;睡中生子應謂"寐生";生之易不合《史記》。

　　前人曾爲杜説開解,如宋林堯叟云:"此當爲難生,故武姜困而後寤,武姜因寤而驚,以其事名莊公。"⑥其揉合杜注和《史記》説法,以姜氏難産而寐寤生莊公。清梁玉繩《史記志疑》曰:"余謂當是武公在孕時,武姜嘗夢生子不利於己,驚而覺。及生莊公,遂以名而惡之。至史公謂段生易,乃以意言之耳。"⑦以姜氏夢中驚覺而生莊公,又以《史記》之説未必可信。今按林、梁二説,一以難産困而寐寤,一以夢驚而寤。林氏與梁氏結論相同而推設稍異,但不免流於臆斷。然而,再考諸説,則仍以"寐寤而生"説較爲可信,本文釋疑説將詳見下文。

(二)生而未能開目

　　宋《太平御覽》載東漢應劭《風俗通義》,其曰:"不舉寤生子。俗説兒墮地未能開目視者,謂之寤生。舉寤生子,妨父母。"⑧提及"寤生"乃嬰兒出生時未能開目而視的

---

　　① 按:甚至經部以外亦多用此説,如元趙道一《歷世真仙體道通鑒》續編卷四:"如其異人托化於世,母不自覺,容或有之。所以老子八十一年,元君不覺其久;莊公寤生,姜氏疑非已産。"見趙道一:《歷世真仙體道通鑒》續編,卷四,明正統道藏本,揚州:廣陵書社,1997 年,第 20 頁;又明馮夢龍《東周列國志》第四回:"爲何喚做寤生? 原來姜氏夫人分娩之時,不曾坐蓐,在睡夢中産下,醒覺方知。姜氏吃了一驚,以此取名寤生,心中便有不快之意。"見馮夢龍撰、蔡元放改:《東周列國志》,北京:人民文學出版社,1979 年,第 29 頁。

　　② 黄生:《義府》,北京:中華書局,1985 年,第 14 頁。

　　③ 司馬遷撰,裴駰集解,司馬貞索隱,張守節正義:《史記》卷四二,北京:中華書局,1959 年,第 1759 頁。

　　④ 楊伯峻:《春秋左傳注》,北京:中華書局,1990 年,第 10 頁。

　　⑤ 曹嫄:《異説紛紜的寤生》,載《安徽文學》,2011 年第 5 期,第 240 頁。

　　⑥ 王道焜、趙如源:《左傳杜林合注》,台北:商務印書館,1983 年影印《文淵閣四庫全書》本,經部165,卷一,第 171—338 頁。按:單據《左傳》,我們難以判斷"寤生"具體指易産之寐寤而生,抑或因難産寐寤而生,因爲兩種情況皆可能造成姜氏"驚""惡"。

　　⑦ 梁玉繩:《史記志疑》,北京:中華書局,1981 年,第 1037 頁。

　　⑧ 李昉等:《太平御覽》卷三六一,北京:中華書局,1960 年,第 1663 頁。

現象,有妨父母,故姜氏驚而惡之。① 今人持説者亦不乏人在,林明峪《台灣民間禁忌》:"寤生子,指嬰兒一墜地即能睜開眼睛看人,屬不正常現象。"②富金壁《王力〈古代漢語〉注釋匯考》説:"應劭爲東漢人,去古未遠,他所收集、分析的古代民俗,應是比較可靠的。況且,新生兒生便開目,使産婦驚悸,再加上民間有'寤生子妨父母'之説,便厭惡他,也合乎情理。"③

然而,此説並未較"寐寤而生"説普及。其疑點之一,在於莊公未妨父母。《太平御覽》引《風俗通義》便有按語云:"《春秋左氏傳》:'鄭武公娶於申,曰武姜,生莊公及共叔段。莊公寤生,驚姜氏,因名寤生。'鄭武公老終天年,姜氏亦然,安有妨其父母乎?"④這裏説明,武公和姜氏皆老終天年,並無"妨父母"的情況發生。當然,我們可以説風俗迷信自是有機率不能應驗。但以《左傳》強調預言的思想和寫作方式推論,若傳文強調"寤生"之迷信風俗,應否或多或少在後文補充附議,如從後揭示"妨父母"的應驗與否,或者以"君子曰"的方式批評姜氏惡莊公的態度?

其疑點之二,即嬰兒開目與否也屬常見現象,其"俗"所受人重視之程度誠爲可疑。論者顧圍在《"寤生"小議》一文中便説:"訴諸於現實,醫學證明嬰兒墮地後,雖'未能開目視'者較之'開目便能視'者稍多,但兩者都屬普遍現象,姜氏當不會因尋常之事而'驚',進而'惡'莊公。"⑤事實上,新生兒由於各種原因(如出生後需要時間適應母體外的光暗度、嬰兒眼皮粘上分泌物等等),一般將在出生當天以至一兩周内睜開眼睛。雖然"開目"時間因人而異,但嬰兒在出生當天無論開目不開目,其實都屬正常且常見現象。因此,若以其眼睛開否來説,則世間"妨父母"兒甚多,姜氏也不必大爲震驚而惡莊公。

(三)逆生

《史記》謂莊公"生之難",影響明清諸家尤甚。自明至今,説者多以此爲據,並以

---

① 按:前人對此條文獻的引文即不一致。宋姚寬《西溪叢語》引曰:"《風俗通》:'不舉寤生子,俗説兒墮地未可開目,便能視者,謂之寤生子,妨父母。'"(姚寬:《西溪叢語》,上海:商務印書館,1939年,第10頁)王應麟《困學紀聞》引曰:"《風俗通》云:'俗説兒墮地,未能開目視者,謂之寤生。'"(王應麟著,翁元圻等注,欒保羣、田松青、呂宗力校點:《困學紀聞》,上海:上海古籍出版社,2008年,第888頁)此二則引"未可開目便能視"和"未能開目視"即已異義。清顧炎武《左氏杜解補正》:"應劭《風俗通》曰:'兒墮地能開目視者爲寤生。'"(顧炎武:《左氏杜解補正》卷二,台北:廣文書局,1987年,第1頁)引文眾多而迥異,分別指涉"未能開目"和"能開目視"兩種相反情況。
② 林明峪:《台灣民間禁忌》,台北:聯亞出版社,1981年,第151頁。
③ 富金壁:《王力〈古代漢語〉注釋匯考》,哈爾濱:黑龍江人民出版社,2003年,第314頁。
④ 李昉等:《太平御覽》卷三六一,第1663頁。
⑤ 顧圍:《"寤生"小議》,《古典文獻學研究》,2009年第18期,第53頁。

假借爲説,認爲"寤生"應作"逆生"解。

明焦竑《焦氏筆乘續集》引吳元滿云:"據文理,'寤'當作'遻',音同而字訛。遻者,逆也。凡婦人産子,首先出者爲順,足先出者爲逆。莊公蓋逆生,所以驚姜氏。"①以"寤"假借"遻"字,作"逆"義,意云莊公出生時腳先出,因難産逆生而驚姜氏。清黃生《義府》云:"予謂寤當與牾通。牾,逆也。凡生子首出爲順,足出爲逆,至有手及臂先出者,此等皆不利於父母,或其子不祥,故世俗惡之。莊公寤生,是逆生也。逆生則産必難,其母之驚惡也宜矣。"②又按:"然遻乃迎逆之逆,非反逆之逆。"③此雖以"寤"通"牾",然説法與焦氏引吳説類同。朱駿聲《説文通訓定聲》曰:"寤,假借爲牾。按:足先出,逆生也。"④郝懿行《爾雅義疏》曰:"然則'寤'之言'牾'。因其牾逆,故名之曰寤生,遂惡之。"⑤

清以來注家和近代學者多采通假説,將"寤生"作"逆生"解,如清沈欽韓《春秋左氏傳補注》曰:

> 是午、悟、寤皆通牾也。凡從此聲者,其義並通。《士喪禮》下篇:"無器則捂受之。"注云:"捂即逆也。"劉熙《釋名》:"女,青州曰娪。娪,忤也。始生時人意不喜,忤忤然也。"此其證也。今生子者有足先出者妨産婦,即謂之逆生也。⑥

安井衡《左傳輯釋》⑦、竹添光鴻《左傳會箋》⑧、楊伯峻《春秋左傳注》⑨、趙生群《春秋左傳新注》⑩等皆用此説。

可見,明清以來採通假説者最多,以"寤"通"遻",或通"遻""悟""牾"等字,以"逆"爲義。然而,逆生説亦非完善,有其疑點所在。論者方正己、裴寶祥在《試談杜預"寤"解的科學性》一文中,提出四個疑問:

> 一、寤爲牾假連東漢許慎都不知道,根據何在? 二、難産爲什麼不説"苦姜

---

① 焦竑:《焦氏筆乘》續卷五,《歷代筆記小説集成・明代筆記小説》,册21,第15頁。

② 黃生:《義府》,第14頁。

③ 黃生:《義府》,第15頁。

④ 朱駿聲:《説文通訓定聲》卷七下,載丁福保等《説文解字詁林》,台北:商務印書館,1996年,第3306頁。

⑤ 郝懿行:《爾雅義疏》卷上二,台北:藝文印書館,1973年,第295—296頁。

⑥ 沈欽韓:《春秋左氏傳補注》卷一,載《續經解春秋類彙編》(三),台北:藝文印書館,1986年,第2495頁。

⑦ 安井衡:《左傳輯釋》卷一,台北:廣文書局,1979年,第5頁。

⑧ 竹添光鴻:《左傳會箋》,瀋陽:遼陽出版社,2008年,第6頁。

⑨ 楊伯峻:《春秋左傳注》,第10頁。

⑩ 趙生群:《春秋左傳新注》,西安,陝西人民出版社,2008年,第10頁。

氏"而説是"驚姜氏",難道難産産婦的主要精神反映是"驚"嗎？ 三、難産的孩子，母親爲什麼"惡之"，易生的爲什麼喜歡，有這樣的情理嗎？ 四、爲什麼孩子要以"難産"爲名,這不是很奇怪嗎?①

曹媛在《異説紛紜的寤生》一文又説:"但通假説所遇到的問題是,第一,不管是哪個字的借字,都是在爲司馬遷《史記》中'生之難'一語找證據,都有先入爲主的嫌疑;第二,爲什麼一定要説'寤'字不是本字? 理由何在?"②

確實,從生産情理來説,産婦在難産中的痛苦不應以"驚"爲主要反應,而産婦因難産而厭惡兒子更是難以説得過去。 蓋逆生之症只因胎位不正使然,産婦豈能責怪嬰兒? 難産之下,産婦和嬰兒雙方皆有生命危險。 産婦憂慮自身與嬰兒安危,自是驚恐於生産一事,而非驚嚇於其子本身。 且産婦與子"共患難"後,豈不更應疼愛其子"得來不易"嗎? 再從醫書來説,難産之逆生概念最早可追溯至隋唐,如唐孫思邈《千金寶要》卷一提及逆生之症,諸家以後來的概念套用前人的記事亦未必斷然正確。

再從"寤"之通假來看,其論證或有可疑。③ 沈欽韓《春秋左氏傳補注》爲"寤"通"牾"搜證,其曰:

> 《吕覽·明理篇》"頡牾百疾"注:"牾,逆也。"《説文》:"牾,逆也。"亦通作悟,《韓非子·説難》:"大意無所拂悟。"《史記·韓非傳》作"大忠無所拂悟",司馬貞《索隱》云:"不拂悟於君。"張守節《正義》:"拂悟當爲咈牾,古字假借耳。"顧廣圻《韓非子識誤》云:"《列女傳》'不拂不寤',亦用寤字。"《吕覽·蕩兵篇》:"百姓之牾相侵也立見。"《新序·雜事篇》:"衛靈公蹴然易容,寤然失位。"皆牾字之義。《禮記·哀公問》:"午其眾。"《注》:"逆其眾。"王肅本作"迕",是午、悟、寤皆通牾也。凡從此聲者,其義並通。《士喪禮》下篇:"無器則捂受之。"《注》云:"捂即逆

---

① 方正己、裴寶祥:《試談杜預"寤"解的科學性》,載《松遼學刊》(社會科學版),1991 年第 1 期,第 28 頁。

② 曹媛:《異説紛紜的寤生》,第 240 頁。

③ 按:可注意前人在質疑和辯解"逆生説"通假的孤證問題。質疑者如張澤渡説:"諸賢既認爲寤爲通借,理應有書可證可舉。而歷代諸家僅都以《左傳》這一孤證爲憑,往往流於循環論證。並且各家所求'本字'又各不相同,這本身就難免令人生疑。"辯解者如顧圍在《"寤生"小議》文中爲此辯解,説:"其實,距《左傳》成書時代未遠的漢初馬王堆帛書《十問》中就有這樣的記載:'黄帝屍問於容成曰:……夜半之息也,覺牾(寤)毋變侵(寢)刑(形),探(深)余(徐)去埶(勢),六府皆發,以長爲極。'此句中'覺牾'訓爲'覺寤'是顯而易見的。 由此看來'寤'假借爲'牾'並不如郭錫良、李玲僕先生所説的'是偶然現象,沒有代表性',而是普遍現象。"然而,審其引文之義,當中"覺牾"一詞乃用"寤醒"而非"牾逆"義。 應該説,此條文獻只能證"牾"有借"寤"之用法,而不能證"寤"有借"牾"之用法。

也。"劉熙《釋名》:"女,青州曰娪。娪,悟也。始生之時,人不喜忤忤然也。"此其證也。①

其舉證雖極爲詳細,卻非完美。劉文强《鄭莊公三論》便提出其疑問,曰:

> 若用同樣的方法,我們也可以接着再説:逆即迎之借字,於上古音聲相同,韻爲陰陽對轉。迎可解爲順,則鄭莊公爲順生,即頭先出矣。同一種方法,可以得到兩種截然不同的結論,孰是孰非乎? 可見用這種方法來解釋古事,實有其限制,不可見獵心喜,以爲在聲韻上説得通即可。②

確實,沈氏所舉"午其眾""無器則捂受之"等文例雖是用通"逆",卻亦是"迎"義。先不論劉氏以"順"解"逆"之論證邏輯如何,其背後强調慎於通假的精神卻是不能否定的。清人王引之《經義述聞·叙》曰:"學者以聲求義,破其假借之字而讀以本字,則焕然冰釋;如其假借之字而强爲之解,則詰爲病矣。"③即已明言假借之利弊。今人陸宗達、王寧《訓詁方法論》講得更爲明瞭,他們説:"前代訓詁學家存在兩種意見。一種意見認爲,假借現象十分普遍:凡是音同之字,古人都可隨意借用,所謂亂寫錯别字。另一種意見認爲,純粹的同音借用一般要遵循某些慣例,不能遇到講不通地方,就隨意找個同音字來以'假借'解釋。如果聲音再放寬些,就弄得音無不通,字無不借,詞語的客觀性約定性便不復存在,聲音也變成'小學家殺人的刀子'。——很明顯,後一種意見是正確的。亂講假借,比之亂繫同源危害更加嚴重。所以,講假借就務求慎重,核證於文獻語言就更爲重要。"④即説明以假借訓釋古籍,須慎之又慎。⑤

另外,諸家以《史記》謂莊公"生之難"爲據亦有可疑。據《南燕録》所載,慕容德出生時,慕容皝曰:"此兒易生似鄭莊公,長必有大德。"⑥其謂"易生似莊公",是與《史記》記載莊公"生之難"異,即應以何者爲準? 如此,我們難以斷然説《史記》必較《南燕録》所記正確,繼而作《左傳》之輔證。

---

① 沈欽韓:《春秋左氏傳補注》卷一,載《續清經解春秋類彙編》(三),第 2495 頁。
② 劉文强:《鄭莊公三論》,載《文與哲》,2008 年第 12 期,第 26 頁。
③ 王引之:《經義述聞》,南京:江蘇古籍出版社,2000 年,第 1 頁。
④ 陸宗達、王寧:《訓詁方法論》,北京:中國社會科學出版社,1983 年,第 126 頁。
⑤ 按:李師雄溪曾在多篇文章强調此論點,如《〈鄭風·山有扶蘇〉"乃見狂且"馬訓釋疑》,慶祝香港大學創校九十週年明清史國際研討會宣讀論文,2001 年;《〈小雅·巧言〉"遇犬獲之"解》,載張新武、高利琴主編《新疆大學語言文化國際學術研討會論文集》,烏魯木齊:新疆大學出版社,2002 年,第 38—40 頁;《"嘒彼小星"解》,載單周堯、陸鏡光主編《語言文字學研究》,北京:中國社會科學出版社,2005 年;《〈衛風·竹竿〉"巧笑之瑳"清人諸訓評議》,載《東方文化》,2005 年第 1、2 期,第 1—5 頁。
⑥ 崔鴻編:《十六國春秋》,北京:商務印書館,1937 年,第 77 頁。此事清洪亮吉引書作《南涼録》,而記事相近。見洪亮吉:《春秋左傳詁》卷五,北京:中華書局,1987 年,第 184 頁。

(四) 生而窒息

元朱震亨《幼科全書·胎疾》云:"凡小兒初生下,氣絶不能啼者……萬氏云:'俗名悶臍生。即寤生。鄉俗有連呼其父乳名即醒者。'"①清閻純璽《胎産心法·悶臍生須知》云:"凡兒産下即啼,此正理也;如兒下地,氣悶不啼,相傳寤生。呼父乳名,手拍兒股即啼。"②今人張澤渡《"寤生"探詁》一文,在駁斥"逆生""順生"和"開目"三説後,便根據上述及其他醫書所説"寤生""夢生"産事,提出:"寤生是指嬰兒初生悶絶,目閉口噤,即今所謂新生兒窒息。"③曹金興在《"寤"字的四種説法》又引《漢語漫話》提及此一説法,云:"寤,夢。寤生,夢生。湖南有的地方管新生兒窒息叫夢生。新生兒不會呼吸,不會動,好像還在做夢。"④

雖然,醫書有明確記載産下不啼爲"寤生",然未能以此爲確據。見"生而未能開目説",即有文獻明確記載"寤生"之名;又醫書如《女科百問》卷下提及"橫生逆産"之治方,云:"烏金散治橫生難産及催生……乳香丸治難産……寤生丸治難産。"當中"寤生丸"一藥之名則用逆生義。據此,亦難以某一醫書爲準。另外,以情理審之更恐未安。蓋窒息兒對産婦之驚,當爲驚恐憂心之驚,而非驚畏恐懼之驚。若産婦遇上其子生而窒息,固然受驚,但自救活則可謂失而復得,當是可喜可賀,母自更應疼惜其子,又豈有轉驚爲惡之理?

(五) 五月五日生

傳統學者或以義理、或以音韻探討"寤生"一詞。今人方勝《〈左傳〉"寤生"釋義考論》一文從社會學角度入手,提出新説。方氏從《睡虎地秦簡日書》、放馬灘秦簡《日書》等出土文獻提出古人對嬰兒出生之日判斷吉凶的意識,再從《史記》《論衡》《風俗通義》《孝子傳》《宋書》《殷芸小説》《舊唐書》《西京雜記》等古代文獻,列舉古人對五月五日生之子的忌諱事件,並論述五月五日不吉意識對古人的深厚影響。由此,方氏説:

> "寤生"究竟爲何意,不能僅以一字之解予以判斷,而應與當時社會經濟、人們的思想意識緊密聯繫、綜合考慮。根據古今民俗和歷代文獻考究,"寤生"乃"惡日"而生,"五月五日"乃古時"惡日"之極,此時産子甚爲忌諱,與"寤生"之意最爲相切。⑤

---

① 轉引自張澤渡:《"寤生"探詁》,載《貴州大學學報》(社會科學版),2000年第1期,第6頁。
② 轉引自張澤渡:《"寤生"探詁》,第6頁。
③ 張澤渡:《"寤生"探詁》,第6頁。
④ 曹金興:《"寤"字的四種説法》,載《咬文嚼字》,2005年第9期,第14頁。
⑤ 方勝:《〈左傳〉"寤生"釋義考論》,載《湖南科技學院學報》,2012年第3期,第13—15頁。

應該肯定的是,方氏以社會學角度探討"姜氏惡莊公"之原因,對"五月五日爲惡日"這一命題論述甚爲詳密,無疑有其獨創性。然而,我們卻很難説其結論必爲正確。方文脱離"寤生"二字作考證,實則忽略了古人字訓、義訓和聲訓的考據方式。若以風俗原因論之,姜氏因"莊公寤生"而"驚之""惡之",其原因可以有多種,"五月五日而生"只是其中一種,但可能性未較其他風俗原因大。以方文引《風俗通義》一書爲例,其書所謂"俗説五月五日生子,男害父,女害母",但事實上,同書即又記"俗説兒墮地未能開目視者""妨父母",並爲前人經常引用。那麼,我們所見《風俗通義》一書而記及"妨父母"之二俗(甚至更多相關風俗),則應以何俗爲準?況且,相比而言,"五月五日生"更比"未能開目而視"少了"寤生"二字的聯繫,能否説前人"生而未能開目"説反而更勝一籌?①

三 "寐寤而生"説試釋疑

審諸説法,當仍以"寐寤而生"説較爲可信,現試爲此説釋疑。

首先,寐寤生子雖是罕有,但卻有其可能性。清桂馥《札樸》引北魏崔鴻《南燕録》曰:"晉咸康二年,公孫夫人晝寢,生慕容德,左右以告,方寢而起。慕容皝曰:'此兒易生,似鄭莊公,長必有大德。遂以德爲名。'"又云:"余初疑寤當作牾,謂倒産。及得二事,不敢復執前説矣。"②桂氏據《南燕録》記慕容德爲睡中而生,更以之與莊公相比,因而由執逆生説轉而信寐寤説。今劉文强《鄭莊公三論》一文,又提及其一女學生正是"寐寤之中已生",認爲"真人實事,適爲佐證"。③

其次,"寐寤而生"合於《左傳》謂"驚姜氏""遂惡之"。前人在質疑"寐寤而生"説時,多提及"寤而已生"不符合《左傳》所記姜氏的驚惡之情。除了上引黃生所論,又如沈欽韓《春秋左氏傳補注》云:"如杜解,則寐寤中便已生子,較后稷之'先生如達',文王之'溲於少牢',殆又易之。姜氏當鍾愛,何爲惡之?"④玩其意,皆謂姜氏若醒來發現莊公已生,已是避過生産之"大劫""苦事",應當高興而非驚而厭惡其子。然而,我們再深入審視,則知姜氏由"寐寤而生"而驚惡之感合情合理。明馮時可《左氏釋》曰:

---

① 按:林明峪《台灣民間禁忌》一書亦據《風俗通》記及"生而未能開目"和"五月五日生"兩種風俗,但只以前者爲"寤生"。

② 桂馥:《札樸》,北京:中華書局,1992年,卷二,第50頁。

③ 劉文强:《鄭莊公三論》,第26頁。

④ 沈欽韓:《春秋左氏傳補注》卷一,載《續清經解春秋類匯編》(三),第2495頁。

"寤生者,言武姜寐時,生莊公,至寤始覺其生也。夫人之惡者,惡其怪也、惡其驚也。"①便從厭惡情感的産生常理考慮其事。清朱鶴齡《讀左日鈔》亦曰:"武姜寐時生莊公,至寤始覺其生也。此非生子之常,故驚姜氏。"②同樣認爲莊公之所以致姜氏驚惡,正在於其出生之奇怪、非常。今人鄭慧生《〈左傳〉訓詁五則》繼説:"'何必反驚而惡之?'這是古人的一種'情理'。在他們看來,生産是件難事,易生就是反常,反常則必驚而惡之。"③是以"反常而驚惡"乃常理。筆者又認爲,以往學者並未考慮到孕婦生産的具體情況。絶大部分情況下,剛出産道的嬰兒在體型外貌上並非一般人所認同的"可愛",甚至有人調侃之爲"外星人"。這是因爲嬰兒出生時由於受到産道的擠壓,其頭骨、臉部、眼瞼、四肢等呈現浮腫甚至變形,以至皮膚出現各色斑胎斑、皮疹、胎痣、血泡等等,其"醜怪""奇特"的外表都是常見現象,更遑論滿身油脂和血污。即使在科學知識普及的今天,初生嬰兒在未經任何清洗、護理下,對於没有接生經驗的一般人,甚至親生父母來説,在一定程度上也是醜而怪的。我們試想像姜氏寐寤而生的情形:姜氏在滿是血跡的床上睡醒,或被哭聲驚醒之際,精神恍惚的姜氏,發現身邊多了一個連著臍帶、滿身血污油脂、面形扭曲且哭嚷著的"小怪物"。可以推説,在那個生産知識落後的年代,初爲人母的姜氏在没有心理準備和帶着産後餘痛的情況下,其驚惡於初生子的外貌和自己的生産過程也是完全可能發生的。

另外,從語言使用習慣來説,所謂"寤生"之生産方式既屬莊公,又可屬姜氏。楊伯峻《春秋左傳注》云:"寤字當屬莊公言。"意即若爲寐寤而生則應言"姜氏寤生",故"寤生"者應是莊公,乃以逆生解之。然今考之,寤生既是産症,則可屬莊公言,又可屬姜氏言。古籍凡謂如順産、逆産、横産、側産等不同産症之名,既可指嬰兒動作,亦可指孕婦産症。唐孫思邈《備急千金要方》卷二"逆生第七"條記:"論曰:凡産難,或兒逆生、横生、側生,或手足先出,可以鍼錐刺兒手足入一二分許,得痛驚轉即縮自當迴順也。"④清沈金鰲《婦科玉尺》卷三:"凡兒逆生,切不可用針刺足心及鹽塗之法。"⑤兩書所記嬰兒逆生的處理方法雖有不同,但皆以"逆生"作"兒"之謂語,謂嬰兒臨産而未及翻身之狀。同時,宋張杲《醫説》卷九有"孕婦逆生"條⑥、金張從正《儒門事親》卷十五

① 馮時可:《左氏釋》卷上,北京:中華書局,1991年,第1頁。
② 朱鶴齡:《讀左日鈔》卷一,《文淵閣四庫全書》本,經部169,上海:上海古籍出版社,1987年,第2頁。
③ 鄭慧生:《〈左傳〉訓詁五則》,載《河南大學學報》(社會哲學版)2006年第2期,第8頁。
④ 孫思邈:《備急千金要方》卷二,北京:中華書局,1985年,第32頁。
⑤ 沈金鰲:《婦科玉尺》卷三,上海:上海科學技術出版社,1958年,第72頁。
⑥ 張杲:《醫説》卷九,上海:上海科學技術出版社,1984年,第32頁。

記"治產婦橫生"①等等,卻皆以"逆生""橫生"作"婦"之謂語,謂產婦遇嬰兒逆生之產症,而非謂產婦出生時逆生。因此,無論"寤生"在《左傳》中作"逆生"抑或"寐寤而生"解,只要釋作生產方式的一種,則語法上可屬母而言,亦可屬子而言。

再者,文獻中"寤""驚"和"生子"相聯繫者不乏其例,可作《左傳》謂姜氏寐寤而生子說之佐證。"寤"有覺醒義,如《呂氏春秋.離俗》曰:"惕然而寤,徒夢也。"高誘注:"寤,覺。"②意即睡而覺醒。"寤"多與"驚"相配,有"寤驚""驚寤"之事。《釋名疏證補》云:

> 王啓原曰:"經傳言夢寤,必言驚。《春秋·隱元年傳》:'莊公寤生,驚姜氏。'《逸周書·寤微王》:'王曰:"今朕寤有商,驚予。'又'太姒夢見商之庭產棘,寤驚以告文王。'見朱右曾《逸周書校釋》。又《史記》:'王召左史戎夫曰:"今夕,朕寤,遂事其驚予。"'凡此,皆與物接忤者。③

其舉《逸周書》云太姒"夢"而"寤驚"、《史記》載王"寤"而驚。又除《南燕錄》記寐寤而生子之事外,後世亦有記之並語及"寤"與"生"文獻,如元貝瓊《鐵崖先生傳》曰:"鐵崖先生者,名維楨,字廉夫,姓楊氏,世爲紹興山陰縣人。母李氏夢金鈎自月墮於懷,既寤,生先生。少穎悟……"④以楊維楨乃其母夢寤後所生,自是寐寤而生。又明沈榷《太子少保兵部尚書贈太子太保廣平王公世揚傳》曰:"王公諱世揚,字孝甫……趙太夫人方辰夢,宰官擁童子從天門下,曰:'以錫汝'。寤,生公。"⑤亦記及趙世揚乃其母夢寤而生。又明劉鴻訓《明資善大夫工部尚書贈太子太保用齋劉公墓表》曰:"公將誕,有虎口手伏之兆入太翁夢,寤,生公。"⑥是劉元霖亦是母寤而生。又明沈朝宣《嘉靖仁和縣誌》卷九曰:"江瀾,字文源……其母有娠,夢髯翁騎白鹿抱一嬰兒投之,既寤,生瀾。"是江瀾亦是其母夢寤而生。至於"寤""生"二字連用成詞,並以新生兒爲主語者,更有如宋衛涇《後樂集》卷十八記:"紹興戊辰,君姚令人陸氏感祥夢,而君寤生。"⑦是曾耆年之母陸氏夢後而"寤生"。再觀及"寤""生""驚"同時使用者,如南梁蕭方《三十國春秋》記:"前秦蒲洪……其母姜氏,因寢產洪,驚悸而寤。"⑧又如明柯維

---

① 張從正.《儒門事親》卷一五,上海:上海衛生出版社,1958年,第36頁。
② 呂不韋.《呂氏春秋》卷一九,上海:上海古籍出版社,1989年,第166頁。
③ 王先謙.《釋名疏證補》卷三,上海:上海古籍出版社,1984年,第9頁。
④ 貝瓊.《清江集·文集》卷二,上海:商務印書館,1919年據四部叢刊景明洪武刻本,第3頁。
⑤ 焦竑輯.《國朝獻微錄》卷三九兵部二,明萬曆四十四年徐象最山館刻本,第124頁。
⑥ 劉鴻訓.《四素山房集》卷一八,明崇禎刻清雍正印本,第1頁。
⑦ 衛涇.《後樂集》卷一八,清光緒刻武林掌故叢編本,第11頁。
⑧ 蕭方等.《三十國春秋》,載湯球.《三十國春秋輯本》,北京:中華書局,1985年,第5頁。

騤《宋史新編》卷五十九列傳一:"元德李皇后……生楚王元佐。後夢日輪逼己,承以裾,光耀遍體,驚而寤,生真宗。"①亦記及李皇后入夢、驚醒與生楚王,即是"驚""寤""生"相互聯繫。以上可見,"寤"與"驚"關係密切,而孕婦寐寤而生子之事、之語,至後世亦有例可尋。由此引申推論,不言"寐生"而言"寤生",其可能目的在於強調"驚"。

至於《史記》謂莊公"生之難"之難產,與杜說"寐寤而生"之易生相異,又應如何解釋?筆者認爲可能性有二:一是《史記》所取材料有誤或有異。正如前人舉《南燕錄》載慕容覦謂慕容德易生似莊公事,所取正與杜說同,而與《史記》"生之難"相異,這即可能是《史記》或《南燕錄》誤記造成;二是《史記》乃基於敘事需要而取"生之難"說。從《左傳》與《史記》記述"鄭伯克段于鄢"的敘事目的來說,言莊公之生,其用意在於爲兄弟之爭尋找始因,其謂生難、生易只爲姜氏惡莊公愛段叔說解。可以說,莊公到底如何出生並非重點,敘事中有關"禮""孝""悌""慈"等相關内容才是史之"微言大義"所在。從這一角度考慮,司馬遷從"生之難易"對比姜氏對兄弟的喜惡,實際上是出於敘事需要,未必是爲《左傳》"寤生"作解。當中依據的材料來源是直接取自《左傳》,還是同於《左傳》,抑或出於另外的取材、改造,均自有可能。因此,以《史記》所記"生難"爲《左傳》"寤生"之基本依據,未足定讞。

四　結語

王力在《關於古代漢語的學習和教學》說:"凡是不該認爲通假也能講得通的話,就應該依照平常的講法,不要再講甚麼'通假',否則,就會造成錯誤。"②以往學者基於"寐寤而生"說有其疑點,如"驚姜氏"之心理、"寤生"之主語等等問題,故以"逆生"通假說之,並因之大行其道。然而,過往諸疑既可刃解,我們則應重新審視最早作爲"寤生"注解的"寐寤而生"說,以及當今最爲流行的"逆生"說。

綜上所述,歷來解"寤生"諸說均有疑點,而今通行之"逆生說"亦未爲的論。結合《左傳》本文記載、生產科學、驚惡心理、語言用例來看,"寤生"乃"寐寤而生"似更合文意、情理,其說爲較令人信服之解釋。

---

①　柯維騏:《宋史新編》卷五九,台北:新文豐出版社,1974 年,第 299 頁。
②　王力:《龍蟲並雕齋文集》,北京:中華書局,1982 年,第 431 頁。

作者簡介：

　　莊文龍，男，1992 年生，中國香港人，南京大學文學院博士研究生。主要研究領域爲清代《詩經》學、清代詩學。近年代表性論著有《元稹"模勒"新論》(《古籍研究》第 73 卷，2021 年)、《清人對唐宋七絶的判別、宗尚與調和》(《中國詩學》第 31 輯，2021 年)、《絶句起源論争——清人對截律爲絶說的接受、拓展與反駁》(《文學論衡》第 38 期，2021 年)。

《爾雅·釋天》歲名疏證
——兼論上古紀年方式三種[*]

彭 華

内容摘要 《爾雅·釋天》關於上古歲名的記載（"夏曰歲,商曰祀,周曰年,唐虞曰載"）,基本上是真實可信的。《爾雅·釋天》所云"唐虞曰載","載"字上古音與"兹"相同（之部、精母）,意謂草木"一歲一枯榮"。"載"和"年"一樣,都是物候曆的反映。進一步分析可以發現,《爾雅·釋天》關於上古四代（虞、夏、商、周）歲名的記載,反映的是上古中國的三類曆法（物候曆、觀象授時、推步曆法）,對應的是三種紀年方式（物候紀年、天象紀年、大事紀年）,呈現的是"三才"（地、天、人）之道。結合中外歷史、民族知識考察,許多民族與國家都經歷過這三種紀年方式。

關鍵詞 《爾雅·釋天》 歲名 物候紀年 天象紀年 大事紀年

眾所周知,作爲"小百科全書"的《爾雅》,是一部非常有用的工具書,大有裨益於閱讀古書、通曉方言、辨識名物。誠如郭璞（276-324）《爾雅注序》所説:"夫《爾雅》者,⋯⋯誠九流之津涉,六藝之鈐鍵,學覽者之潭奥,摛翰者之華苑也。若乃可以博物不惑,多識於鳥獸草木之名者,莫近於《爾雅》。"^②本文所疏證的《爾雅·釋天》"歲名"條,即屬於郭璞所云"博物"者流。

一 歲名疏證

本文所疏證的《爾雅·釋天》"歲名"條,其原文如下:^③

* 國家社會科學基金重大項目"中國國家起源研究的理論與方法"（批准號:12&ZD133）、"中國道統思想研究"（批准號:17ZDA010）階段性研究成果。

② 郭璞注,邢昺疏:《爾雅注疏》,北京:北京大學出版社,1999年,第2—4頁。

③ 郭璞注,邢昺疏:《爾雅注疏》,1999年,第169頁。

載,歲也。夏曰歲,商曰祀,周曰年,唐虞曰載。歲名。

《爾雅・釋天》“歲名”條的四個名詞,最難索解的是“載”,故本文擬先從“載”字入手,然後漸次及於年、歲、祀。

(一) 載

古人關於“載”字的解釋,大致有三個路徑:

一是直接釋“載”爲“歲”,不再做任何解釋,以孔傳(舊題西漢孔安國撰)爲代表。《尚書・虞夏書・堯典》:“九載,績用弗成。”孔傳:“載,年也。三考九年,功用不成,則放退之。”[1]誠如清人陳立(1809-1869)所説:“《爾雅・釋天》及《獨斷・三代年歲之別名》並云‘夏曰歲,商曰祀,周曰年,唐虞曰載’。與此三王爲年,通謂之歲意異,其實年、載、歲,對文異,散則通。”[2]

一是釋“載”爲“一歲莫不覆載”,以李巡、蔡邕爲代表。《左傳》昭公七年:“公曰:‘何謂六物?’對曰:‘歲、時、日、月、星、辰是謂也。’”李巡曰:“載,一歲莫不覆載也。”(《春秋左傳正義》卷四十四)蔡邕(132-192)的説法,與李巡所説相同。蔡邕《獨斷》“三代年歲之別名”:“唐虞曰載。載,歲也,言一歲莫不覆載,故曰載也。”

一是釋“載”爲“萬物終而更始”,以孫炎爲代表。《尚書・虞夏書・堯典》:“九載,績用弗成。”孫炎曰:“載,取萬物終而更始。是載者,年之別名,故以載爲年也。”(《尚書正義》卷二引)《爾雅注疏》卷六引孫炎曰:“載,始也,取物終更始。”

古人關於“載”字的前兩種解釋,均未能得“載”之本義與要義。第三説則接近了“載”之本義與要義,惜乎未能盡發其覆。

筆者按:孫炎釋“載”爲“萬物終而更始”,所取“載”之義項是“始”,而古文獻有此例證。如《詩經・豳風・七月》:“春日載陽,有鳴倉庚。”[3]《孟子・滕文公下》:“湯始征,自葛載,十一征而無敵於天下。”[4]“載”何以有“始”義,因書缺有間,已經不知其詳。

筆者推測:孫炎釋“載”爲“萬物終而更始”,應當遵從的是音訓原則,並且音訓的

① 孔安國傳,孔穎達疏:《尚書正義》卷二,北京:北京大學出版社,1999 年,第 41 頁。
② 陳立撰,吳則虞點校:《白虎通疏證》,北京:中華書局,1994 年,第 431 頁。
③ 朱熹集傳:“載,始也。”(朱熹集注:《詩集傳》卷三,北京:中華書局,2011 年,第 118 頁。)
④ 趙岐注:“載,始也。言湯初征自葛始也,十一征而服天下。”(趙岐注,孫奭疏:《孟子注疏》卷六上,北京:北京大學出版社,1999 年,第 169 頁。)朱熹集注:“載,亦始也。十一征,所征十一國也。”(《孟子集注》卷六,朱熹:《四書章句集注》,北京:中華書局,1983 年,第 268 頁。)

中介之字就是"哉",而"哉"意爲初、始。"載""哉"的初文是"戈",後由初文"戈"孳乳而成"載""哉"。"載""哉"與"茲"音同、義近,指的是植物的生長繁殖,並可由此引申而指其生長繁殖的週期。下面,筆者將從音、義、例三方面予以論證。

章太炎(1869-1936)在《小學答問》中指出:"載,……字當爲茲。……《説文》:'茲,草木多益也。'記歲以年、以稔者,謂禾一熟;記歲以茲者,謂草木一榮實也。"① 楊樹達(1885-1956)贊同此説,"茲與載古音同,《左傳》《孟子》皆假茲爲載"。② 陸宗達(1905-1988)對此進行過具體論證,③可謂"後出轉精"。

"載"上古音與"茲"同,均爲之部、精母字。④ 依音韻學律,二字本可通。《説文解字·艸部》:"茲,草木多益也。"陸宗達指出,用草木蕃殖標誌時間,與"年"訓"穀熟""稔"訓"穀熟",從而用來標誌時間的道理是一樣的。草木每歲蕃殖一次,於是初民據以造"茲"字;農業發展以後,才有"年""稔"。就辭例而言,上古往往"茲""年"對舉。陸宗達嘗舉三例爲證(章太炎此前即舉此三例):

《左傳》僖公十六年:"今茲魯多大喪,明年齊有亂。"

《孟子·滕文公下》:"今茲未能,……以待來年"。

《吕氏春秋·任地》:"今茲美禾,明茲美麥"。

其實,除以上三例外,我們還可以補充若干條辭例(僅限於先秦秦漢典籍):

《左傳》宣公十二年:"昔歲入陳,今茲入鄭。"

《左傳》襄公十八年:"今茲主必死。"

《左傳》襄公二十八年:"今茲宋、鄭其饑乎! 歲在星紀,而淫于玄枵。"

《左傳》襄公二十八年:"今茲周王及楚子皆將死。歲棄其次,而旅于明年之次。"

《左傳》昭公十年:"今茲歲在顓頊之虛。"

《左傳》昭公十一年:"景王問於萇弘曰:'今茲諸侯何實吉? 何實凶?'"

《孔子家語·屈節解》:"今茲無麥,明年可樹。"

《戰國策·韓策一》:"今茲效之,明年又益求割地。"

《鹽鐵論·執務》:"今茲往而來歲旋。"

《古詩十九首·生年不滿百》:"爲樂當及時,何能待來茲。"

---

① 章太炎:《小學答問》,《章太炎全集》(七),上海:上海人民出版社,2014年,第508頁。

② 楊樹達:《積微居甲文説·耐林廎甲文説·卜辭瑣記·卜辭求義》,上海:上海古籍出版社,1986年,第23頁。

③ 陸宗達:《説文解字通論》,北京:北京出版社,1981年,第131—132頁。下引陸宗達之説,即出自該處。説明:陸宗達《説文解字通論》未標明引文出處,並且有排印錯誤;又,其説實際來源於章太炎《小學答問》,但亦未標明出處。本文借鑒了陸書引用的材料,並且補充標明了出處,同時核對了原文。

④ 唐作藩編著:《上古音手册》(增訂本),北京:中華書局,2013年,第198、215頁。

"兹"意爲"草木多益",表達的是草木的茂盛蕃殖;而"哉"字表達的是草木初期的生息,故"哉"意爲初、始。① 《爾雅·釋詁》:"初、哉、首、基、祖、元、胎、俶、落、權輿,始也。"黃侃(1886-1935)在《爾雅音訓》中指出:"載聲與哉通。《釋詁》:'哉,始也。'又與在通。《釋詁》:'在,終也。'故注義兼包始終。載與兹通。《吕覽》:'今兹美禾,明兹美麥。'"②

"載""哉"的初文是"才",而"才"從"才"得聲、取義。"才"爲之部、從母字,③"載"爲之部、精母字,④二字韻部相同(之部),聲紐同爲齒音(從母、精母),音近相通。"才"字之形、義,均表草木之初生。《説文解字·才部》:"才,草木之初也。從丨上貫一,將生枝葉。一,地也。凡才之屬皆從才。昨哉切。"段玉裁(1735-1815)注:"艸木之初也。引伸爲凡始之偁。……才者,初生而枝葉未見也。"《説文解字》對"才"字的這一解釋,合乎"才"字的甲骨文字形(見下圖),⑤即象草木自地面鑽出之形:

《合集》22630　《合集》22708　《合集》27320　《合集》35426

《釋名·釋天》説"唐虞曰載。載,生物也",非常精闢地點明瞭"載"字的這一意藴(草木之初生)。

以"載"爲年,見於諸多上古典籍,可與"兹"相互印證。兹謹以《尚書》爲例。《尚書·虞夏書·堯典》:"朕在位七十載。"《尚書·虞夏書·舜典》:"歲二月,東巡守。……五載一巡守。……二十有八載,帝乃殂落。"《尚書·虞夏書·禹貢》:"作十有三載,乃同。"孔傳:"載,馬、鄭本作年。"(《尚書正義》卷六)

(二)年

年,本義爲五穀成熟,與農業之收成密切相關。甲骨文、金文中的"年",字形上部作穀穗成熟下垂之象形(見下圖):⑥

《合集》00546　《合集》20657　《合集》33265

《集成》02701　《集成》02653　《集成》02772

---

① 楊樹達:《詞詮》,北京:中華書局,1979年第二版,第280頁。
② 黃侃著,黃焯輯,黃延祖重輯:《爾雅音訓》,北京:中華書局,2007年,第93頁。
③ 唐作藩編著:《上古音手册》(增訂本),北京:中華書局,2013年,第14頁。
④ 唐作藩編著:《上古音手册》(增訂本),第198頁。
⑤ 郭沫若主編,胡厚宣總編輯:《甲骨文合集》,北京:中華書局,1978—1982年。以下簡稱"《合集》"。
⑥ 中國社會科學院考古研究所:《殷周金文集成》,北京:文物出版社,1984—1994年。以下簡稱"《集成》"。

無獨有偶,在古埃及象形文字中,"年"字作ᚹ,表示的是植物茂盛之意。[1]

在甲骨卜辭中,多有關於"受年""求年"和"受禾""求禾"的記載(分別見《甲骨文合集》09650、09654、09659、09662、09788、24429、24431、36975 和 10075、20656、28232、28271、33241、33256、33258、33277、37849 以及《殷契粹編》896 等)。卜辭所用"年",使用的是"年"字之本義。

《詩經》《周禮》《禮記》所云"祈年"之"年",一如卜辭"求年"之"年",使用的是"年"字之本義。《詩經·大雅·雲漢》:"祈年孔夙,方社不莫。"鄭玄(127-200)箋:"我祈豐年甚早。"《周禮·春官宗伯·龠章》:"凡國祈年于田祖。"鄭玄注:"祈年,祈豐年也。"《禮記·月令》:"(孟冬)天子乃祈來年于天宗。"《周禮·春官宗伯·肆師》:"社之日,蒞卜來歲之稼。"鄭玄注:"社祭土爲取財焉,卜者問後歲稼所宜。"

農作物豐收之年爲"有年",大豐收之年爲"大有年"。《説文解字·禾部》:"年,穀熟也。從禾,千聲。《春秋傳》曰:'大有年。'"《春秋》桓公三年:"有年。"《穀梁傳》桓公三年:"五穀皆熟爲有年也。"《春秋》宣公十六年:"冬,大有年。"《穀梁傳》宣公十六年:"五穀大熟爲大有年。"《公羊傳》桓公三年:"彼其曰大有年何?大豐年也。"《尚書·多士》:"今爾惟時宅爾邑,繼爾居,爾厥有幹有年於茲洛。"孔傳:"汝其有安事有豐年於此洛邑。"《竹書紀年》卷下:"秋,大有年。"

五穀一年一熟,故可借"年"以記時。《春秋》桓公三年:"有年。"孔穎達疏:"謂歲爲年者,取其歲穰一熟之義。"而古書所云"稔",與此近似。《左傳》襄公二十七年:"所謂不及五稔者,夫子之謂矣。"杜預(222-284)注:"稔,年也。"在本文的論述體系中,"年"和"載"都屬於物候紀年類型。

(三)歲

"夏曰歲"之"歲",指的是歲星,即木星。孫炎曰:"歲,取歲星行一次也。"(《尚書正義》卷二)孫炎曰:"四時一終曰歲,取歲星行一次也。"(《春秋左傳正義》卷四十四)邢昺疏:"故夏曰歲,取歲星行一次。"(《爾雅注疏》卷六)誠如《尚書·虞夏書·堯典》所説:"期三百有六旬有六日,以閏月定四時,成歲。"

歲星圍繞太陽在黃道上自西向東旋轉一周("右行"),需要 12 年(實際上是 11.8586 年),每年移動周天的十二分之一,古人以木星每年所居星次紀年,"故歲星之歲孳乳爲年歲之歲"。[2]《説文解字·步部》:"歲,木星也。越歷二十八宿,宣徧陰陽,十

---

[1] Ernest Alfred Wallis Budge, *An Egyptian Hieroglyphic Dictionary*, New York: Dover Publications Inc., 1978(1920), cxxi.轉引自汪寧生:《民族考古學探索》,昆明:雲南人民出版社,2008 年,第 129 頁。

[2] 郭沫若:《甲骨文字研究·釋歲》,《郭沫若全集》考古編第一卷,北京:科學出版社,1982 年。

二月一次。從步,戌聲。《律曆書》名五星爲五步。"《史記・天官書》:"歲星出,東行十二度,十二歲而周天。"利簋:"斌(武王)征商,隹(惟)甲子朝,歲鼎(貞)。"(《集成》04131)

"歲",繁體字作"歲"。"歲"字從步,表示步以爲歲,即推步之意。金文"歲"字(見下圖),從左右兩止之"步",以示步歲之意:

      𢧐《集成》02838   𢧐《集成》02841   𢧐《集成》10361

子彈庫楚帛書説四神"乃步以爲歲",①亦即此意。在本文的論述體系中,"歲"屬於天象紀年類型。

保存在今本《大戴禮記》中的《夏小正》,相傳就是夏代的曆書,②"其中的天象和某些物候的記載可能反映了夏代的實際情况"。③ 夏曆根據北斗星斗柄的旋轉以確定一年十二個月,以斗柄指向寅的正月爲歲首,即以建寅之月爲正月。古人認爲夏曆比較正確地反映了天象運行規律,所以有"夏數得天"的説法(《左傳》昭公十七年、《逸周書・周月解》)。相對於物候曆而言,夏曆自然要精確得多。

(四)祀

"商曰祀"之"祀",與祭祀直接相關。郭璞注:祀,"取四時一終。"(《爾雅注疏》卷六)孫炎曰:"祀,取四時祭祀一訖也。"(《尚書正義》卷二)在本文的論述體系中,"祀"屬於大事紀年類型。

"祀"之所以成爲歲名("商曰祀"),與商人的祭祀週期("周祭")密切相關。在殷商末期黄組甲骨卜辭和青銅器銘文中,常見有"隹王幾祀"(有幾例作"隹王幾司",一例作"隹王幾巳")的記載。"隹"爲語氣詞,"王"指某時王,"幾"爲該時王的在位的序數,"祀"(或"司"和"巳")指時王的第幾個周祭祭祀週期。④ 到殷商晚期,周祭祭祀明確表現出存在著 36 旬和 37 旬兩種週期。在一大段時間内,這兩種週期出現的頻數是相近的,並且基本上是交替安排的。⑤ 由此可見,這期間人們所取一年歲的具體長度

---

① 李零:《長沙子彈庫戰國楚帛書研究》,北京:中華書局,1985 年,第 64 頁。

② 夏緯瑛:《夏小正經文校釋》,北京:農業出版社,1981 年,第 80 頁。

③ 中國天文學簡史編寫組:《中國天文學簡史》,天津:天津科學技術出版社,1979 年,第 9 頁。

④ 董作賓:《殷曆譜》,四川南溪,1945 年石印本。陳夢家:《殷虛卜辭綜述》,北京:中華書局,1988 年,第 236—237 頁。島邦男著,濮茅左、顧偉良譯:《殷墟卜辭研究》,上海:上海古籍出版社,2006 年(影印本)。

⑤ 許進雄:《第五期五種祭祀祀譜的復原——兼談晚商的曆法》,原載《大陸雜誌》第 73 卷第 3 期,1986 年;又載《古文字研究》第十八輯,北京:中華書局,1992 年;後收入《許進雄古文字論集》,北京:中華書局,2010 年。常玉芝:《商代周祭制度》,北京:中國社會科學出版社,1987 年,第五章。

應在（360+370）/2＝365日左右。①

商人所舉行的"周祭"，是商王及王室以翌、祭、**壹**、**叀**、彡五種祀典對其先王、先妣輪番地、周而復始地進行的祭祀，是商王朝一種非常重要的祭祀制度。常玉芝指出，"商代末期以五種祀典對先王先妣輪番祭祀一周需要三十六旬或三十七旬的時間，與一年的日數相當，因此是可以借'祀'以名'年'的。卜辭以'佳王幾祀'記時王在位之年，與《爾雅·釋天》所載的商稱年曰祀是完全符合的"。②

商人以"祀"爲"年"，茲謹舉出土文獻（甲骨文、金文）與傳世文獻所見數例爲證：

胡厚宣嘗舉三十餘條卜辭爲例，證明商代有稱"年"爲"祀"者，分別作佳王二、三、四、五、六、八、九、十、廿祀，或作王廿祀、佳廿祀。③

值得特別注意的是，不少卜辭是年、月、日三要素俱全，其格式作某日、某月、某祀。比如："辛酉，王田於雞麓，隻（獲）大羴虎。才（在）十月，佳王三祀，劦日。"（《合集》37848反，《懷特》1915）再如："〔乙〕亥王〔卜〕，〔鼎（貞）〕：自今旬至…翼（翌），人方不大出。王固（占）曰：吉。才（在）二月，遘且（祖）乙彡，佳王九祀。"（《合集》37852）

至於金文，其數量亦不在少數之列。

小臣艅犀尊："佳王來正（征）人（夷）方，佳王十祀又五。彡（肜）日。"（《集成》05990）銘文所説的"王"，當爲帝乙。置於銘文末尾，商代金文皆如此。④ 王國維（1877-1927）認爲，小臣艅犀尊（王國維稱之爲艅尊）銘文所云，"此蓋以事紀年也，《左傳》中猶間有此法"，⑤"此句皆以事紀年者也。《左傳》中屢有'惟寡人某事之歲'，亦其遺法"。⑥

二祀邲其卣："亞獏父丁。……佳王二祀，既汎於上下帝。"（《集成》05412）

四祀邲其卣："亞獏父丁。乙子（巳），王曰：尊文武帝乙宜，在召大廳（庭），遘乙，……邲其易（賜）貝，才（在）四月，佳王四祀。羽（翌）日。"（《集成》05413）

六祀邲其卣："才（在）六月，佳王六祀。羽（翌）日。亞獏。"（《集成》05414）

宰椃角："才（在）六月，佳王廿祀，翌又五。"（《集成》09105）

---

① 陳美東：《中國科學技術史·天文學卷》，北京：科學出版社，2003年，第19頁。

② 常玉芝：《商代周祭制度》，北京：中國社會科學出版社，1987年，第225頁。

③ 胡厚宣：《殷代年歲稱謂考》，《甲骨學商史論叢初集（外一種）》（上），石家莊：河北教育出版社，2002年，第246—249頁。

④ 黃德寬：《古文字學》，上海：上海古籍出版社，2015年，第221頁。

⑤ 吳其昌：《王觀堂先生〈尚書〉講授記》，載謝維揚、房鑫亮主編：《王國維全集》第八卷，杭州·廣州：浙江教育出版社·廣東教育出版社，2009年，第50頁。

⑥ 劉盼遂：《觀堂學〈書〉記》，載謝維揚、房鑫亮主編：《王國維全集》第八卷，第109頁。

新發現的商朝末期的𪔕方鼎:"乙未,王賓文武帝乙,彡日,自闌佣,王返入闌,王商(賞)𪔕貝,用作父丁寶隣彝,在五月,隹王廿祀又二。"①

至於傳世文獻,茲僅舉《尚書》爲例。

《尚書·商書·伊訓》:"惟元祀,十有二月,乙丑,伊尹祠于先王。"

《尚書·商書·太甲中》:"惟三祀,十有二月朔,伊尹以冕服,奉嗣王歸於亳。"

《尚書·商書·説命上》:"王宅憂,亮陰三祀。"

《尚書·周書·洪範》:"惟十有三祀,王訪於箕子。"孔傳:"商曰祀,箕子稱祀,不忘本。"(《尚書注疏》卷十二)

需要補充説明的是:商人的主流是以"祀"爲"年",但也存在稱"年"的事實,甚至存在"祀"與"歲"或"年"並存於同一卜辭的現象。

卜辭之稱"年",如《合集》24610:"□戌卜,出鼎(貞):自今十年屮(有)五,王……"董作賓(1895–1963)釋"十年屮五"爲"十年有五",即十五年。②《粹》1279:"……卜,貞:……至於十年……"胡厚宣(1911–1995)説,"這是一片稱年的重要卜辭",並舉"乙巳卜,貞:尹至五年""乙巳卜,貞:尹至七年"兩條卜辭爲證。③ 今人引申,"我們大概可以這樣認爲,早在殷商時代,'年'就已經開始用作年歲之年,只不過到了周代才正式使用"。④

"祀"與"歲""年"之並存同一卜辭者,即《粹》896:"癸丑卜,貞:今歲受年?弘吉。才(在)八月,隹王八祀。"(《合集》37849)胡厚宣嘗舉此爲證,⑤沈之瑜(1916–1990)亦嘗舉此爲證。⑥ 筆者按:"今歲受"後一字,卜辭原文字形作 𥝌,明顯是"禾"字,並不是"年"字。置此不論,"祀"與"歲"並存於同一卜辭,這是相當重要的史料,證明商代既存在稱"祀"説,也存在稱"歲"説。

換句話説,在商代既存在稱"祀"説,也存在稱"年"、稱"歲"説,並且材料(證據)都是真實可信的;因此,我們不能"非此即彼",即不能以 A("祀")否認 B("年"或"歲"),或者以 B("年"或"歲")否認 A("祀")。這對於我們判斷古文獻的真偽,具有極大的啟示價值與指導意義(詳見餘論)。

---

① 參看李學勤:《試論新發現的𪔕方鼎和榮仲方鼎文物》,2005 年 9 期。馮時:《阪方鼎、榮仲方鼎及相關問題》,《文物》,2006 年第 8 期。

② 參看胡厚宣《殷代稱"年"説補證》,《文物》,1987 年第 8 期。

③ 胡厚宣:《殷代稱"年"説補證》,《文物》,1987 年第 8 期。

④ 蔣德平:《漢字中的曆法之美》,上海:文匯出版社,2015 年,第 6 頁。

⑤ 胡厚宣:《殷代年歲稱謂考》,第 246 頁。

⑥ 沈之瑜:《甲骨文講疏》,上海:上海書店出版社,2002 年,第 302 頁。

降而至於周朝,亦是"祀""年""歲"並用。大致而言,西周早期、中期沿襲商人之俗而稱"祀",中期屬於稱"祀"、稱"年"交錯階段,晚期則稱"年"居多,而東周則交錯使用"祀""年""歲"。

稱"祀"者,傳世文獻如"維二十三祀庚子朔,九州之侯咸格于周。王在鄷"(《逸周書·鄷保》),"維王一祀二月,王在鄷"(《逸周書·大開武》)。見於出土文獻者,如大盂鼎:"隹王廿又三祀。"(《集成》02837)小盂鼎:"隹八月既望,辰在甲申,……隹王廿又五祀。"(《集成》02839)何尊:"隹王初遷宅于成周,復稱珷(武)王豐(禮),祼自天,才(在)四月丙戌,……隹(惟)王五祀。"(《集成》06014)五祀衛鼎:"隹王五祀。"(《集成》02832)清華簡《程寤》:"隹(惟)王元祀。"①

稱"年"者,傳世文獻如《尚書·洛誥》:"在十有二月,惟周公誕保文武受命,惟七年。"見於出土文獻者,如曶鼎:"隹王元年六月既望乙亥。"(《集成》02838)永盂:"隹十又二年初吉丁卯。"(《集成》10322)清華簡《保訓》:"隹(惟)王五十年。"②清華簡《系年》:"十又四年,厲王生宣王,宣王即位,共伯和歸於宋〈宗〉。"③

稱"歲"者,傳世文獻如《詩經·王風·采葛》:"一日不見,如三歲兮!"至於出土文獻所見之"歲",可參看下文所引"立事歲"(陳璋圓壺、陳純釜等)以及"某某之歲"(鄂君啟節、包山楚簡、江陵楚簡、葛陵楚簡等)。

二 紀年方式

由物候的觀察入手,應該是探索一年長度的最早方法,隨後才是對某些星象的觀測。依據天象觀測所得的結果,自然要較物候曆更爲準確、更爲精確。而在掌握了萬物的生長規律、星辰的運行規律之後製作的推步曆法,自然又更爲精確、更爲準確。

(一)物候紀年

物候曆和物候紀年,見於中國的許多少數民族。比如:古代藏族以麥熟爲歲首("不知節候,麥熟爲歲首","其四時,以麥熟爲歲首"),④古代宕昌羌人"俗無文字,但

① 清華大學出土文獻研究與保護中心編,李學勤主編:《清華大學藏戰國竹簡(壹)》,上海:中西書局,2010年,第136頁。
② 清華大學出土文獻研究與保護中心編,李學勤主編:《清華大學藏戰國竹簡(壹)》,上海:中西書局,2010年,第143頁。
③ 清華大學出土文獻研究與保護中心編,李學勤主編:《清華大學藏戰國竹簡(貳)》,上海:中西書局,2011年,第136頁。
④ 分別見《舊唐書》卷一九六上《吐蕃傳上》、《新唐書》卷二一六上《吐蕃傳上》。(劉昫:《舊唐書》,北京:中華書局,1975年,第5220頁。歐陽修、宋祁:《新唐書》,北京:中華書局,1975年,第6073頁。)

候草木榮落,記其歲時",①古代臺灣(流球國)亦以草木之榮枯爲一年("俗無文字,望月虧盈以紀時節,候草藥枯以爲年歲")。② 古代的女真人、蒙古族、赫哲族亦採用物候紀年,女真人、蒙古族人以"草一青則爲一年",③赫哲族"不知歲時朔望,問年則數食達莫嘎魚次數以對"。④ 古時雲龍州(今雲南大理州雲龍縣)的布朗族,所用曆法也是物候曆(現時已不用)。董善慶(1661-1737)《雲龍記往》載:"其地不知歲月,耕種皆視花鳥。梅花歲一開以紀年,野靛花十二年以紀星,茨竹花六十年一開以紀甲子。……如借貸書契必曰限至某花開時,或口某鳥鳴時。"臺灣的高山族以蔬菜的收穫爲年的標準,即每次收穫畢到下次收穫期爲一年。臺灣的雅美人最初以飛魚洄游一周爲一年,後來又掌握了觀察星象判斷季節的方法(觀察許多星座的出没和南中的現象判斷季節)。⑤《後漢書·烏桓鮮卑列傳》:"烏桓者,本東胡也。……見鳥獸孕乳,以別四節。"⑥《太平寰宇記》卷一六九《儋州風俗》:黎族人"觀禽獸之産,識春秋之氣","占豬芋之熟,紀天文之季"。

今人的研究表明,在雲南"特有"的 16 個少數民族中,其傳統曆法大致可分成三種類型:物候曆、十月曆、十二月曆。"物候曆"雖然還不是嚴格意義上的天文曆法,卻是曆法形成的雛形,而後來的發展以此爲基礎。在雲南的少數民族中,其傳統曆法至現代還在使用物候曆(或是記憶猶新)的民族,有佤族、布依族、德昂族、基諾族、獨龍族、怒族等 6 個民族。其中,怒族和獨龍族尤爲典型。⑦

---

① 《魏書》卷一〇一《宕昌羌傳》。(魏收:《魏書》,北京:中華書局,1974 年,第 2242 頁。)
② 《隋書》卷八十一《流球國傳》。(魏徵等:《隋書》,北京:中華書局,2019 年,第 2050 頁。)按:"藥枯"當作"榮枯"。
③ 宋人稱蒙古爲黑韃靼。《蒙韃備録》:"其俗每以草青爲一年。"《三朝北盟會編》三:"女真人不知紀年,問之則曰'吾見幾度青草',以草一青爲一年。"《建炎以來朝野雜記》:"韃靼人不知歲月,以草青爲一年。"(謝維揚、房鑫亮主編:《王國維全集》第十一卷,第 337 頁。)《黑韃事略》:"其正朔,昔用十二支辰之象,今用六甲輪流,皆漢人、契丹、女真教之。若韃之本俗,初不理會得,但是草青則爲一年,新月初生則爲一月。人問其庚甲若干,則倒指而數幾青草。"(《王國維全集》第十一卷,第 373—374 頁。)參看阿爾丁夫:《13 世紀之前蒙古物候曆考》,《内蒙古師範大學學報》,2013 年第 2 期。
④ 曹廷傑:《西伯利東偏紀要》,《曹廷傑集》,北京:中華書局,1985 年,第 116 頁。按:達莫嘎魚即大馬哈魚(學名鮭魚,salmon),每年九、十月間回游至黑龍江、松花江、烏蘇里江流域産卵。
⑤ 以上關於臺灣高山族、雅美人曆法的介紹,材料來源於陳遵嬀:《中國天文學史》(中),上海:上海人民出版社,2006 年,第 1084—1085 頁。
⑥ 所謂"四節",即春、夏、秋、冬四季。
⑦ 李維寶、李海櫻:《雲南少數民族天文曆法研究》,昆明:雲南科技出版社,2000 年,第 14—25 頁。參看閻永軍編著:《雲南少數民族科學技術》,昆明:雲南大學出版社,2015 年,第 151—152、182—183 頁。廖伯琴:《西南民族傳統科技》,北京:科學出版社,2016 年,第 197—218 頁。

白居易(772-846)《賦得古原草送别》所説"離離原上草,一歲一枯榮",①是物候曆的優美寫實。這是中國人早已耳熟能詳的詩句,但讀者未必注意到其中的物候曆知識。

其實,國外的一些民族和國家在歷史上也存在過物候曆和物候紀年。比如,新幾内亞人以山芋(Yam)的收穫爲計年的標準。② 再如,美國利得桑納州的馬里科帕(Maricopa)印第安人以樹發芽爲一年開始。③ 又如古埃及,誠如希羅多德(Herodotus,約前484-前430或420)所説,"埃及是尼羅河的贈品","尼羅河的節奏也就是埃及人的生活節奏,尼羅河一年一度的水位上升給埃及播種及收割的日期制定了三個季節:氾濫、生長和收穫"。④ 埃及人原以尼羅河氾濫這一物候現象作爲一年的開始,而後來發現天狼星(Sirius)會在這天日出時出現,遂以天狼星爲標誌,此日就被稱爲"洪水帶來之日"。⑤

(二)天象紀年

本處所説的"天象紀年",在古代中國以"歲星紀年"和"太歲紀年"最爲典型。先説"歲星紀年":

歲星紀年,其格式是"歲在某某"。如,《左傳》襄公二十八年:"歲在星紀。"《左傳》襄公三十年:"歲在降婁。"《國語·周語》:"昔武王伐紂,歲在鶉火。"⑥《國語·晉語四》:"歲在壽星及鶉尾,其有此土乎!……歲在大樑,將集天行。……君之行也,歲在大火。"《帝王世紀》:"(顓頊)歲在鶉火而崩。"

再看"太歲紀年"的實例:

屈原在《離騷》中自述其出生時間(夏曆正月庚寅),説他出生於攝提格之年("攝

① 白居易著,顧學頡校點:《白居易集》,北京:中華書局,1978年,卷十三,第262頁。

② 轉引自馮時:《殷代農季與殷曆曆年》,《中國農史》,1993年第1期。

③ R. H. Lowie, *Cultural Anthropology*, New York: Farrar & Rinehart Inc., 1940, P.332.轉引自汪寧生:《民族考古學探索》,昆明:雲南人民出版社,2008年,第130頁。

④ 丹尼爾·布林斯廷著,嚴擷芸等譯:《發現者——人類探索世界和自我的歷史》,上海:上海譯文出版社,1995年,第8頁。

⑤ 汪寧生:《初民時間、空間及數位概念探源》,原載《史前研究》,西安:三秦出版社,2002年;後收入《民族考古學探索》,昆明:雲南人民出版社,2008年,第130頁。

⑥ 關於武王克商之年,歷來衆説紛紜,不同説法有44種之多(北京師範大學國學研究所編:《武王克商之年研究》,北京:北京師範大學出版社,1997年)。"夏商周斷代工程"將這一年定爲公元前1046年,具有很大的參考價值(夏商周斷代工程專家組編著:《夏商周斷代工程1996—2000年階段成果報告·簡本》,北京:世界圖書出版公司,2000年,第38—49頁)。

提貞于孟陬兮,惟庚寅吾以降")。①《吕氏春秋·序意篇》:"維秦八年,歲在涒灘。"賈誼(前200-前168)《鵩鳥賦》:"單閼之歲兮,四月孟夏。"(《漢書·賈誼傳》)

目前所發現的最早的太歲紀年資料,是2006年河南淅川徐家嶺M11出土的春秋時期的蔿(阤)夫人鼎:"隹(唯)正月初吉,歲才(在)涒灘,孟春在奎之際,蔿(阤)夫人嚻擇其吉金,乍(作)鑄迅鼎,以和禦湯,長萬(邁)其吉,用壽無疆,蔿(化阝)大尹嬴乍(作)之,後民無忘。"銅器銘文所云鑄造年代("歲在涒灘"),即魯定公三年(前507)。②

不僅中國如此,外國亦如此。比如,古埃及的曆法據天狼星(Sirius)的偕日升(heliacal rising)來制定,③並設置了36顆偕日升的恒星,稱爲旬星(將黄道360度的圓分割爲10度一個段落),發展出一套在夜晚推算時間的方法。再如,古代的蘇美爾、巴比倫和古希臘,也使用各種各樣的偕日升星來確定農耕漁牧的時間。④

(三)大事紀年

大事紀年,即根據某件特定的大事(戰爭、祭祀、朝聘、慶賀等)發生的年代來紀年。這種紀年方式,見於兩周金文、戰國竹簡和部分傳世文獻。在古代埃及、古代羅馬與古代赫梯,也有類似的紀年方式。

乍册䰎卣:"隹(惟)公大史見服于宗周年,才(在)二月既望乙亥,公大史咸見服于辟王,辨于多正。"(《集成》05432)

中方鼎⑤:"隹(惟)王令南宫伐反虎方之年,王令中先省南或(國)貫行。"(《集成》02751、02752)

山西曲沃晉侯墓地M114出土的一件甗,其銘文也記載了此事,"隹(惟)十又(有)[二]月王命南宫[伐]虎方之年,[惟]正月既死霸庚申,王在宗周"。"十有二月"是周昭王十八年十二月,"正月"是周昭王十九年正月。周正建子,晉國沿用夏正

---

① 關於屈原的出生之年,歷來衆説紛紜。胡念貽定爲公元前353年,鄔漢勳、劉師培定爲楚宣王二十七年(公元前343年),湯炳正定爲公元前342年,郭沫若定爲公元前340年,浦江清定爲公元前329年。(胡念貽:《屈原生年新考》,《文史》第五輯,北京:中華書局,1978年。郭沫若:《屈原研究》,上海:新文藝出版社,1950年。湯炳正:《歷史文物的新出土與屈原生年月日的再探討——〈屈賦新探〉之五》,《四川師範大學學報》,1978年第4期。浦江清:《屈原生年月日的推算問題》,《歷史研究》,1954年第1期。)相對而言,贊成公元前329年説者較多。

② 王長豐、郝本性:《河南新出"阤夫人孏鼎"銘文紀年考》,《中原文物》,2009年第3期。

③ 古埃及人稱天狼星爲Sothis,意爲"水上之星"。

④ John Brittons & Christopher Walker: *Astronomy and Astrology in Mesopotamia*, in *Astronomy Before the Telescope*, London: British Museum Press, 1996.另可參看陽山:《天體運動和時間》,《天文愛好者》,2002年第5期。

⑤ 據《金石録》記載,中方鼎于宋徽宗重和戊戌歲(1118)發現于湖北安州孝感縣,系周昭王時器。

而建寅,因而在器主晉人看來,周正十二月和正月屬於同一年。[①]

柯簋:"隹(惟)八月公陝(夷)殷年。"[②]或以爲,"公陝(夷)殷年"指的是周公東征的第二年,而柯簋當屬成王時器,[③]可用作青銅器斷代尺規。[④]

旅鼎:"隹(惟)公大(太)保來伐反夷年,才(在)十又一月庚申。"(《集成》02728)

厚趠方鼎:"隹(惟)工來各于成周年。"(《集成》02730)

陵(肇)貯簋:"王令東宮追以六師之年。"(《集成》04047)

叡尊:"隹(惟)十又三月既生霸丁卯,叡從師雍父戍于珇自之年。"(《夏商周青銅器研究(西周篇)》339)[⑤]

鄂君啟車節與舟節:"大司馬邵(昭)陽敗晉師於襄陵之歲,夏夷(屍)之月,乙亥之日,王居於茂郢之游宮。"(《集成》12110-7、12111-7、12112-7與12113-7)。[⑥] 所記之事,發生于楚懷王六年(前323),事見《史記·楚世家》。

在包山楚簡中,此類例子頗多。比如:"大司馬邵(昭)陽敗晉币(師)於襄陵之歲。"(簡103、115)一般認爲,此事發生于楚懷王七年(前322)。[⑦] 再如:"大司馬悼滑逡(將)楚邦之師徒以救郙之歲,刑(荊)尿(夷)之月,己卯之日。"(簡226、228、230、232、234、236、239、242、245、247)[⑧]李學勤(1933-2019)認爲,"郙"就是"巴"(兩字古音都是幫母、魚部),此事發生于楚懷王十三年(前316)。[⑨] 又如:"齊客陳豫賀王之歲。"(簡7)一般認爲,此事發生于楚懷王七年(前322)。[⑩]

---

① 李學勤:《論繁蜀巢與西周早期的南方經營》,《三星堆文明·巴蜀文化研究動態》,2007年第5期(總第12期)。

② 張光裕:《柯簋銘文與西周史事新證》,《文物》,2009年第2期。

③ 黃國輝:《新見柯簋再議》,《考古與文物》,2011年第1期。

④ 張光裕:《(无可)簋銘文與西周史事新證》,《文物》,2009年第2期。

⑤ 陳佩芬:《夏商周青銅器研究(西周篇)》,上海:上海古籍出版社,2004年,第346頁。

⑥ 釋文參考了郭沫若:《關於鄂君啟節的研究》,《文史論集》,北京:人民出版社,1961年,第333—334頁。

⑦ 王紅星:《包山楚簡所反映的楚國曆法問題——兼論楚曆沿革》,《包山楚墓》附錄二十,北京:文物出版社,1991年,第528頁;劉彬徽:《從包山楚簡紀時材料論及楚國紀年與楚曆》,《包山楚墓》附錄二十一,北京:文物出版社,1991年,第541頁。

⑧ 湖北省荊沙鐵路考古隊:《包山楚簡》,北京:文物出版社,1991年。

⑨ 李學勤:《包山楚簡"郙"即巴國說》,《中國文化》,2004年春季號;又載《四川師範大學學報》(社會科學版),2006年第6期。

⑩ 王紅星:《包山楚簡所反映的楚國曆法問題——兼論楚曆沿革》,《包山楚墓》附錄二十,北京:文物出版社,1991年;劉彬徽:《從包山楚簡紀時材料論及楚國紀年與楚曆》,《包山楚墓》附錄二十一,北京:文物出版社,1991年。

新蔡葛陵楚簡:"王徙於鄩郢之歲,……"(甲一:3;甲二:6、30、15、14、13、22、23、24;甲三:26、114+113、178、204、215、221、223、225、258、259、299;乙一:12、16、18、20、26;乙三:29;乙四:2、66、67;零:79+142、113、216)①所記之事,發生于楚悼王四年(前398),②已由清華簡《楚居》證實。③

江陵秦家咀 M99 楚簡:"秦客公孫鞅聘于楚之歲八月庚子之日,野以其有病之。"(第15簡)。簡文所記之事,當公元前 356 至前 340 年之間。④

有時候,大事紀年和帝王紀年結合使用。如:

小克鼎:"隹(惟)王廿又三年,王在宗周,王命善夫克舍令于成周遹正八師之年。"(《集成》02796-02802)

陳璋圓壺:"隹王五年,奠(鄭)易(陽)陳得再立事歲,孟冬戊啟(辰),大(齊)臧錢孔(莕),陳璋内(入)伐匽(燕)亳邦之隻(獲)。"⑤李學勤、陳平等將此事考定在齊宣王五年、燕王噲六年(公元前 315 年)。⑥

陳純釜:"陳猷立事歲,龡月戊寅,于茲安陵亭。"(《集成》10371)

郾客銅量:"郾(燕)客臧嘉聞(問)王于莪(紀)郢之歲,亯(享)月己酉之日,……"(《集成》16.10373)

《尚書・金縢》:"既克商二年,王有疾,弗豫。"清華簡《金縢》:"武王既克商三年,王不豫有遲。"⑦

《左傳》所云"某某之歲",與前引銅器銘文、戰國楚簡"某某之年"如出一轍,也是

---

① 河南省文物研究所:《新蔡葛陵楚墓》,鄭州:大象出版社,2003 年。武漢大學簡帛研究中心、河南省文物考古研究所編著:《楚地出土戰國簡冊合集(二)》,北京:文物出版社,2013 年。

② 武家璧:《葛陵楚簡"癸㙟"應爲"癸巳"解》,《中原文物》,2009 年第 2 期。宋華強:《新蔡葛陵楚簡初探》,武漢:武漢大學出版社,2010 年。

③ 李學勤:《清華簡〈系年〉及有關古史問題》,《文物》,2011 年第 3 期。

④ 徐少華:《秦家嘴卜筮祭禱簡釋文輯校》,《簡帛文獻與早期儒家學說探論》,北京:商務印書館,2015 年,第 164—165 頁。

⑤ 陳璋圓壺(《集成》9975),1982 年出土于江蘇盱眙南窯莊,現藏南京博物院。銘文的釋讀,參考了以下諸文:(1)周曉陸:《盱眙所出重金絡鑭・陳璋圓壺讀考》,《考古》,1988 年第 3 期。(2)李學勤、祝敏申:《盱眙壺銘與齊破燕年代》,《文物春秋》,1989 年創刊號。(3)董珊:《戰國題銘與工官制度》,北京大學博士學位論文,2002 年。

⑥ 李學勤、祝敏申:《盱眙壺銘與齊破燕年代》,《文物春秋》,1989 年創刊號;陳平:《燕史紀事編年會按》(上冊),北京:北京大學出版社,1995 年,第 357—365 頁。參看彭華:《燕國八百年》,北京:中華書局,2018 年,第 100—102 頁。

⑦ 清華大學出土文獻研究與保護中心編,李學勤主編:《清華大學藏戰國竹簡(壹)》,上海:中西書局,2010 年,第 158 頁。

比較典型的大事紀年格式。如：

《左傳》襄公九年："公送晉侯，晉侯以公宴於河上，問公年。季武子對曰：'會于沙隨之歲，寡君以生。'晉侯曰：'十二年矣，是謂一終，一星終也。'"

《左傳》襄公二十五年："會於夷儀之歲，齊人城郟。"

《左傳》襄公二十六年："齊人城郟之歲，其夏，齊烏餘以廩丘奔晉，襲衛羊角，取之；遂襲我高魚。"據《春秋》經、傳，齊人城郟之歲，事在魯襄公二十四年（公元前549年）。

《左傳》昭公七年："晉韓宣子爲政聘于諸侯之歲，婤始生子，名之曰元。"據《春秋》經、傳，韓宣子聘于諸侯之歲，事在魯昭公二年（公元前540年）。

無獨有偶，國外也有採用帝王紀年和大事紀年者。

在古代埃及，歷史的紀年並不是以某一事件爲起點，系統地長久地延續記載下來，而是以某一國王短暫統治的時間爲單位，以其某一突出或重要事件爲依據，單獨地或系統地記載年代。在古埃及的碑銘文獻如"巴勒摩石碑"（Palermo Stone）中，常常記載著某王朝、某王、某年的事件，如"荷魯斯祭""兩地統一""登基"（加冕）"第十二次清點大小牛之年""第一次擊殺東方人"等。[1] 在古代埃及的早王朝時期（第一、二王朝），最初的年代是以這一年裏所發生的重要事件來命名的，後來重要事件逐漸固定在清查全國所有的牲畜上，即某一位國王的"第一次清查牲畜年……"。從中王國（第十一、十二王朝）開始，"第x次清查牲畜年"的字樣消失，而只是簡單地記作某位國王統治的第x年。[2] 古代埃及人給我們留下了載有國王統治順序和年數的王表，以及一些有關年代學的文獻和考古資料。我們可以根據這些證據，並以有公元紀年的第二十六王朝爲起點，由後往前推，這樣我們就可得出古代埃及的全部年代。[3]

在古代羅馬，大約在公元前5世紀中葉，出現了由大祭司編制的《年代記》

---

[1] 日知選譯：《古代埃及與古代兩河流域》，北京：商務印書館，1962年，第2—15頁。李曉東譯注：《埃及歷史銘文舉要》，北京：商務印書館，2007年，第8—28、35頁。楊共樂主編：《世界上古史資料彙編》，北京：北京師範大學出版社，2010年，第2—8頁。劉文鵬：《古代埃及的年代學與歷史分期》，《世界歷史》，1996年第2期；劉文鵬：《埃及考古學》，北京：生活·讀書·新知三聯書店，2008年，第26頁。按：關於"巴勒摩石碑"，已有英、俄、德、漢等多個譯本，大多數採用的是《古埃及王表斷片》本（H. Schäfer, Ein Bruchstüber altägyptischer Königsannalen, Anhang zu den Abhandlungen der Königlichen Preussischen Akademie der Wissenschaften, Berlin, 1902）。

[2] Henderson Cardiner, *Regnal Years and Civil Calendars in Pharaonic Egypt*, Journal of Egyptian Archeology, Vol.31, Dec., 1945, pp.11—28.

[3] 郭丹彤：《古代埃及年代學研究的歷史與現狀》，載東北師範大學世界古典文明史研究所編：《世界諸古代文明年代學研究的歷史與現狀》，北京：世界圖書出版公司北京公司，1999年，第10頁。

（*Annals*），即一年之中的大事記，而《年代記》即以當年在任高級官員定年。① 羅馬人喜歡用建城以來（Ab urbe condita）的相對紀年法紀年。② 例如，李維説，"執政官級的軍事司令官是在建城後 310 年出現的"；③又説，"建城後第 400 年和城市從高盧人手中光復後第 35 年，平民享有 10 年的執政官權被他們剝奪了"。④ 再如，一個銘文説，涅爾瓦（Nerva）重建自由是在"建城後 848 年"。⑤

在古代兩河流域，赫梯（Hittites）年鑒中没有確定的紀年方式，哈圖西裏（Hattusili Ⅰ）的年鑒中，以"我在位的第 x 年"開始記載這一年所發生的事情。莫爾西裏二世（Mursili Ⅱ）的十年年鑒中，紀年方式是"在下一年"，而補充年鑒中則是"當春天來臨的時候"。在另外一篇赫梯早期的歷史文獻——阿尼塔（Anitta）文書中，紀年方式是"在我父親皮特哈耶（Pithana）駕崩的那一年"（第 3 行）和"第二年"（第 17 行）。⑥

三　餘論

《爾雅·釋天》"歲名"條的記載，是否真實，是否可靠？這是一個長期存在的問題，並且是多有争議的問題。

顧頡剛（1893-1980）、劉起釪（1917-2012）認爲，除"商曰祀，周曰年"根據正確的歷史資料、符合歷史實際外，"夏曰歲""唐虞曰載"都有問題。作爲年歲的歲是周代的事，夏代不可能已稱一年爲一歲；而所謂"唐虞曰載"，完全是根據《尚書》的《堯典》《舜典》中的幾個"載"字寫成的。⑦

屈萬里（1907-1979）認爲，《爾雅·釋天》所説"商曰祀，周曰年"不可靠，"按：西周早期銅器銘文，亦或稱年曰祀，知《爾雅》之説非是"。⑧

胡厚宣認爲，《爾雅·釋天》稱"夏曰歲，商曰祀，周曰年，唐虞曰載"，"除稱載起源

① 劉家和、廖學盛主編：《世界古代文明史研究導論》，北京：北京師範大學出版社，2010 年，第 202 頁。
② 王乃新：《羅馬年代學與卡皮托執政官表》，載東北師範大學世界古典文明史研究所編：《世界諸古代文明年代學研究的歷史與現狀》，北京：世界圖書出版公司北京公司，1999 年，第 145 頁。
③ Livy Ⅳ, 7.
④ Livy Ⅶ, 181.
⑤ Elias Joseph Bickerman, *Chronology of the Ancient World*, p.77.
⑥ 劉健：《赫梯年代學研究的歷史及現狀》，載東北師範大學世界古典文明史研究所編：《世界諸古代文明年代學研究的歷史與現狀》，北京：世界圖書出版公司北京公司，1999 年，第 45 頁。
⑦ 顧頡剛、劉起釪：《尚書校釋譯論》，北京：中華書局，2005 年，第 85 頁。
⑧ 屈萬里：《尚書今注今譯》，上海：上海古籍出版社，2015 年，第 98 頁。

甚晚之外,歲、年之稱,皆于殷代見之,固不獨稱祀而已","《爾雅》所言,僅六國秦漢之際學者喜倡三代禮制異説之所爲,不足爲考古之據也"。①

陳美東(1942-2008)認爲,《爾雅·釋天》所説"夏曰歲,商曰祀,周曰年,唐虞曰載",是對夏、商、周三代及其前的堯、舜時代關於年歲名稱理想性的概括。從殷商甲骨文看,殷商時期年歲的名稱既有"歲"、也有"年",而在殷商的文丁、甚至可能在康丁、武乙之世已稱年歲爲"祀"。② 而在周代,則既用"祀",也用"年"。無論歲、年、祀還是載,它們都與作物生長或收穫的週期有關,也就是與恒星或太陽的運行週期有關,只是各個時期人們所取一年歲的具體長度各不相同而已。③

筆者認爲,《爾雅·釋天》關於上古歲名的記載,在邏輯上是自洽的、自足的,而其内容基本上是真實可信的。退一步説,《爾雅·釋天》關於上古歲名的記載,雖然未必與歷史事實全部吻合,但與歷史事實大體吻合。換句話説,《爾雅·釋天》關於上古歲名的記載,雖然其細節不能完全落實,但其總體記録是真實可靠的。套用王國維的話説,"往往有史實爲之素地"。④

從邏輯的角度審視,上古中國三類曆法(物候曆、觀象授時、推步曆法)的發展脈絡是合理的,這也得到第三重證據(民族學資料)的證實。而與此相對應的三種紀年方式(物候紀年、天象紀年、大事紀年),合乎古中國的"三才"(地、天、人)之道,是傳統中國整體思維的體現之一。⑤

當然,從歷史(時間)的角度審視,上古中國的三種紀年方式(物候紀年、天象紀年、大事紀年),在同一時期(比如商或周)是交錯的、並存的,這反映的是歷史文化的多元性、多樣性、複雜性。因此,我們要"擺脱以單綫性演化假説爲依據的簡單方法","應看到古書成書過程是具有多元或多綫性的",⑥而不能對相關記載進行簡單化的處理,甚至是"一刀切"。就本文論題而言,對於中國的早期文獻,雖然其細節尚不能完全一一落實,但其總體記録是真實可靠的,而其"實録"精神則是不容置疑的。

---

① 胡厚宣:《殷代年歲稱謂考》,第 260 頁。
② 常玉芝:《殷商曆法研究》,長春:吉林文史出版社,1998 年,第 341—353 頁。
③ 陳美東:《中國科學技術史·天文學卷》,北京:科學出版社,2003 年,第 18 頁。
④ 王國維:《古史新證》,載謝維揚、房鑫亮主編:《王國維全集》第十一卷,第 241 頁。
⑤ 相關論述,不妨參看彭華:《中國傳統思維的三個特徵:整體思維、辯證思維、直覺思維》,《社會科學研究》,2017 年第 3 期。彭華:《中國傳統思維三大特徵:整體、辯證、直覺》,《社會科學文摘》,2017 年第 8 期。
⑥ 謝維揚:《古書成書的複雜情況與傳説時期史料的品質》,《學術月刊》,2014 年第 9 期。

作者簡介：

彭華，男，1969 年生，四川丹稜人，四川大學古籍整理研究所教授。主要研究領域爲先秦秦漢史、近現代學術史以及中國儒學、巴蜀文化。近年代表論著有《燕國八百年》(中華書局，2018 年)、《民國巴蜀學術研究》(四川大學出版社，2021 年)、《會通與建設：賀麟文化思想研究》(上海古籍出版社，2022 年)等。

《大戴禮記·保傅》"食肉而餕"考誤
——從異文看《新書·傅職》互見文字的晚出問題

蘇　芃

内容摘要　《大戴禮記·保傅》"食肉而餕"歷來多置聚訟,《新書·傅職》互見文字作"食肉而飽",高郵王氏父子據此認爲"餕"是"飽"字形訛,後人多承是説。日本早稻田大學藏原本《玉篇》殘卷"䭇"字下引《大戴禮記》作"食皮而䭇","皮"是"肉"字形訛,"䭇"字爲厭飽之義,又與"餕"字形近易誤,故知傳世本"食肉而餕"當是"食肉而䭇"之訛。參考《新書·傅職》《保傅》《胎教》《容經》四篇、《大戴禮記·保傅》與河北定縣40號漢墓出土的《保傅傳》、海昏侯漢簡《保傅》四者的複雜關係,亦可推斷《大戴禮記·保傅》"食肉而䭇"存古,而傳世本《新書·傅職》"食肉而飽"是晚出的文本面貌。

關　鍵　詞　《大戴禮記·保傅》　《新書·傅職》　食肉而餕　䭇　飽

《大戴禮記·保傅》:"天子宴私,安如易,樂而湛,飲酒而醉,<u>食肉而餕</u>,飽而強,饑而怵……凡此其屬少保之任也。"①此段文字論述天子生活若無節制,則是少保的責任。

"餕"字《説文》未收,僅見於新附字,可通"飧",有熟食之義,如《公羊傳·昭公二十五年》"餕饔未就"何休注:"餕,熟食。"②又有食餘之義,可引申爲喫別人剩餘的食物,如《禮記·郊特牲》"婦餕餘"孔穎達疏:"食餘曰餕。婦餕餘,謂舅姑食竟,以餘食與之也。"③然而將這些義項代入"食肉而餕",皆與上下文不諧。

王聘珍《大戴禮記解詁》:"《玉藻》曰:'日中而餕。'鄭彼注云:'餕,食朝之餘也。'

---

① 方向東:《大戴禮記滙校集解》,北京:中華書局,2008年,第353頁。
② 何休注、徐彦疏:《春秋公羊傳注疏》,阮元校刻《十三經注疏》第7冊,臺北:藝文印書館,2001年,第303頁。
③ 鄭玄注,孔穎達疏:《禮記注疏》,阮元校刻《十三經注疏》第5冊,第506—507頁。

食肉而餕者,於朝食時并餕餘而食之也。"①此説亦扦格難通。

賈誼《新書·傅職》存有與《大戴禮記·保傅》互見的文字,此處作"食肉而飽"。② 王引之《經義述聞》:"家大人曰:餕,當爲'飽',故盧注云:'過其性也。'‘食肉而飽',與'飲酒而醉'對文。今本'飽'作'餕',則義不可通。飽、餕草書相似,故'飽'譌作'餕'。"③後人多承此説。④ 然而飽、餕草書有別,退一步講,即使字形相近,"飽"在漢代已是一個常用字,⑤譌作"餕"也于理不通。

日本早稻田大學藏原本《玉篇》卷九"餰"字釋義:

> 《説文》:"餰,猷也。"野王案:《大戴礼》"飲酒而醉,食皮而餰"是也。⑥

皮,當是"肉"字形譌,中古時期"肉"可寫作"宍""𦣹""宊"等形,⑦皮、肉形近易誤。《説文》:"餰,猷也""猷,飽也";⑧北京故宮博物院藏王仁昫《刊謬補缺切韻》、《唐韻》殘卷(蔣斧印本)、《廣韻》皆釋"餰"爲"饜飽",⑨可見"餰"與"飽"義同。原本《玉篇》雖經傳抄,但嚴格避梁諱,⑩所據底本可溯源至梁代,此處又是字頭用字,可知顧野王所見《大戴禮記》必作"餰"。原本《玉篇》"餰"之字形皆作"餰",⑪"餕"之字形皆作"餕",漢魏六朝時期"夋"中間構件"八"多作"二"形,亦或省略,如"峻"作"峻"

---

① 王聘珍:《大戴禮記解詁》,北京:中華書局,1983年,第58頁。

② 賈誼撰,閻振益、鍾夏校注:《新書校注》,北京:中華書局,第174頁。

③ 王引之:《經義述聞》,南京:江蘇古籍出版社,2000年,第276頁。

④ 王樹枏:《校正孔氏大戴禮記補注》(《畿輔叢書》本)、黃懷信《大戴禮記彙校集注》(西安:三秦出版社,2005年)、方向東《大戴禮記滙校集解》等皆從王引之説。又如,高明《大戴禮記今注今譯》(臺北:商務印書館,1977年)、方向東《大戴禮記》譯注本(南京:江蘇人民出版社,2019年)等在譯文裏將"食肉而餕"譯成喫肉過飽之義,但注釋裏仍將"餕"字注爲喫剩的食物。

⑤ 《説文》古文"飽"字異體有作"䭑""饜"者,與"餕"字形亦不相近,且從銀雀山漢簡、張家山漢簡等出土文獻看,"飽"的字形在漢代使用非常普遍,如"䭒""䭉"等,與"餕"字迥別。

⑥ 顧野王:《玉篇》,《續修四庫全書》228冊,上海:上海古籍出版社,2002年,第355頁。"大戴礼"的"戴"字,寫卷誤作"載",結合引文來看,當是"戴"字無疑。

⑦ 黃征:《敦煌俗字典》,上海:上海教育出版社,2005年,第340頁。

⑧ 許慎:《説文解字》,北京:中華書局,2002年,第108頁、第100頁。

⑨ 《唐寫本王仁昫刊謬補缺切韻》,南京:江蘇鳳凰教育出版社,2017年,第68頁;周祖謨《唐五代韻書集存》,北京:中華書局,1983年,第663頁;《宋本廣韻·永祿本韻鏡》,南京:江蘇教育出版社,2002年,第118頁。

⑩ 詳參拙文《原本〈玉篇〉避諱字"統"、"綱"發微》,《辭書研究》2011年第1期。

⑪ 承蒙蕭旭先生賜示:"餰"右半構件在古籍中還有誤爲"台"字之例,如《初學記》卷二八:"真定御棃,大若拳,甘若蜜,脆若凌,可以解煩釋餰。"上海圖書館藏宋刻本、中國國家圖書館藏明嘉靖六年至七年(1527)胡纘宗陸采刻本、明嘉靖九年(1530)鄭氏宗文堂刻本《藝文類聚》卷八六引此"可以解煩釋餰"皆作"可以解煩飴","飴"爲"餰"字之誤。

"峻",①故"餡""餒"形近,因而致誤。《大戴禮記》北魏盧辯注"過其性也",亦與"食肉而餡"契合,"食肉而餡"即食肉厭飽過度。傳世本"餒"爲"餡"之訛,當成定讞。②

保傅制度,是古代宮廷專門設置官員,對太子進行教導的制度。有關先秦保傅制度的記載主要見諸《大戴禮記·保傅》與《新書·傅職》《保傅》《胎教》《容經》四篇③,兩者文字略同,然而孰先孰後,歷來頗有爭議。

由於《大戴禮記》的編者相傳爲西漢中期的戴德,生活時代較《新書》作者西漢初年的賈誼爲晚,不少學者認爲《大戴禮記·保傅》捃摭《新書·傅職》等四篇而成。如余嘉錫判定:"《大戴禮》取《新書·保傅》《傅職》《胎教》《容經》四篇,合爲《保傅篇》。《漢書·昭帝紀》注文穎曰:(文穎,後漢建安時人。)'賈誼作《保傅傳》,在《禮·大戴記》。'明《保傅》是《賈誼書》本名。"④潘銘基認爲:"文穎不稱出自'賈誼傳'、'治安策',而謂'賈誼作《保傅傳》',足見《保傅》乃賈生所作,在兩漢時已然單行。"⑤

亦有學者以爲兩書互見文字同出一源,兩書之前尚有古本《保傅》。如清代學者王聘珍推測:"古又有《保傅傳》之名也。班氏《白虎通》引此篇語,稱'《禮保傅》曰',是此篇本古文《禮記》,蓋楚漢間人所爲,其人亦七十子後學之流。漢初並在古文二百四篇之中,出自孔壁,故當時即以列於《孝經》《論語》《尚書》之類,而進之於君。而賈誼所從而采摭潤色以成一家之言者,則在外流傳之本,亦如古文《尚書》出自孔壁,而先有今文行於世,特其篇數多寡不同耳。俗儒不能沿流溯源,猥以《大戴》取於賈誼之書,則此篇之末又見於劉向《説苑》,豈《大戴》復取於劉向書耶? 蓋古人之書,名曰著述,采取者博,如《史記》明是采《世本》、《左傳》、《國語》、《國策》所爲,《吕覽》、《淮南》亦非盡出一手,賈氏之書亦何必不有取於古記也。"⑥魏源認爲:"《保傅篇》蓋出於古之《禮經》,故漢時與《詩經》、《論語》並教太子。見《漢·昭帝紀》。而後人又以賈

---

① 毛遠明:《漢魏六朝碑刻異體字字典》,北京:中華書局,2014 年,第 466 頁。

② 胡吉宣曾在《〈玉篇〉引書考異》一文揭示《玉篇》異文,略作考證:"餡爲猒飽,'食肉而餡',與上句'飲酒而醉'爲對文。今本《保傅篇》作'食肉而餒'。餒爲熟食,爲祭之餘,義與文違。"亦在《玉篇校釋》食部"餡"字案語:"餒爲熟食、爲祭之餘,與上句'飲酒而醉'顯不相稱。"詳參《語言文字研究專輯》(上),上海:上海古籍出版社,1982 年,第 105 頁;胡吉宣《玉篇校釋》,上海:上海古籍出版社,1989 年,第 1964 頁。胡先生的校訂成果僅見熊加全《〈玉篇〉疑難字考釋與研究》(原爲河北大學 2013 年博士論文,中華書局 2020 年出版)有所援引,並未引起研究者的足够重視。

③ 《新書》四篇之中的《保傅》與《大戴禮記·保傅》對應的內容,亦見於班固《漢書·賈誼傳》引錄的《治安策》,由於《漢書》成書較晚,本文討論的《大戴禮記》異文又僅與《傅職》有關,不涉及這部分內容,因此不對《漢書》引文展開討論。

④ 余嘉錫:《四庫提要辨證》,北京:中華書局,2007 年,第 547 頁。

⑤ 潘銘基:《賈誼及其〈新書〉研究》,上海:上海古籍出版社,2017 年,第 139 頁。

⑥ 王聘珍:《大戴禮記解詁》,第 3 頁。

子《新書》語攙入之耳。"①吕思勉亦認爲:"《保傅》第四十八,《新書》分爲《傅職》《保傅》《容經》《胎教》四篇,案此本古制,誼蓋祖述之也。"②

1973年河北定縣40號漢墓出土了大批西漢竹簡,其中有部分殘簡與《大戴禮記·保傅》以及《新書·傅職》等四篇文字重合,但"多出'昔禹以夏王'以下的後半部分文字,又比《新書》多出《連語》兩節","篇名亦爲整理時所擬定,如《保傅傳》未按《新書》名爲《保傅》、《傅職》……,也未取《大戴禮記》中《保傅》的篇名,是因爲鑒於簡文和兩書都不完全相同,不能確定它出自哪一書内。因此定名爲《保傅傳》"。③可惜定縣漢墓竹簡《保傅傳》至今没有公佈。定縣40號漢墓墓主被推斷爲西漢中山懷王劉修,其去世時間爲公元前55年,即漢宣帝時期,雖然晚於賈誼、戴德,但是通過《定縣40號漢墓出土竹簡簡介》可知,此本《保傅傳》與《大戴禮記·保傅》、《新書·傅職》等四篇文字有同有異,劉修所藏《保傅傳》的底本也有可能是年代更早的傳本,《保傅》一篇在西漢的傳承恐怕不會是簡單的綫性關係。

近年發掘的江西海昏侯漢墓,又出現了一組和《大戴禮記》、《新書》的《保傅》篇關聯的竹簡,這組竹簡再次證明了《保傅》文本在西漢時期流傳的複雜性。整理者韓巍根據竹簡形制、每簡容字和文字書體,將這組《保傅》分成A、B兩個小組,這兩小組竹簡雖然殘損嚴重,但仍可以看出是《保傅》的兩個不同抄本,A組竹簡裏幸運地保存了本文所討論"食肉而餒"有關的文句,作"……而　,飽而强,饑而……",遺憾的是"餒"字對應之處有殘泐。將A、B兩組《保傅》和《大戴禮記》、《新書》、定縣漢簡比較來看,韓巍認爲:"僅就更爲重要的内容分合、增減而言,直到宣帝時期,《保傅》篇的文本仍處於一種相對不穩定的狀態。不過,不同文本之間差異雖然很大,但仍是以傳世本《大戴禮記·保傅》的内容爲其核心;換句話説,傳世本《大戴禮記·保傅》似乎代表了《保傅》篇文本演變的方向。而海昏簡《保傅》與傳世本《大戴禮記》和《新書》皆不相同的幾處重要異文則提示我們,《保傅》篇以及《賈誼書》的一些篇章在西漢中後期應該有多個文本系統在平行發展。"④

在這些認識的基礎上,我們嘗試從"食肉而餒"的異文角度重新審視傳世本《大戴禮記·保傅》和《新書·傅職》互見文字的文本關係。如果《大戴禮記·保傅》是直接承襲《新書·傅職》等篇而來,那麼意味着《大戴禮記》將《新書》的"飽"改成了"餒",也就是將常用字改成了生僻字,參照古書的流傳演變規律,這是殊爲奇怪的現象,可能

① 魏源:《詩古微》,《魏源全集》(一),長沙:嶽麓書社,2004年,第566—567頁。
② 吕思勉:《經子解題》,《吕思勉全集16》,上海:上海古籍出版社,2016年,第123頁。
③ 定縣漢墓竹簡整理組:《定縣40號漢墓出土竹簡簡介》,《文物》1981年第8期。
④ 朱鳳瀚主編:《海昏簡牘初論》,北京:北京大學出版社,2020年,第121頁、第128頁、第135頁。

性較小,因此就這段文字而言,兩者同源説更爲可信。當然,傳世本《新書》"食肉而飽"也未必是原貌,存在流傳過程中被改易文字的可能,或是同義替換,《説文》:"餾,猒也""飽,猒也",①或是涉下句"飽而彊食"②的"飽"字而衍誤。但可以肯定的是,《大戴禮記·保傅》"食肉而餾"更加存古,《新書·傅職》"食肉而飽"是相對較晚的文本面貌,至少可以證明高郵王氏父子所論傳世本《大戴禮記》"食肉而餕"是《新書》"食肉而飽"之誤不能成立。

作者簡介:

蘇芃,男,1981 年生,江蘇徐州人,南京師範大學文學院教授。主要研究領域爲先秦兩漢經典、古代字書及相關文獻研究。近年代表性論著有《〈春秋〉三傳研究初集》(鳳凰出版社,2019 年)。

---

① 許慎:《説文解字》,第 108 頁。
② 《大戴禮記》作"飽而強",《新書》作"飽而彊食",海昏侯漢簡與《大戴禮記》同。

編 後 記

　　昨天下午看手機，無意中刷到一條"今日頭條"的消息，標題是"他是當年那場高校人文風暴的領頭羊"，我斷定這文章一定與楊叔子先生有關，因爲只有他配得上"全國高校人文風暴領頭羊"的資格。再看副標題，確然。楊先生老邁年高，身體虛弱，媒體已很久不見他的消息，現在突如其來出現一篇贊揚他的報道，恐是不祥之兆。我趕緊點開標題，果然，楊先生 11 月 4 號即已遽歸道山，9 號開的追悼會。楊先生儘管身體不好，但畢竟一直還在，時間久了，大家甚至形成一種潛意識：老先生不會走的，永遠不會。没想到，還是走了！我與先生既無師生之緣，亦無同僚之宜，我的專業是中國古代史，楊先生是機械工程，相隔十萬八千里，唯一的交集，是都在大學工作，而且都對大學的發展憂心，我因此而受到楊先生沾溉，學業與事業都入新境。

　　中國的大學，是十九、二十世紀之交在"全盤西化"思潮下，從西方直接引進的。五十年代以後，中國大學又轉而走"全盤蘇化"之路。文革後高校復辦，正值"改革開放"，經濟制度與價值觀念急劇改變，西方思潮乘勢漫灌中國，拜金主義、享樂主義盛行。有人用文化宿命論發出預言，中國人長的是黄皮膚，腳下是黄土地，喝的是黄河水，這種黄色文明注定打不過西方的藍色文明！大學向何處去？中國文化還有没有存在的必要？許多青年學子陷入苦悶與徬徨，迫切需要有人指路。

　　我讀碩士研究生的第一年，全校七十多位同學上大課，大家一致希望老師結合形勢與社會現象開課，爲大家解疑破惑。老師不爲所動，固執地堅持講與現實幾乎没有直接關聯的《反杜林論》。學生以"罷聽"表達不滿，或者做其它作業，或者聽音樂。某日，該老師提問，一連點了十七人，而無一人作答，老師只好作罷，以後亦不再提問。期末考試是開卷，回家自己寫，不得超過兩千字，老師説是没時間看。結果所有人的成績都是 85 分以上！我的這段經歷，在當時的高校具有普遍性。高校思政課隊伍人數不可謂不多，而此時居然放棄陣地，令人想起五代女詩人花蕊夫人的詩句"十四萬人齊解甲，更無一個是男兒"（《述國亡詩》）。有大學教師在課堂上公開宣揚："人都是自私的，每個人都希望將個人利益最大化，這是天經地義的真理。"有學生坦率地跟我説："我如今遇事不再考慮是與非，而只考慮自己的輸與贏。"四顧茫然，不知所歸何往,《詩·小雅·小旻》説:"我視謀猶,伊於胡底!"是之謂也。

然而天不滅斯文。在此艱難而重要的歷史時期,挺身而出,輓狂瀾於既倒的,居然是一位時任華中理工大學的校長、一位在自動化領域有着傑出貢獻的院士——楊叔子先生! 從1994年開始,楊先生在華中科技大學創辦人文素質講座,每周都有,講者主要是國内文史哲領域的知名學者,内容博及經史百家,高揚中國傳統文化,深受學生歡迎。至2004年底,講座逾1000期,聽眾達50余萬人次,成爲該校蜚聲高校的文化品牌。與此同時,楊先生在各地高校做講演,宣傳人文素質教育,據統計,至少有兩百餘場之多,在南北各地掀起了一場人文狂瀾,萬人傾倒。真所謂"千人之諾諾,不如一士之諤諤"(《史記·商君列傳》)。聽楊先生的講演,印象最深刻的是如下三點:

首先是楊先生的人格魅力。第一次見到站在台上的楊先生,感覺他就是一位被中國文化所化了的靄靄長者,温良恭儉讓、仁義禮智信,都可以從他身上讀出來。楊先生生於民國初年,儘管天下已經大亂,但鄉村的私塾教育還在,豐厚的文化土壤還在,而且下層民眾依然將村塾教育作爲安身立命之地。楊先生這代人,自幼認真讀聖賢書,並且誠心地秉持與踐行,時時涵泳其中,種種爲人之道都内化於心,從而成就了他們的品格乃至事業。所有聽眾都可以從楊先生身上照見自己的缺陷,進而追慕與思齊。"桃李不言,下自成蹊",此之謂也。

其次是文采,講演是用語言感化、説服聽眾的過程,語言是否出彩、富於感召力,是演講成敗的關鍵之一。孔子云:"言之無文,行而不遠。"(《左傳》襄公二十五年)當年聽慣了空洞説教,或者言必稱歐美的聽眾,突然從楊先生的報告中聽到了《四書》《老子》《莊子》《尚書》《禮記》,以及劉勰《文心雕龍》、李白《秋浦歌》、鮑照《蕪城賦》、張文姬《沙上鷺》、韋應物《滁州西澗》、范仲淹《嚴先生祠堂記》、司馬光《資治通鑒》、王安石《讀孟嘗君傳》等,領略它們的或雋永,或典雅,或豪邁,或深刻,無不驚喜,這是與自己血脈相連的文化,最容易入心。當年的"理工男",絶大多數連《大學》都沒讀過,遑論其它。

再次,是有思想。一場講演,如果不能給人以人生啓迪,再熱鬧也只能算是一出秀。嚴復先生説,國民教育的核心有二:人格與國性。無人格謂之非人,無國性謂之非中國人。誠哉斯言! 楊先生對此有深刻的把握,認爲傳統文化的一貫思想是"高度重視文化素質教育",故每次講演都圍繞人格、品德、素質展開。他認爲孔子説的"繪事後素"一語,就是"將底子處理得素白後才去繪畫",認爲"啓蒙讀物《三字經》《千字文》《弟子規》等就是對孩子的思想品質起'素'的處理作用,這些啓蒙讀物的含義就是文化素質教育作用"。他痛斥社會上的"卑鄙、無恥、齷齪、下流。人而無恥,胡不遄死"! 德與才,他旗幟鮮明地主張要將德放在第一位:"無才,寡用;劣德,多害;富才劣

227

德，災難。"他認爲，無德無良，什麼都做不好，"無德何能有信？ 無恥何能有法？ 無信無法，哪能算市場經濟"？

楊先生的講座，如清流、如甘醴，酣暢淋灕，正本清源，令我受益良多。此前，我自己憧憬的學術前程，是鑽進象牙塔，一生研究一兩本難懂的古籍，在名物考據中體現自己的學術水平。楊先生的教誨使我認識到，應將自己的研究成果轉化爲文化素質課，爲推動全校學生的進步做出貢獻。於是，我調整了學業方向，在做專精研究的同時，爲清華學生量身打造了《文物精品與文化中國》《儒家文化的十五個關鍵字》《中國古代禮儀文明》《民族文化與民族命運》以及《四書講讀》等課程，將學術研究與社會擔當有機結合，並成爲清華文化素質教育戰綫上的一名自覺的戰士。

有一次，我在清華主樓後廳上五六百人的大課，有學生站出來問我："你們文科的這些課程有什麼用？"在不少學生看來，理工科才是真學問，文科都是耍嘴皮子的玩意。眼前有人當眾挑戰我，其他同學都笑成一片，想要看我如何狼狽出醜。我理直氣壯地回答："我這個學問，雖然不能造機器，不能蓋房子，但是，它是塑造民族精神的，是塑造民族靈魂的！"始料未及的是，全場學生發出了暴風雨般的掌聲！爲自己的學問正名，爲自己的理想發聲，覺得從未有過的揚眉吐氣。應該説，能有此底氣，亦是拜楊先生所賜。

楊先生在講演中提出過一個更加深刻的命題：我們是辦"在中國的大學"，還是"辦中國自己的大學"？前者，儘管校址在中國，但實際上卻是哈佛大學、MIT 在中國的分校而已。後者，則是具有中國特色、爲中國發展之需而辦的大學。兩者具有根本的區別。爲何一定要強調"辦中國自己的大學"？楊先生從學理上做了深入的論述。

首先，即使是西方人辦大學，後者也不全部照抄前者，必定要在前者的基礎上加入自己的個性。大學最早誕生於意大利，其後，大學的中心由英而法，由法而德，由德而美，不斷轉移。每一次轉移都必定是他國經驗與本國實際相結合的創造性產物。即使是今天的美國高等教育，也是西歐學術傳統與美國本土的自然環境和社會環境長期相互影響的結果。中國的自然與社會環境、文化傳統與美國相比，差異之大遠超於英與法、德與美，故最不應該全盤照抄。合乎邏輯的做法應該是，"將他人成功的經驗融入本國的實際，進行本土化的自主創新，才是中國高等教育發展的必由之路"。而當年的胡適，領着他的美國老師杜威，到中國作了兩百多場講演後，就原封不動地將美國大學的模式搬到中國來了。削中國文化之足，只爲適美國大學之履。

其次，東西方文化是現當代世界的兩大文化傳統，兩者各有所長，不可分離。但在現實中，兩者各執一端，各有偏重：西方重科學，中國重人文，兩者原本應該是一整體。科學不能離開人文獨自發展，科學必須有人文引領。西方人從古希臘開始就重視技術教育,其後又進入大學,導致大學專業教育的進一步發展,這是它的積極的方面,但是,我們應該看到,"專業教育是建立在文理教育的基礎上的",放任專業教育,必然會導致"人文教育的弱化和知識整體性的分裂"。殺人的原子彈、禍害世界的生物病毒等反人類的罪惡技術,都是在"科學研究"的旗號下完成的。近代以來,中國的知識精英將"科學"神聖化、絕對化,拜倒在西方文化面前,大失偏頗。

在當代的中國大學教育中高揚本位文化的人文精神,強調中國文化以"人"爲中心,高度重視人文教育,重視"做人",重視"在明明德"的教育,對於彌補西方文化之闕,彰顯中國文化對人類文明的貢獻,無疑具有戰略意義。

楊先生的論述令我意識到,在西方文化面前,中國人沒有自慚形穢的必要。中國學者必須找出中國文化的優秀與獨特之處,然後用它去與西方人做平等的交流。不如此,中華民族就永遠不能真正抬起頭來、挺起胸來。這成爲我這些年研究《三禮》所不敢忘懷的使命。當年八國聯軍侵華,把中國當西瓜,準備切開分了。國民都認爲中國必亡。梁啓超站出來説,中國不會亡,因爲中國文化不會亡。其後,錢穆先生繼起,用畢生精力研究爲何中國文化不會亡?受兩位前輩以及楊先生的啓迪,我將此生研究的目標,調准到從經學的角度回答中國文化是什麼?需要提及的是,楊先生最早引用梁思成先生關於"走出半人時代"論述來談素質教育,聽後有振聾發聵之感,其後,我結合多年的《禮記》研究,以之作爲解讀儒家文化的重要思路,亦是拜楊先生之賜。

我與楊先生過從不密,多爲神交,但有一次交集,却是終身難忘,堪稱奇緣,我想借此機會形諸筆端,以存没世不忘之念。

2002 年,教育部開始評選國家級精品課程,我在清華主講的《文物精品與文化中國》居然在兩輪投票中全票通過。不過,我並沒有特別的欣喜,因爲評審專家都不聽課,是根據申報材料投的票;再説,該課程並非我的專業特長。我在清華開設的《中國古代禮儀文明》課,乃是薈萃《三禮》而成,更能體現我的學術水平,2008 年,我準備申報國家精品課。真是無巧不成書,此年 5 月,教育部對全國高校實施教學評估,以楊叔子先生爲組長的專家組一行二十餘人進駐清華,當天下午,在清華主樓後廳召開全校教授與幹部大會,介紹工作方式與注意事項等。所有專家組成員都要下去聽課,由抽籤確定所聽課程。我想,若能請楊先生親自聽我一堂課,親身感知這門課的實際水平,即使評不上精品課我亦心甘。

不少青年教師害怕被抽中,而我則唯恐失去這次機會。爲此,散會後我候在會議廳門口。楊先生出門後我上前打招呼,他停下腳步,微笑着問我:"找我有什麼事?"我説:"後天晚上我正好有一門課,想請您到教室裏指導,不知道有没有這個榮幸?"楊先生微微歪着腦袋、略帶調皮的表情説:"我這次來清華,就是想聽你的課。"我真是高興無比。

我那天要講的課的主題,是《儀禮》記載的"鄉射禮"。射箭比賽的源起,國際箭聯的章程説,是由英國貴族在 16 世紀所發明。殊不知中國早在公元前 8 世紀就已經盛行鄉射、大射、燕射等各種名目的比賽,將比射與禮儀融合爲一,稱爲"文射",以此涵養君子之德,展現君子風範,人文内涵極其豐富。

上課那天,楊先生與他的助手余東升老師早早到場。余老師對我説:"今天的課,楊先生只能聽前半節,因爲評估組每天晚上都要碰頭,匯總當天調研的信息。"清華的課以 85 分鐘爲一大節,前後各一小節,都是 40 分鐘,中間有 5 分鐘休息。我頓時覺得很失落,因爲這堂課的前半段屬於背景鋪墊,後半段才是我的研究心得之所在。如果只聽前半部分,則等於没聽。奈何? 我緊急決定,調整課程節奏,壓縮前半段的内容,盡快將後程内容提前,並從容發揮,激發楊先生的興趣,力争使他不忍離去。

教室有 280 個坐位,我請楊先生前排就坐,楊先生不同意,執意坐在最後幾排靠右邊的座位。爲了避免學生緊張,我没有把教育部專家組組長就在我們教室聽課的消息告訴大家,我希望能讓楊先生看到我的正常的教學氛圍。我那天的開場白比較"抓人":

> 同學們! 北京奧運的開幕式倒計時,已經不到一百天,我想問大家:你們都準備好了嗎?

在坐的學生面面相覷:我們又不是奧組委的,我們準備什麽? 我接着説:

> 如果我是一名外國記者,我一定會到清華來採訪,因爲清華是中國的最高學府之一。我會提出如下三個問題:一,中國是文明古國,那麽中國古代有體育嗎? 二,如果有體育,那麽有體育精神嗎? 三,如果有體育精神,請問,它與古希臘奧運會的體育精神相比,孰優孰劣? 哪位同學能回答?

學生聽完全傻了,没人考慮過這些問題。於是,我緩緩地説,今天這堂課,我試圖來回答這三個問題。於是,全場學生的注意力全被我調動起來,都想聽我的答案。我朝教室左後方望去,楊先生端端正正地坐着,眼鏡的鏡片泛着亮光,我想,他一定也想聽我的答案。

我從卜辭、金文記載的射箭講起,講到周代禮樂文明,再導入鄉射禮的過程與内涵,步步深入。第一小節的下課鈴聲響了,余東升老師是評估組的秘書,起身離場了,而楊老師安坐不動,這給我以極大信心。爲了保證課堂氣場的連貫,我課間没有休息,一口氣講到下課鈴響,感覺不錯,學生掌聲熱烈之極,楊先生也鼓掌。至此,我才告訴同學,教育部評估組組長楊叔子院士今天親臨聽課! 學生大爲驚喜。我請楊先生對今天的教學過程批評指導。楊先生站起來朝學生們拱了拱手,没有説話,隨即離場。次日上午,清華校辦的一位老師給我來電話,説昨晚楊先生聽完課回到專家組討論的會議室,對你贊不絕口,説:"這個彭林,居然把一個古代體育專題講得這麽精彩!"專家組結束在清華的評估後,轉場東南大學,不料,東南大學又有校部機關的朋友告訴我,楊先生到我們這裏提到你的課,評價很高啊!這令我非常感動,這是我一生中唯一一堂有中科院院士的專家在場、端坐聽完全程的課,彌足珍貴、畢生難忘。此年秋,我的《中國古代禮儀文明》經楊先生主持的評委會投票,入選國家精品課,我未私托,楊先生亦無私諾,乾乾淨淨,俯仰無愧。

此後,楊先生幾次邀請我到華工的大講堂做講演,每次,他都會親自到酒店看望,問長問短,令人倍覺温暖。其中一次,適逢教育部文化素質教育委員會在華工開會,楊先生特意安排我晚上到校内的愛因斯坦廣場做講演,説是學生在宿舍開着窗就可以聽到,影響會更大。這是我此生唯一做過的一場露天講演,承楊先生厚愛。

楊先生一生培養的博士逾百位,他要求每位學生都要背《老子》、讀《論語》,在文化上傳中華文明的衣鉢。我看網絡報導,遺體告别儀式上,弟子送的花圈,在離楊先生靈柩最近處擺成一長列,下款一律寫着"學生某某",猶如一排樹木,肅然而壯觀。我不由得想起《山海經》里"與日逐走"的夸父,這是一位敢於與太陽賽跑的詩史級的英雄,夸父渴極,飲乾了河、渭,又北飲大澤,最後還是道渴而死。夸父"棄其杖,化爲鄧林",他留下的手杖,化爲鬱鬱蔥蔥的樹林。楊先生的一生堪與夸父相比,他遺下的手杖,不亦化作了這一片"鄧林"?

彭林